BUDDHA - DIE LEHREN

BUDDHA
DIE LEHREN

Texte aus dem
Buddhistischen Pali-Kanon
und dem Kammavaca
in einer Übersetzung von

Karl Seidenstücker

VOLTMEDIA

ISBN 3-937229-79-5

Überarbeitete Neuausgabe

Einbandgestaltung: Oliver Wirth, Bonn

Gesamtherstellung: Oldenbourg Taschenbuch GmbH, Kirchheim

Inhalt

Erster Teil.
Die Grundlehren des Buddhismus im Abriß.

Zweiter Teil.
Der Pfad.

Dritter Teil.
Bekenntnis und Bekenner.

Erster Teil.

Die Grundlehren des Buddhismus im Abriß.

I. Die vier hohen Wahrheiten.

Wir beginnen unsere Darstellung des Buddhismus füglich und mit Recht mit den ‚vier hohen Wahrheiten'. Nicht nur, daß diese die wichtigsten Lehren des Buddhismus bilden, nicht nur, daß der Buddha selbst seine Lehrtätigkeit mit der Proklamierung eben dieser vier Grundgedanken begann unter dem besonderen Hinweis darauf, daß diese vier „Wahrheiten" „nicht zu den überlieferten Lehren gehören", mehr noch: die vier hohen Wahrheiten bilden das eigentliche Grundthema des gesamten Buddhismus; und wenn man verwundert fragt, wie denn trotz dieses anscheinend so eng begrenzten Programms die sakrale Literatur des Buddhismus einen so gewaltigen Umfang hat annehmen können, so lautet die Antwort: Alles das, was dort in den Pitakas an Reden und Aussprüchen enthalten ist, ist eigentlich nichts anderes, als eine schier unübersehbare Menge der verschiedenartigsten Variationen jenes Grundthemas. Der Buddha fand keinen kürzeren Weg, das Thema zu erschöpfen, als den, die vier hohen Wahrheiten immer und immer wieder vorzutragen, zu begründen, zu illustrieren und an Beispielen aus Welt und Leben anschaulich zu machen.

Die vier hohen Wahrheiten behandeln:

1. das Leiden (dukkha),
2. die Entstehung des Leidens (dukkhasamudaya),
3. die Aufhebung des Leidens (dukkhanirodha),
4. den zur Aufhebung des Leidens führenden Pfad (dukkhanirodhagamini patipada).

Diese vier Wahrheiten gliedern sich deutlich in zwei Hauptgruppen, indem der erste und zweite, und der dritte und vierte Satz näher zusammengehören: Jene handeln vom Leiden, diese von der Aufhebung des Leidens. Und das hat der Buddha auch als die eigentliche Aufgabe seiner Mission und seines Wirkens bezeichnet: „Nur eins, ihr Mönche, verkünde ich euch heute wie immerdar: das Leiden und die Aufhebung des Leidens." Alles, was der Buddha lehrt, zielt in letzter Linie auf Aufhebung von Leiden ab; alles, was zur Beseitigung von Leiden beiträgt, fällt in den Bereich seiner Lehre; alles, was diesem Zwecke nicht dient, behandelt er als etwas Nebensächliches oder läßt es auf sich beruhen. Daher bleibt der Buddhismus bei der Verfolgung dieses seines eigentlichen Zieles „innerhalb des klar erschauten Horizontes der deutlichen Sehweite" und lehnt die Beantwortung müßiger, seinem Endzwecke nicht dienender Fragen mit beharrlicher Konsequenz ab.

Wir wollen nun die ‚vier hohen Wahrheiten' kurz in ihrem Wortlaut sowie einige dazugehörende Erklärungen kennenlernen; damit betreten wir gleich das zentrale Gebiet der buddhistischen Gedankenwelt.

1. Des Buddha erste Predigt über die vier hohen Wahrheiten.

Samy. LVI, 11.

Verehrung Ihm, dem Erhabenen, Heiligen, völlig Erwachten!

1. So hab' ich es gehört: Einst weilte der Erhabene bei Benares im Gazellenhaine Isipatana.

2. Dort nun richtete der Erhabene das Wort an die Schar der fünf Mönche: „Folgende zwei Extreme, ihr Mönche, sollten von einem, der die Weltentsagung vollzogen hat, nicht verfolgt werden; welche zwei?

3. Da ist auf der einen Seite diese auf sinnliches Glück, erpichte Hingabe an die Sinnenlüste, die niedrige, gemeine, weltliche, unedle, zwecklose; und da ist auf der anderen Seite jene Hingabe an Selbstpeinigung, die leidvolle, unedle, zwecklose. Diese beiden Extreme, ihr Mönche, hat der Vollendete vermieden und hat den mittleren Pfad vollständig verstanden, der sehend macht, der Erkenntnis verleiht, der zur Ruhe, zum höheren Wissen, zur Erwachung, zum Nirvana führt.

4. Und welches, ihr Mönche, ist dieser von dem Vollendeten völlig verstandene mittlere Pfad, der sehend macht, der Er-

kenntnis verleiht, der zur Ruhe, zum höheren Wissen, zur Erwachung, zum Nirvana führt? Es ist eben dieser hohe achtteilige Weg, nämlich: Rechte Anschauung, rechte Gesinnung, rechtes Reden, rechtes Handeln, rechte Lebensführung, rechter Kampf, rechtes Gedenken, rechte Konzentration. Das also, ihr Mönche, ist dieser von dem Vollendeten völlig verstandene mittlere Pfad, der sehend macht, der Erkenntnis verleiht, der zur Ruhe, zum höheren Wissen, zur Erwachung, zum Nirvana führt.

5. Dies nun, ihr Mönche, ist die hohe Wahrheit vom *Leiden:* Geburt ist leidvoll, Alter ist leidvoll, Krankheit ist leidvoll, Tod ist leidvoll; Kummer, Jammer, Schmerz, Gram und Verzweiflung sind leidvoll; mit Unliebem vereint sein ist leidvoll, von Liebem getrennt sein ist leidvoll, nicht erlangen, was man begehrt, ist leidvoll. Kurz gesagt, die fünf Gruppen des Anhaftens sind leidvoll.

6. Dies nun, ihr Mönche, ist die hohe Wahrheit von der *Entstehung des Leidens:* Es ist jener Wiedergeburt-erzeugende, von Wohlgefallen und Lust begleitete ‚Durst', der bald hier, bald dort sich ergötzt, das will sagen: der Durst nach Sinnenlust, der Durst nach Werden, der Durst nach Vernichtung.

7. Dies nun, ihr Mönche, ist die hohe Wahrheit von der *Aufhebung des Leidens:* Es ist eben dieses Durstes spurloses, restloses Aufheben, Aufgeben, Verwerfen, Ablegen, Vertreiben.

8. Dies nun, ihr Mönche, ist die hohe Wahrheit von dem *zur Aufhebung des Leidens führenden Pfade:* Es ist das dieser hohe, achtteilige Weg, nämlich: Rechte Anschauung, rechte Gesinnung, rechtes Reden, rechtes Handeln, rechte Lebensführung, rechter Kampf, rechtes Gedenken, rechte Konzentration.

9. ‚Dies ist die hohe Wahrheit vom Leiden', so, ihr Mönche, ging mir über diese früher nicht gehörten Normen das Auge auf, ging mir die Erkenntnis auf, ging mir die Weisheit auf, ging mir das Wissen auf, ging mir die geistige Klarheit auf.

‚Diese hohe Wahrheit vom Leiden muß man verstehen', so, ihr Mönche, ging mir über diese früher nicht gehörten Normen das Auge auf, ging mir die Erkenntnis auf, ging mir die Weisheit auf, ging mir das Wissen auf, ging mir die geistige Klarheit auf.

‚Diese hohe Wahrheit vom Leiden habe ich verstanden', so, ihr Mönche, ging mir über diese früher nicht gehörten Normen das Auge auf, ging mir die Erkenntnis auf, ging mir die Weisheit auf, ging mir das Wissen auf, ging mir die geistige Klarheit auf.

10. ‚Dies ist die hohe Wahrheit von der Entstehung des Leidens', so, ihr Mönche, ging mir über diese früher nicht gehörten Normen das Auge auf, ging mir die Erkenntnis auf, ging mir die Weisheit auf, ging mir das Wissen auf, ging mir die geistige Klarheit auf.

‚Diese hohe Wahrheit von der Entstehung des Leidens muß man aufgeben', so, ihr Mönche, ging mir über diese früher nicht gehörten Normen das Auge auf, ging mir die Erkenntnis auf, ging mir die Weisheit auf, ging mir das Wissen auf, ging mir die geistige Klarheit auf.

‚Diese hohe Wahrheit von der Entstehung des Leidens habe ich aufgegeben', so, ihr Mönche, ging mir über diese früher nicht gehörten Normen das Auge auf, ging mir die Erkenntnis auf, ging mir die Weisheit auf, ging mir das Wissen auf, ging mir die geistige Klarheit auf.

11. ‚Dies ist die hohe Wahrheit von der Aufhebung des Leidens', so, ihr Mönche, ging mir über diese früher nicht gehörten Normen das Auge auf, ging mir die Erkenntnis auf, ging mir die Weisheit auf, ging mir das Wissen auf, ging mir die geistige Klarheit auf.

‚Diese hohe Wahrheit von der Aufhebung des Leidens muß man verwirklichen', so, ihr Mönche, ging mir über diese früher nicht gehörten Normen das Auge auf, ging mir die Erkenntnis auf, ging mir die Weisheit auf, ging mir das Wissen auf, ging mir die geistige Klarheit auf.

‚Diese hohe Wahrheit von der Aufhebung des Leidens habe ich verwirklicht', so, ihr Mönche, ging mir über diese früher nicht gehörten Normen das Auge auf, ging mir die Erkenntnis auf, ging mir die Weisheit auf, ging mir das Wissen auf, ging mir die geistige Klarheit auf.

12. ‚Dies ist die hohe Wahrheit von dem zur Aufhebung des Leidens führenden Pfade', so, ihr Mönche, ging mir über diese früher nicht gehörten Normen das Auge auf, ging mir die Erkenntnis auf, ging mir die Weisheit auf, ging mir das Wissen auf, ging mir die geistige Klarheit auf.

‚Diese hohe Wahrheit von dem zur Aufhebung des Leidens führenden Pfade muß man erwecken', so, ihr Mönche, ging mir über diese früher nicht gehörten Normen das Auge auf, ging mir die Erkenntnis auf, ging mir die Weisheit auf, ging mir das Wissen auf, ging mir die geistige Klarheit auf.

‚Diese hohe Wahrheit von dem zur Aufhebung des Leidens führenden Pfade habe ich erweckt', so, ihr Mönche, ging mir über diese früher nicht gehörten Dinge das Auge auf, ging mir die Erkenntnis auf, ging mir die Weisheit auf, ging mir das Wissen auf, ging mir die geistige Klarheit auf.

13. Und solange ich, ihr Mönche, in diesen vier hohen Wahrheiten die also dreifach gerichtete, zwölffältige wirklichkeitsgemäße Erkenntnis-Schauung nicht ganz rein gewonnen hatte, solange war ich mir auch nicht klar darüber, ihr Mönche, ob ich in der Welt mit ihren Devas, Maras und Brahmas, unter den lebenden Wesen mit ihren Asketen und Brahmanen, ihren Devas und Menschen, die höchste, vollkommene Erwachung erlangt hätte.

14. Da ich nun aber, ihr Mönche, in diesen vier hohen Wahrheiten die also dreifach gerichtete zwölffältige wirklichkeitsgemäße Erkenntnis-Schauung ganz rein gewonnen habe, so bin ich mir auch klar darüber, ihr Mönche, daß ich in der Welt mit ihren Devas, Maras und Brahmas, unter den lebenden Wesen mitsamt ihren Asketen und Brahmanen, ihren Devas und Menschen, die höchste, vollkommene Erwachung erlangt habe.

Und mir ging die Erkenntnis und Schauung auf: ‚Unerschütterlich ist meine Geisteserlösung; dies ist die letzte Geburt, nicht gibt es nunmehr ein ferneres Werden.'"

15. Also sprach der Erhabene; beglückten Herzens stimmte die Schar der fünf Mönche den Worten des Erhabenen mit freudigem Danke zu.

Und während diese Erklärung der Lehre vorgetragen wurde, ging dem ehrwürdigen Kondanna das lautere, fleckenlose Auge der Wahrheit auf: ‚*Was immer dem Entstehen unterworfen ist, das ist auch der Aufhebung unterworfen.*‘

2. Die hohe Wahrheit vom Leiden.

Majjh. 141.

Was ist nun, ihr Freunde, die hohe Wahrheit vom Leiden? Geburt ist leidvoll, Alter ist leidvoll, Tod ist leidvoll, Kummer, Jammer, Schmerz, Gram und Verzweiflung sind leidvoll, nicht erlangen, was man begehrt, ist leidvoll. Kurz, die fünf Gruppen des Anhaftens sind leidvoll.

Was, ihr Freunde, ist die Geburt? Aller der Wesen in dieser oder jener Wesensklasse Geburt, Geborenwerden, Niederstieg, Keimung, Empfängnis, das Erscheinen der ‚Gruppen‘, das Ergreifen der Sinnengebiete: Das nennt man, ihr Freunde, Geburt.

Und was, ihr Freunde, ist das Alter? Aller der Wesen in dieser oder jener Wesensklasse Altern und Verblühen, Abgenutzt-, Grau- und Runzeligwerden, das Schwinden der Lebenskraft, das Stumpfwerden der Sinne: Das nennt man, ihr Freunde, Alter.

Und was, ihr Freunde, ist der Tod? Das Abscheiden, Hinweggehen aller der Wesen aus dieser oder jener Wesensklasse, die Auflösung, das Vergehen, der Tod, das Sterben, das Erfüllen der Zeit, die Auflösung der ‚Gruppen‘, die Zersetzung des Leichnams: Das nennt man, ihr Freunde, Tod.

Und was, ihr Freunde, ist Kummer? Was da, ihr Freunde, bei diesem oder jenem Verluste, den man erleidet, bei diesem oder jenem leidvollen Ereignis, das einen trifft, Kummer, Kümmernis, Bekümmerung, innerer Kummer, inneres Herzeleid ist: Das nennt man, ihr Freunde, Kummer.

Und was, ihr Freunde, ist Jammer? Was da, ihr Freunde, bei diesem oder jenem Verluste, den man erleidet, bei diesem oder jenem leidvollen Ereignis, das einen trifft, Klage und Jammer, Beklagen und Bejammern, Wehklage und lauter Jammer ist: Das nennt man, ihr Freunde, Jammer.

Und was, ihr Freunde, ist Schmerz? Was da, ihr Freunde, körperlich schmerzhaft, körperlich unangenehm ist, durch körperliche Berührung als schmerzhaft und unangenehm empfunden wird: Das nennt man, ihr Freunde, Schmerz.

Und was, ihr Freunde, ist Gram? Was da, ihr Freunde, geistig schmerzhaft, geistig unangenehm ist, durch geistigen Kontakt als schmerzhaft und unangenehm empfunden wird: Das nennt man, ihr Freunde, Gram.

Und was, ihr Freunde, ist Verzweiflung? Was da, ihr Freunde, bei diesem oder jenem Verluste, den man erleidet, bei diesem oder jenem leidvollen Ereignis, das einen trifft, Verzagen und Verzweifeln, Verzagtsein und Verzweifeltsein ist: Das nennt man, ihr Freunde, Verzweiflung.

Und inwiefern, ihr Freunde, ist das Nichterlangen dessen, was man begehrt, leidvoll? Die der Geburt unterworfenen Wesen verfallen dem Wunsche: ‚O daß wir doch der Geburt nicht unterworfen wären, daß uns doch keine Geburt mehr bevorstünde!' Aber solches kann man durch Wünschen nicht erreichen, und eben dieses Nichterlangen dessen, was man begehrt, ist leidvoll. Die dem Alter, der Krankheit, dem Tode, dem Kummer, Jammer, Schmerz, Gram und der Verzweiflung unterworfenen Wesen verfallen dem Wunsche: ‚O daß wir doch dem Alter, der Krankheit, dem Tode, dem Kummer, Jammer, Schmerz, Gram und der Verzweiflung nicht unterworfen wären, daß uns doch kein Alter, keine Krankheit, kein Tod, kein Kummer, Jammer, Schmerz, Gram und keine Verzweiflung bevorstünde!' Aber solches kann man durch Wünschen nicht erreichen, und eben dieses Nichterlangen dessen, was man begehrt, ist leidvoll.

Und was, ihr Freunde, sind, kurz, die fünf Gruppen des Anhaftens? Es sind: Die Haftensgruppe der körperlichen Form, die Haftensgruppe der Empfindung, die Haftensgruppe der Wahrnehmung, die Haftensgruppe der Gemütsregungen, die Haftensgruppe des Bewußtseins.

3. Die hohe Wahrheit von der Entstehung des Leidens.

Samy. LVI, 11.

Dies, ihr Mönche, ist die hohe Wahrheit von der Entstehung des Leidens: Es ist jener Wiedergeburt-erzeugende, von Wohlgefallen und Lust begleitete ‚Durst', der bald hier, bald dort sich ergötzt, das will sagen: Der Durst nach Sinnenlust, der Durst nach Werden, der Durst nach Vernichtung.

4. Der sechsfache ‚Durst'.

Samy. XII, 2.

Und was, ihr Mönche, ist der Durst (tanha)? Es gibt, ihr Mönche, diese sechs Arten von Durst: Durst nach körperlichen Formen, Durst nach Tönen, Durst nach Gerüchen, Durst nach Geschmäcken, Durst nach Tastungen, Durst nach Vorstellungen. Das, ihr Mönche, nennt man ‚Durst'.

5. Die Fessel des Durstes.

Itivuttaka 15.

Gesagt wurde dies vom Erhabenen, so habe ich gehört: „Nicht sehe ich, ihr Jünger, auch nur eine andere *Fessel*, durch welche gefesselt die Wesen für lange Zeit den Lauf der Geburten durcheilend wandern, wie, ihr Jünger, die Fessel des ‚*Durstes*'. Ja, ihr Jünger, durch die Fessel des ‚Durstes' gefesselt wandern die Wesen, den Lauf der Geburten durcheilend, für lange Zeit."

Dies sprach der Erhabene; daher heißt es mit Bezug hierauf folgendermaßen:

„Der den langen Weg der Zeiten durchwandernde Mensch, von dem ‚Durst' als Gefährten begleitet, überwindet nicht den

Lauf der Geburten mit seinem Wandelsein hinieden und in anderer Welt. Nachdem er in dieser Weise die Entstehung des ‚Durst'-Leidens als ein Elend erkannt hat, führe der besonnene Jünger, des ‚Durstes' ledig und ohne mehr zu haften, ein reines Leben."

Auch dies ist vom Erhabenen gesagt worden, so habe ich gehört.

6. Lehrsprüche.

Dhammapada 334, 335, 338.

Einem leichtfertigen Menschen wächst der ‚Durst' wie ein Schlinggewächs; er eilt von einem Dasein zum andern, gleichwie ein Affe, der im Walde Früchte sucht.

Wen dieser niedrige ‚Durst', der die Welt beherrscht, überwältigt, dem häuft sich der Kummer immer mehr, wuchernd wie das Birana-Gras.

Gleichwie ein starker Baum, den man fällte und dessen Wurzeln unversehrt blieben, wieder von neuem wächst, so wächst auch immer wieder dieses Leiden, wenn die Neigung zum ‚Durst' nicht gänzlich vernichtet ist.

7. Die hohe Wahrheit von der Aufhebung des Leidens.

Samy. LVI, 11.

Dies, ihr Mönche, ist die hohe Wahrheit von der Aufhebung des Leidens: Es ist eben dieses ‚Durstes' spurloses, restloses Aufheben, Aufgeben, Verwerfen, Ablegen, Vertreiben.

8. Lehrsprüche.

Dhammapada 336-337.

Wer diesen niedrigen ‚Durst', den schwer besiegbaren in der Welt, überwindet, von dem gleiten die Kümmernisse ab, wie der Wassertropfen vom Lotosblatt.

Etwas treffliches will ich euch sagen, soviele ihr hier versammelt seid: Grabet die Wurzeln des ‚Durstes' aus, wie der

Wurzelgräber das Birana, auf daß euch nicht Mara wieder und wieder zerbreche wie der Strom das Schilfgras.

9. Die hohe Wahrheit von dem zur Aufhebung des Leidens führenden Pfade.

Samy. LVI, 11.

Dies, ihr Mönche, ist die hohe Wahrheit von dem zur Aufhebung des Leidens führenden Pfade: Es ist das dieser hohe achtteilige Weg, das will sagen: Rechte Anschauung, rechte Gesinnung, rechtes Reden, rechtes Handeln, rechte Lebensführung, rechter Kampf, rechtes Gedenken, rechte Konzentration.

10. Erklärung der acht Teile des Pfades.

Samy. XLV, 8.

Den hohen achtteiligen Weg, ihr Mönche, will ich euch zeigen und im einzelnen darlegen ...

Welches, ihr Mönche, ist der hohe, achtteilige Weg? Rechte Anschauung, rechte Gesinnung, rechtes Reden, rechtes Handeln, rechte Lebensführung, rechter Kampf, rechtes Gedenken, rechte Konzentration.

Und was, ihr Mönche, ist rechte Anschauung? Die Erkenntnis des Leidens, die Erkenntnis der Entstehung des Leidens, die Erkenntnis des zur Aufhebung des Leidens führenden Pfades. Das, ihr Mönche, nennt man rechte Anschauung.

Und was, ihr Mönche, ist rechte Gesinnung? Die Gesinnung des Entsagens, die von Übelwollen freie Gesinnung, die Gesinnung, die keinem Wesen Harm bereitet. Das, ihr Mönche, nennt man rechte Gesinnung.

Und was, ihr Mönche, ist rechtes Reden? Das Abstehen vom Lügen, das Abstehen von Afterrede, das Abstehen von roher Rede, das Abstehen von eitlem Geschwätz. Das, ihr Mönche, nennt man rechtes Reden.

Und was, ihr Mönche, ist rechtes Handeln? Abstehen vom Zerstören von Leben, Abstehen vom Nehmen nicht-gegebener Dinge, Abstehen von unkeuschem Wandel. Das ihr Mönche, nennt man rechtes Handeln.

Und was, ihr Mönche, ist rechte Lebensführung? Dieser Fall, ihr Mönche, liegt vor, wenn ein edler Jünger eine verkehrte Lebensführung aufgegeben hat und sein Leben in rechter Lebensführung gestaltet. Das, ihr Mönche, nennt man rechte Lebensführung.

Und was, ihr Mönche, ist rechter Kampf? Da erzeugt, ihr Mönche, ein Mönch in sich den Willen, nicht vorhandene üble, unheilsame Zustände nicht entstehen zu lassen und seine Energie zusammenraffend kämpft er, ringt er, treibt er seinen Geist an. – Er erzeugt den Willen, vorhandene üble, unheilsame Zustände zu vertreiben, und seine Energie zusammenraffend kämpft er, ringt er, treibt seinen Geist an. – Er erzeugt in sich den Willen, nicht vorhandene heilsame Zustände zu erwecken, und seine Energie zusammenraffend kämpft er, ringt er, treibt seinen Geist an. – Er erzeugt in sich den Willen, vorhandene heilsame Zustände zu erhalten, sie nicht schwinden zu lassen und sie zu entfalten, und seine Energie zusammenraffend kämpft er, ringt er, treibt seinen Geist an. Das, ihr Mönche, nennt man rechten Kampf.

Und was, ihr Mönche, ist rechtes Gedenken? Da verweilt, ihr Mönche, ein Mönch eifrig, klar bewußt, besonnen, beim Körper in der *Betrachtung des Körpers*, um in diesem Leben Begehren und Kümmernis zu überwinden. – Er verweilt eifrig, klar bewußt, besonnen, bei den Empfindungen in der *Betrachtung der Empfindungen*, um in diesem Leben Begehren und Kümmernis zu überwinden. – Er verweilt eifrig, klar bewußt, besonnen, bei den Gedanken in der *Betrachtung der Gedanken*, um in diesem Leben Begehren und Kümmernis zu überwinden. – Er verweilt eifrig, klar, bewußt, besonnen, bei den Erscheinungen in der *Betrachtung der Erscheinungen*, um in diesem Leben Begehren und Kümmernis zu überwinden. Das, ihr Mönche, nennt man rechtes Gedenken.

Und was ihr Mönche, ist rechte Konzentration? Abgeschieden von den Sinnenlüsten, abgeschieden von unheilsamen Zuständen, gewinnt ein Mönch die mit Denken und Sinnen verbundene, aus der Abgeschiedenheit entstandene, von Freude und Glück erfüllte *erste Versenkung* und verweilt darin. – Nach Beruhigung des Denkens und Sinnens gewinnt er die innere Sammlung, die Einheit des Geistes, die von Denken und Sinnen freie, aus der Konzentration entstandene, von Freude und Glück erfüllte *zweite Versenkung* und verweilt darin. – Und nach dem Verschwinden der Freude lebt er gleichmütig, klar bewußt und besonnen, und er empfindet leibhaftig jenes Glück, von dem die Edlen sagen: ‚Der Gleichmütige und Besonnene lebt glücklich.' So gewinnt er die *dritte Versenkung* und verweilt darin. – Und nach dem Schwinden von Freude und Leid, und nach dem Untergang des früheren Frohsinns und Trübsinns gewinnt er die jenseits von Freude und Leid liegende *vierte Versenkung*, wo Gleichmut und klare Besinnung in voller Reinheit bestehen, und verweilt darin.

II. Die drei Merkmale.

Die Lehre von den ‚drei Merkmalen' (tilakkhana) besagt folgendes:

Alle Dinge, Realitäten (dhamma), alle Gebilde, Prozesse, Vorgänge, Erscheinungen (sankhara), ob innerlich oder äußerlich, eigen oder fremd, grob oder fein, nah oder fern, sind:

1. *anicca*, veränderlich, nicht verharrend, wechselnd, entstehend und wieder vergehend, kurz: werdend und damit *vergänglich*.

2. *dukkha*, kein Glück im absoluten Sinne, sondern, eben wegen ihrer Vergänglichkeit, *leidbringend*.

3. *anatta*, „*nicht das Ich*". Als Erklärung dieses Ausdrucks wird an Hunderten von Stellen im Kanon die Formel gegeben: „Das gehört mir nicht, das bin ich nicht, das ist nicht mein Ich." Diese Formel findet ihre Anwendung auf alles irgendwie in den Bereich der Erkenntnis Fallende, auf alle Sinne und ihre Objekte, auf die fünf Gruppen der Persönlichkeit und auf alle Sinne und ihre Objekte innerhalb der „Weltausbreitung". Die Erlösung, Ablösung, Loslösung von dem gesamten Anatta-Bereich ist das eigentliche Ziel der Buddha-Lehre.

Die vielfach gebrauchte Übersetzung „wesenlos" für anatta ist schon aus sprachlichen Gründen ganz unmöglich. Anatta ist *Substantiv*, nicht Adjektiv (vgl. rupam anatta, vinnanam anatta).

11. Alle Buddhas lehren die drei Merkmale.

Ang. III, 134.

Ob nun, ihr Mönche, Vollendete erstehen oder ob Vollendete nicht erstehen, so bleibt es dennoch Tatsache und die feste, notwendige Bedingung des Daseins, daß alle Gebilde vergänglich sind. Solches erkennt und durchdringt ein Vollendeter, und nachdem er es erkannt und durchdrungen hat, verkündet er, lehrt, offenbart, predigt, enthüllt er, erklärt er im einzelnen, macht es evident, daß alle Gebilde vergänglich sind.

Ob nun, ihr Mönche, Vollendete erstehen, oder ob Vollendete nicht erstehen, so bleibt es dennoch Tatsache und die feste, notwendige Bedingung des Daseins, daß alle Gebilde leidbringend sind. Solches erkennt und durchdringt ein Vollendeter, und nachdem er es erkannt und durchdrungen hat, verkündet er, lehrt, offenbart, predigt, enthüllt er, erklärt er im einzelnen, macht es evident, daß alle Gebilde leidbringend sind.

Ob nun, ihr Mönche, Vollendete erstehen, oder ob Vollendete nicht erstehen, so bleibt es dennoch Tatsache und die feste, notwendige Bedingung des Daseins, daß alle Realitäten *nicht das Ich* sind. Solches erkennt und durchdringt ein Vollendeter, und nachdem er es erkannt und durchdrungen hat, verkündet er, lehrt, offenbart, predigt, enthüllt er, erklärt er im einzelnen, macht es evident, daß alle Realitäten *nicht das Ich* sind.

12. Alles ist vergänglich, leidvoll, nicht das Ich.

Samy. XXXV, 43-45.

Alles, ihr Mönche, ist vergänglich. Alles, ihr Mönche, ist *leidvoll.* Alles, ihr Mönche, ist *nicht das Ich.*

13. Der Weg der Läuterung.

Dhammapada 277-279.

‚Alle Gebilde sind *vergänglich*'; wer dies klar erkennt und deutlich sieht, der wird des Leidens satt; das ist der Weg zur Läuterung.

‚Alle Gebilde sind *leidbringend*'; wer dies klar erkennt und deutlich sieht, der wird des Leidens satt; das ist der Weg zur Läuterung.

‚Alle Realitäten sind *nicht das Ich*'; wer dies klar erkennt und deutlich sieht, der wird des Leidens satt; das ist der Weg zur Läuterung.

14. Rechte und falsche Anschauung.

Ang. I, 15, 1-3.

Es ist unmöglich, ihr Mönche, und unbegründet, daß ein mit rechter Anschauung begabter Mensch irgendein Gebilde für unvergänglich halten sollte; das ist unmöglich. Aber es ist sehr wohl möglich, ihr Mönche, daß ein Weltmensch irgendein Gebilde für unvergänglich hält.

Es ist unmöglich, ihr Mönche, und unbegründet, daß ein mit rechter Anschauung begabter Mensch irgendein Gebilde für glückbringend halten sollte; das ist unmöglich. Aber es ist sehr wohl möglich, ihr Mönche, daß ein Weltmensch irgendein Gebilde für glückbringend hält.

Es ist unmöglich, ihr Mönche, und unbegründet, daß ein mit rechter Anschauung begabter Mensch irgendeine Realität für das Ich halten sollte; das ist unmöglich. Aber es ist sehr wohl möglich, ihr Mönche, daß ein Weltmensch irgendeine Realität für das Ich hält.

III. Die fünf Gruppen (khandha).

15. Erklärung der fünf Khandhas.

Samy. XXII, 48.

Die fünf Gruppen (khandha), ihr Mönche, will ich euch weisen und die fünf Gruppen des Anhaftens (upadanakkhandha); hört also:

Welches, ihr Mönche, sind die fünf Gruppen?

Was es da, ihr Mönche, irgend an körperlicher Form (rupa) gibt, vergangen, zukünftig oder gegenwärtig, eigen oder fremd, grob oder fein, häßlich oder schön, fern oder nahe: das nennt man die Gruppe der körperlichen Form (rupakkhandha).

Was es da, ihr Mönche, irgend an Empfindung (vedana) gibt, vergangen, zukünftig oder gegenwärtig, eigen oder fremd, grob oder fein, häßlich oder schön, fern oder nahe: das nennt man die Gruppe der Empfindung (vedanakkhandha).

Was es da, ihr Mönche, irgend an Wahrnehmung (sanna) gibt, vergangen, zukünftig oder gegenwärtig, eigen oder fremd, grob oder fein, häßlich oder schön, fern oder nahe: das nennt man die Gruppe der Wahrnehmung (sannakkhandha).

Was es da, ihr Mönche, an Gemütsregungen (sankhara) gibt, vergangen, zukünftig oder gegenwärtig, eigen oder fremd, grob oder fein, häßlich oder schön, fern oder nahe: das nennt man die Gruppe der Gemütsregungen (sankharakkhandha).

Was es da, ihr Mönche, irgend an Bewußtsein (vinnana) gibt, vergangen, zukünftig oder gegenwärtig, eigen oder fremd, grob oder fein, häßlich oder schön, fern oder nahe: das nennt man die Gruppe des Bewußtseins (vinnanakkhandha).

Dies nennt man, ihr Mönche, die fünf Gruppen.

Und was, ihr Mönche, sind die fünf Gruppen des Anhaftens?

Was es da, ihr Mönche, irgend an körperlicher Form gibt, vergangen, zukünftig oder gegenwärtig, eigen oder fremd, grob oder fein, häßlich oder schön, fern oder nahe, *sofern es mit*

Einflüssen verbunden und mit Haften verquickt ist: das nennt man die Haftensgruppe der körperlichen Form (rupupadanakkhandha).

Was es da, ihr Mönche, irgend an Empfindung gibt, vergangen, zukünftig oder gegenwärtig, eigen oder fremd, grob oder fein, häßlich oder schön, fern oder nahe, sofern es mit Einflüssen verbunden und mit Haften verquickt ist: das nennt man die Haftensgruppe der Empfindung (vedanupadanakkhandha).

Was es da, ihr Mönche, irgend an Wahrnehmung gibt, vergangen, zukünftig oder gegenwärtig, eigen oder fremd, grob oder fein, häßlich oder schön, fern oder nahe, sofern es mit Einflüssen verbunden und mit Haften verquickt ist: das nennt man die Haftensgruppe der Wahrnehmung (sannupadanakkhandha).

Was es da, ihr Mönche, irgend an Gemütsregungen gibt, vergangen, zukünftig oder gegenwärtig, eigen oder fremd, grob oder fein, häßlich oder schön, fern oder nahe, sofern es mit Einflüssen verbunden und mit Haften verquickt ist: das nennt man die Haftensgruppe der Gemütsregungen (sankharupadanakkhandha).

Was es da, ihr Mönche, irgend an Bewußtsein gibt, vergangen, zukünftig oder gegenwärtig, eigen oder fremd, grob oder fein, häßlich oder schön, fern oder nahe, sofern es mit Einflüssen verbunden und mit Haften verquickt ist: das nennt man die Haftensgruppe des Bewußtseins (vinnanupadanakkhandha).

Dies nennt man, ihr Mönche, die fünf Gruppen des Anhaftens.

16. Die Gruppe der körperlichen Form (rupakkhandha).

Samy. XII, 2.

Die vier ‚großen Gebilde' (mahabhuta) und die von den vier ‚großen Gebilden' abhängige körperliche Form; das nennt man körperliche Form (rupa).

17. Die Haftensgruppe der körperlichen Form.

Majjh. 28.

Was, ihr Freunde, ist die Haftensgruppe der körperlichen Form? Die vier großen Gebilde und die von den vier großen Gebilden abhängige körperliche Form: das nennt man körperliche Form.

Und was, ihr Freunde, sind die vier großen Gebilde? Das Erd-Element (pathavidhatu), das Wasser-Element (apodhatu), das Feuer-Element (tejodhatu), das Luft-Element (vayodhatu).

18. Die Gruppe der Empfindung (vedanakkhandha).

Samy. XXII, 79.

Man empfindet, ihr Mönche, darum sagt man ‚Empfindung'. Und was empfindet man? Man empfindet Wohliges, man empfindet Leidiges, man empfindet weder Leidiges noch Wohliges.

19. Die Gruppe der Wahrnehmung (sannakkhandha).

Samy. XXII, 79.

Man nimmt wahr, ihr Mönche, darum sagt man ‚Wahrnehmung'. Und was nimmt man wahr? Man nimmt blau wahr, man nimmt gelb wahr, man nimmt rot wahr, man nimmt weiß wahr.

20. Die Gruppe der Gemütsregungen. (sankharakkhandha).

Samy. XXII, 79.

Man gestaltet, ihr Mönche, ein Gestaltetes; darum sagt man ‚Sankhara'. Und welches Gestaltete gestaltet man? Man gestaltet die körperliche Form zum Körper-Sein als ein Gestaltetes; man gestaltet die Empfindung zum Empfindungs-Sein als ein Gestaltetes; man gestaltet die Wahrnehmung zum Wahrnehmungs-Sein als ein Gestaltetes; man gestaltet die Sankharas zum Sankhara-Sein als ein Gestaltetes; man gestaltet das Bewußtsein zum Bewußt-Sein als ein Gestaltetes.

21. Eine andere Definition der Sankharas.

Samy. XII, 27.

Und was, ihr Mönche, sind die Sankharas?

Folgende drei Prozesse gibt es, ihr Mönche: Körper-Prozeß, sprachlichen Prozeß, geistigen Prozeß. Dies, ihr Mönche, nennt man Sankhara.

22. Die Gruppe des Bewußtseins (vinnanakkhandha).

Majjh. 38.

Bewußtsein, ihr Mönche, benennt man je nach dem, wodurch es in die Erscheinung tritt.

Bewußtsein, welches durch körperliche Formen und das Auge bedingt in die Erscheinung tritt, nennt man Seh-Bewußtsein.

Bewußtsein, welches durch Töne und das Ohr bedingt in die Erscheinung tritt, nennt man Hör-Bewußtsein.

Bewußtsein, welches durch Gerüche und die Nase bedingt in die Erscheinung tritt, nennt man Riech-Bewußtsein.

Bewußtsein, welches durch Säfte und die Zunge bedingt in die Erscheinung tritt, nennt man Schmeck-Bewußtsein.

Bewußtsein, welches durch Tastung und den Leib (als Tastorgan) bedingt in die Erscheinung tritt, nennt man Tast-Bewußtsein.

Bewußtsein, welches durch Denk-Objekte und das Denken bedingt in die Erscheinung tritt, nennt man Denk-Bewußtsein.

IV. Die fünf Gruppen als Eigner der drei Merkmale.

23. Die Anatta-Predigt.

Mahavagga I, 6, 38-46.

Und der Erhabene richtete das Wort an die fünf Mönche:

Der Körper, ihr Mönche, ist nicht das Ich; wäre nämlich, ihr Mönche, der Körper das Ich, so würde er nicht der Krankheit unterworfen sein, und man könnte vom Körper sagen: ‚Mein Körper soll so und so sein; mein Körper soll nicht so und so sein.' Da nun aber, ihr Mönche, der Körper nicht das Ich ist, so ist er der Krankheit unterworfen, und man kann vom Körper nicht sagen: ‚Mein Körper soll so und so sein; mein Körper soll nicht so und so sein.'

Die *Empfindung*, ihr Mönche, ist nicht das Ich; ...

Die *Wahrnehmung*, ihr Mönche, ist nicht das Ich; ...

Die *Gemütsregungen*, ihr Mönche, sind nicht das Ich; ...

Das *Bewußtsein*, ihr Mönche, ist nicht das Ich; wäre nämlich, ihr Mönche, das Bewußtsein das Ich, so würde es nicht der Krankheit unterworfen sein, und man könnte vom Bewußtsein sagen: ‚Mein Bewußtsein soll so und so sein; mein Bewußtsein soll nicht so und so sein.' Da nun aber, ihr Mönche, das Bewußtsein nicht das Ich ist, so ist es der Krankheit unterworfen und man kann vom Bewußtsein nicht sagen: ‚Mein Bewußtsein soll so und so sein; mein Bewußtsein soll nicht so und so sein.'

Was meint ihr, Mönche: Ist der Körper veränderlich oder beharrend?

‚Veränderlich, Herr!'

Und was veränderlich ist, bringt das Leid oder Glück?

‚Leid, o Herr!'

Und was veränderlich, leidvoll, vergänglich ist, kann man das etwa in diesem Sinne betrachten: Das gehört *mir*, das bin *ich*, das ist *mein Ich*?'

‚Das ist unmöglich, Herr!'

Ist die Empfindung, ist die Wahrnehmung, sind die Gemütsregungen, ist das Bewußtsein veränderlich oder beharrend?

‚Veränderlich, Herr!'

Und was veränderlich ist, bringt das Leid oder Glück?

‚Leid, o Herr!'

Und was veränderlich, leidvoll, vergänglich ist, kann man das etwa in dem Sinne betrachten: ‚Das gehört *mir*, das bin *ich*, das ist *mein Ich*?'

‚Das ist unmöglich, Herr!'

Darum also, ihr Mönche: Was es auch an Körperlichkeit, was es auch an Empfindung, an Wahrnehmung, an Gemütsregungen, an Bewußtsein gibt, vergangen, zukünftig oder gegenwärtig, eigen oder fremd, grob oder fein, häßlich oder schön, fern oder nahe, – alle diese Gestalten, Empfindungen, Wahrnehmungen, Gemütsregungen und alles Bewußtsein sollte man in rechter Einsicht der Wirklichkeit gemäß also ansehen: ‚Das gehört mir nicht, das bin ich nicht, das ist nicht mein Ich.'

Wenn, ihr Mönche, ein kenntnisreicher, edler Jünger solches durchschaut, wird er des Körpers, der Empfindung, der Wahrnehmung, der Gemütsregungen, des Bewußtseins satt. Indem er ihrer satt wird, wird er der Leidenschaft ledig, durch das Fernbleiben der Leidenschaft wird er erlöst und in dem Erlösten steigt die Erkenntnis auf: ‚Erlöst bin ich', ‚erschöpft hat sich die Wiedergeburt, gelebt ist der heilige Wandel, was zu tun war, ist getan, nicht mehr ist diese Welt für mich'; so erkennt er.

24. Die Persönlichkeit als Eigner der drei Merkmale.

Samy. XXII, 18-20.

1. Der Körper, ihr Mönche, ist veränderlich, und die Ursache, sowie die Bedingung für das Zustandekommen des Körpers, – auch das ist veränderlich. Wie sollte, ihr Mönche, der aus Veränderlichem geborene Körper beharrend sein?

Die Empfindung, ihr Mönche, ist veränderlich und die Ursache, sowie die Bedingung für das Zustandekommen der Empfindung, – auch das ist veränderlich. Wie sollte ihr Mönche, die aus Veränderlichem geborene Empfindung beharrend sein?

Die Wahrnehmung, ihr Mönche, ist veränderlich, und die Ursache, sowie die Bedingung für das Zustandekommen der Wahrnehmung, – auch das ist veränderlich. Wie sollte, ihr Mönche, die aus Veränderlichem geborene Wahrnehmung beharrend sein?

Die Gemütsregungen, ihr Mönche, sind veränderlich, und die Ursache sowie die Bedingung für das Zustandekommen der Gemütsregungen, – auch das ist veränderlich. Wie sollten, ihr Mönche, die aus Veränderlichem geborenen Gemütsregungen beharrend sein?

Das Bewußtsein, ihr Mönche, ist veränderlich, und die Ursache, sowie die Bedingung für das Zustandekommen des Bewußtseins, – auch das ist veränderlich. Wie sollte, ihr Mönche, das aus Veränderlichem geborene Bewußtsein beharrend sein?

2. Der Körper, ihr Mönche, ist leidvoll, und die Ursache, sowie die Bedingung für das Zustandekommen des Körpers, – auch das ist leidvoll. Wie sollte, ihr Mönche, der aus Leidvollem geborene Körper glückbringend sein?

Die Empfindung, ihr Mönche, ist leidvoll, und die Ursache, sowie die Bedingung für das Zustandekommen der Empfindung, – auch das ist leidvoll. Wie sollte, ihr Mönche, die aus Leidvollem geborene Empfindung glückbringend sein?

Die Wahrnehmung, ihr Mönche, ist leidvoll, und die Ursache, sowie die Bedingung für das Zustandekommen der Wahrnehmung, – auch das ist leidvoll. Wie sollte, ihr Mönche, die aus Leidvollem geborene Wahrnehmung glückbringend sein?

Die Gemütsregungen, ihr Mönche, sind leidvoll, und die Ursache, sowie die Bedingung für das Zustandekommen der Gemütsregungen – auch das ist leidvoll. Wie sollten, ihr Mönche, die aus Leidvollem geborenen Gemütsregungen glückbringend sein?

Das Bewußtsein, ihr Mönche, ist leidvoll, und die Ursache, sowie die Bedingung für das Zustandekommen des Bewußtseins, – auch das ist leidvoll. Wie sollte ihr Mönche, das aus Leidvollem geborene Bewußtsein glückbringend sein?

3. Der Körper, ihr Mönche, ist nicht das Ich, und die Ursache, sowie die Bedingung für das Zustandekommen des Körpers, – auch das ist nicht das Ich. Wie sollte, ihr Mönche, der aus dem Nicht-Ich geborene Körper das Ich sein?

Die Empfindung, ihr Mönche, ist nicht das Ich, und die Ursache, sowie die Bedingung für das Zustandekommen der Empfindung, – auch das ist nicht das Ich. Wie sollte, ihr Mönche, die aus dem Nicht-Ich geborene Empfindung das Ich sein?

Die Wahrnehmung, ihr Mönche, ist nicht das Ich, und die Ursache, sowie die Bedingung für das Zustandekommen der Wahrnehmung, – auch das ist nicht das Ich. Wie sollte, ihr Mönche, die aus dem Nicht-Ich geborene Wahrnehmung das Ich sein?

Die Gemütsregungen, ihr Mönche, sind nicht das Ich, und die Ursache, sowie die Bedingung für das Zustandekommen der Gemütsregungen, – auch das ist nicht das Ich. Wie sollten, ihr Mönche, die aus dem Nicht-Ich geborenen Gemütsregungen das Ich sein?

Das Bewußtsein, ihr Mönche ist nicht das Ich, und die Ursache, sowie die Bedingung für das Zustandekommen des Bewußtseins, – auch das ist nicht das Ich. Wie sollte, ihr Mönche, das aus dem Nicht-Ich geborene Bewußtsein das Ich sein?

25. Die Persönlichkeit ist wandelbar.

Samy. XXII, 97.

Savatthi. Im Klostergarten. Und es begab sich ein Mönch zum Erhabenen usw. Zum Erhabenen sprach dieser Mönch, der ihm zur Seite saß, also:

‚Gibt es wohl, Herr, irgendeine Körperlichkeit, die unveränderlich, verharrend, ewig, dem Wechsel nicht unterworfen ist und also ewig sich gleich bleiben wird?

Gibt es wohl, Herr, irgendeine Empfindung, die unveränderlich, verharrend, ewig, dem Wechsel nicht unterworfen ist und also ewig sich gleich bleiben wird?

Gibt es wohl, Herr, irgendeine Wahrnehmung, die unveränderlich, verharrend, ewig, dem Wechsel nicht unterworfen ist und also ewig sich gleich bleiben wird?

Gibt es wohl, Herr, irgendwelche Gemütsregungen, die unveränderlich, verharrend, ewig, dem Wechsel nicht unterworfen sind und also ewig sich gleich bleiben werden?

Gibt es wohl, Herr, irgendein Bewußtsein, das unveränderlich, verharrend, ewig, dem Wechsel nicht unterworfen ist und also ewig sich gleich bleiben wird?‘

„Nicht gibt es, o Mönch, irgendeine Körperlichkeit, die unveränderlich, verharrend, ewig, dem Wechsel nicht unterworfen ist und also ewig sich gleich bleiben wird.

Nicht gibt es, o Mönch, irgendeine Empfindung, die unveränderlich, verharrend, ewig, dem Wechsel nicht unterworfen ist und also ewig sich gleich bleiben wird.

Nicht gibt es, o Mönch, irgendeine Wahrnehmung, die unveränderlich, verharrend, ewig, dem Wechsel nicht unterworfen ist und also ewig sich gleich bleiben wird.

Nicht gibt es, o Mönch, irgendwelche Gemütsregungen die unveränderlich, verharrend, ewig, dem Wechsel nicht unterworfen sind und also ewig sich gleich bleiben werden.

Nicht gibt es, o Mönch, irgendein Bewußtsein, das unveränderlich, verharrend, ewig, dem Wechsel nicht unterworfen ist und also ewig sich gleich bleiben wird.“

Und der Erhabene hob mit der Spitze seines Nagels ein klein wenig Erde auf und sprach zu dem Mönch also:

„Auch nur so wenig Körperlichkeit, o Mönch, ist *nicht* unveränderlich, verharrend, ewig, dem Wechsel nicht unterworfen und wird sich also nicht ewig gleich bleiben. Wenn, o Mönch, auch nur so wenig Körperlichkeit unveränderlich, verharrend, ewig, denn Wechsel nicht unterworfen wäre, so wäre auch eine heilige Lebensführung zur vollständigen Vernichtung des Leidens nicht zu erkennen. Da aber, o Mönch, auch nur so wenig Körperlichkeit *nicht* unveränderlich, verharrend, ewig, dem Wechsel nicht unterworfen ist, so ist auch eine heilige Lebensführung zur vollständigen Vernichtung des Leidens zu erkennen.

Auch nur so wenig Empfindung, o Mönch, ist *nicht* unveränderlich, verharrend, ewig, dem Wechsel nicht unterworfen und wird sich also nicht ewig gleich bleiben. Wenn, o Mönch, auch nur so wenig Empfindung unveränderlich, verharrend, ewig, dem Wechsel nicht unterworfen wäre, so wäre auch eine heilige Lebensführung zur vollständigen Vernichtung des Leidens nicht zu erkennen. Da aber, o Mönch, auch nur so wenig Empfindung *nicht* unveränderlich, verharrend, ewig, dem Wechsel nicht unterworfen ist, so ist auch eine heilige Lebensführung zur vollständigen Vernichtung des Leidens zu erkennen.

Auch nur so wenig Wahrnehmung, o Mönch, ist *nicht* unveränderlich, verharrend, ewig, dem Wechsel nicht unterworfen und wird sich also nicht ewig gleich bleiben. Wenn, o Mönch, auch nur so wenig Wahrnehmung unveränderlich, verharrend, ewig, dem Wechsel nicht unterworfen wäre, so wäre auch eine heilige Lebensführung zur vollständigen Vernichtung des Leidens nicht zu erkennen. Da aber, o Mönch, auch nur so wenig Wahrnehmung *nicht* unveränderlich, verharrend, ewig, dem Wechsel nicht unterworfen ist, so ist auch eine heilige Lebensführung zur vollständigen Vernichtung des Leidens zu erkennen.

Auch nur so wenig Gemütsregung, o Mönch, ist *nicht* unveränderlich, verharrend, ewig, dem Wechsel nicht unterworfen und wird sich also nicht ewig gleich bleiben. Wenn, o

Mönch, auch nur so wenig Gemütsregung unveränderlich, verharrend, ewig, dem Wechsel nicht unterworfen wäre, so wäre auch eine heilige Lebensführung zur vollständigen Vernichtung des Leidens nicht zu erkennen. Da aber, o Mönch, auch nur so wenig Gemütsregung *nicht* unveränderlich, verharrend, ewig, dem Wechsel nicht unterworfen ist, so ist auch eine heilige Lebensführung zur vollständigen Vernichtung des Leidens zu erkennen.

Auch nur so wenig Bewußtsein, o Mönch, ist *nicht* unveränderlich, verharrend, ewig, dem Wechsel nicht unterworfen und wird sich also nicht ewig gleich bleiben. Wenn, o Mönch, auch nur so wenig Bewußtsein unveränderlich, verharrend, ewig, dem Wechsel nicht unterworfen wäre, so wäre auch eine heilige Lebensführung zur vollständigen Vernichtung des Leidens nicht zu erkennen. Da aber, o Mönch, auch nur so wenig Bewußtsein *nicht* unveränderlich, verharrend, ewig, dem Wechsel nicht unterworfen ist, so ist auch eine heilige Lebensführung zur vollständigen Vernichtung des Leidens zu erkennen.

Was meinst du, Mönch: Ist der Körper veränderlich oder beharrend?“

‚Veränderlich, Herr.‘

„Ist die Empfindung, ist die Wahrnehmung, sind die Gemütsregungen, ist das Bewußtsein veränderlich oder beharrend?“

‚Veränderlich, Herr.‘

„Darum, o Mönch: Was es auch an Körperlichkeit, was es auch an Empfindung, an Wahrnehmung, an Gemütsregungen, an Bewußtsein gibt, vergangen, zukünftig oder gegenwärtig, eigen oder fremd, grob oder fein, häßlich oder schön, fern oder nahe, – alle diese Gestalten, Empfindungen, Wahrnehmungen, Gemütsregungen und alles Bewußtsein sollte man in rechter Weisheit der Wirklichkeit gemäß also ansehen: ‚Das gehört mir nicht, das bin ich nicht, das ist nicht mein Ich.‘

Wenn, o Mönch, ein kenntnisreicher, edler Jünger solches durchschaut, wird er des Körpers, der Empfindung, der Wahrnehmung, der Gemütsregungen, des Bewußtseins satt. Indem er ihrer satt wird, wird er der Leidenschaft ledig; durch das Fernbleiben der Leidenschaft wird er erlöst, und in dem Erlösten steigt die Erkenntnis auf: ‚Erlöst bin ich'; ‚erschöpft hat sich die Wiedergeburt, gelebt ist der heilige Wandel, was zu tun war, ist getan, nicht mehr ist die Welt für mich', so erkennt er."

V. Das bedingte Entstehen (Paticcasamuppada).

26. Die Glieder der Kausalkette.

Udana I, 3.

So hab' ich es gehört: Einst weilte der Erhabene bei Uruvela am Ufer des Flusses Neranjara am Fuße des Bodhi-Baumes, unmittelbar nachdem er ein Erwachter geworden war. Damals aber saß der Erhabene sieben Tage lang mit gekreuzten Beinen, die Seligkeit der Erlösung genießend. Und nachdem der Erhabene sich nach Ablauf der sieben Tage aus dieser Konzentration erhoben hatte, betrachtete er während der letzten Wache der Nacht im Geiste aufmerksam das ‚bedingte Entstehen' in fortlaufender und rücklaufender Richtung in dieser Weise:

„Wenn dieses ist, ist jenes, infolge dieses [Prozesses] entsteht jener [Prozeß]; wenn dieses nicht ist, ist jenes nicht, infolge der Aufhebung dieses [Prozesses] wird jener [Prozeß] aufgehoben: das will sagen: Wenn Nichtwissen da ist, sind – [organische] – Prozesse; wenn – [organische] – Prozesse da sind, ist Bewußtsein; wenn Bewußtsein da ist, ist der körperliche Organismus; wenn der körperliche Organismus da ist, sind die sechs Gebiete; wenn die sechs Gebiete da sind, ist Berührung; wenn Berührung da ist, ist Empfindung; wenn Empfindung da ist, ist ‚Durst'; wenn ‚Durst' da ist, ist Ergreifen; wenn Ergreifen da ist, ist Werden; wenn Werden da ist, ist Geburt; wenn Geburt da ist, stellen sich Alter und Tod, Kummer, Wehklagen, Schmerz, Gram und Verzweiflung ein. Solcherart ist die Entstehung dieser gesamten Leidensmasse.

Aber auf der restlosen, spurlosen Aufhebung des Nichtwissens beruht die Aufhebung der – [organischen] – Prozesse, auf der Aufhebung der – [organischen] – Prozesse die Aufhebung des Bewußtseins, auf der Aufhebung des Bewußtseins die Aufhebung des körperlichen Organismus, auf der Aufhebung des körperlichen Organismus die Aufhebung der sechs

Gebiete, auf der Aufhebung der sechs Gebiete die Aufhebung der Berührung, auf der Aufhebung der Berührung die Aufhebung der Empfindung, auf der Aufhebung der Empfindung die Aufhebung des ‚Durstes', auf der Aufhebung des ‚Durstes' die Aufhebung des Ergreifens, auf der Aufhebung des Ergreifens die Aufhebung des Werdens, auf der Aufhebung des Werdens die Aufhebung der Geburt, infolge der Aufhebung der Geburt werden Alter und Tod, Kummer, Wehklagen, Schmerz, Gram und Verzweiflung aufgehoben. Solcherart ist die Aufhebung dieser gesamten Leidensmasse."

Da tat der Erhabene, nachdem er erkannt, was dies zu bedeuten hatte, bei jener Gelegenheit folgenden feierlichen Ausspruch:

„Wahrlich, wenn die Dinge dem eifrigen, vertieften Brahmana sich entschleiern, dann steht er da, Maras Heer verscheuchend, wie die Sonne, die den Himmelsraum durchstrahlt."

27. Die Wandelbarkeit der zwölf Nidanas.

Samy. XII, 20.

1. Der Erhabene weilte bei Savatthi.

2. „Das bedingte Entstehen will ich euch weisen, ihr Mönche, und die bedingt entstandenen Erscheinungen. So höret aufmerksam und vergegenwärtigt es euch; ich will jetzt sprechen."

‚So sei es, Herr', antworteten die Mönche aufmerksam dem Erhabenen.

Der Erhabene sprach also:

3. „Was ist nun, ihr Mönche, das bedingte Entstehen? Durch die Geburt bedingt, ihr Mönche, entsteht Alter und Tod, ob nun Vollendete erstehen, oder ob keine Vollendeten erstehen.

Diese Tatsache steht als eine Norm fest, ist durch das Gesetz bestimmt als der Ausdruck kausaler Verknüpfung. Dies erkennt und beherrscht ein Vollendeter, und nachdem er es erkannt und beherrscht hat, verkündet er es, lehrt, offenbart, predigt, enthüllt er es, erklärt er es im einzelnen und macht es evident.

4. Durch Geburt bedingt, ihr Mönche, entsteht Alter und Tod ...

Durch das Werden bedingt, ihr Mönche, entsteht die Geburt ... usw. [nach dem Text Nr. 26].

Durch Nichtwissen bedingt, ihr Mönche, entstehen die organischen Prozesse, ob nun Vollendete erstehen, oder ob keine Vollendeten erstehen. Diese Tatsache steht als eine Norm fest, ist durch das Gesetz bestimmt als der Ausdruck kausaler Verknüpfung. Dies erkennt und beherrscht ein Vollendeter, und nachdem er es erkannt und beherrscht hat, verkündet er es, lehrt, offenbart, predigt, enthüllt er es, erklärt er es im einzelnen und macht es evident.

5. Durch Nichtwissen bedingt, ihr Mönche, entstehen die organischen Prozesse. So also, ihr Mönche, nicht verschieden, nicht anders ist der Ausdruck der kausalen Verknüpfung. Das nennt man, ihr Mönche, das bedingte Entstehen.

6. Und was, ihr Mönche, sind die bedingt entstandenen Erscheinungen?

Alter-und-Tod, ihr Mönche, ist veränderlich, zusammengesetzt, bedingt entstanden, dem Hinschwinden unterworfen, dem Vergehen unterworfen, der Auflösung unterworfen, der Aufhebung unterworfen.

7. Die Geburt, ihr Mönche, ist veränderlich, zusammengesetzt, bedingt entstanden, dem Hinschwinden unterworfen, dem Vergehen unterworfen, der Auflösung unterworfen, der Aufhebung unterworfen.

8. Das Werden, ihr Mönche, ist veränderlich, zusammengesetzt, bedingt entstanden, dem Hinschwinden unterworfen, dem Vergehen unterworfen, der Auflösung unterworfen, der Aufhebung unterworfen.

9-16. Das Anhaften, ihr Mönche, ... usw.

Der ‚Durst', ihr Mönche, ... usw.

Die Empfindung, ihr Mönche, ... usw.

Die Berührung, ihr Mönche, ... usw.

Das sechsfache Gebiet, ihr Mönche, ... usw.

Name-und-Form, ihr Mönche, ... usw.

Das Bewußtsein, ihr Mönche, ... usw.

Die organischen Prozesse, ihr Mönche, ... usw.

17. Das Nichtwissen, ihr Mönche, ist veränderlich, zusammengesetzt, bedingt entstanden, dem Hinschwinden unterworfen, dem Vergehen unterworfen, der Auflösung unterworfen, der Aufhebung unterworfen.

Dies, ihr Mönche, nennt man die bedingt entstandenen Erscheinungen."

28. Erklärung der zwölf Nidanas.

Samy. XII, 2.

Was ist nun, ihr Mönche, *Alter-und-Tod*? Aller der Wesen in dieser oder jener Wesensklasse Altern und Verblühen, Abgenutzt-, Grau- und Runzeligwerden, das Schwinden der Lebenskraft, das Stumpfwerden der Sinne: Das nennt man das Alter. – Das Abscheiden, Hinweggehen aller der Wesen aus dieser oder jener Wesensklasse, die Auflösung, das Vergehen, der Tod, das Sterben, das Erfüllen der Zeit, die Auflösung der ‚Gruppen', die Zersetzung des Leichnams. Das nennt man den Tod. So ist jenes das Alter, und dies der Tod. Das nennt man, ihr Mönche, Alter-und-Tod.

Und was, ihr Mönche, ist die *Geburt*? Aller der Wesen in dieser oder jener Wesensklasse Geburt, Geborenwerden, Niederstieg, Keimung, Empfängnis, das Erscheinen der ‚Gruppen', das Ergreifen der Sinnengebiete: Das nennt man, ihr Mönche, die Geburt.

Und was, ihr Mönche, ist das *Werden*? Diese drei [Arten von] Werden, gibt es ihr Mönche: Werden in der Welt der Sinnenlust, Werden in der Formwelt, Werden in der Nichtformwelt. Das nennt man, ihr Mönche, das Werden.

Werden (bhava) = Dasein, da dieses im Lichte der Anicca-Lehre weder ein Sein, noch ein Nichtsein, sondern, weil keins von beiden, beides ist, nämlich ein Werden, ein sich selbst entwikkelnder und sich wieder auflösender Prozeß. Über die hier erwähnten drei ‚Welten' s. unten Kap. VII.

Und was, ihr Mönche, ist das *Anhaften*? Diese vier [Arten des] Anhaftens gibt es: Das Haften an sinnliche Begierden, das Haften an falschen Ansichten, das Haften an Ritualismus, das Haften an der Lehre vom Ich. Das nennt man, ihr Mönche, das Anhaften.

Und was, ihr Mönche, ist der ‚*Durst*'? Diese sechs Arten des Durstes gibt es: Den Durst nach körperlichen Formen, den Durst nach Tönen, den Durst nach Gerüchen, den Durst nach Säften, den Durst nach Tastungen, den Durst nach Vorstellungs-Objekten. Das nennt man, ihr Mönche, den Durst.

Und was, ihr Mönche, ist die *Empfindung*? Diese sechs Arten der Empfindung gibt es: Die durch die Berührung des Auges hervorgerufenen Empfindungen, die durch die Berührung des Ohres hervorgerufenen Empfindungen, die durch die Berührung der Nase hervorgerufenen Empfindungen, die durch die Berührung der Zunge hervorgerufenen Empfindungen, die durch die Berührung des Körpers hervorgerufenen Empfindungen, die durch die Berührung des Denkens hervorgerufenen Empfindungen. Das nennt man, ihr Mönche, die Empfindung.

Und was, ihr Mönche, ist die *Berührung*? Diese sechs Arten der Berührung gibt es: Die Seh-Berührung, die Hör-Berührung, die Riech-Berührung, die Schmeck-Berührung, die Tast-Berührung, die Denk-Berührung. Das nennt man, ihr Mönche, die Berührung.

Und was, ihr Mönche, ist das *sechsfache Gebiet*? Das Seh-Gebiet, das Hör-Gebiet, das Riech-Gebiet, das Schmeck-Gebiet, das Tast-Gebiet, das Denk-Gebiet. Das nennt man, ihr Mönche, das sechsfache Gebiet.

Und was, ihr Mönche, ist *Name-und-Form*? Empfindung, Wahrnehmung, Denken, Berührung, Vorstellen: Das nennt man Name. Die vier großen Gebilde und die von den vier großen Gebilden abhängige körperliche Form: Das nennt man Form. So ist jenes Name, und dieses Form. Das nennt man, ihr Mönche, Name-und-Form.

ꕥ

Die verständlichste und passendste Übersetzung von namarupa dürfte ‚Geist-Leiblichkeit' oder „der (lebende) Organismus", [d.h. der Körper mitsamt den psychischen Prozessen] sein.

ꕥ

Und was, ihr Mönche, ist das *Bewußtsein*? Diese sechs Arten des Bewußtseins gibt es: Seh-Bewußtsein, Hör-Bewußtsein, Riech-Bewußtsein, Schmeck-Bewußtsein, Tast-Bewußtsein, Denk-Bewußtsein. Das nennt man, ihr Mönche, das Bewußtsein.

Und was, ihr Mönche, sind die *organischen Prozesse*? Diese drei [Arten von] Prozessen gibt es: Körper-Prozeß, sprachlichen Prozeß, geistigen Prozeß. Das nennt man, ihr Mönche, organische Prozesse.

Und was, ihr Mönche, ist das *Nichtwissen*? Was da, ihr Mönche, die Nichterkenntnis des Leidens, die Nichterkenntnis der Entstehung des Leidens, die Nichterkenntnis der Aufhebung des Leidens, die Nichterkenntnis des zur Aufhebung des Leidens führenden Pfades ist, das nennt man, ihr Mönche das Nichtwissen.

29. Der falsche und der rechte Pfad.

Samy. XII, 3.

Der Erhabene weilte bei Savatthi usw. „Den falschen Pfad, ihr Mönche, will ich euch zeigen und den rechten Pfad. Höret aufmerksam und vergegenwärtigt es euch; ich will jetzt sprechen."

‚So sei es, Herr', antworteten die Mönche aufmerksam dem Erhabenen.

Der Erhabene sprach also:

„Welches, ihr Mönche, ist der falsche Pfad? Durch Nichtwissen bedingt entstehen die organischen Prozesse; durch die organischen Prozesse bedingt entsteht das Bewußtsein; durch das Bewußtsein bedingt entsteht Name-und-Form; durch Name-und-Form bedingt entsteht das sechsfache Gebiet; durch das sechsfache Gebiet bedingt entsteht die Berührung; durch die Berührung bedingt entsteht die Empfindung; durch die Empfindung bedingt entsteht der ‚Durst'; durch den ‚Durst' bedingt entsteht das Anhaften; durch das Anhaften bedingt entsteht das Werden; durch das Werden bedingt entsteht die Geburt; durch die Geburt bedingt entstehen Alter und Tod, Kummer, Jammer, Schmerz, Gram und Verzweiflung. Solcherart ist die Entstehung dieser gesamten Leidensmasse. *Das nennt man, ihr Mönche, den falschen Pfad.*

Und welches, ihr Mönche, ist der rechte Pfad? Durch die spurlose, restlose Aufhebung des Nichtwissens werden die organischen Prozesse aufgehoben; durch die spurlose, restlose Aufhebung der organischen Prozesse wird das Bewußtsein aufgehoben; durch die spurlose, restlose Aufhebung des Bewußtseins wird Name-und-Form aufgehoben; durch die spurlose, restlose Aufhebung von Name-und-Form wird das sechsfache Gebiet aufgehoben; durch die spurlose, restlose Aufhebung des sechsfachen Gebietes wird die Berührung aufgehoben; durch die spurlose, restlose Aufhebung der Berührung wird die Empfindung aufgehoben; durch die spurlose, restlose Aufhebung der Empfindung wird der ‚Durst' aufgehoben; durch die spurlose, restlose Aufhebung des ‚Durstes' wird das Anhaften aufgehoben; durch die spurlose, restlose Aufhebung des Anhaftens wird das Werden aufgehoben; durch die spurlose, restlose Aufhebung des Werdens wird die Geburt aufgehoben; durch die spurlose, restlose Aufhebung der Geburt werden Alter und Tod, Kummer, Jammer, Schmerz, Gram und Verzweiflung aufgehoben. Solcherart ist die Aufhebung dieser gesamten Leidensmasse. *Das nennt man, ihr Mönche, den rechten Pfad.*"

30. Der Weg zur Aufhebung des bedingten Entstehens.

Samy. XII, 27.

Durch die Entstehung der Geburt entsteht Alter und Tod. Durch die Aufhebung der Geburt wird Alter und Tod aufgehoben. Und dieser hohe achtteilige Weg ist der zur Aufhebung von Alter und Tod führende Pfad, nämlich: rechte Anschauung, rechte Gesinnung, rechtes Reden, rechtes Handeln, rechte Lebensführung, rechter Kampf, rechtes Gedenken, rechte Konzentration.

Durch die Entstehung des Werdens entsteht die Geburt ... [usw. bis] ... rechte Konzentration.

Durch die Entstehung des Anhaftens entsteht das Werden ... [usw. bis] ... rechte Konzentration.

Durch die Entstehung des ‚Durstes' entsteht das Anhaften ...

Durch die Entstehung der Empfindung entsteht der ‚Durst' ...

Durch die Entstehung der Berührung ... usw. ... usw. ...

Durch die Entstehung des Nichtwissens entstehen die organischen Prozesse. Durch die Aufhebung des Nichtwissens werden die organischen Prozesse aufgehoben. Und dieser hohe achtteilige Weg ist der zur Aufhebung der organischen Prozesse führende Pfad, nämlich: rechte Anschauung, rechte Gesinnung, rechtes Reden, rechtes Handeln, rechte Lebensführung, rechter Kampf, rechtes Gedenken, rechte Konzentration.

VI. Die Tat und ihre Reife.

Eine der wichtigsten Lehren des Buddhismus ist die Lehre von der ‚wirkenden Tat‘ (pali kamma, sanskr. karman). Ihr Inhalt ist kurz folgender: Alles, was der Mensch wirkt in Gedanken, Worten und Werken, hinterläßt dauernde Spuren, die sich dem Täter früher oder später in leidvoller oder angenehmer Weise fühlbar machen, je nachdem die ‚Tat‘ „unheilsam“ (akusala) oder „heilsam“ (kusala) war. Die Lehre vom Kamma ist innig mit dem Gedanken der Wiedergeburt verbunden, indessen soll die Wiedergeburtslehre in diesem Buch aus Nützlichkeits-Gründen später behandelt werden.

31. Lehrsprüche.

Aus dem Dhammapada.

1. Das Denken erst, dann Wort und Tat, im Denken ruht des Schicksals Saat: Wer bösgesinnt die Worte kürt, wer bösgesinnt das Werk vollführt, dem folgen Leiden, die er schuf, gleichwie das Rad des Zugtiers Huf.

2. Das Denken erst, dann Wort und Tat, im Denken ruht des Schicksals Saat: Wer rechtgesinnt die Worte kürt, wer rechtgesinnt das Werk vollführt, dem folget Glück nach freudereich, dem immer treuen Schatten gleich.

15. Es quält sich hier, es quält sich nach dem Tode, es quält in beiden Welten sich der Übeltäter; er ist entsetzt und voller Trauer, wenn er die Flecken seiner eigenen Tat gewahr wird.

17. Es freut sich hier, es freut sich nach dem Tode, es freut in beiden Welten der gerechte Mensch sich; er ist beglückt und voller Wonne, wenn er die Reinheit seiner eignen Tat gewahr wird.

117. Wenn Böses je ein Mensch getan hat, so tue er es hinfort nicht wieder, noch sehne er sich danach zurück; des Bösen Ausgang ist das Leid.

118. Wenn Gutes je ein Mensch getan hat, dann tue er es immer wieder und sehne sich danach zurück; des Guten Ausgang ist das Glück.

121. Man schätze nicht gering das Böse ein, indem man denkt: ‚Es wird nicht zu mir kommen!' Ein Wasserkrug wird endlich voll, wenn stetig Wassertropfen fallen: so wird mit Bösem angefüllt der Tor, indem er mählich Böses anhäuft.

122. Man schätze nicht gering das Gute ein, noch denke man: ‚Es wird nicht zu mir kommen!' Ein Wasserkrug wird endlich voll, wenn stetig Wassertropfen fallen: so wird mit Gutem angefüllt der Weise, indem er mählich Gutes anhäuft.

126. Einige gehen in den Mutterschoß ein, die Übeltäter erscheinen in der Hölle wieder, die Gerechten gehen in den Himmel ein, die Einflußfreien erlöschen völlig.

127. Nicht in der Luft, nicht in des Weltmeers Tiefen, noch wenn du der Berge Höhlen suchst: es findet nirgends in der Welt ein Ort sich, wo man der eignen bösen Tat entrinnen könnte.

219-220. Den nach langer Abwesenheit aus fernen Ländern glücklich Wiederkehrenden begrüßt, wenn er heimgekehrt, die Schar der Freunde und Verwandten. So auch empfangen den, der recht gehandelt hat, wenn er von dieser Welt in die andere gelangt, die eignen guten Taten wie Freunde einen lieben Freund bei der Heimkehr.

32. Die Tat ist Wissen und Gerechtigkeit.

Samy. I, 5, 8 und II, 2, 10.

Die Tat ist Wissen und Gerechtigkeit, sittliche Zucht ist das höchste Leben. Hierdurch werden die Sterblichen rein, nicht durch Abstammung oder durch Reichtum.

33. Vierfache Tat.

Ang. IV, 232.

Folgende vier Taten, ihr Mönche, sind von mir selbst erkannt, verwirklicht und verkündet worden. Welche vier? Es gibt, ihr

Mönche, die dunkle Tat, deren Reife dunkel ist; es gibt, ihr Mönche, die lichte Tat, deren Reife licht ist; es gibt, ihr Mönche, die teils dunkle, teils lichte Tat, deren Reife teils dunkel, teils licht ist; es gibt, ihr Mönche, die weder dunkle noch lichte Tat, deren Reife weder dunkel noch licht ist: die Tat, die zum Verschwinden der [wirkenden] Tat führt. Was ist nun, ihr Mönche, die dunkle Tat, deren Reife dunkel ist? Da wirkt jemand, ihr Mönche, unheilvolle körperliche Prozesse, wirkt unheilvolle sprachliche Prozesse, wirkt unheilvolle gedankliche Prozesse. Nachdem er unheilvolle körperliche, sprachliche und gedankliche Prozesse gewirkt hat, erscheint er wieder in einer unheilvollen Welt. Und ihn, der in einer unheilvollen Welt wiedererscheint, treffen unheilvolle Eindrücke. Von unheilvollen Eindrücken getroffen, empfindet er unselige, einzig unglückliche Gefühle, gleich den höllischen Wesen. Das nennt man, ihr Mönche, die dunkle Tat, deren Reife dunkel ist.

Und was, ihr Mönche, ist die lichte Tat, deren Reife licht ist? Da wirkt jemand, ihr Mönche, heilvolle körperliche Prozesse, wirkt heilvolle sprachliche Prozesse, wirkt heilvolle gedankliche Prozesse. Nachdem er heilvolle körperliche, sprachliche und gedankliche Prozesse gewirkt hat, erscheint er wieder in einer heilvollen Welt. Und ihn, der in einer heilvollen Welt wiedererscheint, treffen heilvolle Eindrücke. Von heilvollen Eindrücken getroffen, empfindet er selige, einzig glückliche Gefühle, gleich den Subhakinha-Göttern. Das nennt man, ihr Mönche, die lichte Tat, deren Reife licht ist.

Und was, ihr Mönche, ist die teils dunkle, teils lichte Tat, deren Reife teils dunkel, teils licht ist? Da wirkt jemand, ihr Mönche, teils unheilvolle, teils heilvolle körperliche Prozesse, wirkt teils unheilvolle, teils heilvolle sprachliche Prozesse, wirkt teils unheilvolle, teils heilvolle gedankliche Prozesse. Nachdem er teils unheilvolle, teils heilvolle körperliche, sprachliche und gedankliche Prozesse gewirkt hat, erscheint er, wieder in einer teils unheilvollen, teils heilvollen Welt. Und ihn, der in einer teils unheilvollen, teils heilvollen Welt wiedererscheint, treffen teils unheilvolle, teils heilvolle Eindrücke. Von teils unheilvollen, teils heilvollen Eindrücken getroffen, empfindet er teils unreine, teils reine, teils unglückliche, teils glückliche Gefühle, gleich den Menschen, manchen Devas und manchen Wesen des Abgrundes. Das nennt man, ihr Mönche, die teils dunkle, teils lichte Tat, deren Reife teils dunkel, teils licht ist.

Und was, ihr Mönche, ist die weder dunkle noch lichte Tat, deren Reife weder dunkel noch licht ist, die Tat, die zum Verschwinden der [wirkenden] Tat führt? Wenn da, ihr Mönche, der Wille die dunkle Tat, deren Reife dunkel ist, aufgegeben hat, wenn der Wille die lichte Tat, deren Reife licht ist, aufgegeben hat, wenn der Wille die teils dunkle, teils lichte Tat, deren Reife teils dunkel, teils licht ist, aufgegeben hat, so nennt man das, ihr Mönche, die weder dunkle, noch lichte Tat, deren Reife weder dunkel noch licht ist: die Tat, die zum Verschwinden der [wirkenden] Tat führt.

Diese vier Taten, ihr Mönche, sind von mir selbst erkannt, verwirklicht und verkündet worden.

34. Böses und gutes Gewissen.

Ang. II, 1, 3-4.

Folgende zwei Dinge, ihr Mönche, bereiten notwendigerweise Qual. Welche zwei?

Da hat jemand, ihr Mönche, in Werken übelgetan, hat in Werken nichts Gutes getan. Er hat in Worten übelgetan, hat in Worten nichts Gutes getan. Er hat in Gedanken übelgetan, hat in Gedanken nichts Gutes getan.

‚Ich habe in Werken übelgetan', – das quält ihn.
‚Ich habe in Werken nichts Gutes getan', – das quält ihn.
‚Ich habe in Worten übelgetan', – das quält ihn.
‚Ich habe in Worten nichts Gutes getan', – das quält ihn.
‚Ich habe in Gedanken übelgetan', – das quält ihn.
‚Ich habe in Gedanken nichts Gutes getan', – das quält ihn.

Diese zwei Dinge, ihr Mönche, bereiten notwendigerweise Qual.

Folgende zwei Dinge, ihr Mönche, bereiten notwendigerweise keine Qual. Welche zwei?

Da hat jemand, ihr Mönche, in Werken Gutes getan, hat in Werken nicht übelgetan. Er hat in Worten Gutes getan, hat in Worten nicht übelgetan. Er hat in Gedanken Gutes getan, hat in Gedanken nicht übelgetan.

‚Ich habe in Werken Gutes getan', – das quält ihn nicht.
‚Ich habe in Werken nicht übelgetan', – das quält ihn nicht.
‚Ich habe in Worten Gutes getan', – das quält ihn nicht.
‚Ich habe in Worten nicht übelgetan', – das quält ihn nicht.
‚Ich habe in Gedanken Gutes getan', – das quält ihn nicht.
‚Ich habe in Gedanken nicht übelgetan', – das quält ihn nicht.

Diese zwei Dinge, ihr Mönche, bereiten notwendigerweise keine Qual.

35. Zweifaches Wirken und seine Reife.

Ang. III, 141.

Ist jemand, ihr Mönche, mit drei Dingen belastet, dann fährt er, wie er es verdient, zur Hölle. Mit welchen drei? Mit unheilsamen Taten in Werken, Worten und Gedanken. Ist jemand, ihr Mönche, mit diesen drei Dingen belastet, dann fährt er, wie er es verdient, zur Hölle.

Ist jemand, ihr Mönche, mit drei Dingen ausgerüstet, dann geht er, wie er es verdient, zum Himmel ein. Mit welchen drei? Mit heilsamen Taten in Werken, Worten und Gedanken. Ist jemand, ihr Mönche, mit diesen drei Dingen ausgerüstet, dann geht er, wie er es verdient, zum Himmel ein.

36. Zwei Wege.

Itivuttaka 32 und 33.

Ist jemand, ihr Mönche, mit zwei Dingen belastet, so fährt er, wie er es verdient, zur Hölle. Mit welchen zwei Dingen? Mit schlechter sittlicher Zucht und schlechten Ansichten. Ist jemand, ihr Mönche, mit diesen zwei Dingen belastet, so fährt er, wie er es verdient, zur Hölle ...

Ein Mann, der mit diesen zwei Dingen: mit schlechter sittlicher Zucht und schlechten Ansichten belastet ist, – der Tor gelangt bei der Auflösung des Körpers in die Hölle.

Ist jemand, ihr Mönche, mit zwei Dingen ausgerüstet, so geht er, wie er es verdient, zum Himmel ein. Mit welchen zwei Dingen? Mit rechter sittlicher Zucht und rechter Anschauung.

Ist jemand, ihr Mönche, mit diesen zwei Dingen ausgerüstet, so geht er, wie er es verdient, zum Himmel ein ...

Ein Mann, der mit diesen zwei Dingen: mit rechter sittlicher Zucht und rechter Anschauung ausgerüstet ist, – der Weise gelangt bei der Auflösung des Körpers in den Himmel ...

37. Tun und Nichttun.

Ang. II, 4, 3.

Und es begab sich ein gewisser Brahmane zum Erhabenen, tauschte mit dem Erhabenen die herkömmliche höfliche Begrüßung aus und setzte sich, nach vollzogener Begrüßung, ihm zur Seite nieder. Zum Erhabenen sprach nun dieser Brahmane, der ihm zur Seite saß, also:

‚Was lehrt, was verkündet der Herr Gautama?'

„Ich lehre das Tun, Brahmane, auch das Nichttun lehre ich."

‚Wie und auf welche Weise aber lehrt der Herr Gautama das Tun und lehrt auch das Nichttun?'

„Ich lehre, Brahmane, das Nichttun: Ich lehre, daß schlechter Wandel in Werken, Worten und Gedanken, daß irgendwelche als schlecht und unheilvoll zu bezeichnenden Dinge *nicht getan* werden sollen. Und auch das Tun, Brahmane, lehre ich: Ich lehre, daß guter Wandel in Werken, Worten und Gedanken, daß irgendwelche als heilsam zu bezeichnenden Dinge getan werden sollen. So, Brahmane, lehre ich das Tun und lehre auch das Nichttun."

‚Wahrhaft erhaben, Herr! Wahrhaft erhaben, Herr! Gleichwie da, Herr, jemand das Umgestürzte aufrichtet oder das Verdeckte enthüllt, oder wie jemand einem Verirrten den Weg weist, oder in der Finsternis eine Leuchte hält, auf daß, die Augen haben, die Dinge sehen können, so auch ist mir von dem Erhabenen die Lehre auf mancherlei Weise klargemacht worden. Ich nehme, Herr, meine Zuflucht zum Erhabenen, zur Lehre und zur Brüderschaft der Mönche. Möge der Erhabene mich, der ich Zuflucht genommen habe, als Laienjünger annehmen vom heutigen Tage an bis zum Ende meines Lebens.

38. Dreifache Bedingung der Taten.

Ang. III, 33.

1. Drei Bedingungen gibt es, ihr Mönche, unter denen Taten entstehen. Welche drei? *Begierde* ist eine Bedingung, unter welcher Taten entstehen; *Haß* ist eine Bedingung, unter welcher Taten entstehen; *Wahn* ist eine Bedingung, unter welcher Taten entstehen.

Wenn, ihr Mönche, eines Menschen Taten aus Begierde getan werden, in Begierde wurzeln, von Begierde begleitet sind, aus Begierde entspringen, dann gelangen jene Taten zur Reife, wo immer seine Person sein mag, und wo immer sie reifen, eben dort genießt er die Frucht jener Taten, sei es nun, daß sie sich in diesem oder im nächsten oder in einem späteren Leben einstellt.

Wenn, ihr Mönche, eines Menschen Taten aus Haß getan werden, in Haß wurzeln, von Haß begleitet sind, aus Haß entspringen, dann gelangen jene Taten zur Reife, wo immer seine Person sein mag, und wo immer sie reifen, dort genießt er die Frucht jener Taten, sei es nun, daß sie sich in diesem oder im nächsten oder in einem späteren Leben sich einstellt.

Wenn, ihr Mönche, eines Menschen Taten aus Wahn getan werden, in Wahn wurzeln, von Wahn begleitet sind, aus Wahn entspringen, dann gelangen jene Taten zur Reife, wo immer seine Person sein mag, und wo immer sie reifen, dort genießt er die Frucht jener Taten, sei es nun, daß sie sich in diesem oder im nächsten oder in einem späteren Leben einstellt.

Gleichwie, ihr Mönche, eine von Fäulnis, Wind und Hitze unbeeinträchtigte, unverdorbene, unversehrte, gesunde Saat, die auf einem fruchtbaren Acker, auf wohlbereitetem Boden richtig gesäet wird, aufgehen, wachsen, sich entfalten wird, wenn zur rechten Zeit der Regen sich einstellt, genau so, ihr Mönche, werden, wenn eines Menschen Taten aus Begierde, Haß und Wahn getan werden, in Begierde, Haß und Wahn wurzeln, von Begierde, Haß und Wahn begleitet sind, aus Begierde, Haß und Wahn entspringen, jene Taten zur Reife gelangen, wo immer seine Person sein mag, und wo immer sie reifen, dort genießt er die Frucht jener Taten, sei es nun, daß sie sich in diesem oder im nächsten oder in einem späterem Leben einstellt.

Dies, ihr Mönche, sind drei Bedingungen, unter denen Taten entstehen.

2. Drei Bedingungen gibt es, ihr Mönche, unter denen Taten entstehen. Welche drei? *Gierlosigkeit* ist eine Bedingung, unter der Taten entstehen; *Haßlosigkeit* ist eine Bedingung, unter der Taten entstehen; *Wahnlosigkeit* ist eine Bedingung, unter der Taten entstehen.

Wenn, ihr Mönche, eines Menschen Taten ohne Begierde getan werden, in Begierde nicht wurzeln, von Begierde nicht begleitet sind, nicht aus Begierde entspringen, dann sind jene Taten, eben weil die Begierde vernichtet ist, aufgegeben, entwurzelt, wie ein Palmbaum bis zum Grunde ausgerodet und zerstört und nicht mehr fähig, künftig wieder ins Dasein zu treten.

Wenn, ihr Mönche, eines Menschen Taten ohne Haß getan werden, in Haß nicht wurzeln, von Haß nicht begleitet sind, nicht aus Haß entspringen, dann sind jene Taten, eben weil der Haß vernichtet ist, aufgegeben, entwurzelt, wie ein Palmbaum bis zum Grunde ausgerodet und zerstört und nicht mehr fähig, künftig wieder ins Dasein zu treten.

Wenn, ihr Mönche, eines Menschen Taten ohne Wahn getan werden, in Wahn nicht wurzeln, von Wahn nicht begleitet sind, nicht aus Wahn entspringen, dann sind jene Taten, eben weil der Wahn vernichtet ist, aufgegeben, entwurzelt, wie ein Palmbaum bis zum Grunde ausgerodet und zerstört und nicht mehr fähig, künftig wieder ins Dasein zu treten.

Gleichwie, ihr Mönche, wenn eine von Fäulnis, Wind und Hitze unbeeinträchtigte, unverdorbene, unversehrte, gesunde Saat richtig gesäet wird, und jemand verbrennt sie mit Feuer zu Asche und zerstreut sie, nachdem er sie zu Asche verbrannt, in alle Winde oder wirft sie in einen schnell-fließenden Strom, – die Saat aufgegeben, wie ein Palmbaum bis zum Grunde ausgerodet und zerstört und nicht mehr fähig ist, künftig wieder ins Dasein zu treten:

Genau so, ihr Mönche, sind, wenn eines Menschen Taten ohne Begierde, Haß und Wahn getan werden, in Begierde, Haß und Wahn nicht wurzeln, von Begierde, Haß und Wahn nicht begleitet sind, nicht aus Begierde, Haß und Wahn entspringen, – jene Taten, eben weil Begierde, Haß und Wahn vernichtet ist, aufgegeben, entwurzelt, wie ein Palmbaum bis zum Grunde ausgerodet und zerstört und nicht mehr fähig, künftig wieder ins Dasein zu treten.

Dies, ihr Mönche, sind drei Bedingungen, unter denen Taten entstehen.

Die Tat, die aus Begierde, Haß und Wahn entsprang,
Ob ihrer viel es sind, ob wenige,
Die muß der Tor hier büßen, –
Nicht gibt es eine andre Möglichkeit.
So möge denn der weise Mönch Begier und Haß und Wahn
Und damit alle schlimmen Wege meiden,
Indem in sich das Wissen er erweckt.

39. Die frische und die frühere Tat.

Samy. XXXV, 145.

Die frische und die frühere Tat will ich euch zeigen, ihr Mönche, und die Aufhebung der Tat und den zur Aufhebung der Tat führenden Pfad. So höret aufmerksam und vergegenwärtigt es euch.

Was ist, ihr Mönche, die frühere Tat?

Das Auge, ihr Mönche, ist als durch frühere Tat gebildet und bestimmt zu erkennen und zu betrachten.

Das Ohr, ihr Mönche, ist als durch frühere Tat gebildet und bestimmt zu erkennen und zu betrachten.

Die Nase, ihr Mönche, ist als durch frühere Tat gebildet und bestimmt zu erkennen und zu betrachten.

Die Zunge, ihr Mönche, ist als durch frühere Tat gebildet und bestimmt zu erkennen und zu betrachten.

Der Leib, ihr Mönche, ist als durch frühere Tat gebildet und bestimmt zu erkennen und zu betrachten.

Der Geist, ihr Mönche, ist als durch frühere Tat gebildet und bestimmt zu erkennen und zu betrachten.

Das nennt man, ihr Mönche, die frühere Tat.

Und was, ihr Mönche, ist die frische Tat? Wenn da jemand, ihr Mönche, jetzt in Werken, Worten oder Gedanken eine Tat wirkt, so nennt man dies, ihr Mönche, die frische Tat.

Und was, ihr Mönche, ist die Aufhebung der Tat? Wenn da jemand, ihr Mönche, durch die Aufhebung der Werk-Tat, der Wort-Tat und der Gedanken-Tat die Erlösung verwirklicht, so nennt man das, ihr Mönche, die Aufhebung der Tat.

Und was, ihr Mönche, ist der zur Aufhebung der Tat führende Pfad? Es ist dieser hohe achtteilige Weg, das will sagen: rechte Anschauung, rechte Gesinnung, rechtes Reden, rechtes Handeln, rechte Lebensführung, rechter Kampf, rechtes Gedenken, rechte Konzentration. Dies nennt man, ihr Mönche, den zur Aufhebung der Tat führenden Pfad.

So habe ich euch, ihr Mönche, die frühere Tat gezeigt, habe euch die frische Tat gezeigt, habe euch die Aufhebung der Tat gezeigt, habe euch den zur Aufhebung der Tat führenden Pfad gezeigt.

Was da, ihr Mönche, ein wohlwollender, gütiger Lehrer, von Mitleid bewogen, seinen Jüngern tun soll, das habe ich euch getan.

Hier sind Bäume, ihr Mönche, hier einsame Stätten: Vertieft euch, ihr Mönche, auf daß ihr nicht lässig werdet, auf daß ihr später nichts zu bereuen habt. Dies, so denket, ist unser Gebot!

40. Die Götterboten.

Ang. III, 35.

Folgende drei *Götterboten* gibt es, ihr Mönche; welche drei?

Da führt, ihr Mönche, jemand einen schlechten Wandel in Werken, Worten und Gedanken. Und nachdem er in Werken, Worten und Gedanken einen schlechten Wandel geführt hat, gelangt er bei der Auflösung des Körpers, jenseits des Todes, auf den Abweg, auf den schlimmen Weg, zu Stätten des Leidens, zur Hölle. Diesen Menschen, ihr Mönche, packen nun die Höllenwächter hart an den Armen an und zeigen ihn dem König Yama.

‚Dieser Mensch, o Fürst, war lieblos, unehrerbietig gegen die Eltern, gegen Asketen und Brahmanen; die Ältesten seines Geschlechtes hat er nicht geehrt. An diesem möge der Gott die Strafe vollziehen.'

Ihm nun, ihr Mönche, führt König Yama den *ersten Götterboten* mit dringlichen Worten vor Augen und sagt:

„Sahest du nicht, o Mensch, den ersten Götterboten sichtbarlich unter den Menschen erscheinen?"

Er aber spricht: ‚Herr, ich sah ihn nicht.'

Dann, ihr Mönche, spricht König Yama zu ihm also:

„Sahest du nicht, o Mensch, unter den Menschen ein Weib oder einen Mann von achtzig Jahren oder von neunzig Jahren oder von hundert Jahren, greis, wie eine Dachsparre gekrümmt, gebeugt an einem Stab dahinwankend, zitternd sich fortbewegend, siech, die Jugend längst hinter sich, mit klaffenden Zahnlücken, das graue Haar strähnig und filzig, der Kopf voller Runzeln, der Körper mit Flecken besät?"

Und jener erwidert: ‚Herr, das sah ich wohl.'

Dann, ihr Mönche, spricht König Yama zu ihm also:

„Kam dir da, o Mensch, der du mit Vernunft begabt und alt genug warst, nicht der Gedanke: ‚Auch ich bin dem Alter unterworfen, kann dem Alter nicht entrinnen, wohlan denn, ich will Gutes tun in Werken, Worten und Gedanken'?"

Er aber sagt: ‚Herr, ich konnte nicht, Herr, ich war nachlässig.'

Dann, ihr Mönche, spricht König Yama zu ihm also:

„Aus Nachlässigkeit, o Mensch, hast du in Werken, Worten und Gedanken nichts Gutes getan. Wahrlich, o Mensch, man wird mit dir entsprechend deiner Nachlässigkeit verfahren. Denn jene üblen Taten hat weder deine Mutter getan, noch hat sie dein Vater getan, noch hat sie dein Bruder getan, noch hat sie deine Schwester getan, noch haben sie deine Freunde und Anverwandten getan, noch haben sie deine Angehörigen und Blutsverwandten getan, noch haben sie Gottheiten getan, auch haben sie weder Asketen noch Brahmanen getan, – sondern *du* hast jene üblen Taten getan, und so schmeckst auch *du* ihre Reife."

Nachdem nun, ihr Mönche, König Yama diesem Menschen den ersten Götterboten mit dringlichen Worten vor Augen geführt hat, führt er ihm den *zweiten Götterboten* deutlich vor Augen und sagt:

„Sahest du nicht, o Mensch, den zweiten Götterboten sichtbarlich unter den Menschen erscheinen?"

Er aber spricht: ‚Herr, ich sah ihn nicht.'

Dann, ihr Mönche, spricht König Yama zu ihm also:

„Sahest du nicht, o Mensch, unter den Menschen ein Weib oder einen Mann, krank, elend, von schwerem Leiden heimgesucht, in dem eignen Unrat, den sie unter sich ließen, sich wälzend, und die, wenn sie lagen, von anderen aufgerichtet, von anderen wieder niedergelegt werden mußten?"

Und jener erwidert: ‚Herr, das sah ich wohl.'

Dann, ihr Mönche, spricht König Yama zu ihm also:

„Kam dir da, o Mensch, der du mit Vernunft begabt und alt genug warst, nicht der Gedanke: ‚Auch ich bin der Krankheit unterworfen, kann der Krankheit nicht entrinnen; wohlan denn, ich will Gutes tun in Werken, Worten und Gedanken'?"

Er aber sagt: ‚Herr, ich konnte nicht, Herr, ich war nachlässig.'

Dann, ihr Mönche, spricht König Yama zu ihm also:

„Aus Nachlässigkeit, o Mensch, hast du in Werken, Worten und Gedanken nichts Gutes getan. Wahrlich, o Mensch, man wird mit dir entsprechend deiner Nachlässigkeit verfahren. Denn jene üblen Taten hat weder deine Mutter getan, noch hat sie dein Vater getan, noch hat sie dein Bruder getan, noch hat sie deine Schwester getan, noch haben sie deine Freunde und Anverwandten getan, noch haben sie deine Angehörigen und Blutsverwandten getan, noch haben sie Gottheiten getan, auch haben sie weder Asketen noch Brahmanen getan, – sondern *du* hast jene üblen Taten getan, und so schmeckst auch *du* ihre Reife."

Nachdem nun, ihr Mönche, König Yama diesem Menschen den zweiten Götterboten mit dringlichen Worten vor Augen geführt hat, führt er ihm den *dritten Götterboten* deutlich vor Augen und sagt:

„Sahest du nicht, o Mensch, den dritten Götterboten sichtbarlich unter den Menschen erscheinen?" Er aber spricht: ‚Herr, ich sah ihn nicht.'

Dann, ihr Mönche, spricht König Yama zu ihm also: „Sahest du nicht, o Mensch, unter den Menschen ein Weib oder einen Mann einen Tag nach dem Tode, oder zwei Tage nach dem Tode, oder drei Tage nach dem Tode, aufgequollen, mit bläulichen Leichenflecken, in beginnender Verwesung?" Und jener erwidert: ‚Herr, das sah ich wohl.'

Dann, ihr Mönche, spricht König Yama zu ihm also:

„Kam dir da, o Mensch, der du mit Vernunft begabt und alt genug warst, nicht der Gedanke: ‚Auch ich bin dem Tode unterworfen, kann dem Tode nicht entrinnen; wohlan denn, ich will Gutes tun in Werken, Worten und Gedanken‘?“

Er aber sagt: ‚Herr, ich konnte nicht, Herr, ich war nachlässig.‘

Dann, ihr Mönche, spricht König Yama zu ihm also:

„Aus Nachlässigkeit, o Mensch, hast du in Werken, Worten und Gedanken nichts Gutes getan. Wahrlich, o Mensch, man wird mit dir entsprechend deiner Nachlässigkeit verfahren. Denn jene üblen Taten hat weder deine Mutter getan, noch hat sie dein Vater getan, noch hat sie dein Bruder getan, noch hat sie deine Schwester getan, noch haben sie deine Freunde und Anverwandten getan, noch haben sie deine Angehörigen und Blutsverwandten getan, noch haben sie Gottheiten getan, auch haben sie weder Asketen noch Brahmanen getan, – sondern *du* hast jene üblen Taten getan, und so schmeckst auch *du* ihre Reife.“

Nachdem nun, ihr Mönche, König Yama diesem Menschen den dritten Götterboten mit dringlichen Worten vor Augen geführt hat, versinkt er in Schweigen.

Und die Höllenwächter, ihr Mönche, belegen diesen Menschen mit der sogenannten fünffältigen Fessel ... usw., usw ...

41. Wohin der Lebenswandel führt.

Ang. II, 2, 6.

Und es begab sich ein gewisser Brahmane zum Erhabenen, tauschte mit dem Erhabenen die herkömmliche höfliche Begrüßung aus und setzte sich nach vollzogener Begrüßung ihm zur Seite nieder. Zum Erhabenen sprach nun dieser Brahmane, der ihm zur Seite saß, also:

‚Was ist wohl, Herr Gautama, die Ursache, was der Grund, daß hier manche Wesen bei der Auflösung des Körpers, jenseits des Todes, auf den Abweg, auf den schlimmen Weg, zu Stätten des Leidens, zur Hölle gelangen?'

„Infolge ihres ruchlosen Wandels, ihres unrechten Wandels, Brahmane, gelangen hier manche Wesen bei der Auflösung des Körpers, jenseits des Todes, auf den Abweg, auf den schlimmen Weg, zu Stätten des Leidens, zur Höllc."

‚Und was, Herr Gautama, ist die Ursache, was der Grund, daß hier manche Wesen bei der Auflösung des Körpers, jenseits des Todes, auf den guten Weg, zur Himmelswelt, gelangen?'

„Infolge ihres frommen Wandels, ihres rechten Wandels, Brahmane, gelangen manche Wesen bei der Auflösung des Körpers, jenseits des Todes, auf den guten Weg, zur Himmelswelt."

42. Von früherer Tat.

Udana III, 1.

So hab' ich es gehört: Einst weilte der Erhabene bei Savatthi im Jeta-Haine, im Klostergarten des Anthapindika. Damals aber saß in der Nähe des Erhabenen mit gekreuzten Beinen, den Körper gerade aufgerichtet, ein gewisser Mönch, welcher einen aus der Reife *früherer Taten* entstandenen peinvollen, heftigen, scharfen, grimmigen Schmerz besonnen, mit voller Erkenntnis und ohne zu murren ertrug.

Es sah nun der Erhabene diesen Mönch, der mit gekreuzten Beinen, den Körper gerade aufgerichtet, in seiner Nähe saß, wie er einen aus der Reife früherer Taten entstandenen peinvollen, heftigen, scharfen, grimmigen Schmerz besonnen, mit voller Erkenntnis und ohne zu murren ertrug.

Da tat der Erhabene, nachdem er erkannt, was dies zu bedeuten hatte, bei jener Gelegenheit folgenden feierlichen Ausspruch:

„Für einen Mönch, der jegliche Tat aufgibt, der früher gewirkte Befleckung abschüttelt, – für einen solchen, der nichts sein eigen nennt und der standhält, besteht kein Anlaß, vor den Menschen zu klagen."

43. Der Aussätzige Suppabuddha.

Udana V, 3.

So hab' ich es gehört: Einst weilte der Erhabene bei Rajagaha im Bambus-Haine beim Kalandakanivapa. Damals aber war in Rajagaha ein Aussätziger mit Namen Suppabuddha, ein armer, elender, unglücklicher Mensch. Der Erhabene aber saß zu der Zeit, von einer großen Versammlung umgeben, und trug die Lehre vor. Es sah nun der Aussätzige Suppabuddha von fern jene große Menschenmenge, die sich da versammelt hatte, und bei ihrem Anblick kam ihm folgender Gedanke: „Hier wird sicher etwas feste oder weiche Speise verteilt. Wie wäre es, wenn ich mich zu jener großen Menschenmenge hinbegeben würde, vielleicht könnte ich in der Tat hier etwas feste oder weiche Speise bekommen." Und der Aussätzige Suppabuddha begab sich zu jener großen Menschenmenge. Es sah nun der Aussätzige Suppabuddha den Erhabenen von einer großen Versammlung umgeben (dort) sitzen und die Lehre vortragen, und als er das sah, dachte er bei sich: „Hier wird freilich keine feste oder weiche Speise verteilt; der Asket Gautama trägt in einer Versammlung die Lehre vor; wie wäre es, wenn auch ich die Lehre hören würde?" Und mit dem Entschluß: „Auch ich will die Lehre hören", setzte er sich dort an einem Ende nieder.

Und der Erhabene durchdrang nun von Geist zu Geist die ganze Versammlung und vergegenwärtigte sich, wer hier wohl fähig wäre, die Lehre zu verstehen. Es sah nun der Erhabene den Aussätzigen Suppabuddha in jener Versammlung sitzen, und als er ihn erblickte, wurde es ihm klar: „Dieser hier ist fähig, die Lehre zu verstehen." Und der Erhabene legte im Hinblick auf den Aussätzigen Suppabuddha der Reihe nach folgende Gegenstände dar: Er erklärte das Geben, die sittliche Zucht, die Himmel, das Elend, die Eitelkeit und Unreinheit der Sinnengenüsse und den Segen, den das Aufgeben der Sinnengenüsse in sich birgt.

Als der Erhabene erkannte, daß der Aussätzige Suppabuddha in seinem Geiste vorbereitet, empfänglich, frei von Hemmungen, freudig gestimmt und voll heiterer Ruhe war, da verkündete er die Lehre, wie sie in ihrer Reinheit von den Buddhas entdeckt worden ist: Das Leiden, seine Entstehung, seine Aufhebung und den Weg. Wie da ein reines, fleckenloses Gewand ganz und gar die Farbe in sich aufnimmt, so auch ging dem Aussätzigen Suppabuddha an eben der Stätte, wo er saß, das leidenschaftslose, makellose Auge der Wahrheit auf: „Was immer dem Entstehen unterworfen ist, das alles ist der Aufhebung unterworfen."

Und der Aussätzige Suppabuddha schaute die Lehre, erreichte die Lehre, erkannte die Lehre, durchdrang die Lehre, überwand den Zweifel, wurde frei von aller Ungewißheit, bekam Zuversicht und wurde in der Lehre des Meisters unabhängig von anderen. Er erhob sich von seinem Sitz, begab sich zum Erhabenen, begrüßte den Erhabenen ehrfurchtsvoll und setzte sich ihm zur Seite nieder. Zur Seite sitzend sprach nun der Aussätzige Suppabuddha zum Erhabenen also: „Wahrhaft erhaben, Herr, ganz vortrefflich! Gleichwie da, Herr, jemand das Umgestürzte aufrichtet oder das Bedeckte enthüllt, oder wie jemand einem Verirrten den Weg weist oder in der Finsternis eine Leuchte hält, auf daß, die Augen haben, die Dinge sehen können, – so auch ist mir vom Erhabenen die Lehre auf mancherlei Weise klargemacht worden. Ich nehme, Herr, meine Zuflucht zum Erhabenen, zur Lehre und zur Brüderschaft der Mönche. Möge der Erhabene mich, der ich Zuflucht genommen habe, als Laienanhänger annehmen vom heutigen Tage an bis zum Ende meines Lebens."

Und von dem Erhabenen durch das Gespräch über die Lehre belehrt, ermahnt, ermuntert und erfreut, gab der Aussätzige Suppabuddha seinem Beifall und seiner Freude über die Worte des Erhabenen Ausdruck, erhob sich von seinem Sitz, grüßte den Erhabenen ehrfurchtsvoll, umwandelte ihn rechter Hand und ging fort.

Nicht lange aber nachdem er fortgegangen war, fiel eine Kuh, die ein junges Kalb hatte, den Aussätzigen Suppabuddha an und beraubte ihn des Lebens. Da begaben sich viele Mönche hin zum Erhabenen, begrüßten den Erhabenen ehrfurchtsvoll und setzten sich ihm zur Seite nieder. Zur Seite sitzend sprachen nun diese Mönche zum Erhabenen also: „Herr, jener Aussätzige mit Namen Suppabuddha, der von dem Erhabenen durch ein Gespräch über die Lehre belehrt, ermahnt, ermuntert und erfreut wurde, ist gestorben. Welches ist sein Weg, welches sein künftiger Zustand?" – „Ihr Mönche, als ein Wissender wandelte der Aussätzige Suppabuddha den Vorschriften der Lehre gemäß, und er behelligte mich nicht in Sachen der Lehre. Infolge der Vernichtung der drei Fesseln, ihr Mönche, ist der Aussätzige Suppabuddha als ein in den Strom Eingetretener dem Verderben nicht mehr unterworfen und der künftigen erlösenden Erkenntnis gewiß."

Nach diesen Worten sprach ein Mönch zum Erhabenen:

„Herr, was ist die Ursache, was der Grund, daß Suppabuddha ein Aussätziger, ein armer, elender, unglücklicher Mensch gewesen ist?"

„Früher einmal, ihr Mönche, war der Aussätzige Suppabuddha in eben diesem Rajagaha der Sohn eines Gildemeisters. Als er (einst) in seinem Parkgrunde lustwandelte, erblickte er den Paccékabuddha Tagarasikhin, der wegen Almosenspeise in die Stadt kam, und als er ihn sah, dachte er bei sich: ‚Was für ein Aussätziger treibt sich denn mit seiner Aussätzigen-Robe hier herum?' Und er spie ihn an, bezeugte ihm seine Verachtung und ging fort. Als Reife dieser Tat wurde er viele Jahre, viele hundert Jahre, viele tausend Jahre, viele hunderttausend Jahre in der Hölle gepeinigt. Und als noch übrigbleibende Reife der nämlichen Tat war er in eben diesem Rajagaha ein Aussätziger, ein armer, elender, unglücklicher Mensch. Und kraft der vom Vollendeten kundgetanen Lehre und Disziplin hat er sich den Glauben, die sittliche Zucht, das gehörte

(Wort), die Entsagung und Weisheit zu eigen gemacht. Und weil er kraft der vom Vollendeten kundgetanen Lehre und Disziplin sich den Glauben, die sittliche Zucht, das gehörte (Wort), die Entsagung und Weisheit zu eigen gemacht hat, ist er bei der Auflösung des Körpers, jenseits des Todes, auf den guten Weg, in himmlische Welt gelangt, in die Gemeinschaft der Götter aus dem Gefolge der Dreiunddreißig. Und dort überstrahlt er die anderen Götter an Schönheit und an Ruhm."

Da tat der Erhabene, als er erkannt, was dies zu bedeuten hatte, bei jener Gelegenheit folgenden feierlichen Ausspruch:

„Der Sehende kämpfe vorhandene Ungerechtigkeiten nieder, der Wissende vermeide in der Welt des Lebens das Böse ganz und gar."

44. Pilindavaccha.

Udana III, 6.

So hab' ich es gehört: Einst weilte der Erhabene bei Rajagaha im Bambus-Haine beim Kalandakanivapa. Damals aber redete der ehrwürdige Pilindavaccha die Mönche mit dem Worte ‚Verworfene' an. Und viele Mönche begaben sich zum Erhabenen, begrüßten den Erhabenen ehrfurchtsvoll und setzten sich ihm zur Seite nieder. Zum Erhabenen sprachen nun jene Mönche, die ihm zur Seite saßen, also:

‚Herr, der ehrwürdige Pilindavaccha redet die Mönche mit dem Worte ‚Verworfene' an.'

Da richtete der Erhabene das Wort an einen Mönch: „Geh', Mönch, sage dem Mönch Pilindavaccha in meinem Namen: ‚Freund Pilindavaccha, der Meister ruft dich'!"

‚So sei es, Herr', antwortete jener Mönch dem Erhabenen, dann begab er sich zum ehrwürdigen Pilindavaccha und sprach zu ihm: ‚Freund Pilindavaccha, der Meister ruft dich!'

‚Ja, Freund', antwortete der ehrwürdige Pilindavaccha jenem Mönche, dann begab er sich zum Erhabenen, begrüßte den Erhabenen ehrfurchtsvoll und setzte sich ihm zur Seite nieder. Zu dem ehrwürdigen Pilindavaccha, der ihm zur Seite saß, sprach der Erhabene also:

„Ist es wahr, Vaccha, was man hört, daß du die Mönche mit dem Worte ‚Verworfene‘ anredest?“

‚So ist es, Herr.‘

Und der Erhabene betrachtete nun aufmerksam die früheren Lebensläufe des ehrwürdigen Pilindavaccha und richtete dann, das Wort an die Mönche:

„Mönche, ereifert euch nicht über den Mönch Vaccha; nicht aus Haß in seinem Innern, ihr Mönche, redet Vaccha die Mönche mit dem Worte ‚Verworfene‘ an. Fünfhundert unmittelbar aufeinanderfolgende Wiedergeburten des Mönches Vaccha, ihr Mönche, haben in einer Brahmanenfamilie, inmitten niederer Kasten, stattgefunden. Dies sein Wort ‚Verworfene‘ ist [von ihm] lange Zeit hindurch gebraucht worden. Aus diesem Grunde redet Vaccha die Mönche mit dem Worte ‚Verworfene‘ an.“

Da tat der Erhabene, nachdem er erkannt, was dies zu bedeuten hatte, bei jener Gelegenheit folgenden feierlichen Ausspruch:

„In wem keine Täuschung weilt, kein Dünkel, wer die Begierde vernichtet hat, wer nichts sein eigen nennt, wer wunschfrei ist, wer den Zorn von sich gestoßen hat, wessen Geist zur Ruhe gelangt ist: der ist ein Brahmana, der ist ein Asket, der ist ein Mönch.“

45. Der Gildemeister von Savatthi.

Samy. III, 2, 10, 2.

Savatthi. Der Kosaler König Pasenadi begab sich zur heißen Tageszeit zum Erhabenen, begrüßte den Erhabenen ehrfurchtsvoll und setzte sich ihm zur Seite nieder. Zu dem Kosaler König Pasenadi, der ihm zur Seite saß, sprach der Erhabene also:

„Nun, großer König, warum kommst du zu heißer Tageszeit?“

‚Herr, hier in Savatthi ist ein Haushalter, ein Gildemeister gestorben. Derselbe hat keinen Sohn hinterlassen, und ich komme jetzt hierher, nachdem ich seinen Besitz dem königlichen Palast überwiesen habe: Herr, zehn Millionen Goldstücke, und was soll ich erst vom Silber sagen! Aber dieser Haushalter und Gildemeister, Herr, pflegte abwechselnd Brockenspeise und sauren Haferschleim zu essen. Und so kleidete er sich: Als Gewand trug er ein Kleid aus grobem Hanf, und was seine Kutsche anbetrifft, so fuhr er in einem defekten Wagen mit einem abgenutzten Sonnenschirm aus Blättern.‘

„Gewiß, großer König, gewiß, großer König! In früherem Leben, großer König, gab dieser Haushalter und Gildemeister einst einem Paccékabuddha mit Namen Tagarasikhin Almosenspeise. Und als er nach den Worten: ‚Gebt dem Asketen Almosenspeise!‘ sich von seinem Sitz erhob und fortging, gereute es ihn, daß er gespendet hatte, indem er dachte: ‚Es wäre besser, wenn meine Sklaven und Arbeiter die Almosenspeise äßen!‘ Und außerdem beraubte er seines Bruders einzigen Sohn um des Vermögens willen des Lebens.

Und weil, großer König, dieser Haushalter und Gildemeister dem Paccékabuddha Tagarasikhin Almosenspeise spendete, gelangte er, als Reife dieser Tat, siebenmal auf den guten Weg, in die Himmelswelt. Und ebenfalls als Reife dieser Tat wurde er hier in Savatthi siebenmal Gildemeister.

Und weil nun, großer König, dieser Haushalter und Gildemeister es bereute, daß er gespendet hatte, indem er dachte: ‚Es wäre besser, wenn meine Sklaven und Arbeiter die Almosenspeise äßen‘, hatte er, als Reife dieser Tat, kein Verständnis für gute Speise, hatte er kein Verständnis für schöne Kleidung, hatte er kein Verständnis für ein geschmackvolles Gefährt, hatte er kein Verständnis für die Genüsse der fünf Sinne.

Und weil nun, großer König, dieser Haushalter und Gildemeister seines Bruders einzigen Sohn um des Vermögens willen des Lebens beraubte, mußte er, als Reife dieser Tat, viele Jahre, viele hundert Jahre, viele tausend Jahre, viele hunderttausend Jahre in der Hölle Pein erdulden. Und ebenfalls als Reife dieser Tat ist er das siebente Mal sohnlos und muß infolgedessen sein Vermögen der Schatzkammer des Königs überlassen.

Nun hat sich aber, großer König, das frühere moralische Verdienst dieses Haushalters und Gildemeisters erschöpft, und neues Verdienst ist nicht gesammelt worden. Und jetzt, großer König, wird der Haushalter und Gildemeister in der Maharoruva-Hölle gepeinigt."

'Herr, so ist der Haushalter und Gildemeister also zur Maharoruva-Hölle gelangt?'

„Ja, großer König, der Haushalter und Gildemeister ist zur Maharoruva-Hölle gelangt.

Korn, Reichtum, Silber und Gold,
Und was es an Gefolgschaft geben mag,
Sklaven, Arbeiter, Diener und Abhängige:
Man muß gehen und alles zurücklassen, alles bleibt liegen,
wenn man geht.
Doch was ein Mensch in Werken,
Worten und Gedanken tut,
Das ist sein Eigentum, das nimmt er mit sich, wenn er geht.
Das ist sein Begleiter, wie der nimmer weichende Schatten.
So tue man Gutes, [das ist] eine Schatzkammer für die
Zukunft;
Gute Taten sind für die lebenden Wesen ein sicherer
Boden in der andern Welt."

46. Die Liebe zum eigenen Ich.

Samy. III, 1, 4.

Savatthi. Der Kosaler König Pasenadi, der ihm zur Seite saß, sprach zum Erhabenen also:

‚Herr, als ich einsam sinnend weilte, kam mir folgende Überlegung: Wem ist wohl sein Ich lieb, und wem ist sein Ich nicht lieb? Und es stieg mir, Herr, hierüber dieser Gedanke auf:

Die da in Werken, Worten und Gedanken einen schlechten Wandel führen, denen ist ihr Ich nicht lieb. Und wenn sie auch sprächen: ‚Unser Ich ist uns lieb', so ist ihnen doch ihr Ich *nicht* lieb. Aus welchem Grunde? Was immer lieblose Menschen einem nicht geliebten Wesen tun, das tun sie selbst ihrem eigenen Ich. Aus diesem Grunde ist ihnen ihr Ich nicht lieb.

Die aber in Werken, Worten und Gedanken einen guten Wandel führen, denen ist ihr Ich lieb. Und wenn sie auch sprächen: ‚Unser Ich ist uns nicht lieb', so ist ihnen doch ihr Ich lieb. Aus welchem Grunde? Was immer liebevolle Menschen einem geliebten Wesen tun, das tun sie selbst ihrem eigenen Ich. Aus diesem Grunde ist ihnen ihr Ich lieb.'

„So ist es, großer König, so ist es, großer König! Die da in Werken, Worten und Gedanken einen schlechten Wandel führen, denen ist ihr Ich nicht lieb. Und wenn sie auch sprächen: ‚Unser Ich ist uns lieb', so ist ihnen doch ihr Ich nicht lieb. Aus welchem Grunde? Was immer lieblose Menschen einem nicht geliebten Wesen tun, das tun sie selbst ihrem eigenen Ich. Aus diesem Grunde ist ihnen ihr Ich nicht lieb.

Die aber in Werken, Worten und Gedanken einen guten Wandel führen, denen ist ihr Ich lieb. Und wenn sie auch sprächen: ‚Unser Ich ist uns nicht lieb', so ist ihnen doch ihr Ich lieb. Aus welchem Grunde? Was immer liebevolle Menschen einem geliebten Wesen tun, das tun sie selbst ihrem eigenen Ich. Aus diesem Grunde ist ihnen ihr Ich lieb.

Wer sein eigenes Ich lieb hält, der verquicke es nicht
    mit Bösem;
Denn ein Übeltäter kann nicht leicht Glück erlangen.
Der vom Tode Überfallene, der das menschliche Dasein
    verläßt,

Was ist sein Eigentum, was nimmt er mit sich, wenn
er geht?
Was begleitet ihn wie der nimmer weichende Schatten?
Beides: das Gute und das Böse, das ein Sterblicher
hienieden tut,
Das ist sein Eigentum, das nimmt er mit sich, wenn er geht,
Das begleitet ihn wie der nimmer weichende Schatten.
So tue man Gutes; [das ist] eine Schatzkammer für
die Zukunft,
Gute Taten sind für die lebenden Wesen ein sicherer
Boden in der andern Welt."

47. Wenige sind verständig.

Samy. III, 1, 6.

Savatthi. Der Kosaler König Pasenadi, der ihm zur Seite saß, sprach zum Erhabenen also:

‚Herr, als ich einsam sinnend weilte, kam mir folgende Überlegung: Es sind nur wenige Wesen in der Welt, die, nachdem sie immer größere Reichtümer erworben haben, sich nicht berauschen, nicht leichtfertig sind, dem Verlangen nach Geschlechtsverkehr nicht unterliegen und die Wesen nicht schlecht behandeln. Aber es sind viel mehr Wesen in der Welt, die, nachdem sie immer größere Reichtümer erworben haben, sich berauschen, leichtfertig sind, dem Verlangen nach Geschlechtsverkehr unterliegen und die Wesen schlecht behandeln.‘

„So ist es, großer König, so ist es, großer König! Es sind nur wenige Wesen in der Welt, die, nachdem sie immer größere Reichtümer erworben haben, sich nicht berauschen, nicht leichtfertig sind, dem Verlangen nach Geschlechtsverkehr nicht unterliegen und die Wesen nicht schlecht behandeln. Aber es sind viel mehr Wesen in der Welt, die, nachdem sie immer größere Reichtümer erworben haben, sich berauschen, leichtfertig sind, dem Verlangen nach Geschlechtsverkehr unterliegen und die Wesen schlecht behandeln.

Die durch den Reiz sinnlicher Begierde Entflammten, die
nach sinnlicher Lust Verlangenden und Unterliegenden
Erkennen ihre Leichtfertigkeit nicht, wie die Gazellen den
ihnen gelegten Hinterhalt nicht merken.
Nachher wird ihnen Schmerz zuteil; die Reife wird vom
Übel sein."

48. Die Art der Wiedervergeltung.

Ang. III, 99.

Wenn jemand, ihr Mönche, also spräche: ‚Wie dieser Mensch eine Tat begeht, so erfährt er jedesmal die Vergeltung', – in diesem Falle, ihr Mönche, gibt es keine heilige Lebensführung, noch ist eine Möglichkeit zu erkennen, dem Leiden gänzlich ein Ende zu machen.

Wenn aber, ihr Mönche, jemand also spräche: ‚Wie dieser Mensch eine Vergeltung heischende Tat tut, so erfährt er jedesmal ihre Reife', – in diesem Falle, ihr Mönche, gibt es eine heilige Lebensführung, und es ist eine Möglichkeit zu erkennen, dem Leiden gänzlich ein Ende zu machen.

Da begeht, ihr Mönche, ein Mensch eine geringere Übeltat, die ihn zur Hölle führt. Und da begeht ein anderer Mensch dieselbe geringere Übeltat, deren Vergeltung er aber schon im gegenwärtigen Leben erfährt. Nicht einmal eine kleine Wirkung stellt sich [nach dem Tode] ein, geschweige denn eine große.

Und was für ein Mensch ist das, ihr Mönche, den seine geringere Übeltat zur Hölle führt? Da ist, ihr Mönche, ein Mensch nicht achtsam auf den Körper, nicht achtsam auf die sittliche Zucht, nicht achtsam auf seine Gedanken, nicht achtsam auf Weisheit, ist beschränkt und unfrei und weilt bei kleinlichen Dingen, die Leid bringen. Einen solchen Menschen, ihr Mönche, führt seine geringere Übeltat zur Hölle.

Und was für ein Mensch ist das, ihr Mönche, der zwar dieselbe geringere Übeltat begeht, deren Vergeltung er aber schon im gegenwärtigen Leben erfährt, während sich nicht einmal eine kleine Wirkung [nach dem Tode] einstellt, geschweige denn eine große? – Da ist, ihr Mönche, ein Mensch achtsam auf den Körper, achtsam auf die sittliche Zucht, achtsam auf seine Gedanken, achtsam auf Weisheit, ist unbeschränkt, von großem Geist und verweilt bei dem Unbegrenzten. Ein solcher Mensch, ihr Mönche, begeht dieselbe geringere Übeltat, deren Vergeltung er aber schon im gegenwärtigen Leben erfährt, während sich nicht einmal eine kleine Wirkung [nach dem Tode] einstellt, geschweige denn eine große.

Es ist, ihr Mönche, wie wenn jemand eine Handvoll Salz in ein kleines Gefäß voll Wasser täte; was meint ihr, Mönche: Wird wohl das wenige Wasser in dem Gefäß durch jene Handvoll Salz salzig und untrinkbar?

‚Gewiß, Herr!'

Und aus welchem Grunde?

‚Es ist ja nur, Herr, eine kleine Menge, nur wenig Wasser; dieses wird durch die Handvoll Salz salzig und untrinkbar.

Und setzt den Fall, ihr Mönche, jemand täte eine Handvoll Salz in den Ganges-Strom; was meint ihr Mönche: Wird wohl der Ganges-Strom durch jene Handvoll Salz salzig und untrinkbar?

‚Nein, Herr!'

Und aus welchem Grunde?

‚Groß ist ja, Herr, die Wassermenge des Ganges-Stromes; sie wird durch jene Handvoll Salz nicht salzig noch untrinkbar.'

Genau so, ihr Mönche; begeht da ein Mensch eine geringere Übeltat, die ihn zur Hölle führt. Und da begeht ein anderer Mensch dieselbe geringere Übeltat, deren Vergeltung er aber schon im gegenwärtigen Leben erfährt. Nicht einmal eine kleine Wirkung stellt sich [nach dem Tode] ein, geschweige denn eine große.

Und was für ein Mensch ist das, ihr Mönche, den seine geringere Übeltat zur Hölle führt? Da ist, ihr Mönche, ein

Mensch nicht achtsam auf den Körper, nicht achtsam auf die sittliche Zucht, nicht achtsam auf seine Gedanken, nicht achtsam auf Weisheit, ist beschränkt und unfrei und weilt bei kleinlichen Dingen, die Leid bringen. Einen solchen Menschen, ihr Mönche, führt seine geringere Übeltat zur Hölle.

Und was für ein Mensch ist das, ihr Mönche, der zwar dieselbe geringere Übeltat begeht, deren Vergeltung er aber schon im gegenwärtigen Leben erfährt, während sich nicht einmal eine kleine Wirkung [nach dem Tode] einstellt, geschweige denn eine große? – Da ist, ihr Mönche, ein Mensch achtsam auf den Körper, achtsam auf die sittliche Zucht, achtsam auf seine Gedanken, achtsam auf Weisheit, ist unbeschränkt, von großem Geist und verweilt bei dem Unbegrenzten. Ein solcher Mensch, ihr Mönche, begeht dieselbe geringere Übeltat, deren Vergeltung er aber schon im gegenwärtigen Leben erfährt, während sich nicht einmal eine kleine Wirkung [nach dem Tode] einstellt, geschweige denn eine große.

Da kommt, ihr Mönche, ein Mensch wegen eines halben Hellers ins Gefängnis, kommt wegen eines Hellers ins Gefängnis, kommt wegen hundert Hellern ins Gefängnis. Und ein anderer Mensch kommt wegen eines halben Hellers nicht ins Gefängnis, kommt wegen eines Hellers nicht ins Gefängnis, kommt wegen hundert Hellern nicht ins Gefängnis.

Und was für ein Mensch ist das, ihr Mönche, der wegen eines halben Hellers ins Gefängnis kommt, der wegen eines Hellers ins Gefängnis kommt, der wegen hundert Hellern ins Gefängnis kommt? Da ist, ihr Mönche, ein Mensch arm, ohne Eigentum, ohne Vermögen. Ein solcher, ihr Mönche, kommt wegen eines halben Hellers ins Gefängnis, kommt wegen eines Hellers ins Gefängnis, kommt wegen hundert Hellern ins Gefängnis.

Und was für ein Mensch ist das, ihr Mönche, der wegen eines halben Hellers nicht ins Gefängnis kommt, der wegen eines Hellers nicht ins Gefängnis kommt, der wegen hundert

Hellern nicht ins Gefängnis kommt? Da ist, ihr Mönche, ein Mensch reich, mit Gütern gesegnet, mit vielem Eigentum. Ein solcher, ihr Mönche, kommt wegen eines halben Hellers nicht ins Gefängnis, kommt wegen eines Hellers nicht ins Gefängnis, kommt wegen hundert Hellern nicht ins Gefängnis.

Genau so, ihr Mönche, begeht da ein Mensch eine geringere Übeltat, die ihn zur Hölle führt. Und da begeht ein anderer Mensch dieselbe geringere Übeltat, deren Vergeltung er aber schon im gegenwärtigen Leben erfährt, während sich nicht einmal eine kleine Wirkung [nach dem Tode] einstellt, geschweige denn eine große.

Und was für ein Mensch ist das, ihr Mönche, den seine geringere Übeltat zur Hölle führt? Da ist, ihr Mönche, ein Mensch nicht achtsam auf den Körper, nicht achtsam auf die sittliche Zucht, nicht achtsam auf seine Gedanken, nicht achtsam auf Weisheit, ist beschränkt und unfrei und weilt bei kleinlichen Dingen, die Leid bringen. Einen solchen Menschen, ihr Mönche, führt seine geringere Übeltat zur Hölle.

Und was für ein Mensch ist das, ihr Mönche, der zwar dieselbe geringere Übeltat begeht, deren Vergeltung er aber schon im gegenwärtigen Leben erfährt, während sich nicht einmal eine kleine Wirkung [nach dem Tode] einstellt, geschweige denn eine große? – Da ist, ihr Mönche, ein Mensch achtsam auf den Körper, achtsam auf die sittliche Zucht, achtsam auf seine Gedanken, achtsam auf Weisheit, ist unbeschränkt, von großem Geist und verweilt bei dem Unbegrenzten. Ein solcher Mensch, ihr Mönche, begeht dieselbe geringere Übeltat, deren Vergeltung er aber schon im gegenwärtigen Leben erfährt, während sich nicht einmal eine kleine Wirkung [nach dem Tode] einstellt, geschweige denn eine große.

Es ist, ihr Mönche, wie wenn ein Metzger oder Hammelschlächter einen Menschen, der ihm einen Hammel unrechtmäßigerweise wegnimmt, zu schlagen, zu knebeln, zu quälen und nach Herzenslust schlecht zu behandeln bereit ist, während er einen andern, der ihm ebenfalls einen Hammel unrechtmäßigerweise wegnimmt, nicht schlagen, noch knebeln, noch quälen, noch nach Herzenslust schlecht behandeln wird.

Welchen Menschen nun, ihr Mönche, ist der Metzger oder Hammelschlächter, wenn ihm jener einen Hammel unrechtmäßigerweise wegnimmt, zu schlagen, zu knebeln, zu quälen und nach Herzenslust schlecht zu behandeln bereit? Da ist, ihr Mönche, ein Mensch arm, ohne Eigentum, ohne Vermögen. Einen solchen Menschen, ihr Mönche, ist der Metzger oder Hammelschlächter, wenn ihm jener einen Hammel unrechtmäßigerweise wegnimmt, zu schlagen, zu knebeln, zu quälen und nach Herzenslust schlecht zu behandeln bereit.

Welchen Menschen aber, ihr Mönche, wird der Metzger oder Hammelschlächter, wenn ihm jener einen Hammel unrechtmäßigerweise wegnimmt, nicht schlagen, noch knebeln, noch quälen, noch nach Herzenslust schlecht behandeln? Da ist, ihr Mönche, ein Mensch reich, mit Gütern gesegnet, mit vielem Eigentum, ein König oder eines Königs Minister. Einen solchen Menschen, ihr Mönche, wird der Metzger oder Hammelschlächter nicht schlagen, noch knebeln, noch quälen, noch nach Herzenslust schlecht behandeln, sondern er wird ihn im Gegenteil mit gefalteten Händen bitten: ‚Herr, gib mir den Hammel oder den Preis für den Hammel!'

Genau so, ihr Mönche, begeht da ein Mensch eine geringere Übeltat, die ihn zur Hölle führt. Und da begeht ein anderer Mensch dieselbe geringere Übeltat, deren Vergeltung er aber schon im gegenwärtigen Leben erfährt, während sich nicht einmal eine kleine Wirkung [nach dem Tode] einstellt, geschweige denn eine große.

Und was für ein Mensch ist das, ihr Mönche, den seine geringere Übeltat zur Hölle führt? Da ist, ihr Mönche, ein Mensch nicht achtsam auf den Körper, nicht achtsam auf die sittliche Zucht, nicht achtsam auf seine Gedanken, nicht achtsam auf Weisheit, ist beschränkt und unfrei und weilt bei kleinlichen Dingen, die Leid bringen. Einen solchen Menschen, ihr Mönche, führt seine geringere Übeltat zur Hölle.

Und was für ein Mensch ist das, ihr Mönche, der zwar dieselbe geringere Übeltat begeht, deren Vergeltung er aber schon im gegenwärtigen Leben erfährt, während sich nicht einmal eine kleine Wirkung einstellt, geschweige denn eine große? – Da ist, ihr Mönche, ein Mensch achtsam auf den Körper, achtsam auf die sittliche Zucht, achtsam auf seine Gedanken, achtsam auf Weisheit, ist unbeschränkt, von großem Geist und verweilt bei dem Unbegrenzten. Ein solcher Mensch, ihr Mönche, begeht dieselbe geringere Übeltat, deren Vergeltung er aber schon im gegenwärtigen Leben erfährt, während sich nicht einmal eine kleine Wirkung einstellt, geschweige denn eine große.

Wenn jemand, ihr Mönche, also spräche: ‚Wie dieser Mensch eine Tat begeht, so erfährt er jedesmal die Vergeltung', – in diesem Falle, ihr Mönche, gibt es keine heilige Lebensführung, noch ist eine Möglichkeit zu erkennen, dem Leiden gänzlich ein Ende zu machen.

Wenn aber, ihr Mönche, jemand also spräche: ‚Wie dieser Mensch eine Vergeltung heischende Tat tut so erfährt er jedesmal ihre Reife', – in diesem Falle, ihr Mönche, gibt es eine heilige Lebensführung, und es ist eine Möglichkeit zu erkennen, dem Leiden gänzlich ein Ende zu machen.

49. Die Hemmung des Nichtwissens.

Itivuttaka 14.

Gesagt wurde dies vom Erhabenen, gesagt von dem Heiligen, so habe ich gehört:

„Nicht sehe ich, ihr Mönche, auch nur *eine* Hemmung, durch welche gehemmt die Geschöpfe für so lange Zeit den Lauf der Geburten durcheilend wandern, wie, ihr Mönche, diese Hemmung des Nichtwissens: Durch die Hemmung des Nichtwissens gehemmt, ihr Mönche, wandern, den Lauf der Geburten durcheilend, die Geschöpfe für lange Zeit."

Dies sprach der, Erhabene, daher heißt es mit Bezug hierauf folgendermaßen:

„Es gibt keine andere Eigenschaft,
Durch die gehemmt die Geschöpfe
Tag und Nacht den Weltenlauf gehen,
Wie wenn sie durch Wahn gefesselt sind.

Die da des Wahns sich entäußert
Und die dichte Finsternis durchbrochen haben,
Die gehen den Weltenlauf nicht weiter:
Ihre Ursache findet sich nicht mehr."

Auch dies ist vom Erhabenen gesagt worden, so habe ich gehört.

50. Unermüdlicher Eifer im Guten.

Itivuttaka 23.

Gesagt wurde dies vom Erhabenen, gesagt von dem Heiligen, so habe ich gehört:

„*Eine* Tugend, ihr Mönche, wenn erweckt und entfaltet, wirkt doppeltes Wohlsein: Wohlsein in dem gegenwärtigen Leben und künftiges. Welche eine Tugend? *Unermüdlicher Eifer in guten Dingen.* Diese eine Tugend, ihr Mönche, wenn erweckt und entfaltet, wirkt doppeltes Wohlsein: Wohlsein in dem gegenwärtigen Leben und künftiges."

Dies sprach der Erhabene, daher heißt es mit Bezug hierauf folgendermaßen:

„Unermüdlichkeit in guten Dingen
Preisen die Weisen,
Der Verständige, der unermüdlich ringt,
Gewinnt doppeltes Wohlsein:

Wohlsein in der sichtbaren Erscheinung
Und zukünftiges.
Der Standhafte wird, weil er das Ziel klar erkennt,
Ein Kundiger genannt."

Auch dies ist vom Erhabenen gesagt worden, so habe ich gehört.

51. Die Bürde.

Samy. XXII, 22.

Savatthi. Dort richtete der Erhabene das Wort an die Mönche:

„Die Bürde, ihr Mönche, will ich euch zeigen und den Träger der Bürde, das Aufsichnehmen der Bürde und der Bürde Abwerfung. So höret!

Was ist nun, ihr Mönche, die Bürde?

‚Die fünf Gruppen des Anhaftens', wäre zu erwidern. Welche fünf? Die Haftensgruppe der körperlichen Form, die Haftensgruppe der Empfindung, die Haftensgruppe der Wahrnehmung, die Haftensgruppe der Gemütsregung, die Haftensgruppe des Bewußtseins. Das nennt man, ihr Mönche, die Bürde.

Und wer, ihr Mönche, ist der Träger der Bürde?

‚Das Individuum', wäre zu erwidern. Dieser Verehrliche mit dem und dem Namen, aus der und der Familie. Das nennt man, ihr Mönche, den Träger der Bürde.

Und was, ihr Mönche, ist das Aufsichnehmen der Bürde? Es ist der Wiedergeburt schaffende, von Wohlgefallen und Lust begleitete, bald hier, bald dort sich sättigende ‚Durst'; das will sagen: Der Durst nach Sinnenlust, der Durst nach Werden, der Durst nach Vernichtung. Das nennt man, ihr Mönche, das Aufsichnehmen der Bürde.

Und was, ihr Mönche, ist die Abwerfung der Bürde?

Es ist eben dieses Durstes spurloses, restloses Aufheben, Vernichten, Verwerfen, Ablegen, Vertreiben. Das, ihr Mönche, nennt man die Abwerfung der Bürde."

So sprach der Erhabene, und als der Pfadvollender also geredet hatte, sprach der Lehrer noch folgendermaßen:

„Die fünf Gruppen, wahrlich, sind die Bürde,
Der Bürde Träger ist das Individuum,
Der Bürde Aufsichnehmen in der Welt ist Leid,
Der Bürde Abwerfung ist Seligkeit.

Wer seine schwere Bürde abgelegt
Und keine andre Bürde auf sich nimmt,
Ist, wenn den ‚Durst' er samt der Wurzel ausgerodet,
Von Sehnsucht frei und ganz erlöst."

52. Lehrspruch.

Dhammapada 165.

Das eigene Selbst tut das Böse, durch das eigene Selbst wird man unrein, das eigene Selbst meidet das Böse, durch das eigene Selbst wird man rein. Rein oder unrein wird man durch sich selbst, kein anderer kann dich rein machen!

VII. Welt und Samsara.

53. Die vier Unzählbarkeiten.

Ang. IV, 156.

Diese vier Unzählbarkeiten eines Weltalters gibt es, ihr Mönche; welche vier?

Wenn, ihr Mönche, ein Weltalter eingeht, das kann nicht leicht berechnet werden, weder nach soundso viel Jahren, noch nach soundso viel hundert Jahren, noch nach soundso viel tausend Jahren, noch nach soundso viel hunderttausend Jahren.

Wenn, ihr Mönche, ein Weltalter eingegangen ist, das kann nicht leicht berechnet werden, weder nach soundso viel Jahren, noch nach soundso viel hundert Jahren, noch nach soundso viel tausend Jahren, noch nach soundso viel hunderttausend Jahren.

Wenn, ihr Mönche, ein Weltalter sich entfaltet, das kann nicht leicht berechnet werden, weder nach soundso viel Jahren, noch nach soundso viel hundert Jahren, noch nach soundso viel tausend Jahren, noch nach soundso viel hunderttausend Jahren.

Wenn, ihr Mönche, ein Weltalter nach seiner Entfaltung fortbesteht, das kann nicht leicht berechnet werden, weder nach soundso vielen Jahren, noch nach soundso viel hunder[t] Jahren, noch nach soundso viel tausend Jahren, noch nach soundso viel hunderttausend Jahren.

Diese vier Unzählbarkeiten eines Weltalters gibt es also, ih[r] Mönche.

54. Das Gleichnis vom Felsenberge.

Samy. XV, 5.

So hab' ich es gehört: Einst weilte der Erhabene bei Savatth[i] im Jeta-Haine, im Klostergarten des Anathapindika. Da begab sich ein Mönch zum Erhabenen, begrüßte den Erhabenen ehr[-]furchtsvoll und setzte sich ihm zur Seite nieder. Zum Er[-]habenen sprach nun dieser Mönch, der ihm zur Seite saß, als[o]

‚Herr, wie lang ist wohl ein Weltalter?‘

„Lang, o Mönch, ist ein Weltalter; nicht leicht kann es berechnet werden, weder nach soundso viel Jahren, noch nach soundso viel hundert Jahren, noch nach soundso viel tausend Jahren, noch nach soundso viel hunderttausend Jahren.“

‚Ist es aber möglich, Herr, dafür ein Gleichnis zu geben?‘

„Das ist möglich, o Mönch“, sprach der Erhabene. „Gleichwie da, o Mönch, ein gewaltiger Felsenberg wäre, eine Meile lang, eine Meile breit, eine Meile hoch, ohne Lücke, ohne Spalte, ohne Hohlraum, und es käme alle hundert Jahre ein Mann und streifte mit einem seidenen Gewande je einmal den Berg, so würde, o Mönch, dieser gewaltige Felsenberg eher verschwinden und vergehen als ein Weltalter.

So lang, o Mönch, ist ein Weltalter. Und viele ebenso lange Weltalter, o Mönch, sind abgelaufen, viele hundert ebenso lange Weltalter, viele tausend ebenso lange Weltalter, viele hunderttausend ebenso lange Weltalter sind abgelaufen.

Und was ist die Ursache? Nicht zu ermessen, o Mönch, ist der Samsara, nicht zu erkennen ist der Ausgangspunkt der durch Nichtwissen gehemmten, durch den Durst gefesselten Wesen, die den Lauf der Geburten durcheilend wandern.

Und während so langer Zeit, o Mönch, hat das Leid bestanden, hat das Weh bestanden, hat das Elend bestanden, haben die Leichenstätten sich angefüllt.

Dies also, o Mönch, genügt vollauf, um aller Gebilde satt zu werden, es genügt, um die Lust daran zu verlieren, es genügt, um sich davon zu erlösen.“

55. Das Gleichnis von den Senfkörnern.

Samy. XV, 6.

Savatthi.Und es begab sich ein Mönch zum Erhabenen ... usw. Zum Erhabenen sprach nun dieser Mönch, der ihm zur Seite saß, also:

‚Herr, wie lang ist wohl ein Weltalter?‘

„Lang, o Mönch, ist ein Weltalter, nicht leicht kann es berechnet werden, weder nach soundso viel Jahren, noch nach soundso viel hundert Jahren, noch nach soundso viel tausend Jahren, noch nach soundso viel hunderttausend Jahren."

‚Ist es aber möglich, Herr, dafür ein Gleichnis zu geben?'

„Das ist möglich, o Mönch", sprach der Erhabene. „Gleichwie da, o Mönch, eine von Eisen umgebene Stadt wäre, eine Meile lang, eine Meile breit, eine Meile hoch, und sie wäre bis obenhin ganz dicht angefüllt mit Senfkörnern, und es käme alle hundert Jahre ein Mann und nähme jedesmal ein Senfkorn weg, so würde, o Mönch, diese gewaltige Menge Senfkörner eher verschwinden und vergehen, als ein Weltalter.

So lang, o Mönch, ist ein Weltalter. Und viele ebenso lange Weltalter, o Mönch, sind abgelaufen, viele hundert ebenso lange Weltalter, viele tausend ebenso lange Weltalter, viele hunderttausend ebenso lange Weltalter sind abgelaufen.

Und was ist die Ursache? Nicht zu ermessen, o Mönch, ist der Samsara, nicht zu erkennen ist der Ausgangspunkt der durch Nichtwissen gehemmten, durch den ‚Durst' gefesselten Wesen, die den Lauf der Geburten durcheilend wandern.

Und während so langer Zeit, o Mönch, hat das Leid bestanden, hat das Weh bestanden, hat das Elend bestanden, haben die Leichenstätten sich angefüllt.

Dies also, o Mönch, genügt vollauf, um aller Gebilde satt zu werden, es genügt, um die Lust daran zu verlieren, es genügt, um sich davon zu erlösen."

56. Das Gleichnis von den Sandkörnern am Ganges.

Samy. XV, 8.

Bei Rajagaha im Bambus-Haine. Und es begab sich ein Brahmane zum Erhabenen usw. Zum Erhabenen sprach nun dieser Brahmane, der ihm zur Seite saß, also:

‚Wie viele Weltalter, Herr Gautama, sind wohl schon vergangen, abgelaufen?'

„Viele Weltalter, Brahmane, sind schon vergangen, abgelaufen. Nicht leicht können sie gezählt werden, daß es soundso viele Weltalter, soundso viele hundert Weltalter, soundso viele tausend Weltalter, soundso viele hunderttausend Weltalter sind."

‚Ist es aber möglich, Herr Gautama, dafür ein Gleichnis zu geben?'

„Das ist möglich, Brahmane", sprach der Erhabene. „Es ist so, Brahmane, wie alle die Sandkörner, die sich zwischen den Stellen befinden, wo dieser Ganges-Strom entspringt und wo er sich ins große Meer ergießt, nicht leicht gezählt werden können, daß es soundso viel Sandkörner, soundso viel hundert Sandkörner, soundso viel tausend Sandkörner, soundso viel hunderttausend Sandkörner sind. Mehr Weltalter, Brahmane, sind im Vergleich damit schon vergangen, abgelaufen. Nicht leicht können sie gezählt werden, daß es soundso viele Weltalter, soundso viele hundert Weltalter, soundso viele tausend Weltalter, soundso viele hunderttausend Weltalter sind.

Und was ist die Ursache? Nicht zu ermessen, Brahmane, ist der Samsara, nicht zu erkennen ist der Ausgangspunkt der durch Nichtwissen gehemmten, durch den ‚Durst' gefesselten Wesen, die den Lauf der Geburten durcheilend wandern.

Und während so langer Zeit, Brahmane, hat das Leid bestanden, hat das Weh bestanden, hat das Elend bestanden, haben die Leichenstätten sich angefüllt.

Dies also, Brahmane, genügt vollauf, um aller Gebilde satt zu werden, es genügt, um die Lust daran zu verlieren, es genügt, um sich davon zu erlösen."

57. Das Gleichnis vom Knochengeripe.

Itivuttaka 24.

Gesagt wurde dies vom Erhabenen, gesagt von dem Heiligen, so habe ich gehört:

„Von einem Individuum, ihr Jünger, das ein Weltalter lang den Lauf der Geburten durcheilend wandert, würde ein Knochengerippe, eine Knochenmenge, ein Knochenhaufen vorhanden sein, so groß wie dieser Berg Vepulla, und wollte man das zusammentragen, so würde das Gesammelte kein Ende finden."

Dies sprach der Erhabene; daher heißt es mit Bezug hierauf folgendermaßen:

„Die Knochenanhäufung von einem Individuum im Verlauf eines Weltalters würde ein berggleicher Haufen sein, so hat der große Seher verkündet. Dieser große Berg Vepulla gilt nun aber als höher denn der Geiergrat in Giribbaja im Lande der Magadher. Und sobald jenes Individuum in vollkommener Weisheit die hohen Wahrheiten schaut: das Leiden, den Leidensursprung, die Überwindung des Leidens und den hohen achtteiligen Weg, der zum Stillwerden des Leidens führt, macht es, nachdem es höchstens noch siebenmal den Lauf der Geburten durcheilt hat, infolge der Vernichtung sämtlicher Fesseln dem Leiden ein Ende."

Auch dies ist vom Erhabenen gesagt worden, so habe ich gehört.

58. Die Flucht der Zeiten.

Samy. XV, 20.

Einst weilte der Erhabene bei Rajagaha auf dem Geiergrat-Berge. Dort nun richtete der Erhabene das Wort an die Mönche: „Ihr Mönche!" ‚Ehrwürdiger Herr', antworteten die Mönche aufmerksam dem Erhabenen. Der Erhabene sprach also:

„Nicht zu ermessen, ihr Mönche, ist der Samsara, nicht zu erkennen ist der Ausgangspunkt der durch Nichtwissen gehemmten, durch den ‚Durst' gefesselten Wesen, die den Lauf der Geburten durcheilend wandern.

In früheren Zeitläufen, ihr Mönche, hatte dieser Berg Vepulla den Namen Pacinavamsa, und in jenen Zeiten, ihr Mönche, hatten die Menschen hier den Namen Tivarer. Und die Tivarer-Menschen, ihr Mönche, hatten eine Lebensdauer von vierzigtausend Jahren. In vier Tagen, ihr Mönche, stiegen die Tivarer-Menschen den Berg Pacinavamsa hinauf und in vier Tagen stiegen sie von ihm zu Tal.

Und in jenen Zeiten, ihr Mönche, erschien in der Welt *Kakusandha* als ein Erhabener, Heiliger, völlig Erwachter. Der Erhabene, Heilige, völlig Erwachte Kakusandha, ihr Mönche, hatte ein hervorragendes, würdiges Jünger-Paar mit Namen Vidhura und Sajiva.

Sehet, ihr Mönche: Jener Name eben dieses Berges ist verweht, jene Menschen sind gestorben, und jener Erhabene ist zur höchsten Erlösung eingegangen.

So veränderlich, ihr Mönche, sind die Gebilde der Welt, so vergänglich sind die Gebilde der Welt, so nichtig sind die Gebilde der Welt. Und dies, ihr Mönche, genügt vollauf, um aller Gebilde satt zu werden, es genügt, um die Lust daran zu verlieren, es genügt, um sich davon zu erlösen.

In früheren Zeitläufen, ihr Mönche, hatte dieser Berg Vepulla den Namen Vankaka, und in jenen Zeiten, ihr Mönche, hatten die Menschen hier den Namen Rohitasser. Und die Rohitasser-Menschen, ihr Mönche, hatten eine Lebensdauer von dreißigtausend Jahren. In drei Tagen, ihr Mönche, stiegen die Rohitasser-Menschen den Berg Vankaka hinauf und in drei Tagen stiegen sie von ihm zu Tal.

Und in jenen Zeiten, ihr Mönche, erschien in der Welt *Konagamana* als ein Erhabener, Heiliger, völlig Erwachter. Der Erhabene, Heilige, völlig Erwachte Konagamana, ihr Mönche, hatte ein hervorragendes, würdiges Jünger-Paar mit Namen Bhiyyosa und Uttara.

Sehet, ihr Mönche: Jener Name eben dieses Berges ist verweht, jene Menschen sind gestorben, und jener Erhabene ist zur höchsten Erlösung eingegangen.

So veränderlich, ihr Mönche, sind die Gebilde der Welt, so vergänglich sind die Gebilde der Welt, so nichtig sind die Gebilde der Welt. Und dies, ihr Mönche, genügt vollauf, um aller

Gebilde satt zu werden, es genügt, um die Lust daran zu verlieren, es genügt, um sich davon zu erlösen.

In früheren Zeitläufen, ihr Mönche, hatte dieser Berg Vepulla den Namen Supassa, und in jenen Zeiten, ihr Mönche, hatten die Menschen hier den Namen Suppiyer. Und die Suppiyer-Menschen, ihr Mönche, hatten eine Lebensdauer von zwanzigtausend Jahren. In zwei Tagen, ihr Mönche, stiegen die Suppiyer-Menschen den Berg Supassa hinauf und in zwei Tagen stiegen sie von ihm zu Tal.

Und in jenen Zeiten, ihr Mönche, erschien in der Welt *Kassapa* als ein Erhabener, Heiliger, völlig Erwachter. Der Erhabene, Heilige, völlig Erwachte Kassapa, ihr Mönche, hatte ein hervorragendes, würdiges Jünger-Paar mit Namen Tissa und Bharadvaja.

Sehet, ihr Mönche: Jener Name eben dieses Berges ist verweht, jene Menschen sind gestorben, und jener Erhabene ist zur höchsten Erlösung eingegangen. So veränderlich, ihr Mönche, sind die Gebilde der Welt, so vergänglich sind die Gebilde der Welt, so nichtig sind die Gebilde der Welt. Dies, ihr Mönche, genügt vollauf, um aller Gebilde satt zu werden, es genügt, um die Lust daran zu verlieren, es genügt, um sich davon zu erlösen.

Und jetzt, ihr Mönche, ist für diesen Berg Vepulla der Name Vepulla gebräuchlich, und gegenwärtig, ihr Mönche, haben die Menschen hier den Namen Magadher. Und die Magadher-Menschen, ihr Mönche, haben eine kurze, winzige, flüchtige Lebensdauer. Wer lange lebt, lebt hundert Jahre oder nur wenig mehr. In ganz kurzer Zeit, ihr Mönche, steigen die Magadher-Menschen den Berg Vepulla hinauf und in ganz kurzer Zeit steigen sie von ihm zu Tal.

Gegenwärtig nun, ihr Mönche, bin ich in der Welt als ein Erhabener, Heiliger, völlig Erwachter erschienen. Und auch ich, ihr Mönche, habe ein hervorragendes, würdiges Jünger-Paar mit Namen Sariputta und Moggallana.

Die Zeit wird kommen, ihr Mönche, wo dieser Name eben dieses Berges verweht sein wird, wo diese Menschen gestorben sein werden, und wo auch ich zur höchsten Erlösung eingegangen bin.

So veränderlich, ihr Mönche, sind die Gebilde der Welt, so vergänglich sind die Gebilde der Welt, so nichtig sind die Gebilde der Welt. Und dies, ihr Mönche, genügt vollauf, um aller Gebilde satt zu werden, es genügt, um die Lust daran zu verlieren, es genügt, um sich davon zu erlösen."

Also sprach der Erhabene. Nachdem der Pfadvollender dieses gesagt hatte, sprach der Lehrer noch die folgenden Worte:

Der Pacinavamsa-Berg der Tivarer,
Der Vankaka-Berg der Rohitasser,
Der Supassa-Berg der Suppiyer,
Der Vepulla-Berg der Magadher:

Vergänglich, wahrlich, sind die Gebilde der Welt,
Die dem Entstehen und Vergehen unterworfenen;
Nachdem sie entstanden sind, lösen sie sich auf:
Ihr Zur-Ruhe-Kommen ist höchstes Glück."

59. Weltuntergang.

Ang. VII, 62.

So hab' ich es gehört: Einst weilte der Erhabene bei Vesali im Haine der Ambapali. Dort nun richtete der Erhabene das Wort an die Mönche: „Ihr Mönche!" – ‚Herr!' antworteten die Mönche aufmerksam dem Erhabenen. Der Erhabene sprach also:

„Vergänglich, ihr Mönche, sind die Gebilde der Welt, unbeständig, ihr Mönche, sind die Gebilde der Welt, unverläßlich, ihr Mönche, sind die Gebilde der Welt, und dies, ihr Mönche, genügt vollauf, um aller Gebilde satt zu werden, es genügt, um die Lust daran zu verlieren, es genügt, um sich von ihnen zu erlösen.

Sinéru, ihr Mönche, der Berge König, ist vierundachtzigtausend Meilen lang, vierundachtzigtausend Meilen breit, vierundachtzigtausend Meilen steht er im großen Meer unter Wasser, vierundachtzigtausend Meilen ragt er aus dem großen Meer empor.

Es kommt nun, ihr Mönche, einmal die Zeit, da der Himmel viele Jahre, viele hundert Jahre, viele tausend Jahre, viele hunderttausend Jahre nicht regnet. Wenn nun aber, ihr Mönche, der Himmel keinen Regen spendet, dann vertrocknen und verdorren alle Arten der Saaten und der Vegetation, Heilkräuter, Gräser und Bäume und sind nicht mehr. So vergänglich, ihr Mönche, sind die Gebilde der Welt, so unbeständig, ihr Mönche, sind die Gebilde der Welt, so unverläßlich ihr Mönche, sind die Gebilde der Welt, und dies, ihr Mönche, genügt vollauf, um aller Gebilde satt zu werden, es genügt, um die Lust daran zu verlieren, es genügt, um sich von ihnen zu erlösen.

Es kommt nun, ihr Mönche, einmal die Zeit, da irgendwann nach Ablauf einer langen Periode eine *zweite Sonne* sichtbar wird. Infolge des Erscheinens der zweiten Sonne, ihr Mönche, vertrocknen und verdorren alle die seichten Bäche und kleinen Teiche und sind nicht mehr. So vergänglich, ihr Mönche, sind die Gebilde der Welt, so unbeständig, ihr Mönche, sind die Gebilde der Welt, so unverläßlich, ihr Mönche, sind die Gebilde der Welt, und dies, ihr Mönche, genügt vollauf, um aller Gebilde satt zu werden, es genügt, um die Lust daran zu verlieren, es genügt, um sich von ihnen zu erlösen.

Es kommt nun, ihr Mönche, einmal die Zeit, da irgendwann nach Ablauf einer langen Periode eine *dritte Sonne* sichtbar wird.

Infolge des Erscheinens der dritten Sonne, ihr Mönche, vertrocknen und versiegen alle die großen Ströme wie Ganga, Yamuna, Aciravati, Sarabhu, Mahi und sind nicht mehr. So vergänglich, ihr Mönche, sind die Gebilde der Welt, so unbeständig, ihr Mönche, sind die Gebilde der Welt, so unverläßlich, ihr Mönche, sind die Gebilde der Welt, und dies, ihr Mönche, genügt vollauf, um aller Gebilde satt zu werden, es genügt, um die Lust daran zu verlieren, es genügt, um sich von ihnen zu erlösen.

Es kommt nun, ihr Mönche, einmal die Zeit, da irgendwann nach Ablauf einer langen Periode eine *vierte Sonne* sichtbar wird.

Infolge des Erscheinens der vierten Sonne, ihr Mönche, vertrocknen und versiegen alle die großen Seen, von denen jene Ströme ausgehen, wie Anotatta, Sihapapata, Rathakara, Kannamunda, Kunala, Chaddanta, Mandakini und sind nicht mehr. So vergänglich, ihr Mönche, sind die Gebilde der Welt, so unbeständig, ihr Mönche, sind die Gebilde der Welt, so unverläßlich, ihr Mönche, sind die Gebilde der Welt, und dies, ihr Mönche, genügt vollauf, um aller Gebilde satt zu werden, es genügt, um die Lust daran zu verlieren, es genügt, um sich von ihnen zu erlösen.

Es kommt nun, ihr Mönche, einmal die Zeit, da irgendwann nach Ablauf einer langen Periode eine *fünfte Sonne* sichtbar wird.

Infolge des Erscheinens der fünften Sonne, ihr Mönche, sinken die einhundert Meilen tiefen Wasser im großen Meer, sinken die zweihundert Meilen tiefen Wasser im großen Meer, sinken die dreihundert Meilen tiefen Wasser im großen Meer, sinken die vierhundert ... die fünfhundert ... die sechshundert ... sinken die siebenhundert Meilen tiefen Wasser im großen Meer; sieben Palmen hoch steht das Wasser im großen Meer, sechs Palmen hoch steht das Wasser im großen Meer, fünf Palmen hoch steht das Wasser im großen Meer, vier Palmen hoch, drei Palmen hoch, zwei Palmen hoch steht das Wasser im großen Meer, in Palmenhöhe steht das Wasser im großen Meer, in Siebenmännerhöhe steht das Wasser im großen Meer, in Sechsmännerhöhe steht das Wasser im großen Meer, in

Fünfmännerhöhe steht das Wasser im großen Meer, in Viermännerhöhe, in Dreimännerhöhe, in Zweimännerhöhe steht das Wasser im großen Meer, in Manneshöhe steht das Wasser im großen Meer, in halber Manneshöhe steht das Wasser im großen Meer, bis zur Höhe der Hüfte, bis zur Höhe des Knies, bis zum Fußgelenk steht das Wasser im großen Meer. Gleichwie da, ihr Mönche, wenn zur Zeit des Herbstes der Himmel mit schweren Güssen regnet, hier und dort in den Fußspuren der Rinder Wasserlachen stehen, ebenso nun, ihr Mönche, stehen dann im großen Meer Wasserlachen so klein wie die Fußspuren der Rinder. Infolge des Erscheinens der fünften Sonne, ihr Mönche, ist schließlich im großen Meer nicht einmal ein fingergliedtiefes Wasser mehr vorhanden. So vergänglich, ihr Mönche, sind die Gebilde der Welt, so unbeständig, ihr Mönche, sind die Gebilde der Welt, so unverläßlich, ihr Mönche, sind die Gebilde der Welt, und dies, ihr Mönche, genügt vollauf, um aller Gebilde satt zu werden, es genügt, um die Lust daran zu verlieren, es genügt, um sich von ihnen zu erlösen.

Es kommt nun, ihr Mönche, einmal die Zeit, da irgendwann nach Ablauf einer langen Periode eine *sechste Sonne* sichtbar wird.

Infolge des Erscheinens der sechsten Sonne, ihr Mönche, rauchen und qualmen diese große Erde und Sinéru, der Berge König, und entsenden Wolken von Rauch. Gleichwie da, ihr Mönche, ein glühender Töpferbrand zuerst raucht und qualmt und Wolken von Rauch entsendet, ebenso nun, ihr Mönche, rauchen und qualmen dann beim Erscheinen der sechsten Sonne diese große Erde und Sinéru, der Berge König, und entsenden Wolken von Rauch. So vergänglich, ihr Mönche, sind die Gebilde der Welt, so unbeständig, ihr Mönche, sind die Gebilde der Welt, so unverläßlich, ihr Mönche, sind die Gebilde der Welt, und dies, ihr Mönche, genügt vollauf, um aller Gebilde satt zu werden, es genügt, um die Lust daran zu verlieren, es genügt, um sich von ihnen zu erlösen.

Es kommt nun, ihr Mönche, einmal die Zeit, da irgendwann nach Ablauf einer langen Periode eine *siebente Sonne* sichtbar wird.

Infolge des Erscheinens der siebenten Sonne, ihr Mönche, flammen und lodern diese große Erde und Sinéru, der Berge König, auf und werden ein einziges Licht. Und während, ihr Mönche, diese große Erde und Sinéru, der Berge König, zerglühen und verbrennen, dringt deren vom Wind geschleuderte Glutflamme selbst bis zur Brahma-Welt empor; und während, ihr Mönche, Sinéru, der Berge König, zerglüht und verbrennt, während er untergeht und von der großen Masse der Feuersglut überwältigt wird, zerbersten seine einhundert Meilen hohen Spitzen, zerbersten seine zweihundert Meilen hohen Spitzen, zerbersten seine dreihundert, vierhundert, fünfhundert Meilen hohen Spitzen, und von dieser großen Erde, ihr Mönche, und von Sinéru, dem Bergeskönige, die da zerglühen und verbrennen, bleibt weder Asche zurück noch Ruß. Gleichwie da, ihr Mönche, von zerglühendem und verbrennendem Schmalz oder Öl weder Asche noch Ruß sich findet, ebenso auch, ihr Mönche, bleibt von dieser großen Erde und von Sinéru, dem Bergeskönige, während sie zerglühen und verbrennen, weder Asche zurück noch Ruß. So vergänglich, ihr Mönche, sind die Gebilde der Welt, so unbeständig, ihr Mönche, sind die Gebilde der Welt, so unverläßlich, ihr Mönche, sind die Gebilde der Welt, und dies, ihr Mönche, genügt vollauf, um aller Gebilde satt zu werden, es genügt, um die Lust daran zu verlieren, es genügt, um sich von ihnen zu erlösen.

Welcher Seher, ihr Mönche, welcher Glaubenskünder außerhalb derer, die das Nirvana geschaut haben, vermag da auszusagen: ‚Auch diese große Erde und Sinéru, der Berge König, werden zerglühen, vergehen, nicht mehr sein‘?“

60. Alles brennt.

Mahavagga I, 21, 1-4, Samy. XXXV, 28.

Nachdem der Erhabene, solange es ihm beliebte, bei Uruvela geweilt hatte, wanderte er, begleitet von vielen Mönchen, tausend an der Zahl, die ehedem Jatilas gewesen waren, nach dem Gayasisa-Berge. Hier nun auf dem Gayasisa-Berge, unweit von Gaya, weilte der Erhabene mit diesen tausend Mönchen.

Dort richtete der Erhabene das Wort an die Mönche:

„Alles, ihr Mönche, brennt. Und was alles, ihr Mönche, brennt?

Das Auge, ihr Mönche, brennt; die körperlichen Formen brennen; das Seh-Bewußtsein brennt; die Berührung des Auges [mit seinen Objekten] brennt; die durch die Berührung des Auges ausgelöste Empfindung, sei es nun Lust-Empfindung, Unlust-Empfindung oder Weder-Lust-noch-Unlust-Empfindung, auch dieses brennt. Und wodurch brennt das? Ich sage: es brennt durch das Feuer der Begier, durch das Feuer des Hasses, durch das Feuer des Wahns; es brennt durch Geburt, Alter und Tod, durch Kummer, Jammer und Schmerz, durch Gram und Verzweiflung.

Das Ohr, ihr Mönche, brennt; die Töne brennen; das Hör-Bewußtsein brennt; die Berührung des Ohres [mit seinen Objekten] brennt; die durch die Berührung des Ohres ausgelöste Empfindung, sei es nun Lust-Empfindung, Unlust-Empfindung, oder Weder-Lust-noch-Unlust-Empfindung – auch dieses brennt. Und wodurch brennt das? Ich sage: es brennt durch das Feuer der Begier, durch das Feuer des Hasses, durch das Feuer des Wahns; es brennt durch Geburt, Alter und Tod, durch Kummer, Jammer und Schmerz, durch Gram und Verzweiflung.

Die Nase, ihr Mönche, brennt; die Gerüche brennen; das Riech-Bewußtsein brennt; die Berührung der Nase [mit den Riechsubstanzen] brennt; die durch die Berührung der Nase ausgelöste Empfindung, sei es nun Lust-Empfindung, Unlust-

Empfindung oder Weder-Lust-noch-Unlust-Empfindung, – auch dieses brennt. Und wodurch brennt das? Ich sage: es brennt durch das Feuer der Begier, durch das Feuer des Hasses, durch das Feuer des Wahns; es brennt durch Geburt, Alter und Tod, durch Kummer, Jammer und Schmerz, durch Gram und Verzweiflung.

Die Zunge, ihr Mönche, brennt; die Säfte brennen; das Schmeck-Bewußtsein brennt; die Berührung der Zunge [mit den Säften] brennt; die durch die Berührung der Zunge ausgelöste Empfindung, sei es nun Lust-Empfindung, Unlust-Empfindung oder Weder-Lust-noch-Unlust-Empfindung, – auch dieses brennt. Und wodurch brennt das? Ich sage: es brennt durch das Feuer der Begier, durch das Feuer des Hasses, durch das Feuer des Wahns; es brennt durch Geburt, Alter und Tod, durch Kummer, Jammer und Schmerz, durch Gram und Verzweiflung.

Der Leib, ihr Mönche, brennt; die tastbaren Dinge brennen; das Tast-Bewußtsein brennt; die Berührung des Leibes [mit den tastbaren Dingen] brennt; die durch die Berührung des Leibes ausgelöste Empfindung, sei es nun Lust-Empfindung, Unlust-Empfindung, oder Weder-Lust-noch-Unlust-Empfindung, – auch dieses brennt. Und wodurch brennt das? Ich sage: es brennt durch das Feuer der Begier, durch das Feuer des Hasses, durch das Feuer des Wahns; es brennt durch Geburt, Alter und Tod, durch Kummer, Jammer und Schmerz, durch Gram und Verzweiflung.

Das Denken, ihr Mönche, brennt; die Denk-Objekte brennen; das Denk-Bewußtsein brennt; die Berührung des Denkens [mit seinen Objekten] brennt; die durch die Berührung des Denkens ausgelöste Empfindung, sei es nun Lust-Empfindung, Unlust-Empfindung oder Weder-Lust-noch-Unlust-Empfindung, – auch dieses brennt. Und wodurch brennt das? Ich sage: es brennt durch das Feuer der Begier, durch das Feuer des Hasses, durch das Feuer des Wahns; es brennt durch

Geburt, Alter und Tod, durch Kummer, Jammer und Schmerz, durch Gram und Verzweiflung.

Wenn, ihr Mönche, ein kenntnisreicher, edler Jünger solches durchschaut, wird er des Auges satt, wird er der körperlichen Formen satt, wird er des Seh-Bewußtseins satt, wird er der Seh-Berührung satt, wird er der durch die Seh-Berührung ausgelösten Empfindung satt, sei es nun wohlige Empfindung, leidige Empfindung oder Weder-leidige-noch-wohlige-Empfindung.

Er wird des Ohres satt, wird der Töne satt, wird des Hör-Bewußtseins satt, wird der Hör-Berührung satt, wird der durch die Hör-Berührung ausgelösten Empfindung satt, sei es nun wohlige Empfindung, leidige Empfindung oder Weder-leidige-noch-wohlige-Empfindung.

Er wird der Nase satt, wird der Gerüche satt, wird des Riech-Bewußtseins satt, wird der Riech-Berührung satt, wird der durch die Riech-Berührung ausgelösten Empfindung satt, sei es nun wohlige Empfindung, leidige Empfindung oder Weder-leidige-noch-wohlige-Empfindung.

Er wird der Zunge satt, wird der Säfte satt, wird des Schmeck-Bewußtseins satt, wird der Schmeck-Berührung satt, wird der durch die Schmeck-Berührung ausgelösten Empfindung satt, sei es nun wohlige Empfindung, leidige Empfindung, oder Weder-leidige-noch-wohlige-Empfindung.

Er wird des Leibes satt, wird der Tastungen satt, wird des Tast-Bewußtseins satt, wird der Tast-Berührung satt, wird der durch die Tast-Berührung ausgelösten Empfindung satt, sei es nun leidige Empfindung, wohlige Empfindung oder Weder-leidige-noch-wohlige-Empfindung.

Er wird des Denkens satt, wird der Denkobjekte satt, wird des Denk-Bewußtseins satt, wird der Denk-Berührung satt, wird der durch die Denk-Berührung ausgelösten Empfindung satt, sei es nun leidige Empfindung, wohlige Empfindung oder Weder-leidige-noch-wohlige-Empfindung.

Indem er all dessen satt wird, wird er der Leidenschaft ledig, durch das Fernbleiben der Leidenschaft wird er erlöst, und in dem Erlösten geht die Erkenntnis auf: ‚erlöst bin ich', ‚erschöpft hat sich die Wiedergeburt, gelebt ist der heilige Wandel, was zu tun war, ist getan, nicht mehr ist diese Welt für mich', so erkennt er."

Also sprach der Erhabene; beglückten Herzens stimmten die Mönche den Worten des Erhabenen mit freudigem Danke zu.

Und als diese Predigt vorgetragen ward, wurde der Geist jener tausend Mönche des Anhaftens ledig und von den Einflüssen frei.

Dieser Text ist die berühmte ‚Feuer-Predigt' (auch die buddhistische *Bergpredigt* genannt). Der Buddha hielt diese Predigt, bald nach der Sambodhi, vor den neubekehrten drei Brüdern Kassapa (Uruvela-Kassapa, Gaya-Kassapa, Nadi-Kassapa) und deren ebenfalls gewonnenen Anhängern. Die Kassapas waren ehedem Jatilas gewesen, d.i. brahminische asketische Eremiten, die das Haar geflochten trugen. Der genannte Gayasisa-Berg ist (nach Cunningham) der heutige Brahmayoni-Berg bei Gaya.

Die Feuer-Predigt, die als eine andere Formulierung der vier hohen Wahrheiten betrachtet werden kann, ist für den Buddha und seine Art zu lehren äußerst charakteristisch. Ich habe sie deshalb hier in extenso wiedergegeben.

Als ein Gegenstück zu dieser ‚Feuer-Predigt' ist folgender Text bemerkenswert:

61. Alles ist in Dunkel gehüllt.

Samy. XXXV, 29.

So hab' ich es gehört: Einst weilte der Erhabene bei Rajagaha im Bambus-Haine beim Kalandakanivapa. Dort nun richtete der Erhabene das Wort an die Mönche:

„Alles, ihr Mönche, ist in Dunkel gehüllt. Und was alles, ihr Mönche, ist in Dunkel gehüllt?

Das Auge, ihr Mönche, ist in Dunkel gehüllt; die körperlichen Formen sind in Dunkel gehüllt, das Seh-Bewußtsein ist in Dunkel gehüllt; die Berührung des Auges [mit seinen Objekten] ist in Dunkel gehüllt, die durch die Berührung des Auges ausgelöste Empfindung, sei es nun wohlige Empfindung, leidige Empfindung, oder Weder-leidige-noch-wohlige-Empfindung – auch dieses ist in Dunkel gehüllt. Wodurch ist es in Dunkel gehüllt? Ich sage: es ist in Dunkel gehüllt durch Geburt, Alter und Tod, durch Kummer, Jammer und Schmerz, durch Gram und Verzweiflung.

Das Ohr, ihr Mönche, ist in Dunkel gehüllt ... usw.

Die Nase ... usw. ... Die Zunge ... usw. ... Der Leib ... usw. ... Der Geist ... usw. ...

Wenn, ihr Mönche, ein kenntnisreicher, edler Jünger solches durchschaut ... [usw., usw. wie am Ende der vorigen Rede bis] ... nicht mehr ist diese Welt für mich, so erkennt er."

62. ‚Alles'.

Samy. XXXV, 23.

Alles, ihr Mönche, will ich euch zeigen; so höret! Was aber, ihr Mönche, ist ‚*alles*'?

Auge und körperliche Formen, Ohr und Töne, Nase und Gerüche, Zunge und Säfte, Leib und Tastungen, Denken und Denkobjekte: das, ihr Mönche, nennt man ‚*alles*'.

63. Das Entstehen und Vergehen der Welt.

Samy. XII, 44 und XXXV, 107.

Das Entstellen und Vergehen der Welt, ihr Mönche, will ich euch zeigen; so höret!

Was ist nun, ihr Mönche, das *Entstehen* der Welt? Durch das Auge und die körperlichen Formen bedingt ist das Seh-Bewußtsein; das Zusammenwirken [dieser] drei [Faktoren] ist die Berührung; durch Berührung bedingt ist die Empfindung; durch Empfindung bedingt ist der ‚Durst'; durch den ‚Durst' bedingt ist das Anhaften; durch das Anhaften bedingt ist das Werden; durch das Werden bedingt ist die Geburt; durch die Geburt bedingt sind Alter und Tod, Kummer, Jammer, Schmerz, Gram und Verzweiflung. Das ist das Entstehen der Welt.

Durch das Ohr und die Töne bedingt ist das Hör-Bewußtsein ...

Durch die Nase und die Gerüche bedingt ist das Riech-Bewußtsein ...

Durch die Zunge und die Säfte bedingt ist das Schmeck-Bewußtsein ...

Durch den Leib und die Tastungen bedingt ist das Tast-Bewußtsein ...

Durch das Denken und die Denkobjekte bedingt ist das Denk-Bewußtsein; das Zusammenwirken [dieser] drei [Faktoren] ist die Berührung; durch Berührung bedingt ist die Empfindung; durch die Empfindung bedingt ist der ‚Durst'; durch den ‚Durst' bedingt ist das Anhaften; durch das Anhaften bedingt ist das Werden; durch das Werden bedingt ist die Geburt; durch die Geburt bedingt sind Alter und Tod, Kummer, Jammer, Schmerz, Gram und Verzweiflung. Dies ihr Mönche, ist das *Entstehen* der Welt.

Und was, ihr Mönche, ist das *Vergehen* der Welt? Durch das Auge und die körperlichen Formen bedingt ist das Seh-Bewußtsein; das Zusammenwirken [dieser] drei [Faktoren] ist die Berührung; durch Berührung bedingt ist die Empfindung; durch die Empfindung bedingt ist der ‚Durst'; durch die spurlose, restlose Aufhebung eben dieses ‚Durstes' wird das Anhaften aufgehoben; durch die spurlose, restlose Aufhebung des Haftens wird das Werden aufgehoben; durch die spurlose, restlose Aufhebung des Werdens wird die Geburt aufgehoben; durch die spurlose, restlose Aufhebung der Geburt verschwinden Alter und Tod, Kummer, Jammer, Schmerz, Gram und

Verzweiflung. Also kommt die Aufhebung dieser gesamten Leidensmasse zustande. Das ist das *Vergehen* der Welt.

Durch das Ohr und die Töne ... Durch die Nase und die Gerüche ... Durch die Zunge und die Säfte ... Durch den Leib und die Tastungen ... Durch das Denken und die Denkobjekte bedingt ist das Denk-Bewußtsein; das Zusammenwirken [dieser] drei [Faktoren] ist die Berührung; durch Berührung bedingt ist die Empfindung; durch die Empfindung bedingt ist der ‚Durst'; durch die spurlose, restlose Aufhebung eben dieses ‚Durstes' wird das Anhaften aufgehoben; durch die spurlose, restlose Aufhebung des Anhaftens wird das Werden aufgehoben; durch die spurlose, restlose Aufhebung des Werdens wird die Geburt aufgehoben; durch die spurlose, restlose Aufhebung der Geburt verschwinden Alter und Tod, Kummer, Jammer, Schmerz, Gram und Verzweiflung. Also kommt die Aufhebung dieser gesamten Leidens-Masse zustande. Dies, ihr Mönche, ist das *Vergehen* der Welt.

64. Die fünf Stücke der Persönlichkeit sind nicht das Ich.

Samy. XXII, 15.

Die *körperliche Form*, ihr Mönche, ist veränderlich; was veränderlich ist, das ist leidvoll; was leidvoll ist, das ist nicht das Ich; was nicht das Ich ist, davon muß man sagen: ‚Dies gehört mir nicht, dies bin ich nicht, dies ist nicht mein Ich.' Also ist dies, der Wirklichkeit gemäß, in vollkommener Weisheit anzusehen.

Die *Empfindung*, ihr Mönche, ist veränderlich; was veränderlich ist, das ist leidvoll; was leidvoll ist, das ist nicht das Ich; was nicht das Ich ist, davon muß man sagen: ‚Dies gehört mir nicht, dies bin ich nicht, dies ist nicht mein Ich.' Also ist dies, der Wirklichkeit gemäß, in vollkommener Weisheit anzusehen.

Die *Wahrnehmung*, ihr Mönche, ist veränderlich; was veränderlich ist, das ist leidvoll; was leidvoll ist, das ist nicht das Ich; was nicht das Ich ist, davon muß man sagen: ‚Dies gehört mir nicht, dies bin ich nicht, dies ist nicht mein Ich.‘ Also ist dies, der Wirklichkeit gemäß, in vollkommener Weisheit anzusehen.

Die *Gemütsregungen*, ihr Mönche, sind veränderlich; was veränderlich ist, das ist leidvoll; was leidvoll ist, das ist nicht das Ich, was nicht das Ich ist, davon muß man sagen: ‚Dies gehört mir nicht, dies bin ich nicht, dies ist nicht mein Ich.‘ Also ist dies, der Wirklichkeit gemäß, in vollkommener Weisheit anzusehen.

Das *Bewußtsein*, ihr Mönche, ist veränderlich; was veränderlich ist, das ist leidvoll; was leidvoll ist, das ist nicht das Ich; was nicht das Ich ist, davon muß man sagen: ‚Dies gehört mir nicht, dies bin ich nicht, dies ist nicht mein Ich.‘ Also ist dies, der Wirklichkeit gemäß, in vollkommener Weisheit anzusehen.

Wenn, ihr Mönche, ein kenntnisreicher, edler Jünger solches durchschaut, wird er der körperlichen Form satt, wird er der Empfindung satt, wird er der Wahrnehmung satt, wird er der Gemütsregungen satt, wird er des Bewußtseins satt. Indem er ihrer satt wird, wird er der Leidenschaft ledig; durch das Fernbleiben der Leidenschaft wird er erlöst, und in dem Erlösten geht die Erkenntnis auf: ‚Erlöst bin ich.‘ ‚Erschöpft hat sich die Wiedergeburt, gelebt ist der heilige Wandel, was zu tun war, ist getan, nicht mehr ist diese Welt für mich‘, so erkennt er.

65. Die Welt der Sinne ist nicht das Ich.

Samy. XVIII, 11.

So hab’ ich es gehört: Einst weilte der Erhabene bei Savatthi. Da begab sich der ehrwürdige Rahula zum Erhabenen, begrüßte den Erhabenen ehrfurchtsvoll und setzte sich ihm zur Seite nieder. Zu dem ehrwürdigen Rahula, der ihm zur Seite saß, sprach der Erhabene also:

„Was meinst du wohl, Rahula: Ist das Auge verharrend oder veränderlich?“

‚Veränderlich, Herr!‘

„Und was veränderlich ist, ist das leidvoll oder glückbringend?“

‚Leidvoll, Herr!'

„Und was veränderlich, leidvoll, der Vergänglichkeit unterworfen ist, kann man das in diesem Sinne betrachten: ‚Dies gehört mir, dies bin ich, dies ist mein Ich'?"

‚Unmöglich, Herr!'

„Ist das Ohr verharrend oder veränderlich?"

‚Veränderlich, Herr!' ... usw.

Ist die Nase verharrend ... usw.

Ist die Zunge verharrend ... usw.

Ist der Leib verharrend ... usw.

Ist der Geist verharrend oder veränderlich?"

‚Veränderlich, Herr!'

„Und was veränderlich ist, ist das leidvoll oder glückbringend?"

‚Leidvoll, Herr!'

„Und was veränderlich, leidvoll, der Vergänglichkeit unterworfen ist, kann man das in diesem Sinne betrachten: ‚Dies gehört mir, dies bin ich, dies ist mein Ich'?"

‚Unmöglich, Herr!'

„Wenn ein kenntnisreicher, edler Jünger solches durchschaut, Rahula, wird er des Auges satt, wird er des Ohres satt, wird er der Nase satt, wird er der Zunge satt, wird er des Leibes satt, wird er des Geistes satt. Indem er alles dessen satt wird, wird er der Leidenschaft ledig, durch das Fernbleiben der Leidenschaft wird er erlöst, und in dem Erlösten geht die Erkenntnis auf: ‚Erlöst bin ich.' ‚Erschöpft hat sich die Wiedergeburt, gelebt ist der heilige Wandel, was zu tun war, ist getan, nicht mehr ist diese Welt für mich', so erkennt er."

66. Was euch nicht angehört, das gebet auf!

Samy. XXXV, 101 und 137.

Was euch nicht angehört, ihr Mönche, das gebet auf; das von euch Aufgegebene wird euch zum Wohl und Glück gereichen. Was aber, ihr Mönche, gehört euch nicht an?

Das Auge, ihr Mönche, gehört euch nicht an, das gebet auf; das von euch aufgegebene wird euch zum Wohl und Glück gereichen. Die körperlichen Formen gehören euch nicht an, die gebet auf; die von euch aufgegebenen werden euch zum Wohl und Glück gereichen. Das Seh-Bewußtsein gehört euch nicht an, das gebet auf; das von euch aufgegebene wird euch zum Wohl und Glück gereichen. Die Seh-Berührung gehört euch nicht an, die gebet auf; die von euch aufgegebene wird euch zum Wohl und Glück gereichen. Die durch die Seh-Berührung ausgelöste Empfindung, sei es nun wohlige Empfindung, leidige Empfindung oder Weder-leidige-noch-wohlige-Empfindung, gehört euch nicht an, die gebet auf; die von euch aufgegebene wird euch zum Wohl und Glück gereichen.

Das Ohr gehört euch nicht an ... usw.

Die Töne gehören euch nicht an ... usw.

Das Hör-Bewußtsein gehört euch nicht an ... usw.

Die Hör-Berührung gehört euch nicht an ... usw.

Die durch die Hör-Berührung ausgelöste Empfindung gehört euch nicht an ... usw.

Die Nase gehört euch nicht an ... usw.

Die Gerüche gehören euch nicht an ... usw.

Das Riech-Bewußtsein gehört euch nicht an ... usw.

Die Riech-Berührung gehört euch nicht an ... usw.

Die durch die Riech-Berührung ausgelöste Empfindung gehört euch nicht an ... usw.

Die Zunge gehört euch nicht an ... usw.

Die Säfte gehören euch nicht an ... usw.

Das Schmeck-Bewußtsein gehört euch nicht an ... usw.

Die Schmeck-Berührung gehört euch nicht an ... usw.

Die durch die Schmeck-Berührung ausgelöste Empfindung gehört euch nicht an ... usw.

Der Leib gehört euch nicht an ... usw.

Die Tastungen gehören euch nicht an ... usw.

Das Tast-Bewußtsein gehört euch nicht an ... usw.

Die Tast-Berührung gehört euch nicht an ... usw.

Die durch die Tast-Berührung ausgelöste Empfindung gehört euch nicht an ... usw.

Der Geist gehört euch nicht an ... usw.

Die Denkobjekte gehören euch nicht an ... usw.

Das Denk-Bewußtsein gehört euch nicht an ... usw.

Die Denk-Berührung gehört euch nicht an ... usw.

Die durch die Denk-Berührung ausgelöste Empfindung, sei es nun wohlige Empfindung, leidige Empfindung oder Weder-leidige-noch-wohlige-Empfindung, gehört euch nicht an, die gebet auf; die von euch aufgegebene wird euch zum Wohl und Glück gereichen.

Wenn da, ihr Mönche, ein Mann alles, was in diesem Jeta-Haine an Gräsern, Reisern, Zweigen und Laub vorhanden ist, forttrüge und verbrennte oder sonst nach Gutdünken damit verführe, würde euch da wohl der Gedanke kommen: ‚*Uns* trägt der Mann fort oder verbrennt er oder schaltet sonst nach Gutdünken mit *uns*'?

‚Gewiß nicht, Herr.'

Und warum nicht?

‚Nicht ist dies ja, Herr, unser Ich oder etwas dem Ich Zugehöriges.'

Ebenso auch, ihr Mönche, gehören das Auge, die körperlichen Formen, das Seh-Bewußtsein, die Seh-Berührung und die dadurch ausgelöste Empfindung euch nicht an, sie gebet auf; die von euch aufgegebenen werden euch zum Wohl und Glück gereichen; das Ohr, die Töne, das Hör-Bewußtsein, die Hör-Berührung und die dadurch ausgelöste Empfindung gehören euch nicht an, sie gebet auf; die von euch aufgegebenen werden euch zum Wohl und Glück gereichen; die Nase, die Gerüche, das Riech-Bewußtsein, die Riech-Berührung und die dadurch ausgelöste Empfindung gehören euch nicht an, sie gebet auf; die von euch aufgegebenen werden euch zum Wohl und Glück gereichen; die Zunge, die Säfte, das Schmeck-Bewußtsein, die

Schmeck-Berührung und die dadurch ausgelöste Empfindung gehören euch nicht an, sie gebet auf; die von euch aufgegebenen werden euch zum Wohl und Glück gereichen; der Leib, die Tastungen, das Tast-Bewußtsein, die Tast-Berührung und die dadurch ausgelöste Empfindung gehören euch nicht an, sie gebet auf; die von euch aufgegebenen werden euch zum Wohl und Glück gereichen; der Geist, die Denkobjekte, das Denk-Bewußtsein, die Denk-Berührung und die dadurch ausgelöste Empfindung gehören euch nicht an, sie gebet auf; die von euch aufgegebenen werden euch zum Wohl und Glück gereichen.

67. Die Zerlegung des Körpers.

Khuddaka-Patha III.

In diesem Körper sind vorhanden: Kopfhaare, Körperhaare, Nägel, Zähne, Haut, Fleisch, Sehnen, Knochen, Knochenmark, Nieren, Herz, Leber, Brustfell, Milz, Lungen, Magen, Eingeweide, Weichteile und Kot, Galle, Schleim, Eiter, Blut, Schweiß, Lymphe, Tränen, Serum, Speichel, Rotz, Gelenköl, Harn und das Gehirn im Schädel.

68. Wer sich des Leides freut, der ist des Leides nicht ledig.

Samy. XXXV, 19-20.

1. Wer, ihr Mönche, sich des Auges freut, der freut sich des Leides. Ich sage: Wer sich des Leides freut, der ist des Leides nicht ledig.

Wer sich des Ohres freut, der freut sich des Leides. Ich sage: Wer sich des Leides freut, der ist des Leides nicht ledig.

Wer sich der Nase freut, der freut sich des Leides. Ich sage: Wer sich des Leides freut, der ist des Leides nicht ledig.

Wer sich der Zunge freut, der freut sich des Leides. Ich sage: Wer sich des Leides freut, der ist des Leides nicht ledig.

Wer sich des Leibes freut, der freut sich des Leides. Ich sage: Wer sich des Leides freut, der ist des Leides nicht ledig.

Wer sich des Geistes freut, der freut sich des Leides. Ich sage: Wer sich des Leides freut, der ist des Leides nicht ledig.

Wer nun, ihr Mönche, sich des Auges nicht freut, der freut sich nicht des Leides. Ich sage: Wer sich des Leides nicht freut, der ist des Leides ledig.

Wer sich des Ohres nicht freut, der freut sich nicht des Leides. Ich sage: Wer sich des Leides nicht freut, der ist des Leides ledig.

Wer sich der Nase nicht freut, der freut sich nicht des Leides. Ich sage: Wer sich des Leides nicht freut, der ist des Leides ledig.

Wer sich der Zunge nicht freut, der freut sich nicht des Leides. Ich sage: Wer sich des Leides nicht freut, der ist des Leides ledig.

Wer sich des Leibes nicht freut, der freut sich nicht des Leides. Ich sage: Wer sich des Leides nicht freut, der ist des Leides ledig.

Wer sich des Geistes nicht freut, der freut sich nicht des Leides. Ich sage: Wer sich des Leides nicht freut, der ist des Leides ledig.

2. Wer, ihr Mönche, sich der körperlichen Formen freut, der freut sich des Leides. Ich sage: Wer sich des Leides freut, der ist des Leides nicht ledig.

Wer sich der Töne ... der Gerüche ... der Säfte ... der Tastungen ... der Denkobjekte freut, der freut sich des Leides. Ich sage: Wer sich des Leides freut, der ist des Leides nicht ledig.

Wer nun, ihr Mönche, sich der körperlichen Formen nicht freut, der freut sich nicht des Leides. Ich sage: Wer sich des Leides nicht freut, der ist des Leides ledig.

Wer sich der Töne ... der Gerüche ... der Säfte ... der Tastungen ... der Denkobjekte nicht freut, der freut sich nicht des Leides. Ich sage: Wer sich des Leides nicht freut, der ist des Leides ledig.

69. Wer sich der Persönlichkeit freut, der freut sich des Leides.

Samy. XXII, 29.

Savatthi. Dort sprach der Erhabene:

Wer, ihr Mönche, sich der körperlichen Form freut, der freut sich des Leides. Ich sage: Wer sich des Leides freut, der ist des Leides nicht ledig.

Wer sich der Empfindung ... der Wahrnehmung ... der Gemütsregungen ... des Bewußtseins freut, der freut sich des Leides. Ich sage: Wer sich des Leides freut, der ist des Leides nicht ledig.

Wer nun, ihr Mönche, sich der körperlichen Form nicht freut, der freut sich nicht des Leides. Ich sage: Wer sich des Leides nicht freut, der ist des Leides ledig.

Wer sich der Empfindung ... der Wahrnehmung ... der Gemütsregungen ... des Bewußtseins nicht freut, der freut sich nicht des Leides. Ich sage: Wer sich des Leides nicht freut, der ist des Leides ledig.

70. Das Kind des Laienjüngers.

Udana II, 7.

So hab' ich es gehört: Einst weilte der Erhabene bei Savatthi im Jeta-Haine, im Klostergarten des Anathapindika. Damals aber war einem gewissen Laienjünger ein lieber, herziger Sohn, der einzige, gestorben. Und viele Laienjünger mit nassem Gewand und nassem Haar begaben sich zu heißer Tageszeit zum Erhabenen, begrüßten ihn ehrfurchtsvoll und setzten sich ihm zur Seite nieder. Zu diesen Laienjüngern, die ihm zur Seite saßen, sprach nun der Erhabene also: „Warum denn, Laienjünger, begebt ihr euch mit nassem Gewand und nassem Haar zu heißer Tageszeit hierher?" Nach diesen Worten sprach jener Laienjünger zum Erhabenen also: ‚Herr, ein lieber, herziger Sohn, der einzige, ist mir gestorben; deshalb begeben wir uns mit nassem Gewand und nassem Haar zu heißer Tageszeit hierher.'

Da tat der Erhabene, nachdem er erkannt, was dies zu bedeuten hatte, bei jener Gelegenheit folgenden feierlichen Ausspruch:

„Götterscharen und die Menschen, welche sich angeklammert haben an die Lust, die ihnen eine liebliche Gestalt gewährt, kommen voll Leid und Qual unter die Gewalt des Todesfürsten. Wahrlich, die bei Tag und Nacht unermüdlich das, was von lieblicher Gestalt ist, aufgeben, die graben die Wurzel des Übels aus, die Beute des Todes, die so schwer zu überwinden ist."

71. Der Tod der Ahne.

Samy. III, 3, 2.

Savatthi. Zum Kosaler König Pasenadi, der ihm zur Seite saß, sprach der Erhabene also:

„Nun, großer König, warum kommst du zu heißer Tageszeit?"

‚Herr, meine Ahne ist gestorben, greis, alt, hochbetagt, ans Lebensziel gelangt, nach langem Leben, hundertundzwanzig Jahre alt.

Und die Ahne, Herr, war mir lieb und teuer. Mit dem besten Elefanten, Herr, würde ich den Tod meiner Ahne ungeschehen machen; den besten Elefanten würde ich darum geben, daß meine Ahne nicht gestorben wäre. Mit dem besten Rosse, Herr, würde ich den Tod meiner Ahne ungeschehen machen; das beste Roß würde ich darum geben, daß meine Ahne nicht gestorben wäre. Mit der besten Ortschaft, Herr, würde ich den Tod meiner Ahne ungeschehen machen; die beste Ortschaft würde ich darum geben, daß meine Ahne nicht gestorben wäre. Mit einem Lande, Herr, würde ich den Tod meiner Ahne ungeschehen machen; ein Land würde ich darum geben, daß meine Ahne nicht gestorben wäre.‘

[Der Erhabene sprach:]

„Großer König, alle Wesen sind dem Tode unterworfen, der Tod setzt ihnen ein Ziel, dem Tode können sie nicht entrinnen."

‚Wundervoll, Herr, wunderbar, Herr! Wie richtig, Herr, ist doch dieses Wort des Erhabenen: Alle Wesen sind dem Tode unterworfen, der Tod setzt ihnen ein Ziel, dem Tode können sie nicht entrinnen.'

„So ist es, großer König, so ist es, großer König: Alle Wesen sind dem Tode unterworfen, der Tod setzt ihnen ein Ziel, dem Tode können sie nicht entrinnen. Es verhält sich damit, großer König, wie mit allen zerbrechlichen Gefäßen des Töpfers, den irdenen wie den gebrannten, sie alle sind dem Zerbrechen unterworfen, das Zerbrechen setzt ihnen ein Ziel, dem Zerbrechen können sie nicht entrinnen. Genau so, großer König, sind alle Wesen dem Tode unterworfen, der Tod setzt ihnen ein Ziel, dem Tode können sie nicht entrinnen.

Alle Wesen müssen sterben, des Lebens Ende ist der Tod;
Sie müssen dahingeh'n nach ihrer Tat, gute und böse
Früchte erntend.
Zur Hölle führen böse Werke, verdienstlich Werk den
guten Weg nimmt.
So wirke man heilsame Taten in Menge für zukünft'ge Zeit,
Verdienstlichkeit ist für die Wesen ein sich'rer Boden in
der andern Welt."

72. Der Toten sind so viele.

Udana VIII, 8.

So hab' ich es gehört: Einst weilte der Erhabene bei Savatthi im östlichen Klostergarten, im Parkhause der Mutter des Migara. Damals aber war der Visakha, der Mutter des Migara, eine liebe, herzige Enkelin gestorben.

Und Visakha, die Mutter des Migara, begab sich mit nassem Gewand und nassem Haar zu heißer Tageszeit zum Erhabenen, begrüßte den Erhabenen ehrfurchtsvoll und setzte sich ihm zur Seite nieder.

Zu Visakha, der Mutter des Migara, die ihm zur Seite saß, sprach nun der Erhabene also: „Warum denn, Visakha, hast du dich mit nassem Gewand und nassem Haar aufgemacht und bist zu heißer Tageszeit hierhergekommen?"

‚Herr, eine liebe, herzige Enkelin ist mir gestorben; deshalb habe ich mich mit nassem Gewand und nassem Haar zu heißer Tageszeit hierher begeben.'

„Visakha, möchtest du dir wohl soviele Söhne und Enkelkinder wünschen, als es Menschen in Savatthi gibt?"

‚Erhabener Herr, ich möchte mir wohl soviele Söhne und Enkelkinder wünschen, als es Menschen in Savatthi gibt.'

„Wie viele Menschen aber, Visakha, sterben täglich in Savatthi?"

‚Herr, es sterben in Savatthi täglich zehn Menschen, auch neun Menschen sterben täglich in Savatthi, auch acht ... auch sieben ... auch sechs ... auch fünf ... auch vier ... auch drei ... auch zwei Menschen sterben täglich in Savatthi, mindestens ein Mensch stirbt täglich in Savatthi. Kein Mangel, Herr, herrscht in Savatthi an sterbenden Menschen.'

„Was meinst du nun, Visakha: Würdest du da wohl irgendwann und zu irgendeiner Zeit ohne nasses Gewand und ohne nasses Haar sein?"

‚Gewiß nicht, Herr! Ich habe genug von so vielen Söhnen und Enkelkindern!'

„Die da hundert geliebte Wesen haben, Visakha, die haben hundert Trübsale, die neunzig geliebte Wesen haben, die haben neunzig Trübsale, die achtzig geliebte Wesen haben, die haben achtzig Trübsale, die siebzig geliebte Wesen haben, die, haben siebzig Trübsale, die sechzig geliebte Wesen haben, die haben sechzig Trübsale, die fünfzig geliebte Wesen haben, die haben fünfzig Trübsale, die vierzig geliebte Wesen haben, die haben vierzig Trübsale, die dreißig geliebte Wesen haben, die haben dreißig Trübsale, die zwanzig geliebte Wesen haben, die haben zwanzig Trübsale, die zehn geliebte Wesen haben, die haben zehn Trübsale, die neun geliebte Wesen haben, die haben neun Trübsale, die acht geliebte Wesen haben, die haben acht Trübsale, die sieben geliebte Wesen haben, die haben sieben Trübsale, die sechs geliebte Wesen haben, die haben sechs Trübsale, die fünf geliebte Wesen haben, die haben fünf Trübsale, die vier geliebte Wesen haben, die haben vier Trübsale, die drei geliebte Wesen haben, die haben drei Trübsale, die zwei geliebte Wesen haben, die haben zwei Trübsale, die ein geliebtes Wesen haben, die haben *eine Trübsal; die nichts Liebes haben, die haben keine Trübsal.* Ich sage (dir): Diese sind ohne Kummer, frei von Staub, ohne Verzweiflung."

Da tat der Erhabene, nachdem er erkannt, was dies zu bedeuten hatte, bei jener Gelegenheit folgenden feierlichen Ausspruch:

„Was es auch an Kümmernissen, Wehklagen und Leiden in mannigfachen Formen in der Welt gibt: sie bestehen, weil man etwas Liebes hat; ist Liebes nicht vorhanden, so sind jene nicht. Darum sind ja diejenigen glücklich und frei von Kummer, denen nicht irgend etwas lieb ist in der Welt. Deshalb schaffe sich nicht irgend etwas Liebes in der Welt, wer kummerlos und frei vom Staub (der Trübsal) zu werden wünscht."

73. Vier unabänderliche Dinge.

Ang. IV, 182.

Für vier Dinge, ihr Mönche, kann niemand bürgen, sei es nun ein Asket oder Brahmane, ein Deva oder Mara oder Brahma oder sonst irgend jemand in der Welt. Für welche vier?

‚Was lebt, möge dem Alter nicht unterworfen sein', dafür kann niemand bürgen, sei es nun ein Asket oder Brahmane, ein Deva oder Mara oder Brahma oder sonst irgend jemand in der Welt.

‚Was der Krankheit unterworfen ist, möge nicht krank werden', dafür kann niemand bürgen, sei es nun ein Asket oder Brahmane, ein Deva oder Mara oder Brahma oder sonst irgend jemand in der Welt.

‚Was dem Tode unterworfen ist, möge nicht sterben‘, dafür kann niemand bürgen, sei es nun ein Asket oder Brahmane, ein Deva oder Mara oder Brahma oder sonst irgend jemand in der Welt.

‚Die Reife der bösen Taten, der unreinen, Wiedergeburt erzeugenden, häßlichen, zu Leid heranreifenden, künftiges Geborenwerden, Altern und Sterben bedingenden, möge nicht eintreten‘, dafür kann niemand bürgen, sei es nun ein Asket oder Brahmane, ein Deva oder Mara oder Brahma oder sonst irgend jemand in der Welt.

Für diese vier Dinge, ihr Mönche, kann niemand bürgen, sei es nun ein Asket oder Brahmane, ein Deva oder Mara oder Brahma oder sonst irgend jemand in der Welt.

74. Vier Arten von Menschen.

Samy. III, 3, 1.

Savatthi.Und es begab sich der Kosaler König Pasenadi zum Erhabenen, begrüßte den Erhabenen ehrfurchtsvoll und setzte sich ihm zur Seite nieder. Zu dem Kosaler König Pasenadi, der ihm zur Seite saß, sprach der Erhabene also:

„Folgende vier Arten von Menschen werden in der Welt gefunden, großer König. Welche vier?

Der vom Dunkel zum Dunkel Wandernde, der vom Dunkel zum Licht Wandernde, der vom Licht zum Dunkel Wandernde, der vom Licht zum Licht Wandernde.

Und wie, großer König, wandert ein Mensch vom Dunkel zum Dunkel?

Da ist, großer König, ein Mensch in einer niedrigen Familie wiedergeboren, in einer Candala-Familie, oder in einer Korbmacher-Familie, oder in einer Jäger-Familie, oder in einer Wagenbauer-Familie, oder in einer Abräumer-Familie, in einer armen Familie, die nur über wenig Speise, Trank und Unterhalt verfügt, die erbärmlich dahinlebt, wo man auf elende Weise sich Nahrung und Kleidung verdienen muß. Auch ist er vo unschöner Gestalt, häßlich anzusehen, verwachsen und mit mancherlei Gebrechen behaftet. Er ist einäugig oder verkrüppelt oder lahm oder hat verstümmelte Gliedmaßen. Er darbt an Speise und Trank, hat nicht Kleidung, Wagen, Blumen, Wohlgerüche oder Salben, hat zum Schlafen weder einen Raum noch Beleuchtung. Und er führt einen schlechten Wandel in Werken, einen schlechten Wandel in Worten, einen schlechten Wandel in Gedanken. Nachdem er nun einen schlechten Wandel in Werken, Worten und Gedanken geführt hat, gelangt er bei der Auflösung des Körpers, jenseits des Todes, auf den Abweg, auf den schlimmen Weg, zu Stätten des Leidens, zur Hölle. Gleichwie da, großer König, ein Mensch von Finsternis zu Finsternis geht, oder von Dunkelheit zu Dunkelheit geht, oder von Blutlache zu Blutlache geht, so vergleiche ich damit diesen Menschen, großer König. Also wandert, großer König, ein Mensch vom Dunkel zum Dunkel.

Und wie, großer König, wandert ein Mensch vom Dunkel zum Licht? Da ist, großer König, ein Mensch in einer niedrigen Familie wiedergeboren, in einer Candala-Familie, oder in einer Korbmacher-Familie, oder in einer Jäger-Familie, oder in einer Wagenbauer-Familie, oder in einer Abräumer-Familie, in einer armen Familie, die nur über wenig Speise, Trank und Unterhalt verfügt, die erbärmlich dahinlebt, wo man auf elende Weise sich Nahrung und Kleidung verdienen muß. Auch ist er von unschöner Gestalt, häßlich anzusehen, verwachsen und mit mancherlei Gebrechen behaftet. Er ist einäugig oder verkrüppelt oder lahm oder hat verstümmelte Gliedmaßen. Er darbt an Speise und Trank, hat nicht Kleidung, Wagen, Blumen, Wohlgerüche oder Salben, hat zum Schlafen weder einen Raum noch Beleuchtung. Aber er führt einen guten Wandel in Werken, einen guten Wandel in Worten, einen guten Wandel in Gedanken. Nachdem er nun einen guten Wandel in Werken, Worten und Gedanken geführt hat, gelangt er bei der Auflösung des Körpers, jenseits des Todes, auf den guten Weg, in die Himmelswelt. Gleichwie da, großer König, ein Mensch von der Erde auf ein Trittpolster steigt, von einem Trittpolster auf den Rücken eines Pferdes steigt, von dem Rücken eines Pferdes auf den Rumpf eines Elefanten steigt, von dem Rumpf eines Elefanten auf eine Plattform steigt, so vergleiche ich damit diesen Menschen, großer König. Also wandert, großer König, ein Mensch vom Dunkel zum Licht.

Und wie, großer König, wandert ein Mensch vom Licht zum Dunkel? Da ist, großer König, ein Mensch in einer hohen Familie wiedergeboren, in einer Krieger-Familie oder in einer vornehmen Brahmanen-Familie oder in einer vornehmen Haushalter-Familie, in einer reichen, sehr wohlhabenden, sehr begüterten, die über viel Gold und Silber, über viel Grund und Eigentum, über viel Schätze und Glücksgüter verfügt. Auch ist er von hübscher Gestalt, ansehnlich, von einnehmendem Wesen, von außerordentlicher Schönheit und Stattlichkeit. Er hat reichlich Speise und Trank, hat Kleidung, Wagen, Blumen, Wohlgerüche und Salben, hat zum Schlafen einen Raum und Beleuchtung. Aber er führt einen schlechten Wandel in Werken, einen schlechten Wandel Worten, einen schlechten Wandel in Gedanken. Nachdem er nun einen schlechten Wandel in Werken, Worten und Gedanken geführt hat, gelangt er bei der Auflösung des Körpers, jenseits des Todes, auf den Abweg, auf den schlimmen Weg, zu Stätten des Leidens, zur Hölle. Gleichwie da, großer König, ein Mensch von einer Plattform auf den Rumpf eines Elefanten heruntersteigt, oder vom Rumpf eines Elefanten auf den Rücken eines Pferdes heruntersteigt, oder von dem Rücken eines Pferdes auf ein Trittpolster heruntersteigt, oder von einem Trittpolster auf die Erde heruntersteigt, so vergleiche ich damit diesen Menschen, großer König. Also wandert, großer König, ein Mensch vom Licht zum Dunkel.

Und wie, großer König, wandert ein Mensch vom Licht zum Licht? Da ist, großer König, ein Mensch in einer hohen

Familie wiedergeboren, in einer vornehmen Krieger-Familie oder in einer vornehmen Brahmanen-Familie oder in einer vornehmen Haushalter-Familie, in einer reichen, sehr wohlhabenden, sehr begüterten, die über viel Gold und Silber, über viel Grund und Eigentum, über viel Schätze und Glücksgüter verfügt. Auch ist er von hübscher Gestalt, ansehnlich, von einnehmendem Wesen, von außerordentlicher Schönheit und Stattlichkeit. Er hat reichlich Speise und Trank, hat Kleidung, Wagen, Blumen, Wohlgerüche und Salben, hat zum Schlafen einen Raum und Beleuchtung. Und er führt einen guten Wandel in Werken, einen guten Wandel in Worten, einen guten Wandel in Gedanken. Nachdem er nun einen guten Wandel in Werken, Worten und Gedanken geführt hat, gelangt er bei der Auflösung des Körpers, jenseits des Todes, auf den guten Weg in die Himmelswelt. Gleichwie da, großer König, ein Mensch von einem Trittpolster zu einem andern Trittpolster übergeht, oder von einem Pferderücken zu einem andern Pferderücken übergeht, oder von einem Elefantenrumpf zu einem andern Elefantenrumpf übergeht, oder von einer Plattform zu einer andern Plattform übergeht, so vergleiche ich damit diesen Menschen, großer König. Also wandert, großer König, ein Mensch vom Licht zum Licht.

Diese vier Arten von Menschen, großer König, werden in der Welt gefunden.

Ein armer Mensch, o König, der ohne Glauben und
  mißgünstig ist,
Geizig, von schlechter Gesinnung, falschen Ansichten
  ergeben und leichtfertig,
Der die Asketen und Brahmanen oder auch andere
  Mendikanten
Schmäht und beschimpft, ein Wüterich, dem nichts heilig ist,
Der den verhindert, der den um Speise Bittenden etwas
gibt:

Ein solcher Mensch, wenn er stirbt, o König und Fürst,
Gelangt zur furchtbaren Hölle, ein vom Dunkel zum
 Dunkel Wandernder.
Ein armer Mensch, o König, der glaubensvoll und
 nicht mißgünstig ist,
Der in bester Gesinnung spendet, ein Mann von
 unverwirrtem Geist,
Der die Asketen und Brahmanen oder auch andere
 Mendikanten
Begrüßt, indem er aufsteht, der sich eines friedfertigen
 Wandels befleißigt
Und nicht den hindert, der den um Speise Bittenden
 etwas gibt:
Ein solcher Mensch, wenn er stirbt, o König und Fürst,
Gelangt zum Reich der Devas, ein vom Dunkel zum
 Lichte Wandernder
Ein reicher Mensch, wahrlich, o König, der ohne
 Glauben und mißgünstig ist,
Geizig, von schlechter Gesinnung, falschen Ansichten
 ergeben und leichtfertig,
Der die Asketen und Brahmanen oder auch andere
 Mendikanten
Schmäht und beschimpft, ein Wüterich, dem nichts
 heilig ist,
Der den hindert, der den um Speise Bittenden etwas gibt:
Ein solcher Mensch, wenn er stirbt, o König und Fürst,
Gelangt zur furchtbaren Hölle, ein vom Licht zum
 Dunkel Wandernder.
Ein reicher Mensch, wahrlich, o König, der glaubensvoll
 und nicht mißgünstig ist,
Der in bester Gesinnung spendet, ein Mann von
 unverwirrtem Geist,
Der die Asketen und Brahmanen oder auch andere
 Mendikanten

Begrüßt, indem er aufsteht, der sich eines friedfertigen
Wandels befleißigt
Und nicht den hindert, der den um Speise Bittenden
etwas gibt:
Ein solcher Mensch, wenn er stirbt, o König und Fürst,
Gelangt zum Reich der Devas, ein vom Licht zum Lichte
Wandernder.“

75. Die Welt in der Disziplin des Heiligen.

Samy. XXXV, 84.

Und es begab sich der ehrwürdige Ananda zum Erhabenen usw. Zum Erhabenen sprach nun der ehrwürdige Ananda, der ihm zur Seite saß, also:

„‚Die Welt, die Welt“, so sagt man, o Herr; inwiefern nun Herr, heißt es „die Welt“?‘

„Was der Auflösung unterworfen ist, Ananda, das wird in der Disziplin des Heiligen ‚die Welt‘ genannt. Und was, Ananda, ist der Auflösung unterworfen?

Das Auge, Ananda, ist der Auflösung unterworfen; die körperlichen Formen sind der Auflösung unterworfen; das Seh-Bewußtsein ist der Auflösung unterworfen; die Seh-Berührung ist der Auflösung unterworfen; die durch die Seh-Berührung ausgelöste Empfindung, sei es nun wohlige Empfindung, leidige Empfindung oder Weder-leidige-noch-wohlige-Empfindung, – auch diese ist der Auflösung unterworfen.

Das Ohr ist der Auflösung unterworfen usw.

Die Töne ... usw.

Das Hör-Bewußtsein ... usw.

Die Hör-Berührung ... usw.

Die durch die Hör-Berührung ausgelöste Empfindung ... usw.

Die Nase ... usw.

Die Gerüche ... usw.

Das Riech-Bewußtsein ... usw.

Die Riech-Berührung ... usw.

Die durch die Riech-Berührung ausgelöste Empfindung ... usw.

Die Zunge ... usw.

Die Säfte ... usw.

Das Schmeck-Bewußtsein ... usw.

Die Schmeck-Berührung ... usw.

Die durch die Schmeck-Berührung ausgelöste Empfindung ... usw.

Der Leib ... usw.

Die Tastungen ... usw.

Das Tast-Bewußtsein ... usw.

Die Tast-Berührung ... usw.

Die durch die Tast-Berührung ausgelöste Empfindung ... usw.

Das Denken ist der Auflösung unterworfen; die Denkobjekte sind der Auflösung unterworfen; das Denk-Bewußtsein ist der Auflösung unterworfen; die Denk-Berührung ist der Auflösung unterworfen; die durch die Denk-Berührung ausgelöste Empfindung, sei es nun wohlige Empfindung, leidige Empfindung oder Weder-wohlige-noch-leidige-Empfindung, – auch diese ist der Auflösung unterworfen.

Was der Auflösung unterworfen ist, Ananda, das wird in der Disziplin des Heiligen ‚die Welt' genannt."

76. Die Welt.

Udana III, 10.

So hab' ich es gehört: Einst weilte der Erhabene bei Uruvela am Ufer des Flusses Neranjara am Fuße des Bodhi-Baumes, unmittelbar nachdem er ein Erwachter geworden war. Damals aber saß der Erhabene sieben Tage lang mit gekreuzten Beinen, die Seligkeit der Erlösung genießend. Und nachdem der Erhabene sich nach Ablauf der sieben Tage aus dieser Konzentration erhoben hatte, betrachtete er mit dem Buddha-Auge die Welt. Es sah nun der Erhabene, als er mit dem Buddha-Auge die Welt betrachtete, wie die Wesen in mancherlei Gluten geglüht, in mancherlei Fiebern verbrannt werden, die aus Gier, Haß und Wahn entstanden sind.

Da tat der Erhabene, nachdem er erkannt, was dies zu bedeuten hatte, bei jener Gelegenheit folgenden feierlichen Ausspruch:

„Diese von Gluten erfüllte, gänzlich in den Berührungen befangene Welt erklärt die Krankheit für das Ich.

Anders wird es hernach, als man immer denkt.

Die Welt, die im Anderswerden besteht, die am Werden hängt, in das Werden verstrickt ist, freut sich noch des Werdens.

Wessen man sich freut, das bringt Furcht; wovor man sich fürchtet, das ist Leiden.

Aber man lebt doch diesen reinen Wandel, um vom Werden gänzlich loszukommen.

Denn alle die Asketen oder Brahmanen, welche die Erlösung vom Werden durch das Werden lehren, die alle sind unerlöst vom Werden, sage ich.

Hinwiederum alle die Asketen oder Brahmanen, welche das Entrinnen aus dem Werden durch Vernichtung lehren, die alle sind dem Werden nicht entronnen, sage ich.

In Abhängigkeit von allen Beilegungen entstellt ja dieses Leiden; wenn alles Ergreifen vernichtet ist, ist eine (fernere) Entstellung von Leiden nicht vorhanden.

Siehe diese weite Welt; vom Nichtwissen umstrickt sind die Gewordenen (i.e. Geschöpfe), welche am Gewordenen Gefallen finden, gänzlich unerlöst;

denn was es auch an Arten des Werdens gibt, überall und in jeder Hinsicht, – alle diese Arten des Werdens sind unbeständig, leidvoll, dem Wandel unterworfen.

Wer dies der Wirklichkeit gemäß in vollkommener Weisheit schaut, dem schwindet der Durst nach Werden dahin, (und auch) an der Vernichtung findet er keinen Gefallen.

Auf der gänzlichen Vernichtung der ‚Dürste' beruht die restlose, spurlose Aufhebung, das Nirvana:

Für einen solchen Mönch, der, ohne mehr zu haften, erloschen ist, gibt es kein neues Werden mehr.

Überwunden ist Mara, besiegt im Kampfe; ein solcher ist allen Arten des Werdens entronnen."

77. Der Weg zum Ende der Welt.

Ang. IV, 45; Samy. II, 3, 6.

... ‚Herr, ist es möglich, durch Wandern das Ende der Welt zu erkennen, zu schauen, zu erreichen, wo keine Geburt, kein Altern, kein Sterben, kein Vergehen und kein Entstehen ist?'

„Freund, ich lehre nicht, daß dieses Ende der Welt, wo keine Geburt, kein Altern, kein Sterben, kein Vergehen und kein Entstehen ist, durch Wandern zu erkennen, zu schauen und zu erreichen sei, ... und doch, Freund, lehre ich nicht, daß man, ohne das Ende der Welt erreicht zu haben, dem Leiden ein Ende machen kann. Und so verkünde ich, Freund, daß in eben diesem klaftergroßen bresthaften Leibe mit seinem Wahrnehmen und Denken die Welt liegt und die Entstehung der Welt und die Aufhebung der Welt und der Pfad, der zur Aufhebung der Welt führt.

Durch Wandern ist das Ende der Welt niemals zu erreichen,

Und doch gibt es, wenn man das Ende der Welt nicht erreicht hat, keine Befreiung vom Leiden.

Deshalb, wahrlich, ersehnt der Weise, der die Welt kennt, der zum Ende der Welt geht und ein heiliges Leben führt,

Nachdem er das Ende der Welt, welches er erkennt, verwirklicht hat, – für sich weder diese, noch eine andere Welt."

78. Welt und Weltende.

Samy. XXXIV, 116.

„Ihr Mönche, ich lehre nicht, daß durch Wandern das Ende der Welt zu erkennen, zu schauen und zu erreichen sei; und doch, ihr Mönche, lehre ich nicht, daß man, ohne das Ende der Welt erreicht zu haben, dem Leiden ein Ende machen kann."

Als der Erhabene dies gesagt hatte, erhob er sich von seinem Sitz und ging ins Kloster hinein.

Und kurz nachdem sich der Erhabene entfernt hatte, kam jenen Mönchen folgender Gedanke: Freunde, der Erhabene hat diese kurze Äußerung getan, und hat sich, ohne ihren ausführlichen Sinn im einzelnen klarzustellen, von seinem Sitz erhoben und in das Kloster begeben: „Ihr Mönche, ich lehre nicht, daß durch Wandern das Ende der Welt zu erkennen, zu schauen und zu erreichen sei; und doch, ihr Mönche, lehre ich nicht, daß man, ohne das Ende der Welt erreicht zu haben, dem Leiden ein Ende machen kann." Wer könnte nun wohl den ausführlichen Sinn dieser vom Erhabenen getanen kurzen Äußerung im einzelnen klarstellen?

Und da kamen die Mönche auf folgenden Gedanken: ‚Dieser ehrwürdige Ananda steht bei dem Lehrer und auch bei seinen Mitasketen in Ehre und Ansehn. Der ehrwürdige Ananda ist imstande, den ausführlichen Sinn dieser vom Erhabenen getanen kurzen Äußerung im einzelnen klarzustellen. Wie wäre es, wenn wir uns zum ehrwürdigen Ananda begeben und ihn in dieser Sache befragen würden?'

Und jene Mönche begaben sich zum ehrwürdigen Ananda, tauschten mit ihm die übliche herzliche Begrüßung aus und setzten sich nach vollzogener Begrüßung ihm zur Seite nieder.

Zum ehrwürdigen Ananda sprachen nun die Mönche, die ihm zur Seite saßen, also: ‚Freund Ananda, der Erhabene hat folgende kurze Äußerung getan und hat sich, ohne ihren ausführlichen Sinn im einzelnen klarzustellen, von seinem Sitz erhoben und in das Kloster begeben: „Ihr Mönche, ich lehre nicht, daß durch Wandern das Ende der Welt zu erkennen, zu schauen und zu erreichen sei; und doch, ihr Mönche, lehre ich nicht, daß man, ohne das Ende der Welt erreicht zu haben, dem Leiden ein Ende machen kann." Kurz nun, nachdem sich der Erhabene entfernt hatte, Freund, kam uns folgender Gedanke: ‚Freunde, der Erhabene hat folgende kurze Äußerung getan und hat sich, ohne ihren ausführlichen Sinn im einzelnen klarzustellen, von seinem Sitz erhoben und in das Kloster begeben: „Ihr Mönche, ich lehre nicht, daß durch Wandern das Ende der Welt zu erkennen, zu schauen und zu erreichen sei; und doch, ihr Mönche, lehre ich nicht, daß man, ohne das Ende der Welt erreicht zu haben, dem Leiden ein Ende machen kann." Wer könnte nun wohl den ausführlichen Sinn dieser vom Erhabenen getanen kurzen Äußerung im einzelnen klarstellen?' Und da kamen wir, Freund, auf folgenden Gedanken:

‚Dieser ehrwürdige Ananda steht bei dem Lehrer und auch bei seinen Mitasketen in Ehre und Ansehn. Der ehrwürdige Ananda ist imstande, den ausführlichen Sinn dieser vom Erhabenen getanen kurzen Äußerung im einzelnen klarzustellen. Wie wäre es, wenn wir uns zu dem ehrwürdigen Ananda begeben und ihn in dieser Sache befragen würden?' Möge der ehrwürdige Ananda sie klarstellen!'

„Gleichwie da, Freunde, ein Mann, der Kernholz braucht, nach Kernholz fahndet, auf der Suche nach Kernholz sich befindet, – an der Wurzel und dem Stamm eines kernholzhaltigen Baumes vorübergeht und in dem Laub der Äste Kernholz zu finden meint, – genau denselben Erfolg habt ihr, Ehrwürdige, die ihr, als der Lehrer gegenwärtig war, den Erhabenen übergangen habt und mich in dieser Sache befragen zu müssen glaubt. Freunde, als ein Erkennender erkennt dieser Erhabene, als ein Sehender sieht er. Wie ein Auge, wie die Erkenntnis selbst, wie die Lehre, wie ein Brahma ist er der Prediger und Verkünder, der Entscheider über den Sinn, der Spender des Todlosen, der Herr der Lehre, der Vollendete. Und es war die rechte Zeit dafür, daß ihr den Erhabenen in eben dieser Sache befragtet, und wie der Erhabene sie euch darlegen würde, so solltet ihr sie festhalten."

‚Sicherlich, Freund Ananda, erkennt der Erhabene als ein Erkennender und sieht als ein Sehender. Wie ein Auge, wie die Erkenntnis selbst, wie die Lehre, wie ein Brahma ist er der Prediger und Verkünder, der Entscheider über den Sinn, der Spender des Todlosen, der Herr der Lehre, der Vollendete. Und es war die rechte Zeit dafür, daß wir den Erhabenen in eben dieser Sache befragten, und wie der Erhabene sie darlegen würde, so sollten wir sie festhalten. Aber auch der ehrwürdige Ananda steht bei dem Lehrer und auch bei seinen Mitasketen in Ehre und Ansehen. Der ehrwürdige Ananda ist imstande, den Sinn dieser vom Erhabenen getanen kurzen Äußerung im einzelnen klarzustellen. Möge ihn der ehrwürdige Ananda, wenn es ihm nicht unangenehm ist, klarstellen.‘

„So höret, Freunde, aufmerksam und vergegenwärtigt es euch, ich werde jetzt sprechen."

‚So sei es, Freund‘, antworteten jene Mönche aufmerksam dem ehrwürdigen Ananda.

Der ehrwürdige Ananda sprach also:

„Hinsichtlich des Punktes, Freunde, daß der Erhabene zu euch folgende kurze Äußerung tat und sich, ohne ihren ausführlichen Sinn im einzelnen klarzustellen, von seinem Sitze erhob und in das Kloster begab: ‚Ihr Mönche, ich lehre nicht, daß durch Wandern das Ende der Welt zu erkennen, zu schauen und zu erreichen sei; und doch, ihr Mönche, lehre ich nicht, daß man, ohne das Ende der Welt erreicht zu haben dem Leiden ein Ende machen kann‘, – so verstehe ich den ausführlichen Sinn dieser von dem Erhabenen getanen, in ihrem ausführlichen Sinn unverstanden gebliebenen, kurzen Äußerung dahin:

Das, ihr Freunde, wodurch in der Welt ein die Welt Wahrnehmender zu seiner Vorstellung der Welt gelangt, das nennt man in der Disziplin des Heiligen ‚die Welt‘. Und wodurch, ihr

Freunde, gelangt in der Welt ein die Welt Wahrnehmender zu seiner Vorstellung der Welt? Durch das Auge, ihr Freunde, gelangt in der Welt ein die Welt Wahrnehmender zu seiner Vorstellung der Welt. Durch das Ohr, ihr Freunde, gelangt in der Welt ein die Welt Wahrnehmender zu seiner Vorstellung der Welt. Durch die Nase, ihr Freunde, gelangt in der Welt ein die Welt Wahrnehmender zu seiner Vorstellung der Welt. Durch die Zunge, ihr Freunde, gelangt ein der Welt Wahrnehmender zu seiner Vorstellung der Welt. Durch den Leib, ihr Freunde, gelangt ein in der Welt Wahrnehmender zu seiner Vorstellung der Welt. Durch das Denken, ihr Freunde, gelangt in der Welt ein die Welt Wahrnehmender zu seiner Vorstellung in der Welt. Das, ihr Freunde, wodurch in der Welt ein die Welt Wahrnehmender zu seiner Vorstellung der Welt gelangt, das wird in der Disziplin des Heiligen ‚die Welt' genannt.

Also hinsichtlich des Punktes, Freunde, daß der Erhabene zu euch folgende kurze Äußerung tat und sich, ohne ihren ausführlichen Sinn im einzelnen klarzustellen, von seinem Sitze erhob und in im Kloster begab: ‚Ihr Mönche, ich lehre nicht, daß durch Wandern das Ende der Welt zu erkennen, zu schauen und zu erreichen sei; und doch ihr Mönche, lehre ich nicht, daß man, ohne das Ende der Welt erreicht zu haben, dem Leiden ein Ende machen kann', – so verstehe ich den ausführlichen Sinn dieser von dem Erhabenen getanen, in ihrem ausführlichen Sinn unverstanden gebliebenen, kurzen Äußerung in eben dieser Weise. Solltet ihr es wünschen, Ehrwürdige, so begebt euch zu dem Erhabenen selbst und befragt ihn in dieser Sache. Und wie der Erhabene sie euch darlegt, so mögt ihr sie festhalten."

‚So sei es, Freund', antworteten jene Mönche dem ehrwürdigen Ananda, und sie erhoben sich von ihrem Sitz und begaben sich zum Erhabenen, begrüßten den Erhabenen ehrfurchtsvoll und setzten sich ihm zur Seite nieder.

Zum Erhabenen sprachen nun jene Mönche, die ihm zur Seite saßen, also:

‚Hinsichtlich des Punktes, Herr, daß der Erhabene folgende kurze Äußerung tat und sich, ohne ihren ausführlichen Sinn im einzelnen klarzustellen, von seinem Sitz erhob und in das Kloster begab: „Ihr Mönche, ich lehre nicht, daß durch Wandern das Ende der Welt zu erkennen, zu schauen und zu erreichen sei; und doch, ihr Mönche, lehre ich nicht, daß man, ohne das Ende der Welt erreicht zu haben, dem Leiden ein Ende machen kann", – so kam uns darüber, Herr, kurz nachdem sich der Erhabene entfernt hatte, folgender Gedanke: „Freunde, der Erhabene hat diese kurze Äußerung getan und hat sich, ohne ihren ausführlichen Sinn im einzelnen klarzustellen, von seinem Sitz erhoben und ins Kloster begeben: ‚Ihr Mönche, ich lehre nicht, daß durch Wandern das Ende der Welt zu erkennen, zu schauen und zu erreichen sei; und doch, ihr Mönche, lehre ich nicht, daß man, ohne das Ende der Welt erreicht zu haben, dem Leiden ein Ende machen kann.' – Wer könnte nun wohl den ausführlichen Sinn dieser vom Erhabenen getanen kurzen Äußerung im einzelnen klarstellen?" Darüber, Herr, kam uns folgender Gedanke: „Dieser ehrwürdige Ananda steht bei dem Lehrer und auch bei seinen Mitasketen in Ehre und Ansehn. Der ehrwürdige Ananda ist imstande, den ausführlichen Sinn dieser vom Erhabenen getanen kurzen Äußerung im einzelnen klarzustellen. Wie wäre es, wenn wir uns zum ehrwürdigen Ananda begeben und ihn in dieser Sache befragen würden?" Und wir begaben uns, Herr, zum ehrwürdigen Ananda und befragten ihn in dieser Sache. Und der Sinn, Herr, ist uns von dem ehrwürdigen Ananda mit diesen besonderen Einzelheiten, mit diesen charakteristischen Worten im einzelnen klargestellt worden.'

„Wissend, ihr Mönche, ist Ananda, sehr weise, ihr Mönche, ist Ananda. Wenn ihr, Mönche, mich nach diesem Sinne fragtet, so würde auch ich ihn genau so darlegen, wie Ananda ihn dargelegt hat. Dies eben ist der Sinn davon, und so mögt ihr ihn festhalten."

79. Die vielen und die wenigen.

Samy. LVI, II, 102-131.

Und es hob der Erhabene mit der Spitze seines Nagels ein klein wenig Erde auf und richtete das Wort an die Mönche:

„Was meint ihr, Mönche, ist wohl mehr: dieses von mir mit der Nagelspitze aufgehobene klein wenig Erde oder diese weite Erde?“

‚Viel mehr, o Herr, ist die weite Erde; nur ganz winzig ist im Vergleich damit das von dem Erhabenen mit der Nagelspitze aufgehobene klein wenig Erde; mit der weiten Erde kann das von dem Erhabenen mit der Nagelspitze aufgehobene klein wenig Erde nicht gerechnet, nicht verglichen, in gar kein Verhältnis gesetzt werden.‘

„Ebenso auch, ihr Mönche sind es nur sehr wenig Wesen, die wenn sie als Menschen abscheiden, unter den Menschen wiedergeboren werden; aber viel mehr Wesen, die als Menschen abscheiden, werden in der Hölle wiedergeboren,

ebenso auch, ihr Mönche, sind es nur sehr wenig Wesen, die, wenn sie als Menschen abscheiden, unter den Menschen wiedergeboren werden; aber viel mehr Wesen, die als Menschen abscheiden, werden im tierischen Schoß wiedergeboren.

ebenso auch, ihr Mönche, sind es nur sehr wenig Wesen, die, wenn sie als Menschen abscheiden, unter den Menschen wiedergeboren werden; aber viel mehr Wesen, die als Menschen abscheiden, werden im Reich der Väter wiedergeboren,

ebenso auch, ihr Mönche, sind es nur sehr wenig Wesen, die, wenn sie als Menschen abscheiden, unter den Göttern wiedergeboren werden; aber viel mehr Wesen, die als Menschen abscheiden, werden in der Hölle wiedergeboren, werden im tierischen Schoß wiedergeboren, werden im Reich der Väter wiedergeboren,

ebenso auch, ihr Mönche, sind es nur sehr wenig Wesen, die, wenn sie als Götter abscheiden, unter den Göttern wiedergeboren werden; aber viel mehr Wesen, die als Götter abscheiden, werden in der Hölle wiedergeboren, werden im tierischen Schoß wiedergeboren, werden im Reich der Väter wiedergeboren,

ebenso auch, ihr Mönche, sind es nur sehr wenig Wesen, die, wenn sie als Götter abscheiden, unter den Menschen wiedergeboren werden; aber viel mehr Wesen, die als Götter abscheiden, werden in der Hölle wiedergeboren, werden im tierischen Schoß wiedergeboren, werden im Reich der Väter wiedergeboren,

ebenso auch, ihr Mönche, sind es nur sehr wenig Wesen, die, wenn sie aus der Hölle abscheiden, unter den Menschen wiedergeboren werden; aber viel mehr Wesen, die aus der Hölle abscheiden, werden in der Hölle wiedergeboren, werden im tierischen Schoß wiedergeboren, werden im Reich der Väter wiedergeboren,

ebenso auch, ihr Mönche, sind es nur sehr wenig Wesen, die, wenn sie aus der Hölle abscheiden, unter den Göttern wiedergeboren werden; aber viel mehr Wesen, die aus der Hölle abscheiden, werden in der Hölle wiedergeboren, werden im tierischen Schoß wiedergeboren, werden im Reich der Väter wiedergeboren,

ebenso auch, ihr Mönche, sind es nur sehr wenig Wesen, die, wenn sie aus dem tierischen Schoß abscheiden, unter den Menschen wiedergeboren werden; aber viel mehr Wesen, die aus dem tierischen Schoß abscheiden, werden in der Hölle wiedergeboren, werden im tierischen Schoß wiedergeboren, werden im Reich der Väter wiedergeboren,

ebenso auch, ihr Mönche, sind es nur sehr wenig Wesen, die, wenn sie aus dem tierischen Schoß abscheiden, unter den Göttern wiedergeboren werden; aber viel mehr Wesen, die aus dem tierischen Schoß abscheiden, werden in der Hölle wiedergeboren, werden im tierischen Schoß wiedergeboren, werden im Reich der Väter wiedergeboren,

ebenso auch, ihr Mönche, sind es nur sehr wenig Wesen, die, wenn sie aus dem Reich der Väter abscheiden, unter den

Menschen wiedergeboren werden; aber viel mehr Wesen, die aus dem Reich der Väter abscheiden, werden in der Hölle wiedergeboren, werden im tierischen Schoß wiedergeboren, werden im Reich der Väter wiedergeboren,

ebenso auch, ihr Mönche, sind es nur sehr wenig Wesen, die, wenn sie aus dem Reich der Väter abscheiden, unter den Göttern wiedergeboren werden; aber viel mehr Wesen, die aus dem Reich der Väter abscheiden, werden in der Hölle wiedergeboren,

ebenso auch, ihr Mönche, sind es nur sehr wenig Wesen, die, wenn sie aus dem Reich der Väter abscheiden, unter den Göttern wiedergeboren werden; aber viel mehr Wesen, die aus dem Reich der Väter abscheiden, werden im tierischen Schoß wiedergeboren,

ebenso auch, ihr Mönche, sind es nur sehr wenig Wesen, die, wenn sie aus dem Reich der Väter abscheiden, unter den Göttern wiedergeboren werden; aber viel mehr Wesen, die aus dem Reich der Väter abscheiden, werden im Reich der Väter wiedergeboren.

Und was ist die Ursache hiervon? Das Nichterkennen, ihr Mönche, der vier hohen Wahrheiten. Welcher vier? Der hohen Wahrheit vom Leiden, der hohen Wahrheit von der Entstehung des Leidens, der hohen Wahrheit von der Aufhebung des Leidens, der hohen Wahrheit von dem zur Aufhebung des Leidens führenden Pfade.

Darum, ihr Mönche: ‚Dies ist das Leiden', so muß man sich mit Eifer üben; ‚dies ist die Entstehung des Leidens', so muß man sich mit Eifer üben; ‚dies ist die Aufhebung des Leidens', so muß man sich mit Eifer üben; ‚dies ist der zur Aufhebung des Leidens führende Pfad', so muß man sich mit Eifer üben."

Also sprach der Erhabene; beglückten Herzens stimmten jene Mönche den Worten des Erhabenen mit freudigem Danke zu.

80. Die fünf Wege der Wiedergeburt.

Majjh.12.

... „Folgende fünf Wege gibt es, Sariputta; welche fünf? Die Hölle, den tierischen Schoß, das Reich der Väter, die Menschen, die Götter. Und die Hölle kenne ich, Sariputta, und den zur Hölle führenden Weg und den zur Hölle führenden Pfad, auf dem wandelnd man bei der Auflösung des Körpers, jenseits des Todes, auf den Abweg, auf den schlimmen Weg, zu Stätten des Leidens, zur Hölle gelangt, – auch diesen kenne ich. Den tierischen Schoß kenne ich, Sariputta, und den zum tierischen Schoße führenden Weg und den zum tierischen Schoße führenden Pfad, auf dem wandelnd man bei der Auflösung des Körpers, jenseits des Todes, zum tierischen Schoße gelangt, – auch diesen kenne ich. Das Reich der Väter kenne ich, Sariputta, und den zum Reich der Väter führenden Weg und den zum Reich der Väter führenden Pfad, auf dem wandelnd man bei der Auflösung des Körpers, jenseits des Todes zum Reich der Väter gelangt, – auch diesen kenne ich. Die Menschen kenne ich, Sariputta, und den zur Menschenwelt führenden Weg und den zur Menschenwelt führenden Pfad, auf dem wandelnd man bei der Auflösung des Körpers, jenseits des Todes, zu den Menschen gelangt, – auch diesen kenne ich. Die Götter kenne ich, Sariputta, und den zur Götterwelt führenden Weg und den zur Götterwelt führenden Pfad, auf dem wandelnd man bei der Auflösung des Körpers, jenseits des Todes, auf den guten Weg, zur Himmelswelt gelangt, – auch diesen kenne ich. Das Nirvana kenne ich, Sariputta, und den zum Nirvana führenden Weg und den zum Nirvana führenden Pfad, auf dem wandelnd man infolge der Vernichtung der Einflüsse die von den Einflüssen freie Geistes-Erlösung, Weisheit-Erlösung noch in dem gegenwärtigen Leben durch sich selbst erkennt, verwirklicht, erreicht und in ihr verweilt, – auch diesen [Pfad] kenne ich.

Und so, Sariputta, erkenne ich einen Menschen, indem ich ihn von Geist zu Geist durchdringe: ‚So wandelt dieser

Mensch, dahin strebt er und diesen Weg hat er eingeschlagen, daß er bei der Auflösung des Körpers, jenseits des Todes, auf den Abweg, auf den schlimmen Weg, zu Stätten des Leidens, zur Hölle gelangen wird.‘ Und eben diesen sehe ich dann in späterer Zeit mit dem himmlischen Auge, dem geklärten, übermenschlichen, wie er bei der Auflösung des Körpers, jenseits des Todes, auf den Abweg, auf den schlimmen Weg, zu Stätten des Leidens, zur Hölle gelangt ist und nichts als leidvolle, peinigende, stechende Gefühle durchlebt. Gleichwie da, Sariputta, eine mit glühenden Kohlen ganz angefüllte, flammenlose, rauchlose Kohlengrube wäre, tiefer als Manneshöhe, und es käme ein in der Sonnenglut erhitzter, in der Sonnenglut verkommender, zitternder, ausgedörrter, dürstender Mann und ginge geradewegs auf eben diese Kohlengrube zu, ihn aber sähe ein scharfblickender Mann und spräche [zu sich] also: ‚So wandelt dieser gute Mann, dahin strebt er und diesen Weg hat er eingeschlagen, daß er zu dieser Kohlengrube kommen wird‘, und er sähe dann zu einem späteren Zeitpunkte, wie jener in die Kohlengrube gefallen ist und nichts als leidvolle, peinigende, stechende Gefühle durchlebt, – genau so, Sariputta, erkenne ich einen Menschen, indem ich ihn von Geist zu Geist durchdringe: ‚So wandelt dieser Mensch, dahin strebt er und diesen Weg hat er eingeschlagen, daß er bei der Auflösung des Körpers, jenseits des Todes, auf den Abweg, auf den schlimmen Weg, zu Stätten des Leidens, zur Hölle gelangen wird.‘ Und eben diesen sehe ich dann in späterer Zeit mit dem himmlischen Auge, dem geklärten, übermenschlichen, wie er bei der Auflösung des Körpers, jenseits des Todes, auf den Abweg, auf den schlimmen Weg, zu Stätten des Leidens, zur Hölle gelangt ist und nichts als leidvolle, peinigende, stechende Gefühle durchlebt.

Und wiederum, Sariputta, erkenne ich so einen Menschen, indem ich ihn von Geist zu Geist durchdringe: ‚So wandelt dieser Mensch, dahin strebt er und diesen Weg hat er eingeschlagen, daß er bei der Auflösung des Körpers, jenseits des Todes, zum tierischen Schoße gelangen wird.' Und eben diesen sehe ich dann in späterer Zeit mit dem himmlischen Auge, dem geklärten, übermenschlichen, wie er bei der Auflösung des Körpers, jenseits des Todes, zum tierischen Schoße gelangt ist und leidvolle, peinigende, stechende Gefühle durchlebt. Gleichwie da, Sariputta, ein mit Jauche ganz angefülltes Jauchenloch wäre, tiefer als Mannshöhe, und es käme ein in der Sonnenglut erhitzter, in der Sonnenglut verkommender, zitternder, ausgedörrter, dürstender Mann und ginge geradewegs auf eben dieses Jauchenloch zu, ihn aber sähe ein scharfblikkender Mann und spräche [zu sich] also: ‚So wandelt dieser gute Mann, dahin strebt er und diesen Weg hat er eingeschlagen, daß er zu diesem Jauchenloch kommen wird', und er sähe dann zu einem späteren Zeitpunkte, wie jener in das Jauchenloch gefallen ist und leidvolle, peinigende, stechende Gefühle durchlebt, – genau so, Sariputta, erkenne ich einen Menschen, indem ich ihn von Geist zu Geist durchdringe: ‚So wandelt dieser Mensch, dahin strebt er und diesen Weg hat er eingeschlagen, daß er bei der Auflösung des Körpers, jenseits des Todes, zum tierischen Schoße gelangen wird.' Und eben diesen sehe ich dann in späterer Zeit mit dem himmlischen Auge, dem geklärten, übermenschlichen, wie er bei der Auflösung des Körpers, jenseits des Todes, zum tierischen Schoße gelangt ist und leidvolle, peinigende, stechende Gefühle durchlebt.

Und wiederum, Sariputta, erkenne ich so einen Menschen, indem ich ihn von Geist zu Geist durchdringe: ‚So wandelt dieser Mensch, dahin strebt er und diesen Weg hat er eingeschlagen, daß er bei der Auflösung des Körpers, jenseits des Todes, zum Reich der Väter gelangen wird.' Und eben diesen sehe ich dann in späterer Zeit mit dem himmlischen Auge, dem geklärten, übermenschlichen, wie er bei der Auflösung des Körpers, jenseits des Todes, zum Reich der Väter gelangt ist und viele leidige Gefühle durchlebt. Gleichwie da, Sariputta, ein auf steinigem Erdboden gewachsener Baum wäre, mit spärlichen Blättern und spärlichem Laub, einen undichten Schatten werfend, und es käme ein in der Sonnenglut erhitzter, in der Sonnenglut verkommender, zitternder, ausgedörrter, dürstender Mann und ginge geradewegs auf eben diesen Baum zu, ihn aber sähe ein scharfblickender Mann und spräche [zu sich] also: ‚So wandelt dieser gute Mann, dahin strebt er und diesen Weg hat er eingeschlagen, daß er zu diesem Baume kommen wird', und er sähe dann zu einem späteren Zeitpunkte, wie jener im Schatten des Baumes sitzt oder liegt und viele leidige Gefühle durchlebt, – genau so, Sariputta, erkenne ich einen Menschen, indem ich ihn von Geist zu Geist durchdringe: ‚So wandelt dieser Mensch, dahin strebt er und diesen Weg hat er eingeschlagen, daß er bei der Auflösung des Körpers, jenseits des Todes, zum Reich der Väter gelangen wird.' Und eben diesen sehe ich dann in späterer Zeit mit dem himmlischen Auge, dem geklärten, übermenschlichen, wie er bei der Auflösung des Körpers, jenseits des Todes, zum Reich der Väter gelangt ist und viele leidige Gefühle durchlebt.

Und wiederum, Sariputta, erkenne ich so einen Menschen, indem ich ihn von Geist zu Geist durchdringe: ‚So wandelt dieser Mensch, dahin strebt er und diesen Weg hat er eingeschlagen, daß er bei der Auflösung des Körpers, jenseits des Todes, zu den Menschen gelangen wird.' Und eben diesen sehe ich dann in späterer Zeit, mit dem himmlischen Auge, dem geklärten, übermenschlichen, wie er bei der Auflösung des Körpers, jenseits des Todes, zu den Menschen gelangt ist und viele wohlige Gefühle durchlebt. Gleichwie da, Sariputta, ein auf gleichmäßigem Erdboden gewachsener Baum wäre, mit dichten Blättern und dichtem Laub, einen undurchdringlichen Schatten werfend, und es käme ein in der Sonnenglut erhitzter, in der Sonnenglut verkommender, zitternder, ausgedörrter, dürstender Mann und ginge geradewegs auf eben diesen Baum zu, ihn aber sähe ein scharfblickender Mann und spräche [zu sich] also: ‚So wandelt dieser gute Mann, dahin strebt er und diesen Weg hat er eingeschlagen, daß er zu diesem Baume kommen wird', und er sähe dann zu einem späteren Zeitpunkte, wie jener im Schatten des Baumes sitzt oder liegt und viele wohlige Gefühle durchlebt, – genau so, Sariputta, erkenne ich einen Menschen, indem ich ihn von Geist zu Geist durchdringe: ‚So wandelt dieser Mensch, dahin strebt er und diesen Weg hat er eingeschlagen, daß er bei der Auflösung des Körpers, jenseits des Todes, zu den Menschen gelangen wird.' Und eben diesen sehe ich dann in späterer Zeit mit dem himmlischen Auge, dem geklärten, übermenschlichen, wie er bei der Auflösung des Körpers, jenseits des Todes, zu den Menschen gelangt ist und viele wohlige Gefühle durchlebt.

Und wiederum, Sariputta, erkenne ich so einen Menschen, indem ich ihn von Geist zu Geist durchdringe: ‚So wandelt dieser Mensch, dahin strebt er und diesen Weg hat er eingeschlagen, daß er bei der Auflösung des Körpers, jenseits des Todes, auf den guten Weg, zur Himmelswelt gelangen wird.' Und eben diesen sehe ich dann in späterer Zeit mit dem himmlischen Auge, dem geklärten, übermenschlichen, wie er bei der Auflösung des Körpers, jenseits des Todes, auf den guten Weg, zur Himmelswelt gelangt ist und nichts als wohlige Gefühle durchlebt. Gleichwie da, Sariputta, ein Sommerpalast wäre, derselbe hätte eine blanke, wohlgeglättete, geschützte Terrasse, mit einem Geländer versehen, die Fenster überschattet, und dort stünde ein Ruhelager, weich und bequem gepolstert, mit Decken von geschmeidigen Gazellenfellen ausgestattet, oben bedeckt, auf beiden Seiten purpurne Kissen, und es käme ein in der Sonnenglut erhitzter, in der Sonnenglut verkommender, zitternder, ausgedörrter, dürstender Mann und ginge geradewegs auf eben diesen Sommerpalast zu, ihn aber sähe ein scharfblickender Mann und spräche [zu sich] also: ‚So wandelt dieser gute Mann, dahin strebt er und diesen Weg hat er eingeschlagen, daß er zu diesem Sommerpalaste kommen wird', und er sähe dann zu einem späteren Zeitpunkte, wie jener in dem Sommerpalaste, auf der Terrasse, auf dem Ruhelager sitzt oder liegt und nichts als wohlige Gefühle durchlebt, – genau so, Sariputta, erkenne ich einen Menschen, indem ich ihn von Geist zu Geist durchdringe: ‚So wandelt dieser Mensch, dahin strebt er und diesen Weg hat er eingeschlagen, daß er bei der Auflösung des Körpers, jenseits des Todes, auf den guten Weg, zur Himmelswelt gelangen wird.' Und eben diesen sehe ich dann in späterer Zeit mit dem himmlischen Auge, dem geklärten, übermenschlichen, wie er bei der Auflösung des Körpers, jenseits des Todes, auf den guten Weg, zur Himmelswelt gelangt ist und nichts als wohlige Gefühle durchlebt.

Und wiederum, Sariputta, erkenne ich so einen Menschen, indem ich ihn von Geist zu Geist durchdringe: ‚So wandelt dieser Mensch, dahin strebt er und diesen Weg hat er eingeschlagen, daß er infolge der Vernichtung der Einflüsse die von den Einflüssen freie Geistes-Erlösung, Weisheit-Erlösung noch in dem gegenwärtigen Leben durch sich selbst erkennen, verwirklichen, erreichen und in ihr verweilen wird.' Und eben diesen sehe ich dann in späterer Zeit, wie er infolge der Vernichtung der Einflüsse die von den Einflüssen freie Geistes-Erlösung, Weisheit-Erlösung noch in dem gegenwärtigen Leben durch sich selbst erkannt, verwirklicht, erreicht hat und in ihr verweilt und nichts als glückliche Gefühle durchlebt. Gleichwie da, Sariputta, ein Lotosweiher wäre mit klarem, frischem, kühlem Wasser, durchsichtig, leicht zugänglich, erquickend, nahe daran ein tiefer Waldgrund, und es käme ein in der Sonnenglut erhitzter, in der Sonnenglut verkommender, zitternder, ausgedörrter, dürstender Mann und ginge geradewegs auf eben diesen Lotosweiher zu, ihn aber sähe ein scharfblickender Mann und spräche [zu sich] also: ‚So wandelt dieser gute Mann, dahin strebt er und diesen Weg hat er eingeschlagen, daß er zu diesem Lotosweiher kommen wird', und er sähe dann zu einem späteren Zeitpunkte, wie jener, nachdem er im

Lotosweiher untergetaucht, dort gebadet und getrunken und alle Qual, Pein und Erschöpfung verwunden und überkommen hat, im Waldgrunde sitzt oder liegt und nichts als glückliche Gefühle durchlebt, – genau so, Sariputta, erkenne ich einen Menschen, indem ich ihn von Geist zu Geist durchdringe: ‚So wandelt dieser Mensch, dahin strebt er und diesen Weg hat er eingeschlagen, daß er infolge der Vernichtung der Einflüsse die von den Einflüssen freie Geistes-Erlösung, Weisheit-Erlösung noch in dem gegenwärtigen Leben durch sich selbst erkennen, verwirklichen, erreichen und in ihr verweilen wird.' Und eben diesen sehe ich dann in späterer Zeit, wie er infolge der Vernichtung der Einflüsse die von den Einflüssen freie Geistes-Erlösung, Weisheit-Erlösung noch in dem gegenwärtigen Leben durch sich selbst erkannt, verwirklicht, erreicht hat und in ihr verweilt und nichts als glückliche Gefühle durchlebt.

Dies also, Sariputta, sind die fünf Wege."

Der Buddhismus lehrt somit folgende fünf Wege der Wiedergeburt (panca gatiyo) oder Daseinszustände, in denen ein Wesen wiedererscheinen kann:

1. niraya, Hölle
2. tiracchanayoni, tierischer Schoß
3. pittivisaya, Reich der Väter oder
   petaloka, Welt der abgeschiedenen Geister genannt.
4. manussa, Menschen
5. deva, Götter, selige Geister, Engel

   Manchmal wird noch ein sechstes Reich erwähnt:

6. asuranikaya Gruppe der Dämonen, auch
   asurabhavana, Reich der Dämonen, genannt

Wenn nun auch nach buddhistischer Anschauung eine Wiedergeburt in der Götterwelt als etwas Schönes und Angenehmes betrachtet wird, so ist doch das Endziel des Buddhisten, durch die womöglich noch in diesem Leben zu erreichende Verwirklichung des Nirvana allen Wiedergeburten, bösen wie guten, ein Ende zu machen. Wie der Erlöste höher als die Götter steht, so ist auch der Zustand des Erlöstseins ungleich seliger als eine Wiedergeburt, selbst in der höchsten Lichtwelt. Der Erlöste tritt nie wieder ins Reich des Werdens ein: „Nicht mehr ist diese Welt für ihn."

Der Buddhismus kennt eine große *Dreiteilung* der Welt und nennt dementsprechend die *gesamte* Welt auch Tiloka (Dreiwelt):

81. Die drei Welten.

Digh. XXXIII, 1, 10; XIII.

„Es gibt drei Regionen: Region der Sinnenlust, Region der Formen, Nichtform-Region."

Die Pali-Ausdrücke dafür sind:

1. kama-dhatu, kama-loka, kamavacara, Welt resp. Region der Sinnenlust.
2. rupa-dhatu, rupa-loka, rupavacara, Welt resp. Region der Formen.
3. arupa-dhatu, arupa-loka, arupavacara, Welt resp. Region der Nichtform.

Der Buddhismus teilt nun alle Wesen in *einunddreißig* Gruppen ein. Von diesen einunddreißig Gruppen gehören die untersten elf Klassen dem kamaloka, die nächsten sechzehn dem rupaloka, und die vier höchsten Klassen dem arupaloka an. Also:

1. Kamaloka: Klasse 1-11.
2. Rupaloka: Klasse 12-27.
3. Arupaloka: Klasse 28-31.

Die *vier* untersten Klassen der ersten Gruppe sind die sog. apaya (Abgründe oder Welten der Pein); es sind dies: 1. Hölle (niraya), 2. Tierreich (tiracchanayoni), 3. Reich der Gespenster (petaloka), 4. Reich der Dämonen (asurabhavana). Zu der Kamaloka-Gruppe gehören weiter noch: 5. Menschen (manussa), ferner die sechs Himmel der Götterwelt (devaloka), 6. das Reich der „Vier Majestäten", 7. die Götter aus dem Gefolge der Dreiunddreißig (es sind dies die altvedischen Dreiunddreißig Götter, an deren Spitze Indra steht), 8. die Yama-Götter, 9. die Götter des Tusita-Himmels usw. An den höchsten Himmel des Devaloka schließen sich dann die sechzehn Himmel der Form-Region, und an diese, als die höchsten Zustände, die „vier Gebiete" der Nichtform-Region.

Wir sehen also, der Buddhismus ist durchaus nicht in *dem* Sinne atheistisch, daß er die Existenz von Himmeln, Göttern und außerirdischen Wesen leugnet. Aber der Buddhismus hat diese Götter doch ihres früheren Glanzes und ihrer alten Herrlichkeit und Macht entkleidet und zwar dadurch, daß er seinen Anhängern das Gefühl der *Abhängigkeit* von irgendwelchen göttlichen Wesen genommen und seine Bekenner hinsichtlich ihrer Heilsgewißheit auf sich selbst gestellt hat. So sind die buddhistischen Göttergestalten in der Hauptsache nur noch Dekorations-Figuren, mit viel Flittergold behangen, deren Aufgabe aber doch nur die ist, die Gestalt des erlösten Heiligen in nur noch hellerem Glanz erstrahlen zu lassen. In dieser Hinsicht unterscheidet sich also der Buddhismus sehr scharf von allen anderen mono- und polytheistischen Religionen. Gedanken wie „nur die Götter bleiben stet", sind dem Buddhismus von Haus aus fremd, ja, widerstreben seinem eigentlichen Charakter durchaus. Hinter allen diesen himmlischen und dämonischen Gestalten steht, sie berghoch überragend, die hehre Gestalt des Meisters und seine Lehre von der Allvergänglichkeit. Unermüdlich lehrt der Buddha, daß das Heil des Menschen nicht von dem Glauben und Gebet an Götter, nicht von der Ausführung irgendwelcher gottesdienstlicher Zeremonien, Opfer und Riten abhängig sei, sondern von dem Menschen selbst durch eigene Anstrengung in ernstem, heißem Ringen gewonnen werden müsse, wie es im Dhammapada heißt: ‚Alles Böse meiden, das Gute mit Kraft wirken, den eigenen Geist läutern, das ist die Religion der Buddhas', und: ‚Ihr müßt euch selbst anstrengen; Prediger nur sind die Vollendeten.'

Wir begegnen im Pali-Kanon Äußerungen über Gottheiten und Dämonen, die von einer so erstaunlichen geistigen Reife Zeugnis ablegen, daß wir uns erstaunt fragen, wie so etwas schon vor zweitausendfünfhundert Jahren hat ausgesprochen werden können, zu einer Zeit, wo in Jerusalem, Athen, Rom und in den Gauen Germaniens eine durchaus anthropomorphe Gottesvorstellung zu Hause war. So die folgende Stelle, wo Radha den Buddha nach dem Wesen Maras, des buddhistischen Versuchers, fragt:

82. Mara.

Samy. XXIII, 11.

‚Mara, Mara, so sagt man, o Herr. Was, o Herr, ist nun Mara?'

„Die Körperlichkeit, o Radha, ist Mara, die Empfindung ist Mara, die Wahrnehmung ist Mara, die Gemütsregungen sind Mara, das Bewußtsein ist Mara ...

Was immer, o Radha, Mara ist, da mußt du das Wünschen aufgeben, mußt du die Lust aufgeben, mußt du die Wunscheslust aufgeben."

83. Auch die Götter sind vergänglich.

Ang. IV, 33.

2. Genau so ist es, ihr Mönche, wenn da der Vollendete in der Welt ersteht, der Heilige, völlig Erwachte, der im Wissen und Wandel Vollkommene, der Pfadvollender, der Weltenkenner, der unvergleichliche Bändiger der ungezähmten Menschen, der Lehrer der Götter und Menschen, Buddha, der Erhabene.

Derselbe verkündet die Lehre: Dies ist die Persönlichkeit, dies ist die Entstehung der Persönlichkeit, dies ist die Aufhebung der Persönlichkeit, dies ist der zur Aufhebung der Persönlichkeit führende Pfad.

Und jene langlebigen, lichten, seligen Götter, ihr Mönche, die schon seit langen Zeiten in den hohen Himmelsdomen weilen, werden, wenn sie von der Lehr-Verkündung des Erhabenen hören, heftig von Furcht, Kummer und Beben erfüllt: ‚Ach, auch wir sollen vergänglich sein, die wir uns für verharrend hielten, auch wir sollen wandelbar sein, die wir uns für bleibend hielten, ach, auch wir sollen unstet sein, die wir uns für beständig hielten! Wehe, auch wir, als Persönlichkeits-Wesen, sollen vergänglich, wandelbar, unstet sein!‘

So große magische Kraft also, ihr Mönche, besitzt in der Welt mit ihren Göttern der Vollendete, so großen Einfluß, so große Macht!

84. Selbst die höchsten Götter sind vergänglich.

Ang. X, 29.

2. Soweit, ihr Mönche, Mond und Sonne kreisen, die Himmelsgegenden in Helle erstrahlen, tausendmal so weit reicht eine Welt. In dieser tausendfachen Welt sind tausend Monde, tausend Sonnen, tausend Bergriesen Sinéru, tausend Jambudipas, tausend Aparagoyanas, tausend Uttarakurus, tausend Pubbavidehas, tausendmal vier große Meere, tausend Vier Majestäten, tausend Gefolgschaften der Vier Majestäten, tausend Gefolgschaften der Dreiunddreißig, tausend Yama[-Himmel], tausend Tusita[-Himmel], tausend Nimmanarati[-Himmel], tausend Paranimmitavasavatti[-Himmel], tausend Brahma-Welten.

Soweit, ihr Mönche, ein Tausendweltsystem reicht, gilt Maha-Brahma dort als das Höchste. Auch für Maha-Brahma, ihr Mönche, gibt es ein Anderswerden, gibt es Wandelbarkeit. Wenn, ihr Mönche, der kenntnisreiche, edle Jünger solches sieht, wird er auch dessen überdrüssig, und indem er Überdruß empfindet, wendet er sich vom Höchsten ab, wieviel mehr vom Niederen!

3. Es kommt, ihr Mönche, einmal die Zeit, da diese Welt eingeht; Wenn die Welt eingeht, ihr Mönche, gelangen die Wesen in der großen Mehrzahl bei den Abhassaras zur Wiedergeburt. Dort sind sie Geistwesen, nähren sich von Freude, sind selbstleuchtend, wandeln im Raume, leben im Glanz und bestehen lange, eine lange Zeit.

Wenn die Welt eingeht, ihr Mönche, gelten die Abhassaras als das Höchste. Auch für die Abhassaras, ihr Mönche, gibt es ein Anderswerden, gibt es Wandelbarkeit. Wenn, ihr Mönche, der kenntnisreiche, edle Jünger solches sieht, wird er auch dessen überdrüssig, und indem er Überdruß empfindet, wendet er sich vom Höchsten ab, wieviel mehr vom Niederen!

85. Die neun Reiche der Wesen.

Ang. IX, 24.

Diese neun Reiche der Wesen gibt es, ihr Mönche; welche neun?

Es gibt Wesen, ihr Mönche, die verschieden sind in ihrer körperlichen Gestalt und verschieden in der Wahrnehmung, als wie die Menschen, manche Devas, manche Wesen des Abgrunds. Dies ist das erste Reich der Wesen.

Es gibt Wesen, ihr Mönche, die verschieden sind in ihrer körperlichen Gestalt, aber gleich in der Wahrnehmung, als wie die Devas der Brahma-Gemeinschaft, welche durch die Pflege der ersten Versenkung dort wiedergeboren sind. Dies ist das zweite Reich der Wesen.

Es gibt Wesen, ihr Mönche, die gleich sind in ihrer körperlichen Gestalt und verschieden in der Wahrnehmung, als wie die Abhassara-Devas. Dies ist das dritte Reich der Wesen.

Es gibt Wesen, ihr Mönche, die gleich sind in ihrer körperlichen Gestalt und gleich in der Wahrnehmung, als wie die Subhakinha-Devas. Dies ist das vierte Reich der Wesen.

Es gibt Wesen, ihr Mönche, die ohne Wahrnehmung und Empfindung sind, als wie die Asannasatta-Devas. Dies ist das fünfte Reich der Wesen.

Es gibt Wesen, ihr Mönche, die nach allseitiger Überwindung der Form-Wahrnehmung, nach dem Verschwinden der Wahrnehmung von Widerständen und weil sie den Wahrnehmungen der Unterschiedlichkeit keine Beachtung schenken, in der Vorstellung, daß der Raum unendlich ist, in dem Gebiet der Raumunendlichkeit wiedererschienen sind. Dies ist das sechste Reich der Wesen.

Es gibt Wesen, ihr Mönche, die nach allseitiger Überwindung des Gebietes der Raumunendlichkeit in der Vorstellung, daß das Bewußtsein unendlich ist, in dem Gebiete der Bewußtseinsunendlichkeit wiedererschienen sind. Dies ist das siebente Reich der Wesen.

Es gibt Wesen, ihr Mönche, die nach allseitiger Überwindung des Gebietes der Bewußtseinsunendlichkeit in der Vorstellung, daß nicht irgend etwas da ist, in dem Gebiet der Nichtirgendetwasheit wiedererschienen sind. Dies ist das achte Reich der Wesen.

Es gibt Wesen, ihr Mönche, die nach allseitiger Überwindung des Gebietes der Nichtirgendetwasheit in dem Gebiet der Weder-Wahrnehmung-noch-auch-Nicht-Wahrnehmung wiedererschienen sind. Dies ist das neunte Reich der Wesen.

Dies also sind die neun Reiche der Wesen, ihr Mönche.

Zur buddhistischen Lehre von den Elementen.

Nach der Lehre des Buddha setzt sich das Weltall aus folgenden Elementen (dhatu, pl. dhatuyo) zusammen: 1. pathavidhatu, Erd-Element, 2. apodhatu, Wasser-Element, 3. tejodhatu, Glanz- oder Feuer-Element, 4. vayo-dhatu, Wind- oder Luft-Element. Diese vier Elemente werden *cattaro mahabhuta*, „die vier großen Gebilde", genannt.

Häufig wird außer diesen vier Elementen noch ein fünftes und auch ein sechstes angeführt, nämlich 5. akasa-dhatu, das Raum-Element, und 6. vinnana-dhatu, das Bewußtseins-Element.

86. Vier Elemente.

Samy. XIV, 30.

Einst weilte der Erhabene bei Savatthi im Jeta-Haine, im Klostergarten des Anathapindika.

„Folgende vier Elemente gibt es, ihr Mönche; welche vier? Das Erd-Element, das Wasser-Element, das Feuer-Element, das Luft-Element. Dies, ihr Mönche, sind die vier Elemente."

87. Die fünf Elemente sind dem Wandel unterworfen.

Samy. XXV, 9.

Das Erd-Element, ihr Mönche, ist veränderlich, vergehend, anders werdend.

Das Wasser-Element ist veränderlich, vergehend, anders werdend.

Das Feuer-Element ist veränderlich, vergehend, anders werdend.

Das Luft-Element ist veränderlich, vergehend, anders werdend.

Das Raum-Element ist veränderlich, vergehend, anders werdend.

Wer, ihr Mönche, diese Dinge also erkennt, also sieht, der wird ‚Sotapanna' genannt, den Stätten der Pein entronnen, der künftigen Erleuchtung gewiß.

88. Die drei Merkmale der sechs Elemente.

Samy. XVIII, 9.

Savatthi. „Was meinst du, Rahula: Ist das Erd-Element wandellos oder vergänglich?"

‚Vergänglich, Herr.'

„Ist das Wasser-Element, das Feuer-Element, das Luft-Element, das Raum-Element, das Bewußtseins-Element wandellos oder vergänglich?"

‚Vergänglich, Herr.'

„Wenn ein kenntnisreicher, edler Jünger solches durchschaut, Rahula, wird er des Erd-Elementes satt, wird er des Wasser-Elementes satt, wird er des Feuer-Elementes satt, wird er des Luft-Elementes satt, wird er des Raum-Elementes satt, wird er des Bewußtseins-Elementes satt. Indem er ihrer satt wird, wird er der Leidenschaft ledig, durch das Fernbleiben der Leidenschaft wird er erlöst, und in dem Erlösten geht die Erkenntnis auf: ‚Erlöst bin ich.' ‚Erschöpft hat sich die Wiedergeburt, gelebt ist der heilige Wandel, was zu tun war, ist getan, nicht mehr ist diese Welt für mich', so erkennt er."

89. Die sechs Elemente und das Leiden.

Samy. XXVI, 9.

Der Ursprung des Erd-Elements, ihr Mönche, sein Fortbestehen, seine Wiedergeburt, sein Offenbarwerden: Dies ist auch der Ursprung des Leidens, das Fortbestehen der Krankheiten und das Offenbarwerden des Alterns und Sterbens.

Der Ursprung des Wasser-Elements, usw.

Der Ursprung des Feuer-Elements, usw.

Der Ursprung des Luft-Elements, usw.

Der Ursprung des Raum-Elements, usw.

Der Ursprung des Bewußtseins-Elements, ihr Mönche, sein Fortbestehen, seine Wiedergeburt, sein Offenbarwerden: Dies ist auch der Ursprung des Leidens, das Fortbestehen der Krankheiten und das Offenbarwerden des Alterns und Sterbens.

Aber die Aufhebung des Erd-Elements, ihr Mönche, sein Zur-Ruhe-Kommen und Verschwinden: Dies ist auch die Aufhebung des Leidens, das Zur-Ruhe-Kommen der Krankheiten und das Verschwinden des Alterns und Sterbens.

Die Aufhebung des Wasser-Elements, usw.
Die Aufhebung des Feuer-Elements, usw.
Die Aufhebung des Luft-Elements, usw.
Die Aufhebung des Raum-Elements, usw.

Die Aufhebung des Bewußtseins-Elements, ihr Mönche, sein Zur-Ruhe-Kommen und Verschwinden: Dies ist auch die Aufhebung des Leidens, das Zur-Ruhe-Kommen der Krankheiten und das Verschwinden des Alterns und Sterbens.

90. Die Elemente sind nicht das Ich.

Ang. IV, 177.

Und der ehrwürdige Rahula begab sich zum Erhabenen, begrüßte den Erhabenen ehrfurchtsvoll und setzte sich ihm zur Seite nieder. Zu dem ehrwürdigen Rahula, der ihm zur Seite saß, sprach der Erhabene also:

„Was es an innerem Erd-Element gibt, Rahula, was es an äußerem Erd-Element gibt, eben dies ist das Erd-Element. ‚Das gehört mir nicht, das bin ich nicht, das ist nicht mein Ich', – also muß man dies, der Wirklichkeit gemäß, in vollkommener Weisheit betrachten, und wenn man dies, der Wirklichkeit gemäß, in vollkommener Weisheit also betrachtet hat, wird man des Erd-Elementes satt und macht durch Weisheit den Geist von Leidenschaft frei.

Was es an innerem Wasser-Element gibt, Rahula, und was es an äußerem Wasser-Element gibt, eben dies ist das Wasser-Element. ‚Das gehört mir nicht, das bin ich nicht, das ist nicht mein Ich', – also muß man dies, der Wirklichkeit gemäß, in vollkommener Weisheit betrachten, und wenn man dies, der Wirklichkeit gemäß, in vollkommener Weisheit also betrachtet hat, wird man des Wasser-Elementes satt und macht durch Weisheit den Geist von Leidenschaft frei.

Was es an innerem Feuer-Element gibt, Rahula, und was es an äußerem Feuer-Element gibt, eben dies ist das Feuer-Element. ‚Das gehört mir nicht, das bin ich nicht, das ist nicht mein Ich‘, – also muß man dies, der Wirklichkeit gemäß, in vollkommener Weisheit betrachten, und wenn man dies, der Wirklichkeit gemäß, in vollkommener Weisheit also betrachtet hat, wird man des Feuer-Elementes satt und macht durch Weisheit den Geist von Leidenschaft frei.

Was es an innerem Luft-Element gibt und was es an äußerem Luft-Element gibt, eben dies ist das Luft-Element. ‚Das gehört mir nicht, das bin ich nicht, das ist nicht mein Ich‘, – also muß man dies, der Wirklichkeit gemäß, in vollkommener Weisheit betrachten, und wenn man dies, der Wirklichkeit gemäß, in vollkommener Weisheit also betrachtet hat, wird man des Luft-Elementes satt und macht durch Weisheit den Geist von Leidenschaft frei.

Insofern nun, Rahula, ein Mönch in diesen vier Elementen weder das Ich, noch etwas im Ich sieht, wird ein solcher, o Rahula, Mönch genannt; abgeschnitten hat er den ‚Durst‘, beseitigt die Fessel, durch vollständige Durchdringung des Eigendünkels hat er dem Leiden ein Ende gemacht.“

VIII. Nirvana (Nibbana).

91. Die zwei Nirvana-Bereiche.

Itivuttaka 44.

Gesagt wurde dies vom Erhabenen, gesagt von dem Heiligen, so habe ich gehört: „Diese zwei Nirvana-Bereiche gibt es, ihr Mönche; welche zwei? Den mit dem Rest von Beilegungen behafteten Nirvana-Bereich und den von dem Rest von Beilegungen freien Nirvana-Bereich. Was, ihr Mönche, ist der mit dem Rest von Beilegungen behaftete Nirvana-Bereich? Da, ihr Mönche, ist ein Mönch ein Heiliger, für den die Einflüsse schon bei Lebzeiten vernichtet sind, der das, was zu tun war, getan, die Bürde abgelegt, das eigene Heil erlangt hat und der nach gänzlicher Zerstörung der Fesseln des Werdens durch vollkommene Weisheit erlöst ist. Seine fünf Sinne sind fest, und durch ihre Unversehrtheit wird er des Angenehmen und des nicht Angenehmen inne, und er nimmt Freudiges und Leidiges wahr. Und die Vernichtung seiner Begier, seines Hasses und seiner Verblendung, das nennt man, ihr Mönche, den mit dem Rest von Beilegungen behafteten Nirvana-Bereich. Und was, ihr Mönche, ist der von dem Rest von Beilegungen freie Nirvana-Bereich? Da, ihr Mönche, ist ein Mönch ein Heiliger, für den die Einflüsse schon bei Lebzeiten vernichtet sind, der das, was zu tun war, getan, die Bürde abgelegt, das eigene Heil erlangt hat und der nach gänzlicher Zerstörung der Fesseln des Werdens durch vollkommene Weisheit erlöst ist. Alle seine schon hinieden reizlos gewordenen Empfindungen, ihr Mönche, stehen im Begriff, kalt zu werden. Das nennt man, ihr Mönche, den von dem Rest von Beilegungen freien Nirvana-Bereich. Dies also, ihr Mönche, sind die zwei Nirvana-Bereiche."

Dies sprach der Erhabene; daher heißt es mit Bezug hierauf folgendermaßen:

„Diese zwei Nirvana-Bereiche sind von einem solchen klar Sehenden, Befreiten, enthüllt worden: Der eine Bereich hienieden, der gegenwärtigen Erscheinung angehörend, ist mit dem Rest von Beilegungen behaftet und besteht in der Vernichtung des Lebensdranges. Der von dem Rest von Beilegungen freie (Bereich) aber ist der zukünftige, in welchem alle Arten des Werdens verschwunden sind. Die diese nichtgestaltete Stätte erkannt haben, die Geisterlösten, deren Lebensdrang vernichtet ist, – diese, so Beschaffenen haben, dieser Vernichtung froh, das Wesen der Erscheinungen erreicht und sich jeder Art des Werdens entäußert."

Auch dies ist vom Erhabenen gesagt worden, so habe ich gehört.

Die hier hervortretende *Zweiteilung* des Nirvana-Bereiches richtet sich danach, ob 1. das von einem Heiligen (arahat) bei Lebzeiten verwirklichte Nirvana gemeint ist oder 2. das Post-mortem-Nirvana des Arahat, wenn dessen fünf ‚Gruppen' sich auflösen, um nie wieder in die Erscheinung zu treten. Dem entspricht auch die Benennung der beiden Nirvana-Bereiche im Pali: sa-upadisesa und anupadisesa. Sa-upadisesa und anupadisesa heißt, ‚mit einem Upadi-Rest' und ‚ohne einen Upadi-Rest' (upadi wörtl. „Beilegung", in diesem Falle die fünf Khandhas). Damit soll also gesagt sein: Bei dem von dem Arahat bei Lebzeiten erreichten Nirvana sind die fünf Gruppen des Arahat als „Beilegungen" noch vorhanden, während, wenn der Arahat stirbt, den letzten Tod stirbt, und seine Khandhas zerfallen, um nie mehr aufzuerstehen, der Erlöste nunmehr der Beilegung ledig geworden und damit so der sinnlichen Wahrnehmung entrückt ist, im Gegensatz zu dem noch sichtbaren Arahat bei dessen Lebzeiten. Es handelt sich also um denselben Nirvana-Zustand. Denn nach buddhistischer Anschauung gibt es in Wahrheit nur ein Nirvana, und die hier hervortretende Zweiteilung richtet sich lediglich danach, ob das Nirvana bei Lebzeiten oder das Post-mortem-Nirvana gemeint ist.

Nirvana bedeutet wörtlich Erlöschen, Ausgehen. Was darunter zu verstehen ist, zeigen die folgenden Pali-Synonyma für sa-upadisesa-nibbana und anupadisesa-nibbana.

1. Für sa-upadisesa-nibbana:
   kilesa-nibbana, Erlöschen des Irrtums,
   tanha-nibbana, Erlöschen des ‚Durstes',
2. für anupadisesa-nibbana:
   khandha-nibbana, Erlöschen der ‚Gruppen',
   kamma-nibbana, Erlöschen der wirkenden Tat.

Eine andere Bezeichnung für anupadisesa-nibbana ist parinibbana, das völlige Nirvana.

Nirvana wird auch amata, das Todlose, genannt, „weil dort weder Geburt noch Tod ist".

Nirvana wird, im Gegensatz zu allem Dasein, als nicca, verharrend, und sukha, wahres Glück, bezeichnet. Außer dem Nirvana hat der Buddha noch dem Raum (akasa), sofern damit das Raum-Element, nicht irgendein durch Körper begrenzter Raum, gemeint ist, das Prädikat nicca zuerkannt. Vgl. Kap. IX.

92. Nirvana und der Weg zum Nirvana (I).

Samy. XXXVIII, 1.

Einst weilte der ehrwürdige Sariputta im Lande der Magadher, in Nalakagamaka. Da begab sich der Wanderasket Jambukhadaka zum ehrwürdigen Sariputta, tauschte mit dem ehrwürdigen Sariputta die herkömmliche höfliche Begrüßung aus und setzte sich nach vollzogener Begrüßung ihm zur Seite nieder.

Zum ehrwürdigen Sariputta sprach nun der Wanderasket Jambukhadaka, der ihm zur Seite saß, also:

‚Nirvana, Nirvana, so sagt man, Freund Sariputta; was ist nun Nirvana, Freund?'

„Das Verschwinden der Begier, das Verschwinden des Hasses, das Verschwinden des Wahns, das nennt man Nirvana."

‚Gibt es wohl einen Weg, mein Freund, gibt es wohl einen Pfad zur Verwirklichung dieses Nirvana?'

„Es gibt, Freund, einen Weg, es gibt einen Pfad zur Verwirklichung dieses Nirvana."

‚Was ist nun, Freund, der Weg, was ist der Pfad zur Verwirklichung dieses Nirvana?'

„Es ist dieser hohe achtteilige Weg, mein Freund, der zur Verwirklichung dieses Nirvana führt; das will sagen: Rechte Anschauung, rechte Gesinnung, rechtes Reden, rechtes Handeln, rechte Lebensführung, rechter Kampf, rechtes Gedenken, rechte Konzentration. Dies ist, Freund, der Weg, dies ist der Pfad zur Verwirklichung dieses Nirvana."

‚Ausgezeichnet, Freund, ist der Weg, ausgezeichnet ist der Pfad zur Verwirklichung dieses Nirvana. Er genügt, Freund, dem unermüdlichen Eifer.'

93. Das sichtbare Nirvana.

Ang. III, 55.

Und es begab sich der Brahmane Janussoni zum Erhabenen usw. Zum Erhabenen sprach der Brahmane Janussoni, der ihm zur Seite saß, also:

‚Das sichtbare Nirvana, so sagt man, Herr Gautama. Inwiefern nun, Herr Gautama, ist das Nirvana sichtbar, zeitlos, zum Kommen und Sehen einladend, zum Ziele führend, den Wissenden, jedem für sich, verständlich?'

„Von der Begier entflammt, überwunden, im Innern ganz beeinflußt, o Brahmane, ist man auf eigene Schädigung bedacht, ist man auf die Schädigung anderer bedacht, ist man auf beiderseitige Schädigung bedacht und erfährt geistig schmerzlichen Gram. Hat man aber die Begier aufgegeben, so ist man weder auf eigene Schädigung bedacht, noch ist man auf die Schädigung anderer bedacht, noch ist man auf beiderseitige Schädigung bedacht, und man erfährt keinen geistig schmerzlichen Gram. *Also*, Brahmane, ist das Nirvana sichtbar, zeitlos, zum Kommen und Sehen einladend, zum Ziele führend, den Wissenden, jedem für sich, verständlich.

Vom Hasse erbost, überwunden, im Innern ganz beeinflußt, o Brahmane, ist man auf eigene Schädigung bedacht, ist man auf die Schädigung anderer bedacht, ist man auf beiderseitige Schädigung bedacht und erfährt geistig schmerzlichen Gram. Hat man aber den Haß aufgegeben, so ist man weder auf eigene Schädigung bedacht, noch ist man auf die Schädigung anderer bedacht, noch ist man auf beiderseitige Schädigung bedacht, und man erfährt keinen geistig schmerzlichen Gram. *Also*, Brahmane, ist das Nirvana sichtbar, zeitlos, zum Kommen und Sehen einladend, zum Ziele führend, den Wissenden, jedem für sich, verständlich.

Vom Wahn verwirrt, überwunden, im Innern ganz beeinflußt, o Brahmane, ist man auf eigene Schädigung bedacht, ist man auf die Schädigung anderer bedacht, ist man auf beiderseitige Schädigung bedacht und erfährt geistig schmerzlichen Gram. Hat man aber den Wahn aufgegeben, so ist man weder auf eigene Schädigung bedacht, noch ist man auf die Schädigung anderer bedacht, noch ist man auf beiderseitige Schädigung bedacht, und man erfährt keinen geistig schmerzlichen Gram. *Also*, Brahmane, ist das Nirvana sichtbar, zeitlos, zum Kommen und Sehen einladend, zum Ziele führend, den Wissenden, jedem für sich, verständlich.

Wenn nun, Brahmane, jemand das völlige, restlose Verschwinden der Begier, das völlige, restlose Verschwinden des Hasses, das völlige, restlose Verschwinden des Wahns erfährt, so ist insofern, Brahmane, das Nirvana sichtbar, zeitlos, zum Kommen und Sehen einladend, zum Ziele führend, den Wissenden, jedem für sich, verständlich."

'Erhaben, Herr Gautama, erhaben, Herr Gautama! Gleichwie da, Herr Gautama, jemand das Umgestürzte aufrichtet oder das Bedeckte enthüllt oder wie jemand einem Verirrten den Weg weist oder in der Finsternis eine Leuchte hält, auf daß, die Augen haben, die Dinge sehen können, – so auch ist mir vom Herrn Gautama die Lehre auf mancherlei Weise klargemacht worden. Ich nehme meine Zuflucht zu dem Herrn Gautama, zur Lehre und zu der Mönchsgemeinde; möge der Herr Gautama mich, der ich Zuflucht genommen, als seinen Laienjünger betrachten vom heutigen Tage an bis an meines Lebens Ende.‘

94. Das Ungeborene.

Itivuttaka 43.

Gesagt wurde dies vom Erhabenen, gesagt von dem Heiligen, so habe ich gehört:

„Es gibt, ihr Mönche, ein Ungeborenes, Ungewordenes, Ungeschaffenes, Ungestaltetes. Wenn es, ihr Mönche, dieses Ungeborene, Ungewordene, Ungeschaffene, Ungestaltete nicht gäbe, so wäre hier ein Ausweg aus dem Geborenen, Gewordenen, Geschaffenen, Gestalteten nicht zu erkennen. Weil es nun aber, ihr Mönche, ein Ungeborenes, Ungewordenes, Ungeschaffenes, Ungestaltetes gibt, so ist auch ein Ausweg aus dem Geborenen, Gewordenen, Geschaffenen, Gestalteten zu erkennen.“

Dies sprach der Erhabene, daher heißt es mit Bezug hierauf folgendermaßen:

„Das Geborene, Gewordene, Entstandene,
Geschaffene, Gestaltete, Unbeständige,
Das mit Alter und Tod Behaftete,
Das Nest des Siechtums, das Gebrechliche,
Aus dem Strom der Nahrung Entsprungene:
Es reicht nicht hin, um daran Wohlgefallen zu finden.
Der Ausweg aus ihm ist der Friede,
Das dem Sinnen Unzugängliche, Beständige,
Die ungeborene, unentstandene Stätte,
Frei von Kummer und Leidenschaft,
Die Aufhebung der Leidenserscheinungen,
Das Zur-Ruhe-Kommen der Prozesse.“

Auch dies ist vom Erhabenen gesagt worden, so habe ich gehört.

95. Das todlose Reich.

Udana VIII, 1-1.

So hab' ich es gehört: Einst weilte der Erhabene bei Savatthi im Jeta-Haine, im Klostergarten des Anathapindika. Damals aber belehrte, ermahnte, ermunterte und erfreute der Erhabene die Mönche durch eine Rede über das Nirvana. Und die Mönche hörten die Lehre aufmerksamen Ohres, indem sie achtgaben, es sich vergegenwärtigten und alle Gedanken zusammennahmen.

Da tat der Erhabene, nachdem er erkannt, was dies zu bedeuten hatte, bei jener Gelegenheit folgenden feierlichen Ausspruch:

„Es ist, ihr Mönche, jenes Reich, wo nicht Erde noch Wasser ist, nicht Feuer, noch Luft, nicht unendliches Raumgebiet, noch unendliches Bewußtseinsgebiet, nicht das Gebiet der Nichtirgendetwasheit, noch das Gebiet der Wahrnehmung und auch Nicht-Wahrnehmung, nicht diese Welt noch eine andere Welt, nicht beide, Sonne und Mond. Das, ihr Mönche, nenne ich weder Kommen noch Gehen noch Stehen noch Vergehen noch Entstehen. Ohne Stützpunkt, ohne Anfang, ohne Grundlage ist das; eben dies ist das Ende des Leidens.

Schwer zu sehen, wahrlich, ist das Nicht-Ich, nicht leicht zu begreifen ist ja die Wahrheit; überwunden ist der ‚Durst' für den Wissenden; für den Schauenden ist nicht irgend etwas.

Es gibt, ihr Mönche, ein nicht Geborenes, nicht Gewordenes, nicht Geschaffenes, nicht Gestaltetes. Wenn es, ihr Mönche, dieses nicht Geborene, nicht Gewordene, nicht Geschaffene, nicht Gestaltete nicht gäbe, dann wäre hier ein Entrinnen aus dem Geborenen, Gewordenen, Geschaffenen, Gestalteten nicht zu erkennen. Weil es nun aber, ihr Mönche, ein nicht Geborenes, nicht Gewordenes, nicht Geschaffenes, nicht Gestaltetes gibt, darum läßt sich ein Entrinnen aus dem Geborenen, Gewordenen, Geschaffenen, Gestalteten erkennen.

Für das, was abhängig ist, gibt es auch Bewegung; für das, was nicht abhängig ist, gibt es keine Bewegung; wo keine Bewegung ist, ist Ruhe; wo Ruhe ist, ist kein Verlangen; wo kein Verlangen ist, ist kein Kommen und Gehen; wo kein Kommen und Gehen ist, ist kein Vergehen und Neuentstehen; wo kein Vergehen und Neuentstehen ist, ist weder ein Hienieden noch ein Jenseits noch (ein Etwas) zwischen beiden; eben dies ist das Ende des Leidens."

96. Der Vollendete jenseits des Todes.

Samy. XVI, 12.

Einst weilten der ehrwürdige Maha-Kassapa und der ehrwürdige Sariputta bei Benares, im Gazellenhaine Isipatana. Und der ehrwürdige Sariputta erhob sich zur Abendzeit aus seiner sinnenden Ruhe und begab sich zum ehrwürdigen Maha-Kassapa usw. Nach vollzogener Begrüßung setzte er sich ihm zur Seite nieder. Zum ehrwürdigen Maha-Kassapa sprach nun der ehrwürdige Sariputta, der ihm zur Seite saß, also:

‚Wie ist das, Freund Kassapa: *Ist* der Vollendete jenseits des Todes?'

„Freund, es ist vom Erhabenen nicht enthüllt worden, daß der Vollendete jenseits des Todes ist."

‚Wie denn, Freund: Ist der Vollendete jenseits des Todes *nicht*?'

„Auch dies, Freund, ist vom Erhabenen nicht enthüllt worden, daß der Vollendete jenseits des Todes *nicht ist*."

‚Wie nun, Freund: *Ist* und *ist auch nicht* der Vollendete jenseits des Todes?'

„Freund, es ist vom Erhabenen nicht enthüllt worden, daß der Vollendete jenseits des Todes *ist* und *auch nicht ist*."

‚Wie denn Freund: *Ist weder noch ist auch nicht* der Vollendete jenseits des Todes?'

„Auch dies, Freund, ist vom Erhabenen nicht enthüllt worden, daß der Vollendete jenseits des Todes *weder ist noch auch nicht ist.*"

‚Und aus welchem Grunde, Freund, ist dies vom Erhabenen nicht enthüllt worden?'

„Weil dies, Freund, nicht zweckdienlich ist, weil es ein wahrhaft heiliges Leben nicht begründet und zur Weltabkehr, Leidenschaftslosigkeit, Aufhebung, Beruhigung, zum höheren Wissen, zur Erwachung, zum Nirvana nicht hinführt. Aus diesem Grunde ist das vom Erhabenen nicht enthüllt worden."

‚Und was ist nun eigentlich, Freund, vom Erhabenen enthüllt worden?'

‚Dies ist das Leiden', das, Freund, ist vom Erhabenen enthüllt worden; ‚dies ist die Entstehung des Leidens', das ist vom Erhabenen enthüllt worden; ‚dies ist die Aufhebung des Leidens', das ist vom Erhabenen enthüllt worden; ‚dies ist der zur Aufhebung des Leidens führende Pfad', das ist vom Erhabenen enthüllt worden."

„ ‚Und aus welchem Grunde, Freund, ist dies vom Erhabenen enthüllt worden?'

„Dies ist ja zweckdienlich, Freund, und begründet ein wahrhaft heiliges Leben und führt zur Weltabkehr, zur Leidenschaftslosigkeit, Aufhebung, Beruhigung, zum höheren Wissen, zur Erwachung, zum Nirvana. Aus diesem Grunde ist das vom Erhabenen enthüllt worden."

97. Für den Heimgegangenen gibt es kein Maß.

Sutta-Nipata 1074 und 1076.

Gleichwie die von der Gewalt des Windes verwehte Flamme „heimgeht" und durch nichts mehr bezeichnet werden kann, so auch geht der von der Geist-Leiblichkeit erlöste Weise heim und kann durch nichts mehr bezeichnet werden.

Für den Heimgegangenen gibt es kein Maß; das, wodurch man ihn benennen möchte, besteht für ihn nicht mehr: wo alle

Erscheinungen aufgehoben sind, sind aufgehoben auch alle Pfade der Rede.

98. Nicht zu erkennen ist der Weg des Erlösten.

Udana VIII, 10.

Gleichwie der Weg des vom Eisenhammer getroffenen Funkens nicht erkannt wird, der, (eben noch) glühend, nach und nach verschwindet, so auch ist nicht begreiflich zu machen der Weg der völlig Erlösten, die über die Flut der Lustfessel hinübergelangen und die unerschütterliche Seligkeit erlangt haben.

IX. Die Welt und Nirvana.

Alles, was „geboren, geworden, gestaltet, bedingt entstanden" ist, gehört dem Bereich der Welt (loka) und damit dem des Nicht-Ich (anatta) an. „Sankhata" (gestaltet, zusammengesetzt) kann als ein Synonym von sankhara (im weitesten Sinne) gelten und bezeichnet alles Existierende, alle Erscheinungen des Werdens. Ähnlich bezeichnet dhamma (plur.) die Dinge der Welt, die Objekte der Wahrnehmung und Vorstellung, alles, was im Bewußtsein erscheinen kann.

Der Buddhismus kennt „drei Merkmale des Gestalteten" (tini sankhatalakkhanani), nämlich:

1. uppada: Ursprung, Entstehung.
2. thiti: Vorhandensein, Fortbestehen oder vaya: Daseinsperiode.
3. thitassa annathattam: das Anderswerden des Vorhandenen, d.i. die Veränderung, der Verfall und die schließliche Auflösung des Gebildes.

Im Gegensatz zu sankhata wird das Nirvana ‚asankhatadhatu', das „Nicht-gestaltete Reich" genannt. Für diesen Bereich gelten alle der Welt (loka, sankhata) zugeschriebenen Eigenschaften *nicht*.

Den buddhistischen Standpunkt betreffs der Welt und des Nirvana könnte man in folgenden Thesen formulieren.

1. Alles, was „da ist", ist bedingt entstanden (paticca samuppanna), ist „dem Entstehen und Vergehen unterworfen" (uppadavayadhamma).
2. Alles Gestaltete ist veränderlich, unstet, dem Wechsel unterworfen, d.i. vergänglich (anicca).
3. Alles, was „da ist", ist nicht das Ich, sondern ist der Wirklichkeit gemäß so anzusehen: „Das gehört mir nicht, das bin ich nicht, das ist nicht mein Ich" (anatta).
4. Alle Prozesse des Werdens sind, weil vergänglich, letzten Grundes leidvoll (dukkha).

5. Es gibt eine Aufhebung der dem Bereich des Anatta an gehörenden Prozesse und damit ein Entrinnen aus dem Reich der Vergänglichkeit, eine Loslösung von allen „Beilegungen“, ein Ende der Wiedergeburt und des Leidens: Nirvana.

99. Die Merkmale des Gestalteten und des Nicht-Gestalteten.

Ang. III, 47.

Folgende drei Merkmale des Gestalteten gibt es, ihr Mönche, welche drei?

Es ist ein Ursprung, es ist eine Daseins-Periode, es ist ein Anderswerden eines Vorhandenen.

Dies, ihr Mönche, sind die drei Merkmale des Gestalteten. Folgende drei Merkmale des nicht Gestalteten gibt es, ihr Mönche, welche drei?

Es ist kein Ursprung, es ist keine Daseins-Periode, es ist kein Anderswerden eines Vorhandenen.

Dies sind die drei Merkmale des nicht Gestalteten.

100. Wo hört Name-und-Form restlos auf?

Samy. I, 3, 7.

Von wo verschwinden die Ströme, wo dreht sich nicht der Kreis? Wo hört Name-und-Form restlos auf?

Wo Wasser, Erde, Feuer, Luft keinen Boden findet, von dort verschwinden die Ströme, dort dreht sich nicht der Kreis, dort hört Name-und-Form restlos auf.

101. Nirvanas Reich.

Udana I, 10.

Ein Asket, Bahiya Daruciriya, ist vom Buddha belehrt und bekehrt worden, er wird aber kurz nach seiner Bekehrung von einem Rind getötet. Die Jünger kommen zum Buddha und fragen ihn nach dem zukünftigen Zustande des Bahiya. Der Meister erwidert, daß Bahiya „vollkommen erlöst" (parinibbuta) sei, und spricht in diesem Sinne bei jener Gelegenheit dieses „feierliche Wort":

„Wo Wasser, Erde, Feuer und Luft keinen Boden findet, – dort leuchten Lichter nicht, nicht strahlt die Sonne, dort scheint der Mond nicht, nicht findet dort sich Dunkelheit. Und wenn der Weise, der Brahmana, durch sich selbst in der Stille zum Wissen gelangt ist, dann wird er frei von Gestalt und Nicht-Gestalt, von Glück und Leid."

102. Wo finden die Elemente keinen Boden?

Digh. XI, 85.

In einem Mönch erhebt sich folgende Frage: ‚Wo kommen wohl die vier großen Gebilde, nämlich Erde, Wasser, Feuer, Luft, gänzlich zum Verschwinden?' Da der Mönch sich die Frage nicht beantworten kann, geht er der Reihe nach zu den Göttern, bis hinauf zu Brahma und legt ihnen seine Frage vor. Aber keiner der Götter vermag sie zu beantworten, und Brahma schickt den unbequemen Frager schließlich zum Buddha. Dieser erklärt dem Mönch, daß die Frage nicht richtig gestellt sei:

„So, o Mönch, muß diese Frage gestellt werden:

Wo findet Wasser, Erde, Feuer, Luft keinen Boden? Wo hört Langes und Kurzes, Kleines und Großes, Schönes und Unschönes, – wo hört Name-und-Form gänzlich auf?

Und so lautet die Antwort:

Ein unerkennbares, unendliches, von allen Seiten leuchtendes Bewußtsein: Dort findet Wasser, Erde, Feuer, Luft keinen Boden; dort hört Langes und Kurzes, Kleines und Großes, Schönes und Unschönes, – dort hört Name-und-Form gänzlich auf. Durch die Aufhebung des Bewußtseins hört dort dieses auf."

Zweiter Teil.

Der Pfad.

Der Pfad.

Nachdem wir im ersten Teile das System des Pali-Buddhismus, soweit seine theoretischen Anschauungen und Lehren in Frage kommen, in seinen Grundgedanken kennengelernt haben, wollen wir versuchen, den Gegenstand von anderen Gesichtspunkten aus zu betrachten und zu verstehen.

‚Pfad' ist eigentlich nur ein anderer Name für den Dhamma, die Religion des Buddha; er enthält tatsächlich alles das, was in den Rahmen des Buddhismus hineingehört.

So birgt der Pfad zunächst in sich das Sila, jene Gebote und hohen Sittenlehren, deren strenge Befolgung als die unerläßliche Vorbedingung für ein erfolgreiches Emporklimmen auf dem Wege zur Erlösung betrachtet wird.

Sodann fällt in den Bereich des Pfades die Vielheit jener inneren Anstrengungen, Übungen, Schauungen und Erlebnisse, die wir unter der Bezeichnung „Meditation" (bhavana) zusammenfassen und die in dem nicht theistischen Buddhismus, als die Quelle innerer Erweckung und Läuterung, die Stelle des Gebetes der theistischen Religionen vertreten. Im Zusammenhange damit steht die Lehre von *Tugend* (paramita, bodhipakkhiya dhamma) und *Laster* (sannojana, nivarana, kilesa), oder, mehr buddhistisch gesprochen, von gewissen intellektuellen, spirituellen und moralischen Fähigkeiten und Vollkommenheiten einerseits und bestimmten geistig-sittlichen Fesseln, Hemmungen und Irrtümern andererseits.

Ferner gehört zum Pfade die *Erkenntnis*, zunächst als rein intellektuelle Anschauung (sammaditthi) gekennzeichnet, die dann aber, durch die Meditation innerlich fest begründet und zur Gewißheit geworden, als Weisheit oder Wissen (panna) auf das innere Leben des Individuums, dieses umgestaltend, einen entscheidenden Einfluß ausübt.

Endlich gliedern sich dem Pfade gewisse Grade und Abstufungen ein; so scheidet er sich allgemein in den *weltlichen* und in den *höheren Pfad*, – und dieser wiederum in *vier* bzw. *acht* Stufen.

Dementsprechend gliedert sich der zweite Teil dieses Buches folgendermaßen

Kap. X: Der weltliche und der höhere Pfad.
Kap. XI: Erkenntnis.
Kap. XII: Sittliche Zucht.
Kap. XIII: Meditation.
} Die drei Richtwege.
Kap. XIV: Laster und Tugenden.

X. Der weltliche und der höhere Pfad.

Erläuternder Überblick.

Für ein richtiges Verständnis des buddhistischen Systems ist die völlige Vertrautheit mit den in den folgenden Paragraphen skizzierten Lehren eine unerläßliche Vorbedingung.

§ 1. Der Buddhismus teilt seine Anhänger in zwei große Gruppen, die folgendermaßen bezeichnet werden:

A. *Puthujjana*, Weltmenschen, weltlich Gesinnte,

B. *Ariya*, Edle, Heilige, oder Ariyasavaka, heilige Jünger, oder Ariyapuggala, heilige Menschen.

Anm. Es ist wohl zu beachten, daß diese auf inneren Gründen beruhende Zweiteilung nichts zu tun hat mit der rein *äußerlichen* Klassifikation der Buddhisten in Laienjünger (upasaka) und Mönche (bhikkhu). Denn ein Laienjünger kann zu den Ariyasavaka gehören, während ein Mönch keineswegs ein Ariya zu sein *braucht*.

§ 2. Maßgebend für die in § 1 angeführte zweifache Gruppierung ist das Vorhandensein bzw. Nichtmehrvorhandensein gewisser geistiger Hemmungen und das Fehlen bzw. Vorhandensein gewisser geistiger Eigenschaften und Fähigkeiten.

§ 3. Entsprechend der in § 1 gegebenen Zweiteilung wird auch der Pfad, d.i. das Erkennen, Handeln, Streben und Leben der Buddhisten in zwei große Gruppen geschieden.

A. Den Puthujjana entspricht der sog. weltliche (lokiya) Weg; derselbe wird auch sasava (mit Einflüssen behaftet) genannt.

B. Den Ariya entspricht der sog. höhere edle, heilige (ariya) Weg der auch als *überweltlich* (lokuttara) bezeichnet wird.

Anm. *Lokuttara*, wörtl. höher als die Welt, die Welt übersteigend; ultramundan; metaphysisch (wenn wir τα φυσικα in dem Sinne von loka nach den in Kap. VII gegebenen Definitionen gelten lassen wollen). Für lokuttara wäre auch die Übersetzung ‚transzendental' statthaft, wobei das Wort freilich einen andern Sinn bekommt als den im Abendland gebräuchlichen. Transzendental im Sinne des Buddhismus ist *jedes mit dem heiligen Pfade verbundene Bewußtseins-Moment und das Nirvana.* Auch würde für den Buddhisten ein Unterschied zwischen *transzendent* und *transzendental* bestehen. Transzendent sind für ihn gewisse von der Norm abweichende Schauungen und Fähigkeiten (z.B. die jhana bis hinauf zur achten Versenkung), sofern sie von einem Puthujjana gewonnen und mit irgendwelchen Bewußtseins-Momenten des Lokuttara-Pfades nicht verbunden sind. *Transzendent* ist mithin im Buddhismus immer noch weltlich (lokiya), braucht also mit dem heiligen Pfade durchaus nicht in Beziehung zu stehen.

§ 4. Die Ariyasavaka und ihr Pfad werden in folgende vier Hauptgruppen geschieden: Sotapatti, der Stromeintritt, Sakadagamita, der Zustand der Einmal-Wiederkehr, Anagamita, der Zustand der Nicht-Wiederkehr, Arahatta, der Zustand der (vollendeten) Heiligkeit.

§ 5. Jede der in § 4 angeführten Klassen der Ariyasavaka gliedert sich wieder in zwei Grade, nämlich in a) Pfad (magga) und b) Frucht (phala).

§ 6. Von den in § 5 angesprochenen Gruppen von Personen werden die ersten sieben *Sekha*, d.h. sich Schulende, Strebende, Kämpfer genannt, während die der achten Gruppe angehörenden Glieder als *Asekha*, Erlöste, (wörtl. nicht [mehr] Strebende) bezeichnet werden.

§ 7. Hinsichtlich der Wiedergeburt der Ariyasavaka lehrt der Buddhismus folgendes:

I. Der Sotapanna ist den Wiedergeburten in schlechten Zuständen (apaya; dies sind: Hölle, tierischer Schoß, Gespensterreich, Dämonenwelt) entronnen und wird in dem Bereich der Sinnenlust (kamaloka) nur noch siebenmal wiedergeboren, bevor er das Nirvana erreicht.

II. Der Sakadagamin wird, bevor er das Nirvana verwirklicht, nur noch einmal im Bereich des Kamaloka wiedergeboren.

III. Der Anagamin wird nach seinem Ableben in einer der höchsten Lichtwelten u.zw. in einem Suddhavasa-Himmel wiedergeboren und geht von dort in das Nirvana ein.

IV. Der Arahat verwirklicht noch in dem gegenwärtigen Leben das Nirvana und wird, da er ein Asekha ist, nie wiedergeboren, sondern ist als vollkommen Erlöster (parinibbuta) von der Wandelwelt (samsara) für immer abgeschieden.

§ 8. In engstem Zusammenhange mit der Lehre von den Ariyasavaka steht die Lehre von den *zehn Fesseln* (samyojanani). Dies sind:

1. Sakkayadditthi, der Glaube, daß die Persönlichkeit das Ich sei; 2. vicikiccha, Zweifel; 3. silabbataparamasa, der Glaube an die Wirksamkeit von Riten und Zeremonien; 4. kamaraga, sinnliche Lust; 5. patigha, innerer Widerstreit; 6. ruparaga, Verlangen nach Wiedergeburt in der Form-Welt; 7. aruparaga, Verlangen nach Wiedergeburt in der Nicht-Form-Welt; 8. mana, Dünkel, 9. uddhacca, innere Unruhe; 10. avijja, Nichtwissen.

§ 9. Diese zehn Fesseln werden der Reihe nach auf dem Pfade der Ariya, überwunden. Im einzelnen liegen die Verhältnisse so:

A. Im Stromeintritt erlöschen die ersten drei Fesseln.

B. In der Einmal-Wiederkehr werden außerdem noch die vierte und fünfte Fessel teilweise überwunden.

C. In der Nicht-Wiederkehr erlöschen die vierte und fünfte Fessel vollständig. Ein Anagamin ist also von den ersten fünf Fesseln vollständig befreit.

D. Auf dem Pfade der Heiligkeit erlöschen auch die letzten fünf Fesseln vollständig. Die ersten fünf Fesseln führen also zu einer Wiedergeburt in niederen Welten; die fünf letzten Fesseln erzeugen eine Wiedergeburt in höheren Welten; die Befreiung von allen zehn Fesseln bedeutet die Verwirklichung des Nirvana.

103. Der niedere und der höhere Pfad.

Majjh. 117.

So hab' ich es gehört: Einst weilte der Erhabene bei Savatthi im Jeta-Haine, im Klostergarten des Anathapindika. Dort nun richtete der Erhabene das Wort an die Mönche: „Ihr Mönche!" ‚Ehrwürdiger Herr', antworteten die Mönche aufmerksam dem Erhabenen. Der Erhabene sprach: „*Heilige* rechte Konzentration, ihr Mönche, will ich euch weisen mitsamt ihren Bedingungen, mitsamt ihren Erfordernissen. So höret aufmerksam und vergegenwärtigt es euch; ich werde jetzt sprechen." ‚So sei es, Herr', antworteten jene Mönche dem Erhabenen. Der Erhabene sprach also:

„Was ist nun, ihr Mönche, heilige rechte Konzentration mit ihren Bedingungen, mit ihren Erfordernissen? Folgendes Rechte Anschauung, rechte Gesinnung, rechtes Reden, rechtes Handeln, rechte Lebensführung, rechter Kampf, rechtes Gedenken. Was da, ihr Mönche, die mit diesen sieben Teilen versehene Einheit des Geistes ist, das, ihr Mönche, nennt man heilige rechte Konzentration mitsamt ihren Bedingungen, mitsamt ihren Erfordernissen.

Da geht, ihr Mönche, rechte Anschauung voran. Und inwiefern, geht rechte Anschauung voran? Man erkennt falsche Ansicht als falsche Ansicht, man erkennt rechte Anschauung als rechte Anschauung: Das gilt einem als rechte Anschauung.

Was ist nun, ihr Mönche, falsche Ansicht? ‚Spenden hat keinen Wert, Opfer hat keinen Wert, Darreichung hat keinen Wert, es gibt keine Frucht, keine Reife der guten und schlechten Taten, diese Welt ist nicht, es gibt keine andere Welt, ‚Mutter' ist ein leerer Begriff, ‚Vater' ist ein leerer Begriff, ‚rein geistige Wesen' ist ein leerer Begriff, nicht gibt es in der Welt vollkommen lebende, vollkommen wandelnde Asketen und Brahmanen, welche diese Welt und die andere Welt erklären, nachdem sie dieselbe durch sich selbst erkannt und verwirklicht haben.' Dies, ihr Mönche, ist falsche Ansicht.

Und was, ihr Mönche, ist rechte Anschauung? Ich lehre, ihr Mönche, daß rechte Anschauung von zweierlei Art ist. Es gibt, ihr Mönche, eine rechte Anschauung, die noch mit Einflüssen behaftet, Verdienst-wirkend ist und im Verlaufe des Daseins sich ausreift; und es gibt, ihr Mönche, eine rechte Anschauung, die heilig, von den Einflüssen frei, überweltlich ist und dem Wege als Teil angehört.

Was ist nun, ihr Mönche, die rechte Anschauung, die noch mit Einflüssen behaftet, Verdienst-wirkend ist und im Verlaufe des Daseins sich ausreift? ‚Spenden ist von Wert, Opfer ist von Wert, Darreichung ist von Wert, es gibt eine Frucht, eine Vergeltung der guten und schlechten Taten, diese Welt ist, es gibt eine andere Welt, ‚Mutter' ist kein leerer Begriff, ‚Vater' ist kein leerer Begriff, ‚rein geistige Wesen' ist kein leerer Begriff, es gibt in der Welt vollkommen lebende, vollkommen wandelnde Asketen und Brahmanen, die diese Welt und die andere Welt erklären, nachdem sie dieselbe durch sich selbst erkannt und verwirklicht haben.' Dies, ihr Mönche, ist die rechte Anschauung, die noch mit Einflüssen behaftet, Verdienst-wirkend ist und im Verlaufe des Daseins sich ausreift.

Und was, ihr Mönche, ist die rechte Anschauung, die heilig, von Einflüssen frei, überweltlich ist und dem Wege als Teil angehört? Die Weisheit, die Weisheits-Fähigkeit, die Weisheits-Kraft, das Erleuchtungs-Merkmal der Ergründung der Lehre, die dem Wege angegliederte rechte Anschauung eines heiligen Gemütes, eines von den Einflüssen freien Gemütes, das mit dem heiligen Wege verbunden den heiligen Weg erweckt, – dies, ihr Mönche, ist die rechte Anschauung, die heilig, von den Einflüssen frei, überweltlich ist und dem Wege als Teil angehört. Wer da kämpft, um falsche Ansicht aufzugeben und rechte Anschauung zu gewinnen, dem eignet *rechter Kampf*. Und während er besonnen falsche Ansicht aufgibt und besonnen im Besitze rechter Anschauung lebt, eignet ihm *rechtes Gedenken*. So begleiten also diese drei Zustände die rechte Anschauung und sind mit ihr verbunden, nämlich: rechte Anschauung, rechter Kampf, rechtes Gedenken.

Da geht, ihr Mönche, rechte Anschauung voran. Und inwiefern, ihr Mönche, geht rechte Anschauung voran? Man erkennt falsche Gesinnung als falsche Gesinnung, man erkennt rechte Gesinnung als rechte Gesinnung: Das gilt einem als rechte Anschauung.

Was ist nun, ihr Mönche, falsche Gesinnung? Eine Gesinnung voll sinnlicher Begierde, eine Gesinnung voll Übelwollen, eine Gesinnung voll Gewalttätigkeit. Dies, ihr Mönche, ist falsche Gesinnung.

Und was, ihr Mönche, ist rechte Gesinnung? Ich lehre, ihr Mönche, daß rechte Gesinnung von zweierlei Art ist. Es gibt, ihr Mönche, eine rechte Gesinnung, die noch mit Einflüssen behaftet, Verdienst-wirkend ist und im Verlaufe des Daseins sich ausreift; und es gibt, ihr Mönche, eine rechte Gesinnung, die heilig, von den Einflüssen frei, überweltlich ist und dem Wege als Teil angehört.

Was ist nun, ihr Mönche, die rechte Gesinnung, die noch mit Einflüssen behaftet, Verdienst-wirkend ist und im Verlaufe des Daseins sich ausreift? Eine [auf] Entsagung [gerichtete] Gesinnung, eine des Übelwollens ledige Gesinnung, eine auf Schonung bedachte Gesinnung. Dies, ihr Mönche, ist die rechte Gesinnung, die noch mit Einflüssen behaftet, Verdienst-wirkend ist und im Verlaufe des Daseins sich ausreift.

Und was, ihr Mönche, ist die rechte Gesinnung, die heilig, von den Einflüssen frei, überweltlich ist und dem Wege als Teil angehört? Das Denken, das Nachdenken, das Sichentschließen, das Erkunden und Auskunden, das geistige Erforschen und die sprachliche Gestaltung eines heiligen Gemütes, eines von den Einflüssen freien Gemütes, das mit dem heiligen Wege verbunden den heiligen Weg erweckt, – dies, ihr Mönche, ist die rechte Gesinnung, die heilig, von den Einflüssen frei, überweltlich ist und dem Wege als Teil angehört. Wer da kämpft, um falsche Gesinnung aufzugeben und rechte Gesinnung zu gewinnen, dem eignet rechter Kampf. Und während er besonnen falsche Gesinnung aufgibt und besonnen im Besitze rechter Gesinnung lebt, eignet ihm rechtes Gedenken. So begleiten also diese drei Zustände die rechte Gesinnung und sind mit ihr verbunden; nämlich: rechte Anschauung, rechter Kampf, rechtes Gedenken.

Da geht, ihr Mönche, rechte Anschauung voran. Und inwiefern, ihr Mönche, geht rechte Anschauung voran? Man erkennt falsches Reden als falsches Reden, man erkennt rechtes Reden als rechtes Reden: Das gilt einem als rechte Anschauung.

Was ist nun, ihr Mönche, falsches Reden? Lüge, Afterrede, rohe Rede, eitles Geschwätz. Dies, ihr Mönche, ist falsches Reden.

Und was, ihr Mönche, ist rechtes Reden? Ich lehre, ihr Mönche, daß rechtes Reden von zweierlei Art ist. Es gibt, ihr Mönche, ein rechtes Reden, das noch mit Einflüssen behaftet, Verdienst-wirkend ist und im Verlaufe des Daseins sich ausreift; und es gibt, ihr Mönche, ein rechtes Reden, das heilig, von den Einflüssen frei, überweltlich ist und dem Wege als Teil angehört.

Was ist nun, ihr Mönche, das rechte Reden, das noch mit Einflüssen behaftet, Verdienst-wirkend ist und im Verlaufe des Daseins sich ausreift? Abstehen vom Lügen, Abstehen vom Afterreden, Abstehen von roher Rede, Abstehen von eitlem Geschwätz. Dies, Ihr Mönche, ist das rechte Reden, das noch mit Einflüssen behaftet, Verdienst-wirkend ist und im Verlaufe des Daseins sich ausreift.

Und was, ihr Mönche, ist das rechte Reden, das heilig, von den Einflüssen frei, überweltlich ist und dem Wege als Teil angehört? Die Abkehr, Abwendung, Enthaltung, das Abstehen von dem vierfachen schlechten Wandel in Worten seitens eines heiligen Gemütes, eines von den Einflüssen freien Gemütes das mit dem heiligen Wege verbunden den heiligen Weg erweckt, – dies, ihr Mönche, ist das rechte Reden, das heilig, von den Einflüssen frei, überweltlich ist und dem Wege als Teil angehört. Wer da kämpft, um falsches Reden aufzugeben und rechtes Reden zu gewinnen, dem eignet rechter Kampf. Und während er besonnen falsches Reden aufgibt und besonnen im Besitze rechten Redens lebt, eignet ihm rechtes Gedenken. So begleiten also diese drei Zustände das rechte Reden und sind mit ihm verbunden, nämlich: rechte Anschauung, rechter Kampf, rechtes Gedenken.

Da geht, ihr Mönche, rechte Anschauung voran. Und inwiefern, ihr Mönche, geht rechte Anschauung voran? Man erkennt falsches Handeln als falsches Handeln, man erkennt rechtes Handeln als rechtes Handeln: Das gilt einem als rechte Anschauung.

Was ist nun, ihr Mönche, falsches Handeln? Zerstörung von Leben, das Nehmen nicht-gegebener Dinge, unkeuscher Wandel. Dies, ihr Mönche, ist falsches Handeln.

Und was, ihr Mönche, ist rechtes Handeln? Ich lehre, ihr Mönche, daß rechtes Handeln von zweierlei Art ist. Es gibt, ihr Mönche, ein rechtes Handeln, das noch mit Einflüssen behaftet, Verdienst-wirkend ist und im Verlaufe des Daseins sich ausreift; und es gibt, ihr Mönche, ein rechtes Handeln, das heilig, von den Einflüssen frei, überweltlich ist und dem Wege als Teil angehört.

Was ist nun, ihr Mönche, das rechte Handeln, das noch mit Einflüssen behaftet, Verdienst-wirkend ist und im Verlaufe des Daseins sich ausreift? Es ist, ihr Mönche, das Abstellen von der Zerstörung von Leben, das Abstehen vom Nehmen nicht-gegebener Dinge, das Abstehen von unkeuschem Wandel. Dies, ihr Mönche, ist das rechte Handeln, das noch mit Einflüssen behaftet, Verdienst-wirkend ist und im Verlaufe des Daseins sich ausreift.

Und was, ihr Mönche, ist das rechte Handeln, das heilig, von den Einflüssen frei, überweltlich ist und dem Wege als Teil angehört? Die Abkehr, Abwendung, Enthaltung, das Abstehen von dem dreifachen schlechten Wandel in Werken seitens eines heiligen Gemütes, eines von den Einflüssen freien Gemütes, das mit dem heiligen Wege verbunden den heiligen Weg erweckt, – dies, ihr Mönche, ist das rechte Handeln, das heilig, von den Einflüssen frei, überweltlich ist und dem Wege als Teil angehört. Wer da kämpft, um falsches Handeln aufzugeben und rechtes Handeln zu gewinnen, dem eignet rechter Kampf. Und während er besonnen falsches Handeln aufgibt und besonnen im Besitze rechten Handelns lebt, eignet ihm rechtes Gedenken. So begleiten also diese drei Zustände das rechte Handeln und sind mit ihm verbunden, nämlich: rechte Anschauung, rechter Kampf, rechtes Gedenken.

Da geht, ihr Mönche, rechte Anschauung voran. Und inwiefern, ihr Mönche, geht rechte Anschauung voran? Man erkennt falsche Lebensführung als falsche Lebensführung, man erkennt rechte Lebensführung als rechte Lebensführung: Das gilt einem als rechte Anschauung.

Was ist nun, ihr Mönche, falsche Lebensführung? Betrügerei, Verführung, Wahrsagen, Raub, die Gier, sich durch Nehmen Gewinn zu verschaffen. Dies, ihr Mönche, ist falsche Lebensführung.

Und was, ihr Mönche, ist rechte Lebensführung? Ich lehre, ihr Mönche, daß rechte Lebensführung von zweierlei Art ist. Es gibt, ihr Mönche, eine rechte Lebensführung, die noch mit Einflüssen behaftet, Verdienst-wirkend ist und im Verlaufe des Daseins sich ausreift, und es gibt, ihr Mönche, eine rechte Lebensführung, die heilig, von den Einflüssen frei, überweltlich ist und dem Wege als Teil angehört.

Was ist nun, ihr Mönche, die rechte Lebensführung, die noch mit Einflüssen behaftet, Verdienst-wirkend ist und im Verlaufe des Daseins sich ausreift? Da hat, ihr Mönche, ein edler Jünger falsche Lebensführung aufgegeben und wandelt in rechter Lebensführung. Dies, ihr Mönche, ist die rechte Lebensführung, die noch mit Einflüssen behaftet, Verdienst-wirkend ist und im Verlaufe des Daseins sich ausreift.

Und was, ihr Mönche, ist die rechte Lebensführung, die heilig, von den Einflüssen frei, überweltlich ist und dem Wege als Teil angehört? Die Abkehr, Abwendung, Enthaltung, das Abstehen von falscher Lebensführung seitens eines heiligen Gemütes, eines von den Einflüssen freien Gemütes, das mit dem heiligen Wege verbunden den heiligen Weg erweckt, – dies, ihr Mönche, ist die rechte Lebensführung, die heilig, von den Einflüssen frei, überweltlich ist und dem Wege als Teil angehört. Wer da kämpft, um falsche Lebensführung aufzugeben und rechte Lebensführung zu gewinnen, dem eignet rechter Kampf. Und während er besonnen falsche Lebensführung aufgibt und besonnen im Besitze rechter Lebensführung lebt, eignet ihm rechtes Gedenken. So begleiten also diese drei Zustände die rechte Lebensführung und sind mit ihr verbunden, nämlich: rechte Anschauung, rechter Kampf, rechtes Gedenken.

Da geht, ihr Mönche, rechte Anschauung voran. Und inwiefern, ihr Mönche, geht rechte Anschauung voran? Wer im Besitze rechter Anschauung ist, ihr Mönche, dem eignet rechte Gesinnung; wer im Besitze rechter Gesinnung ist, dem eignet rechtes Reden; wer im Besitze rechten Redens ist, dem eignet rechtes Handeln; wer im Besitze rechten Handelns ist, dem eignet rechte Lebensführung; wer im Besitze rechter Lebensführung ist, dem eignet rechter Kampf; wer im Besitze rechten Kampfes ist, dem eignet rechtes Gedenken; wer im Besitze rechten Gedenkens ist, dem eignet rechte Konzentration; wer im Besitze rechter Konzentration ist, dem eignet rechtes Wissen; wer im Besitze rechten Wissens ist, dem eignet rechte Erlösung. So also, ihr Mönche, wird ein mit acht Eigenschaften ausgestatteter *Kämpfer*, der den Pfad verfolgt, zu einem mit zehn Eigenschaften ausgestatteten vollkommenen Heiligen.

Da geht, ihr Mönche, rechte Anschauung voran. Und inwiefern, ihr Mönche, geht rechte Anschauung voran? Wer im

Besitze rechter Anschauung ist, ihr Mönche, für den ist falsche Ansicht geschwunden, und mancherlei schlechte, unheilsame Eigenschaften, die durch falsche Ansicht bedingt entstehen, – auch diese sind für ihn geschwunden und durch rechte Anschauung bedingt, gelangen mancherlei heilsame Eigenschaften zur Erweckung und Vollendung.

Wer im Besitze rechter Gesinnung ist, ihr Mönche, für den ist falsche Gesinnung geschwunden ...

Wer im Besitze rechten Redens ist ...

Wer im Besitze rechten Handelns ist ...

Wer im Besitze rechter Lebensführung ist ...

Wer im Besitze rechten Kampfes ist ...

Wer im Besitze rechten Gedenkens ist ...

Wer im Besitze rechter Konzentration ist ...

Wer im Besitze rechten Wissens ist ...

Wer im Besitze rechter Erlösung ist, ihr Mönche, für den ist falsche Erlösung geschwunden, und mancherlei schlechte, unheilsame Eigenschaften, die durch falsche Erlösung bedingt entstehen, – auch diese sind für ihn geschwunden, und durch rechte Erlösung bedingt, gelangen mancherlei heilsame Eigenschaften zur Erweckung und Vollendung.

Das sind, ihr Mönche, zwanzig heilsame Wegteile, zwanzig unheilsame Wegteile.

Der große vierzigfältige Lehrgang, ihr Mönche, den ich vorgetragen habe, kann nicht umgestürzt werden, weder von einem Asketen oder Brahmanen, noch von einem Deva, Mara, oder Brahma, noch von sonst irgend jemandem in der Welt. Wenn nämlich, ihr Mönche, ein Asket oder Brahmane glauben sollte, diesen großen vierzigfältigen Lehrgang tadeln, beanstanden zu müssen, so würden sich noch im gegenwärtigen Leben zehn der getadelten Punkte als Tadel gegen ihn richten.

Tadelt der Verehrliche rechte Anschauung, so lobt und erhebt er damit jene Asketen und Brahmanen, die im Besitze falscher Ansicht sind.

Tadelt er rechte Gesinnung ...
Tadelt er rechtes Reden ...
Tadelt er rechtes Handeln ...
Tadelt er rechte Lebensführung ...
Tadelt er rechten Kampf ...
Tadelt er rechtes Gedenken ...
Tadelt er rechte Konzentration ...
Tadelt er rechtes Wissen ...

Tadelt er rechte Erlösung, so lobt und erhebt er damit jene Asketen und Brahmanen, die im Besitze falscher Erlösung sind.

Wenn also, ihr Mönche, ein Asket oder Brahmane glauben sollte, diesen großen vierzigfältigen Lehrgang tadeln zu müssen, so würden sich noch im gegenwärtigen Leben zehn der getadelten Punkte als Tadel gegen ihn richten.

Auch jene Okkalas, ihr Mönche, die Vassabhannas, die Leugner der Ursachen, die Leugner der Tat und ihrer Folgen, die Nihilisten, – auch sie haben nicht geglaubt, den großen vierzigfältigen Lehrgang tadeln, beanstanden zu müssen. Aus welchem Grunde? Aus Furcht, Tadel, Widerspruch und Anfeindung zu erfahren."

Also sprach der Erhabene. Beglückten Herzens stimmten jene Mönche den Worten des Erhabenen mit freudigem Danke zu.

104. Die zehn Fesseln.

Ang. X, 13.

Folgende zehn Fesseln gibt es, ihr Mönche; welche zehn? Fünf zu niederer Wiedergeburt führende Fesseln und fünf zu höherer Wiedergeburt führende Fesseln.

Welches sind die fünf zu niederer Wiedergeburt führenden Fesseln?

Der Glaube an die Persönlichkeit als das Ich, Zweifel, das Hängen an Ritualismus, sinnliche Lust, Übelwollen.

Dies sind die fünf zu niederer Wiedergeburt führenden Fesseln.

Und welches sind die fünf zu höherer Wiedergeburt führenden Fesseln?

Das Verlangen nach Dasein in der Form-Welt, das Verlangen nach Dasein in der Nicht-Form-Welt, Dünkel, innere Unruhe, Nichtwissen.

Dies sind die fünf zu höherer Wiedergeburt führenden Fesseln.

Das also, ihr Mönche, sind die zehn Fesseln.

105. Vier Bedingungen für die Frucht des Stromeintritts.

Samy. LV, 55.

Folgende vier Dinge, ihr Mönche, wenn erweckt und vermehrt, führen zur Verwirklichung der Frucht des *Stromeintritts.* Welche vier?

Der Verkehr mit guten Menschen; das Hören der guten Lehre; durchdringende Vergegenwärtigung [des Gehörten]; die genaue Erfüllung aller religiösen Pflichten.

Diese vier Dinge also, ihr Mönche, wenn erweckt und vermehrt, führen zur Verwirklichung der Frucht des Stromeintritts.

106. Die Kennzeichen des edlen Jüngers.

Samy. XII, 41.

1. Der Erhabene weilte bei Savatthi.

2. Und es begab sich der Haushalter Anathapindika zum Erhabenen, begrüßte den Erhabenen ehrfurchtsvoll und setzte sich ihm zur Seite nieder. Zu dem Haushalter Anathapindika, der ihm zur Seite saß, sprach nun der Erhabene also:

3. „Wenn da, o Haushalter, einem edlen Jünger fünffache schreckliche Furcht geschwunden ist, wenn er mit den vier Merkmalen eines in den Strom Eingetretenen ausgestattet ist, wenn er die heilige Ordnung in Weisheit wohl gesehen, wohl

durchdrungen hat, so möchte ein solcher wohl, ohne zu zweifeln, über sich selbst die Voraussage machen: ‚Erschöpft hat sich für mich die Hölle, erschöpft hat sich für mich der tierische Schoß, erschöpft hat sich für mich das Reich der Väter, erschöpft hat sich für mich der Abweg, der schlimme Weg, die Stätte des Leidens; in den Strom bin ich eingetreten, den Stätten des Leidens nicht mehr unterworfen und der künftigen Erwachung gewiß!‘

4. Welche fünffache schreckliche Furcht ist da geschwunden?

5. Die schreckliche Furcht des Augenblicks, o Haushalter, die ein Zerstörer von Leben infolge der Zerstörung von Leben sich schafft, und die schreckliche Furcht vor der Zukunft, die ein solcher sich schafft, und die geistige Trübsal und Verzweiflung, die er durchlebt, – eben diese schreckliche Furcht ist für einen, der das Zerstören von Leben aufgegeben hat, geschwunden.

6. Die schreckliche Furcht des Augenblicks, o Haushalter, die einer, der nicht-gegebene Dinge nimmt, infolge des Nehmens nicht-gegebener Dinge sich schafft, und die schreckliche Furcht vor der Zukunft, die ein solcher sich schafft, und die geistige Trübsal und Verzweiflung, die er durchlebt, – eben diese schreckliche Furcht ist für einen, der das Nehmen nichtgegebener Dinge aufgegeben hat, geschwunden.

7. Die schreckliche Furcht des Augenblicks, o Haushalter, die einer, der einen unkeuschen Wandel führt, infolge des unkeuschen Wandels sich schafft, und die schreckliche Furcht vor der Zukunft, die ein solcher sich schafft, und die geistige Trübsal und Verzweiflung, die er durchlebt, – eben diese schreckliche Furcht ist für einen, der unkeuschen Wandel aufgegeben hat, geschwunden.

8. Die schreckliche Furcht des Augenblickes, o Haushalter, die ein Lügner infolge des Lügens sich schafft, und die schreckliche Furcht vor der Zukunft, die ein solcher sich

schafft, und die geistige Trübsal und Verzweiflung, die er durchlebt, – eben diese schreckliche Furcht ist für einen, der das Lügen aufgegeben hat, geschwunden.

9. Die schreckliche Furcht des Augenblicks, o Haushalter, die einer, der sich durch den Genuß geistiger Getränke berauscht, infolge der Berauschung durch den Genuß geistiger Getränke sich schafft, und die schreckliche Furcht vor der Zukunft, die ein solcher sich schafft, und die geistige Trübsal und Verzweiflung, die er durchlebt, – eben diese schreckliche Furcht ist für einen, der die Berauschung durch den Genuß geistiger Getränke aufgegeben hat, geschwunden.

Diese fünffache schreckliche Furcht ist ihm geschwunden.

10. Mit welchen vier Merkmalen eines in den Strom Eingetretenen ist er ausgestattet?

11. Da ist, o Haushalter, ein edler Jünger von innigem Glauben an den Erwachten erfüllt:

‚Dies ist der Erhabene, der Heilige, völlig Erwachte, der im Wissen und Wandel Vollkommene, der Pfadvollender, der Kenner der Welten, der unvergleichliche Bändiger der ungezähmten Menschen, der Lehrer der Götter und Menschen, Buddha, der Erhabene.‘

12. Von innigem Glauben an die Lehre ist er erfüllt:

‚Wohl verkündet ist von dem Erhabenen die Lehre, die sichtbare, zeitlose, zum Kommen und Sehen einladende, zum Ziele führende, die den Wissenden, jedem für sich, verständlich ist.‘

13. Von innigem Glauben an die Gemeinde ist er erfüllt:

‚Gut wandelt die Jünger-Gemeinde des Erhabenen, richtig wandelt die Jünger-Gemeinde des Erhabenen, in Gerechtigkeit wandelt die Jünger-Gemeinde des Erhabenen, pflichtgemäß wandelt die Jünger-Gemeinde des Erhabenen, nämlich die *vier Paare* von Menschen, die *acht Klassen* von Menschen; diese Jünger-Gemeinde des Erhabenen ist würdig der Opfer, würdig der Gastfreundschaft, würdig der Spenden, würdig der Verehrung, ein unvergleichliches Feld der Verdienstlichkeit in der Welt.‘

14. Mit den von den Heiligen geliebten Geboten ist er wohlvertraut, den unversehrten, fehlerlosen, fleckenlosen, makellosen, befreienden, die von den Weisen gepriesen werden, die unwandelbar feststehen und zur Konzentration führen.

Mit diesen vier Merkmalen eines in den Strom Eingetretenen ist er ausgestattet.

15. Und welches ist die heilige Ordnung, die er in Weisheit wohl gesehen, wohl durchdrungen hat?

16. Da vergegenwärtigt sich, o Haushalter, ein edler Jünger gut und durchdringend das bedingte Entstehen:

17. Wenn dieses ist, ist jenes, wenn dieses nicht ist, ist jenes nicht; wenn dieses entsteht, tritt jenes in die Erscheinung, wenn dieses aufgehoben wird, verschwindet jenes. Das will sagen: Durch Nichtwissen bedingt sind die organischen Prozesse ... [usw. in der Reihenfolge wie in dem Text Nr. 26 bis:] Solcherart ist der Ursprung dieser gesamten Leidensmasse. Aber auf der spurlosen, restlosen Aufhebung des Nichtwissens beruht die Aufhebung der organischen Prozesse ... [usw., usw. wie in dem Text Nr. 26 bis:] Solcherart ist die Aufhebung dieser gesamten Leidensmasse.

Dies ist die heilige Ordnung, die er in Weisheit wohl gesehen, wohl durchdrungen hat.

18. Wenn da also, o Haushalter, einem edlen Jünger diese fünffache schreckliche Furcht geschwunden ist, wenn er mit diesen vier Merkmalen eines in den Strom Eingetretenen ausgestattet ist, wenn er diese heilige Ordnung in Weisheit wohl gesehen, wohl durchdrungen hat, so möchte ein solcher wohl, ohne zu zweifeln, über sich selbst die Voraussage machen: ‚Erschöpft hat sich für mich die Hölle, erschöpft hat sich für mich der tierische Schoß, erschöpft hat sich für mich das Reich der Väter, erschöpft hat sich für mich der Abweg, der schlimme Weg, die Stätte des Leidens; in den Strom bin ich eingetreten, den Stätten des Leidens nicht mehr unterworfen und der künftigen Erwachung gewiß.'"

107. Der Sotapanna.

Samy. LV, 5, 5.

„In den Strom eingetreten, in den Strom eingetreten, so sagt man, Sariputta. Wer ist denn ein in den Strom Eingetretener?"

‚Wer da, o Herr, mit diesem hohen (*heiligen*) achtteiligen Weg ausgerüstet ist, der wird ein in den Strom Eingetretener genannt, der und der Ehrwürdige mit dem und dem Namen, aus der und der Familie.'

108. Bürgschaft für die Nichtwiederkehr.

Itivuttaka 1-6.

Gesagt wurde dies vom Erhabenen, gesagt von dem Heiligen, so habe ich gehört:

„*Eine* Eigenschaft, ihr Mönche, gebet auf; ich bürge euch für die *Nichtwiederkehr*. Welche *eine* Eigenschaft?

Die *Gier*, ihr Mönche, die *eine* Eigenschaft ...

den *Haß*, ihr Mönche, die *eine* Eigenschaft ...

den *Wahn*, ihr Mönche, die *eine* Eigenschaft ...

den *Zorn*, ihr Mönche, die *eine* Eigenschaft ...

die *Heuchelei*, ihr Mönche, die *eine* Eigenschaft ...

den *Dünkel*, ihr Mönche, die *eine* Eigenschaft, gebet auf. Ich bürge euch für die Nichtwiederkehr."

Dies sprach der Erhabene, daher heißt es mit Bezug hierauf folgendermaßen:

„Die Gier, durch die entflammt,
Der Haß, durch den ergrimmt,
Der Wahn, durch den betört,
Der Zorn, durch den erbost,
Die Heuchelei, durch die verderbt,
Der Dünkel, durch den berauscht
Die Wesen auf den schlimmen Weg gelangen,
Dieses geben in vollkommener Erkenntnis
Die Einsichtsvollen auf.

Nach dem Aufgeben kehren sie nie wieder
In diese Welt zurück."

Auch dies ist vom Erhabenen gesagt worden, so habe ich gehört.

109. Die Heiligkeit.

Samy. XXXVIII, 2, 3.

‚Heiligkeit, Heiligkeit, so sagt man, Freund Sariputta. Was ist denn, Freund, die Heiligkeit?'

„Freund, das Verschwinden der Begier, das Verschwinden des Hasses, das Verschwinden des Wahns, das, Freund, nennt man Heiligkeit."

110. Drei Asketenpflichten.

Ang. III, 81, 1.

Folgende drei Asketenpflichten, ihr Mönche, bestehen für einen Asketen. Welche drei?

Die Hingabe an die Übung in höherer sittlicher Zucht, die Hingabe an die Übung in höherem Denken, die Hingabe an die Übung in höherer Weisheit. Dies, ihr Mönche, sind die drei Asketenpflichten eines Asketen.

Darum, ihr Mönche, habt ihr euch also zu üben: Stark soll unser Entschluß sein, uns der Übung in höherer sittlicher Zucht zu weihen; stark soll unser Entschluß sein, uns der Übung in höherem Denken zu weihen; stark soll unser Entschluß sein, uns der Übung in höherer Weisheit zu weihen.'

In dieser Weise also, ihr Mönche, habt ihr euch zu üben.

111. Der Sekha.

Samy. XLV, 13.

Savatthi. Und es begab sich ein gewisser Mönch zum Erhabenen usw. Zum Erhabenen sprach nun jener Mönch, der ihm zur Seite saß, also:

‚Kämpfer, Kämpfer, so sagt man, o Herr; inwiefern denn ist man ein Kämpfer, Herr?'

„Da ist, o Mönch, ein Mönch mit strebender rechter Anschauung ausgerüstet, ist mit strebender rechter Gesinnung ausgerüstet, ist mit strebendem rechten Reden ausgerüstet, ist mit strebendem rechten Handeln ausgerüstet, ist mit strebender rechter Lebensführung ausgerüstet, ist mit strebendem rechten Kampf ausgerüstet, ist mit strebendem rechten Gedenken ausgerüstet, ist mit strebender rechter Konzentration ausgerüstet. Insofern, o Mönch, ist man ein Kämpfer."

112. Die zehn Eigenschaften des Erlösten.

Ang. X, 112.

Folgende zehn Eigenschaften des Erlösten gibt es, ihr Mönche; welche zehn?

Vollendete rechte Anschauung, vollendete rechte Gesinnung, vollendetes rechtes Reden, vollendetes rechtes Handeln, vollendete rechte Lebensführung, vollendeter rechter Kampf, vollendetes rechtes Gedenken, vollendete rechte Konzentration, vollendetes rechtes Wissen, vollendete rechte Erlösung.

Dies also, ihr Mönche, sind die zehn Eigenschaften des Erlösten.

113. Nirvana und der Weg zum Nirvana.

Samy. XLIII, 34.

Das Nirvana, ihr Mönche, will ich euch weisen und den zum Nirvana führenden Weg. So höret!

Was ist nun, ihr Mönche, das Nirvana? Das Verschwinden der Begier, ihr Mönche, das Verschwinden des Hasses, das Verschwinden des Wahns, das ihr Mönche, nennt man das Nirvana.

1. Und was, ihr Mönche, ist der zum Nirvana führende Weg? Die *Ruhe*. Das, ihr Mönche, nennt man den zum Nirvana führenden Weg.

2. Und weiter, ihr Mönche, was ist der zum Nirvana führende Weg? Die *Einsicht*. Das, ihr Mönche, nennt man den zum Nirvana führenden Weg.

3-8. Und weiter, ihr Mönche, was ist der zum Nirvana führende Weg? Die mit Denken und Erwägen verbundene Konzentration, – die von Denken freie, nur mit Erwägen verbundene Konzentration, – die von Denken und Erwägen freie Konzentration, – die [von allen Wahrnehmungen der Sonderheit] leere Konzentration, – die von Vorstellungsbildern freie Konzentration, – die Konzentration bei vollendeter Wunschlosigkeit. Das, ihr Mönche, nennt man den zum Nirvana führenden Weg.

9-12. Und weiter, ihr Mönche, was ist der zum Nirvana führende Weg? Da verweilt, ihr Mönche, ein Mönch unermüdlich, vollbewußt, besonnen beim Körper in der Betrachtung des Körpers, bei den Empfindungen in der Betrachtung der Empfindungen, bei den Gedanken in der Betrachtung der Gedanken, bei den Erscheinungen in der Betrachtung der Erscheinungen, um in der Welt Begehren und Kümmernis zu überwinden. Das, ihr Mönche, nennt man den zum Nirvana führenden Weg.

13-16. Und weiter, ihr Mönche, was ist der zum Nirvana führende Weg? Da erzeugt, ihr Mönche, ein Mönch in sich den Willen, nicht-vorhandene böse, unheilvolle Zustände nicht entstehen zu lassen, und seine Energie zusammenraffend kämpft er, ringt er, treibt seinen Geist an. – Er erzeugt in sich den Willen, vorhandene böse, unheilvolle Zustände zu vertreiben, und seine Energie zusammenraffend kämpft er, ringt er, treibt seinen Geist an. – Er erzeugt in sich den Willen, nicht-vorhandene heilsame Zustände zu erwecken, und seine Energie zusammenraffend kämpft er, ringt er, treibt seinen Geist an. – Er erzeugt in sich den Willen, vorhandene heilsame Zustände zu erhalten, sie nicht schwinden zu lassen und sie zu entfalten, und seine Energie zusammenraffend kämpft er, ringt er, treibt seinen Geist an. Das, ihr Mönche, nennt man den zum Nirvana führenden Weg.

17-20. Und weiter, ihr Mönche, was ist der zum Nirvana führende Weg? Da erweckt, ihr Mönche, ein Mönch die Grundlage zu magischer Kraft, welche besteht in der mit der Konzentration des Willens verbundenen Anstrengung, – in der mit der Konzentration der Energie verbundenen Anstrengung, – in der mit der Konzentration des Denkens verbundenen Anstrengung, – in der mit der Konzentration des Forschens verbundenen Anstrengung. Das, ihr Mönche, nennt man den zum Nirvana führenden Weg.

21-25. Und weiter, ihr Mönche, was ist der zum Nirvana führende Weg? Da erweckt, ihr Mönche, ein Mönch den in der Abgeschiedenheit, Leidenschaftslosigkeit und Aufhebung gründenden, zur Loslösung führenden Sinn des Glaubens, – der Energie, – des Gedenkens, – der Konzentration, – der Weisheit. Das, ihr Mönche, nennt man den zum Nirvana führenden Weg.

26-30. Und weiter, ihr Mönche, was ist der zum Nirvana führende Weg? Da erweckt, ihr Mönche, ein Mönch die in der Abgeschiedenheit, Leidenschaftslosigkeit und Aufhebung gründende, zur Loslösung führende *Kraft* des Glaubens, – der Energie, – des Gedenkens, – der Konzentration, – der Weisheit. Das, ihr Mönche, nennt man den zum Nirvana führenden Weg.

31-37. Und weiter, ihr Mönche, was ist der zum Nirvana führende Weg? Da erweckt, ihr Mönche, ein Mönch das in der Abgeschiedenheit, Leidenschaftslosigkeit und Aufhebung gründende, zur Loslösung führende *Erleuchtungs-Merkmal* des Gedenkens, – der Ergründung der Lehre, – der Energie, – der Freudigkeit, – der Ruhe, – der Konzentration, – des Gleichmutes. Das, ihr Mönche, nennt man den zum Nirvana führenden Weg.

38-45. Und weiter, ihr Mönche, was ist der zum Nirvana führende Weg? Da erweckt, ihr Mönche, ein Mönch die in der

Abgeschiedenheit, Leidenschaftslosigkeit und Aufhebung gründende, zur Loslösung führende rechte Anschauung, – rechte Gesinnung, – rechtes Reden, – rechtes Handeln, – rechte Lebensführung, – rechten Kampf, – rechtes Gedenken, – rechte Konzentration. Das, ihr Mönche, nennt man den zum Nirvana führenden Weg.

So habe ich euch, ihr Mönche, das Nirvana gewiesen, habe euch den zum Nirvana führenden Weg gewiesen.

Was da, ihr Mönche, ein wohlwollender, gütiger Lehrer, von Mitleid bewogen, seinen Jüngern tun soll, das habe ich euch getan.

Hier sind Bäume, ihr Mönche, hier einsame Stätten. Vertieft euch, ihr Mönche, auf daß ihr nicht lässig werdet, später nichts zu bereuen habt. Dies, so denket, ist unser Gebot!

XI. Erkenntnis.

114. Richtet euch nicht nach Hörensagen.

Ang. III, 65.

So hab' ich es gehört: Einst wanderte der Erhabene, von einer großen Mönchsgemeinde begleitet, im Lande der Kosaler und kam in einen Flecken der Kalamer mit Namen Kesaputta. Und es hörten die Kalamer aus Kesaputta: ‚Der verehrte Asket Gautama, der Sakyer-Sohn, der von dem Sakyer-Stamme fortgegangen ist, ist nach Kesaputta gekommen. Und den erhabenen Gautama begleitet ein heilbringender Ruf und weiß von ihm zu künden: „Dies ist der Erhabene, Heilige, völlig Erwachte, der im Wissen und Wandel Vollkommene, der Pfadvollender, der Kenner der Welten, der unvergleichliche Bändiger der ungezähmten Menschen, der Lehrer der Götter und Menschen, Buddha, der Erhabene." Gut ist es fürwahr, solche Heilige zu sehen.'

Da begaben sich die Kalamer von Kesaputta zum Erhabenen. Und einige setzten sich seitwärts nieder, nachdem sie den Erhabenen ehrfurchtsvoll begrüßt hatten, einige wechselten mit dem Erhabenen höfliche Begrüßung und verbindliche Worte und setzten sich seitwärts nieder, einige neigten die gefalteten Hände dem Erhabenen zu und setzten sich seitwärts nieder, einige nannten ihren Namen und ihre Familie und setzten sich seitwärts nieder, einige setzten sich schweigend seitwärts nieder. Zum Erhabenen sprachen nun die Kalamer von Kesaputta, die um ihn saßen, also:

2. ‚Es kommen, Herr, manche Asketen und Brahmanen nach Kesaputta, die lassen ihre eigene Lehre glänzen und leuchten, aber die Lehre anderer bekämpfen, verspotten, verachten sie, lehnen sie ab. Und dann, Herr, kommen andere Asketen und Brahmanen nach Kesaputta, die lassen wieder ihre eigene Lehre glänzen und leuchten, aber die Lehre anderer bekämpfen, verspotten, verachten sie, lehnen sie ab. Nun sind wir, Herr, in Ungewißheit und Zweifel darüber geraten, wer

von diesen Herren Asketen eigentlich die Wahrheit redet und wer von ihnen Falsches sagt?‘

3. „Begründet, ihr Kalamer, ist eure Ungewißheit, begründet sind eure Zweifel. In einer Sache, bei der man zweifeln muß, seid ihr in Zweifel geraten.

Ihr Kalamer, richtet euch nicht nach Hörensagen, nicht nach einer Überlieferung, nicht nach Gerüchten, nicht nach der Mitteilung heiliger Schriften, nicht nach Spekulationen, nicht nach einem System, nicht nach Erwägungen, die sich auf den äußeren Augenschein stützen, nicht nach langgehegten Ansichten und Auffassungen, richtet euch nicht danach, ob eine vorhandene Erscheinung dafür spricht, auch nicht danach, daß ihr meint, der betreffende Asket sei euer Lehrer, – wenn ihr, Kalamer, hingegen selbst erkennt: ‚Diese Dinge sind unheilsam, diese Dinge sind nicht einwandfrei, diese Dinge werden von Verständigen getadelt, diese Dinge, wenn ausgeführt und unternommen, gereichen zum Unheil, zum Leiden‘, dann, Kalamer, solltet ihr sie verwerfen.

4. Was meint ihr, Kalamer: Wenn sich im Innern eines Menschen Begierde erhebt, gereicht das zum Heil oder zum Unheil?“

‚Zum Unheil, Herr.‘

„Und, Kalamer, dieser von der Begierde entflammte, überwundene, im Innern ganz beeinflußte Mensch vernichtet Leben, nimmt nicht-gegebene Dinge, geht zu dem Weibe eines andern, redet die Unwahrheit und überredet auch einen andern, so zu sein, – gereicht ihm das nicht für lange Zeit zum Unheil und Leiden?“

‚Gewiß, Herr!‘

5. „Was meint ihr, Kalamer: Wenn sich im Innern eines Menschen Haß erhebt, gereicht das zum Heil oder zum Unheil?“

‚Zum Unheil, Herr.‘

„Und, Kalamer, dieser vom Haß böse gestimmte, überwundene, im Innern ganz beeinflußte Mensch vernichtet

Leben, nimmt nicht-gegebene Dinge, geht zu dem Weibe eines andern, redet die Unwahrheit und überredet auch einen andern, so zu sein, – gereicht ihm das nicht für lange Zeit zum Unheil und Leiden?"

‚Gewiß, Herr!'

6. „Was meint ihr, Kalamer: Wenn sich im Innern eines Menschen Wahn erhebt, gereicht das zum Heil oder zum Unheil?"

‚Zum Unheil, Herr.'

„Und, Kalamer, dieser vom Wahn verwirrte, überwundene, im Innern ganz beeinflußte Mensch vernichtet Leben, nimmt nicht-gegebene Dinge, geht zu dem Weibe eines andern, redet die Unwahrheit und überredet auch einen andern, so zu sein,– gereicht ihm das nicht für lange Zeit zum Unheil und Leiden?"

‚Gewiß, Herr!'

7. „Was meint ihr, Kalamer: Sind diese Dinge heilsam oder unheilvoll?"

‚Unheilvoll, Herr.'

„Nicht einwandfrei oder einwandfrei?"

‚Nicht einwandfrei, Herr.'

„Werden sie von Verständigen getadelt oder gelobt?"

‚Sie werden von Verständigen getadelt, Herr.'

„Gereichen sie, wenn ausgeführt und unternommen, nicht zum Unheil und Leiden, oder wie verhält es sich damit?"

‚Herr, wenn ausgeführt und unternommen, gereichen sie zum Unheil und Leiden; so verhält es sich damit.'

8. „Was da, ihr Kalamer, gesagt wurde: ‚Ihr Kalamer, richtet euch nicht nach Hörensagen, nicht nach einer Überlieferung, nicht nach Gerüchten, nicht nach der Mitteilung heiliger Schriften, nicht nach Spekulationen, nicht nach einem System, nicht nach Erwägungen, die sich auf den äußeren Augenschein stützen, nicht nach langgehegten Ansichten und Auffassungen, richtet euch nicht danach, ob eine vorhandene Erscheinung dafür spricht, auch nicht danach, daß ihr meint, der

betreffende Asket sei euer Lehrer, – wenn ihr, Kalamer, hingegen selbst erkennt: „Diese Dinge sind unheilsam, diese Dinge sind nicht einwandfrei, diese Dinge werden von Verständigen getadelt, diese Dinge, wenn ausgeführt und unternommen, gereichen zum Unheil, zum Leiden“, dann Kalamer, solltet ihr sie verwerfen‘, – was da also mit diesen Worten gesagt wurde, das wurde mit Beziehung hierauf gesagt.

9. Ihr Kalamer, richtet euch nicht nach Hörensagen, nicht nach einer Überlieferung, nicht nach Gerüchten, nicht nach der Mitteilung heiliger Schriften, nicht nach Spekulationen, nicht nach einem System, nicht nach Erwägungen, die sich auf den äußeren Augenschein stützen, nicht nach langgehegten Ansichten und Auffassungen, richtet euch nicht danach, ob eine vorhandene Erscheinung dafür spricht, auch nicht danach, daß ihr meint, der betreffende Asket sei euer Lehrer, – wenn ihr, Kalamer, hingegen selbst erkennt: ‚Diese Dinge sind heilsam, diese Dinge sind einwandfrei, diese Dinge werden von Verständigen gelobt, diese Dinge, wenn ausgeführt und unternommen, gereichen zum Heil und Glück‘, – dann, Kalamer, solltet ihr sie annehmen und danach leben.

10. Was meint ihr, Kalamer: Wenn sich im Innern eines Menschen Gierlosigkeit erhebt, erhebt sie sich zum Heil oder zum Unheil?“

‚Zum Heile, Herr.‘

„Und, Kalamer, dieser von Begierde nicht entflammte, nicht überwundene, im Innern nicht beeinflußte Mensch vernichtet kein Leben, nimmt keine nichtgegebenen Dinge, geht nicht zu dem Weibe eines andern, spricht nicht die Unwahrheit und überredet auch einen andern, so zu sein, – gereicht ihm das nicht für lange Zeit zum Heil und Glück?“

‚Gewiß, Herr!‘

11. „Was meint ihr, Kalamer, wenn sich im Innern eines Menschen Haßlosigkeit erhebt, erhebt sie sich zum Heil oder zum Unheil?“

‚Zum Heile, Herr.‘

„Und, Kalamer, dieser von Haß nicht böse gestimmte, nicht überwundene, im Innern nicht beeinflußte Mensch vernichtet kein Leben, nimmt keine nicht-gegebenen Dinge, geht nicht zu dem Weibe eines andern, spricht nicht die Unwahrheit und überredet auch einen andern, so zu sein, – gereicht ihm das nicht für lange Zeit zum Heil und Glück?“

‚Gewiß, Herr.‘

12. „Was meint ihr, Kalamer, wenn sich im Innern eines Menschen Wahnlosigkeit erhebt, erhebt sie sich zum Heil oder zum Unheil?“

‚Zum Heile, Herr.‘

„Und Kalamer, dieser vom Wahn nicht verwirrte, nicht überwundene, im Innern nicht beeinflußte Mensch vernichtet kein Leben, nimmt keine nicht-gegebenen Dinge, geht nicht zu dem Weibe eines andern, spricht nicht die Unwahrheit und überredet auch einen andern, so zu sein, – gereicht ihm das nicht für lange Zeit zum Heil und Glück?“

‚Gewiß, Herr!‘

13. „Was meint ihr, Kalamer: sind diese Dinge heilsam oder unheilvoll?“

‚Heilsam, Herr.‘

„Nicht einwandfrei oder einwandfrei?“

‚Einwandfrei, Herr.‘

„Werden sie von Verständigen gelobt oder getadelt?“

‚Sie werden von Verständigen gelobt, Herr.‘

„Gereichen sie nicht, wenn ausgeführt und unternommen, zum Heil und Glück, oder wie verhält es sich damit?“

‚Herr, wenn ausgeführt und unternommen, gereichen sie zum Heil und Glück; so verhält es sich damit.‘

14. „Was da, ihr Kalamer, gesagt wurde: ‚Ihr Kalamer, richtet euch nicht nach Hörensagen, nicht nach einer Überlieferung, nicht nach Gerüchten, nicht nach der Mitteilung heiliger Schriften, nicht nach Spekulationen, nicht nach einem System,

nicht nach Erwägungen, die sich auf den äußeren Augenschein stützen, nicht nach langgehegten Ansichten und Auffassungen, richtet euch nicht danach, ob eine vorhandene Erscheinung dafür spricht, auch nicht danach, daß ihr meint, der betreffende Asket sei euer Lehrer, – wenn ihr, Kalamer, hingegen selbst erkennt: „Diese Dinge sind heilsam, diese Dinge sind einwandfrei, diese Dinge werden von Verständigen gelobt, diese Dinge, wenn ausgeführt und unternommen, gereichen zum Heil und Glück", – dann, Kalamer, solltet ihr sie annehmen und danach leben', – was da also mit diesen Worten gesagt wurde, das wurde mit Beziehung hierauf gesagt.

15. Und ein edler Jünger, ihr Kalamer, welcher dergestalt frei von Begehren, frei von Übelwollen, unverwirrt, gesammelt, geistesklar ist, verweilt, indem er mit gütigem Geiste, mit mitleidvollem Geist, mit freudevollem Geist, mit gleichmütigem Geist eine Himmelsrichtung durchdringt, ebenso eine zweite, ebenso die dritte, ebenso die vierte [Himmelsrichtung]. So weilt er, indem er nach oben, nach unten, ringsherum, nach allen Seiten, vollständig und ganz die weite Welt mit gütigem, mit freudevollem, mit mitleidvollem, mit gleichmütigem Geiste durchdringt, mit weitem, tiefem, schrankenlosem, frei von Feindseligkeit und Übelwollen. Ein edler Jünger, ihr Kalamer, dessen Geist dergestalt frei von Feindseligkeit, frei von Übelwollen, makellos und rein ist, hat noch im gegenwärtigen Leben vier Tröstungen zu gewärtigen.

16. ‚Wenn es eine andere Welt gibt und einen Zustand, in dem die Frucht und Reife der guten und bösen Taten sich einstellt, dann werde ich bei der Auflösung des Körpers, jenseits des Todes, auf dem glücklichen Wege, in der Himmelswelt wiedererscheinen', – dies ist die erste Tröstung, die er zu gewärtigen hat. ‚Wenn es eine andere Welt nicht gibt, noch Frucht und Reife der guten und bösen Taten, dann bewahre ich [mir] hienieden, eben in dem gegenwärtigen Leben, ein von Feindseligkeit und Übelwollen freies, leidloses, glückliches Selbst', –

dies ist die zweite Tröstung, die er zu gewärtigen hat. ‚Wenn dem Täter Böses widerfährt, so will ich meinerseits gegen niemanden böse Gedanken hegen; woher sollte mich, der ich keine böse Tat tue, ein Leid berühren?' – dies, ist die dritte Tröstung, die er zu gewärtigen hat. ‚Wenn aber dem Täter nichts Böses widerfährt, so sehe ich doch in beiden Fällen ein reines Selbst', – dies ist die vierte Tröstung, die er zu gewärtigen hat.

Ein edler Jünger, ihr Kalamer, dessen Geist dergestalt frei von Feindseligkeit, frei von Übelwollen, makellos und rein ist, hat also noch im gegenwärtigen Leben diese vier Tröstungen zu gewärtigen."

17. ‚So ist es, Erhabener, so ist es, Pfadvollender. Ein edler Jünger, o Herr, dessen Geist dergestalt frei von Feindseligkeit, frei von Übelwollen, makellos und rein ist, hat noch im gegenwärtigen Leben vier Tröstungen zu gewärtigen ...

Wahrhaft erhaben, Herr, wahrhaft erhaben, Herr! Gleichwie da, Herr, jemand das Umgestürzte aufrichtet oder das Bedeckte enthüllt oder wie jemand einem Verirrten den Weg weist oder in der Finsternis eine Leuchte hält, auf daß, die Augen haben, die Dinge sehen können, – so auch ist uns vom Erhabenen die Lehre auf mancherlei Weise klargemacht worden. Wir nehmen, Herr, unsere Zuflucht zum Erhabenen, zur Lehre und zur Mönchsgemeinde. Möge der Erhabene uns, die wir Zuflucht genommen haben, als Laienjünger annehmen vom heutigen Tage an bis zum Ende unseres Lebens.'

115. Die Strophe des Assaji.

Mahavagga I, 23, 1-5.

1. Zu jener Zeit weilte der Wanderasket Sanjaya mit einer großen Schar von Wanderasketen, mit zweihundertundfünfzig Wanderasketen, zu Rajagaha. Damals aber führten Sariputta und Moggallana den heiligen Wandel als Jünger des Wanderasketen Sanjaya; sie hatten sich gegenseitig versprochen: ‚Wer zuerst das Todlose erreicht, soll es kundtun.'

2. Nun kam einst der ehrwürdige Assaji am Vormittage, nachdem er sich angekleidet, mit Napf und Gewand versehen, nach Rajagaha wegen Almosenspeise. Sein Gang, sein Umwenden, sein Aufblicken und Wegblicken, sein Einziehen und Ausstrecken der Arme war anmutsvoll; seine Augen waren zur Erde gerichtet und sein Benehmen war würdig. Es sah nun der Wanderasket Sariputta den ehrwürdigen Assaji, wie er in Rajagaha seinen Almosengang verrichtete, dessen Gang, Umwenden, Aufblicken und Wegblicken, – dessen Bewegungen der Arme anmutsvoll, dessen Augen zur Erde gerichtet und dessen Benehmen würdig war. Als er seiner ansichtig wurde, kam ihm folgender Gedanke: ‚Wahrlich, dieser Mönch ist einer von denen, die in der Welt Heilige sind, oder die den Weg zur Heiligkeit betreten haben. Wie wäre es, wenn ich mich zu diesem Mönch begäbe und ihn fragte: Freund, in wessen Namen hast du die Weltentsagung vollzogen? Wer ist dein Lehrer? Wessen Lehre bekennst du?'

3. Und dem Wanderasketen Sariputta kam der Gedanke: ‚Es ist jetzt unpassende Zeit, diesen Mönch zu fragen, er verrichtet noch inmitten der Häuser seinen Almosengang. Wie wäre es, wenn ich diesem Mönch Schritt für Schritt folgte, wie es Bittsteller zu tun pflegen?'

Nachdem nun der ehrwürdige Assaji seinen Almosengang durch Rajagaha beendet hatte, kehrte er mit der empfangenen Almosenspeise zurück. Da begab sich der Wanderasket Sariputta zum ehrwürdigen Assaji, tauschte mit ihm die herkömmliche höfliche Begrüßung aus und trat nach vollzogener Begrüßung zur Seite. Zum ehrwürdigen Assaji sprach nun der Wanderasket Sariputta, der ihm zur Seite stand, also:

‚Heiter sind deine Züge, Freund, und deine Gesichtsfarbe ist rein und schön. In wessen Namen, Freund, hast du die Weltentsagung vollzogen? Wer ist dein Lehrer? Wessen Lehre bekennst du?'

4. „Da ist, Freund, der große Asket, der Sakyer-Sohn, der den Sakyer-Stamm verlassen hat; in seinem, des Erhabenen, Namen habe ich die Weltentsagung vollzogen; er, der Erhabene, ist mein Lehrer; seine, des Erhabenen, Lehre bekenne ich."

‚Und was, Freund, lehrt, was verkündet des Ehrwürdigen Lehre?'

„Ich bin noch ein Neuling, Freund; erst kürzlich habe ich die Weihe empfangen, und erst seit kurzem bin ich zu dieser Lehre und Disziplin gekommen. Ich kann dir die Lehre nicht ausführlich im einzelnen darlegen, aber ich will dir in kurzem ihren Inhalt sagen."

Da sprach der Wanderasket Sariputta zu dem ehrwürdigen Assaji: ‚Es sei drum, Freund, sprich wenig oder viel, sage mir nur das Wesentliche; nur um das Wesentliche ist es mir zu tun. Was solltest du dich ausführlich äußern?'

5. Da sagte der ehrwürdige Assaji zu dem Wanderasketen Sariputta folgenden Lehrvortrag:

„*Die Dinge, die aus einer Ursache entspringen:*
Deren Ursache hat der Vollendete mitgeteilt,
Ebenfalls ihre Aufhebung.
Also lehrt der große Asket."

Und als der Wanderasket Sariputta diese Worte hörte, ging ihm das reine, fleckenlose ‚Wahrheits-Auge' auf: ‚Was immer dem Entstehen unterworfen ist, das ist auch der Aufhebung unterworfen.' Und er sprach: ‚Wenn dies allein die Lehre ist, dann hast du die Stätte erreicht, wo alles Leid verschwindet, die Stätte, die viele Myriaden Weltalter hindurch ungesehen und unerkannt geblieben ist.'

Unser Text erzählt nun weiter, wie der für den Buddhismus neu gewonnene Sariputta zu seinem Gefährten Moggallana geht und ihm sein Erlebnis mitteilt. Als Moggallana den von Assaji gesprochenen Vers vernimmt, geht auch ihm das ‚reine, fleckenlose Wahrheits-Auge' auf. Beide Asketen begeben sich darauf zum Buddha, um diesen um Aufnahme in die Mönchsgemeinde zu bitten. Als der Buddha die beiden von fern herankommen sieht, spricht er zu seinen Mönchen: „Die beiden Gefährten, die dort kommen, werden ein hervorragendes, würdiges Jünger-Paar sein." Es folgt dann Sariputtas und Moggallanas Aufnahme in die Gemeinde der Buddha-Jünger.

116. Parabel von den Blindgeborenen.

Udana VI, 4.

So hab' ich es gehört: Einst weilte der Erhabene bei Savatthi im Jeta-Haine, im Klostergarten des Anathapindika. Damals aber wohnten bei Savatthi viele Asketen und Brahmanen, Wanderasketen verschiedener Richtungen, welche verschiedene Ansichten vertraten, an verschiedene Dinge glaubten, an verschiedenen Dingen Gefallen fanden und in verschiedenen Ansichten, auf die sie sich stützten, ihre Zuflucht suchten.

Es waren etliche Asketen und Brahmanen, die glaubten und verkündeten: ‚Ewig ist die Welt; dies ist wahr, anderes töricht.'

Es waren hinwiederum etliche Asketen und Brahmanen, die glaubten und verkündeten: ‚Nicht ewig ist die Welt; dies ist wahr, anderes töricht.'

Es waren etliche Asketen und Brahmanen, die glaubten und verkündeten: ‚Endlich ist die Welt; dies ist wahr, anderes töricht.'

Es waren hinwiederum etliche Asketen und Brahmanen, die glaubten und verkündeten: ‚Unendlich ist die Welt; dies ist wahr, anderes töricht.'

Es waren etliche Asketen und Brahmanen, die glaubten und verkündeten: ‚Dies das Leben, dies der Leib; dies ist wahr, anderes töricht.'

Es waren hinwiederum etliche Asketen und Brahmanen, die glaubten und verkündeten: ‚Ein anderes das Leben, ein anderes der Leib; dies ist wahr, anderes töricht.'

Es waren etliche Asketen und Brahmanen, die glaubten und verkündeten: ‚Der Vollendete *ist* jenseits des Todes; dies ist wahr, anderes töricht.'

Es waren hinwiederum etliche Asketen und Brahmanen, die glaubten und verkündeten: ‚Der Vollendete *ist nicht* jenseits des Todes; dies ist wahr, anderes töricht.'

Es waren etliche Asketen und Brahmanen, die glaubten und verkündeten: ‚Der Vollendete *ist und ist auch nicht* jenseits des Todes; dies ist wahr, anderes töricht.'

Es waren hinwiederum etliche Asketen und Brahmanen, die glaubten und verkündeten: ‚*Weder ist, noch ist auch nicht* der Vollendete jenseits des Todes; dies ist wahr, anderes töricht.'

Und diese zänkischen, hadernden, in Streitrede geratenen (Leute) schlugen und verletzten sich gegenseitig mit scharfen Worten: „*So* ist die Wahrheit, die Wahrheit ist nicht *so*; nicht *so* ist die Wahrheit, die Wahrheit ist *so*."

Und viele Mönche kleideten sich zur Zeit des Vormittags an und gingen, mit Napf und Gewand versehen, wegen Almosenspeise nach Savatthi. Als sie in Savatthi betteln gegangen waren, begaben sie sich nach dem Mahle, vom Almosengange zurückgekehrt, hin zum Erhabenen, begrüßten den Erhabenen ehrfurchtsvoll und setzten sich ihm zur Seite nieder. Zur Seite sitzend sprachen nun jene Mönche zum Erhabenen also:

‚Herr, hier bei Savatthi wohnen viele Asketen und Brahmanen, Wanderasketen verschiedener Richtungen, welche verschiedene Ansichten vertreten, an verschiedene Dinge glauben, an verschiedenen Dingen Gefallen finden und in verschiedenen Ansichten, auf die sie sich stützen, ihre Zuflucht suchen.

Es sind etliche Asketen und Brahmanen, die glauben und verkünden: ‚Ewig ist die Welt; dies ist wahr, anderes töricht.'

Es sind hinwiederum etliche Asketen und Brahmanen, die glauben und verkünden: ‚Nicht ewig ist die Welt; dies ist wahr, anderes töricht.'

Es sind etliche Asketen und Brahmanen, die glauben und verkünden: ‚Endlich ist die Welt; dies ist wahr, anderes töricht.'

Es sind hinwiederum etliche Asketen und Brahmanen, die glauben und verkünden: ‚Unendlich ist die Welt; dies ist wahr, anderes töricht.'

Es sind etliche Asketen und Brahmanen, die glauben und verkünden: ‚Dies das Leben, dies der Leib; dies ist wahr, anderes töricht.'

Es sind hinwiederum etliche Asketen und Brahmanen, die glauben und verkünden: ‚Ein anderes das Leben, ein anderes der Leib; dies ist wahr, anderes töricht.'

Es sind etliche Asketen und Brahmanen, die glauben und verkünden: ‚Der Vollendete *ist* jenseits des Todes; dies ist wahr, anderes töricht.'

Es sind hinwiederum etliche Asketen und Brahmanen, die glauben und verkünden: ‚Der Vollendete *ist nicht* jenseits des Todes; dies ist wahr, anderes töricht.'

Es sind etliche Asketen und Brahmanen, die glauben und verkünden: ‚Der Vollendete *ist und ist auch nicht* jenseits des Todes; dies ist wahr, anderes töricht.'

Es sind hinwiederum etliche Asketen und Brahmanen, die glauben und verkünden: ‚*Weder ist, noch ist auch nicht* der Vollendete jenseits des Todes; dies ist wahr, anderes töricht.'

Und diese zänkischen, hadernden, in Streitrede geratenen (Leute) schlagen und verletzen sich gegenseitig mit scharfen Worten: *So* ist die Wahrheit, die Wahrheit ist nicht *so*; nicht *so* ist die Wahrheit, die Wahrheit ist *so*.'

„Ihr Mönche, blind und augenlos erkennen die Wanderasketen verschiedener Richtungen nicht, worauf es ankommt und worauf es nicht ankommt; sie erkennen nicht die Wahrheit und was nicht die Wahrheit ist. In Unkenntnis dessen, worauf es ankommt und worauf es nicht ankommt, und in Unkenntnis der Wahrheit und dessen, was nicht die Wahrheit ist, schlagen und verletzen sich diese zänkischen, hadernden, in Streitrede geratenen (Leute) gegenseitig mit scharfen Worten: ‚*So* ist die Wahrheit, die Wahrheit ist nicht *so*; nicht *so* ist die Wahrheit, die Wahrheit ist *so*.'

Ehedem, ihr Mönche, lebte in eben diesem Savatthi ein gewisser König. Und dieser König, ihr Mönche, richtete (eines Tages) das Wort an einen seiner Leute: ‚Gehe, Mann, und bringe alle Blindgeborenen in Savatthi an einem Ort zusammen.'

‚So sei es, Majestät', antwortete der Mann dem Könige, und er nahm alle Blindgeborenen, so viel ihrer in Savatthi waren, mit sich und begab sich zum Könige und sprach zu ihm: ‚Majestät, alle Blindgeborenen, die es in Savatthi gibt, habe ich versammelt.'

‚So zeige denn, befehle ich, den Blindgeborenen einen Elefanten!'

‚So sei es, Majestät', antwortete der Mann dem Könige, und er zeigte den Blindgeborenen einen Elefanten: ‚So ist ein Elefant, ihr Blindgeborenen.'

Einigen Blindgeborenen zeigte er den Kopf des Elefanten: ‚So ist ein Elefant, ihr Blindgeborenen.'

Einigen Blindgeborenen zeigte er das Ohr des Elefanten: ‚So ist ein Elefant, ihr Blindgeborenen.'

Einigen Blindgeborenen, zeigte er den Zahn des Elefanten: ‚So ist ein Elefant, ihr Blindgeborenen.'

Einigen Blindgeborenen zeigte er den Rüssel des Elefanten: ‚So ist ein Elefant, ihr Blindgeborenen.'

Einigen Blindgeborenen zeigte er den Rumpf des Elefanten: ‚So ist ein Elefant, ihr Blindgeborenen.'

Einigen Blindgeborenen zeigte er den Fuß des Elefanten: ‚So ist ein Elefant, ihr Blindgeborenen.'

Einigen Blindgeborenen zeigte er das Hinterteil des Elefanten: ‚So ist ein Elefant, ihr Blindgeborenen.'

Einigen Blindgeborenen zeigte er den Schwanz des Elefanten: ‚So ist ein Elefant, ihr Blindgeborenen.'

‚Einigen Blindgeborenen zeigte er das behaarte Schwanzende des Elefanten: ‚So ist ein Elefant, ihr Blindgeborenen.'

Nachdem nun, ihr Mönche, der Mann den Blindgeborenen den Elefanten gezeigt hatte, begab er sich zum Könige und sprach zu ihm: ‚Majestät, die Blindgeborenen haben sich einen Elefanten angesehen; verfahret nun, wie Ihr es für gut befindet!'

Da begab sich nun, ihr Mönche, der König zu den Blindgeborenen und sprach zu ihnen: ‚Blindgeborene, habt ihr euch den Elefanten angesehen?' – ‚Ja, Majestät, wir haben uns den Elefanten angesehen.' – ‚Sagt, ihr Blindgeborenen, wie ist denn ein Elefant?'

Die unter den Blindgeborenen, ihr Mönche, welche sich den Kopf des Elefanten angesehen hatten, sagten: ‚Majestät, wie ein Kessel ist ein Elefant.'

Die unter den Blindgeborenen, ihr Mönche, welche sich das Ohr des Elefanten angesehen hatten, sagten: ‚Majestät, wie eine Worfel ist ein Elefant.'

Die unter den Blindgeborenen, ihr Mönche, die sich den Zahn des Elefanten angesehen hatten, sagten: ‚Majestät, wie eine Pflugschar ist ein Elefant.'

Die unter den Blindgeborenen, ihr Mönche, die sich den Rüssel des Elefanten angesehen hatten, sagten: ‚Majestät, wie die Stange am Pfluge ist ein Elefant.'

Die unter den Blindgeborenen, ihr Mönche, die sich den Rumpf des Elefanten angesehen hatten, sagten: ‚Majestät, wie ein Kornspeicher ist ein Elefant.'

Die unter den Blindgeborenen, ihr Mönche, die sich den Fuß des Elefanten angesehen hatten, sagten: ‚Majestät, wie ein Pfeiler ist ein Elefant.'

Die unter den Blindgeborenen, ihr Mönche, die sich das Hinterteil des Elefanten angesehen hatten, sagten: ‚Majestät, wie ein Mörser ist ein Elefant.'

Die unter den Blindgeborenen, ihr Mönche, die sich den Schwanz des Elefanten angesehen hatten, sagten: ‚Majestät, wie eine Keule ist ein Elefant.'

Die unter den Blindgeborenen, ihr Mönche, die sich das behaarte Schwanzende des Elefanten angesehen hatten, sagten: ‚Majestät, wie ein Besen ist ein Elefant.'

Und unter dem Geschrei: ‚*So* ist ein Elefant, ein Elefant ist nicht *so*; nicht *so* ist ein Elefant, ein Elelfant ist *so*', wurden sie mit den Fäusten gegenseitig handgemein. Der König aber, ihr Mönche, war darüber sichtlich ergötzt.

Genau so, ihr Mönche, verhält es sich mit den Wanderasketen verschiedener Richtungen. Blind und augenlos erkennen sie nicht, worauf es ankommt und worauf es nicht ankommt; sie erkennen nicht die Wahrheit und was nicht die Wahrheit ist. In Unkenntnis dessen, worauf es ankommt und worauf es nicht ankommt, und in Unkenntnis der Wahrheit und dessen, was nicht die Wahrheit ist, schlagen und verletzen sich diese zänkischen, hadernden, in Streitrede geratenen (Leute) gegenseitig mit scharfen Worten: ‚*So* ist die Wahrheit, die Wahrheit ist nicht *so*; nicht *so* ist die Wahrheit, die Wahrheit ist *so*.'"

Da tat der Erhabene, nachdem er erkannt, was dies zu bedeuten hatte, bei jener Gelegenheit folgenden feierlichen Ausspruch:

„So hört man es: Es klammern sich manche Asketen und Brahmanen an diese (Dinge); es streiten sich und geraten in Widerrede die Menschen, die (nur) einen Teil sehen."

117. Rechte Anschauung.

Majjh. 9.

So hab' ich es gehört: Einst weilte der Erhabene bei Savatthi im Jeta-Haine, im Klostergarten des Anathapindika. Dort nun richtete der ehrwürdige Sariputta das Wort an die Mönche: „Ihr Mönche!" – ‚Freund!' antworteten jene Mönche aufmerksam dem ehrwürdigen Sariputta. Der ehrwürdige Sariputta sprach also:

„Ihr Freunde, ‚rechte Anschauung', so sagt man. Inwiefern, ihr Freunde, hat nun wohl ein edler Jünger rechte Anschauung, ist seine Anschauung eine richtige, ist er von inniger Hingabe an die Lehre beseelt und mit dieser guten Lehre vertraut?"

‚Freund, selbst von fern würden wir kommen, um vom ehrwürdigen Sariputta den Sinn dieser Worte zu erfahren; gut! möge dem ehrwürdigen Sariputta der Sinn dieser Worte aufleuchten! Nachdem die Mönche den ehrwürdigen Sariputta gehört haben, werden sie das Gesagte behalten.'

„So höret denn, ihr Freunde, vergegenwärtigt es euch genau, ich werde sprechen."

‚Ja, Freund', antworteten die Mönche aufmerksam dem ehrwürdigen Sariputta. Der ehrwürdige Sariputta sprach also:

„Wenn, ihr Freunde, ein edler Jünger das Unheilvolle und die Wurzel des Unheilvollen erkennt, wenn er das Heilsame und die Wurzel des Heilsamen erkennt, so hat er, ihr Freunde, insofern rechte Anschauung, ist seine Anschauung eine richtige, ist er von inniger Hingabe an die Lehre beseelt und mit dieser guten Lehre vertraut. Was aber, Freunde, ist das Unheilvolle, was ist die Wurzel des Unheilvollen, was ist das Heilsame, was ist die Wurzel des Heilsamen? Ihr Freunde, Unheilvolles ist das Zerstören von Leben, das Nehmen nicht-gegebener Dinge, unkeuscher Wandel, Lügen, Afterreden, rohe Rede, eitles Geschwätz, Habsucht, Übelwollen, falsche Ansicht. Dies, ihr Freunde, nennt man das Unheilvolle. Und was, ihr Freunde, ist die Wurzel des Unheilvollen? Begierde, Haß und Wahn ist die Wurzel des Unheilvollen. Dies, ihr Freunde, nennt man die Wurzel des Unheilvollen. Und was, ihr Freunde, ist das Heilsame? Heilsames ist Abstehen vom Zerstören von Leben, das Abstehen vom Nehmen nicht-gegebener Dinge, das Abstehen von unkeuschem Wandel, das Abstehen vom Lügen, das Abstehen vom Afterreden, das Abstehen von roher Rede, das Abstehen von eitlem Geschwätz, nicht habsüchtig sein, kein Übelwollen hegen, rechte Anschauung. Dies, ihr Freunde, nennt man das Heilsame. Und was, ihr Freunde, ist die Wurzel des Heilsamen? Begierdelosigkeit, Haßlosigkeit, Wahnlosigkeit ist die Wurzel des Heilsamen. Dies, ihr Freunde, nennt man die Wurzel des Heilsamen.

Wenn nun, ihr Freunde, ein edler Jünger also das Unheilvolle und die Wurzel des Unheilvollen erkennt, also das Heilsame und die Wurzel des Heilsamen erkennt, entledigt er sich gänzlich des Hanges zur Begier, vertreibt er den Hang zum Widerstreit, wirft er den Dünkel ab der in dem Hang zu der Ansicht ‚Ich bin' besteht, entledigt sich des Nichtwissens, erlangt das Wissen und macht schon in dem gegenwärtigen Leben dem Leiden ein Ende. Insofern eben, ihr Freunde, hat ein edler Jünger rechte Anschauung, ist seine Anschauung eine richtige, ist er von inniger Hingabe an die Lehre beseelt und mit dieser guten Lehre vertraut."

‚Vortrefflich, Freund!' sagten da jene Mönche und gaben damit ihrem Beifall und ihrer Freude über die Worte des ehrwürdigen Sariputta Ausdruck; dann stellten sie ihm die weitere Frage: ‚Freund, gibt es wohl noch eine andere Art, wie ein edler Jünger rechte Anschauung hat, seine Anschauung eine richtige ist und er von inniger Hingabe an die Lehre beseelt und mit dieser guten Lehre vertraut ist?'

„Die gibt es, Freunde. Wenn, ihr Freunde, ein edler Jünger die Nahrung, die Entstehung der Nahrung, die Aufhebung der Nahrung und den zur Aufhebung der Nahrung führenden Weg erkennt, hat er, ihr Freunde, insofern rechte Anschauung, ist seine Anschauung eine richtige, ist er von inniger Hingabe an die Lehre beseelt und mit dieser guten Lehre vertraut. Was aber, ihr Freunde, ist die Nahrung, was ist die Entstehung der Nahrung, was ist die Aufhebung der Nahrung, was ist der zur Aufhebung führende Pfad? Diese vier Nahrungen, Freunde, gibt es, die entweder den entstandenen Wesen zum Fortbestehen oder den der Wiedergeburt zustrebenden als Stützpunkt dienen; welche vier? Materielle Nahrung, grob oder fein, zweitens Berührung, drittens Denken und Überlegen, viertens Bewußtsein. Auf der Entstehung des ‚Durstes' beruht die Entstehung der Nahrung, auf der Aufhebung des Durstes beruht die Aufhebung der Nahrung, und eben dieser hohe achtteilige Weg ist der zur Aufhebung der Nahrung führende Pfad, nämlich: rechte Anschauung, rechte Gesinnung, rechtes Reden, rechtes Handeln, rechte Lebensführung, rechter Kampf, rechtes Gedenken, rechte Konzentration.

Wenn nun, ihr Freunde, ein edler Jünger also die Nahrung, die Entstehung der Nahrung, die Aufhebung der Nahrung und den zur Aufhebung der Nahrung führenden Pfad erkennt, entledigt er sich gänzlich des Hanges zur Begier, vertreibt er den Hang zum Widerstreit, wirft er den Dünkel ab, der in dem Hang zu der Ansicht ‚Ich bin' besteht, entledigt sich des Nichtwissens, erlangt das Wissen und macht schon im gegenwärtigen Leben dem Leiden ein Ende. Insofern eben, ihr Freunde, hat ein edler Jünger rechte Anschauung, ist seine Anschauung eine richtige, ist er von inniger Hingabe an die Lehre beseelt und mit dieser guten Lehre vertraut."

‚Vortrefflich, Freund!' sagten da jene Mönche, ... dann stellten sie dem ehrwürdigen Sariputta die weitere Frage: ‚Freund, gibt es auch noch eine andere Art, wie ein edler Jünger rechte Anschauung hat ... und mit dieser guten Lehre vertraut ist?'

„Die gibt es, Freunde. Wenn, ihr Freunde, ein edler Jünger das Leiden, die Entstehung des Leidens, die Aufhebung des Leidens und den zur Aufhebung des Leidens führenden Pfad erkennt, hat er, ihr Freunde, insofern rechte Anschauung. Was aber, Freunde, ist das Leiden, was ist die Entstehung des Leidens, was ist die Aufhebung des Leidens, was ist der zur Aufhebung des Leidens führende Pfad? Geburt ist leidvoll, Alter ist leidvoll, Krankheit ist leidvoll, Sterben ist leidvoll, Kummer,

Jammer, Schmerz, Gram und Verzweiflung sind leidvoll, nicht erlangen, was man begehrt, ist leidvoll; kurz gesagt, die fünf Gruppen des Anhaftens sind leidvoll. Dies, ihr Freunde, nennt man das Leiden. Und was, ihr Freunde, ist die Entstehung des Leidens? Es ist jener Wiedergeburterzeugende, von Wohlgefallen und Lust begleitete ‚Durst', der bald hier, bald dort sich ergötzt, das will sagen: der Durst nach Sinnenlust, der Durst nach Werden, der Durst nach Vernichtung. Dies, ihr Freunde, nennt man die Entstehung des Leidens. Und was, ihr Freunde, ist die Aufhebung des Leidens? Es ist eben dieses Durstes spurloses, restloses Aufheben, Aufgeben, Verwerfen, Ablegen, Vertreiben. Dies, ihr Freunde, nennt man die Aufhebung des Leidens. Und was, ihr Freunde, ist der zur Aufhebung des Leidens führende Pfad? Eben dieser hohe achtteilige Weg ist der zur Aufhebung des Leidens führende Pfad, nämlich: rechte Anschauung, rechte Gesinnung, rechtes Reden, rechtes Handeln, rechte Lebensführung, rechter Kampf, rechtes Gedenken, rechte Konzentration.

Wenn, ihr Freunde, ein edler Jünger also das Leiden, den Ursprung des Leidens die Aufhebung des Leidens und den zur Aufhebung des Leidens führenden Pfad erkennt, entledigt er sich gänzlich des Hanges zur Begier, vertreibt er den Hang zum Widerstreit, wirft er den Dünkel ab, der in dem Hang zur Ansicht ‚Ich bin' besteht, entledigt sich des Nichtwissens, erlangt das Wissen und macht schon im gegenwärtigen Leben dem Leiden ein Ende. Insofern eben, ihr Freunde, hat ein edler Jünger rechte Anschauung, ist seine Anschauung eine richtige, ist er von inniger Hingabe an die Lehre beseelt und mit dieser guten Lehre vertraut."

‚Vortrefflich, Freund!' sagten da jene Mönche ... und stellten darauf dem ehrwürdigen Sariputta die weitere Frage: ‚Freund, gibt es auch noch eine andere Art, wie ein edler Jünger rechte Anschauung hat ... und mit dieser guten Lehre vertraut ist?'

„Die gibt es, Freunde. Wenn, ihr Freunde, ein edler Jünger Alter und Sterben, die Entstehung des Alters und Sterbens, die Aufhebung des Alters und Sterbens und den zur Aufhebung des Alters und Sterbens führenden Pfad erkennt, hat er, ihr Freunde, insofern rechte Anschauung. Was aber, Freunde, ist Alter und Sterben, was ist die Entstehung des Alters und Sterbens, was ist die Aufhebung und Sterbens, was ist der zur Aufhebung des Alters führende Pfad? Aller der Wesen in dieser oder jener Wesensklasse Altern und Verblühen, Abgenutzt-, Grau- und Runzeligwerden, das Schwinden der Lebenskraft, das Stumpfwerden der Sinne, dies, ihr Freunde, nennt man Alter. [Und was, ihr Freunde, ist Sterben?] Das Abscheiden, Hinweggehen aller der Wesen aus dieser oder jener Wesensklasse, die Auflösung, das Vergehen, der Tod, das Sterben, das Erfüllen der Zeit, die Auflösung der ‚Gruppen', die Zersetzung des Leichnams, dies, ihr Freunde, nennt man Sterben. So nennt man dies, ihr Freunde, Altern und Sterben, nämlich jenes das Alter und dieses das Sterben. Auf der Entstehung der Geburt beruht die Entstehung des Alters und Sterbens, auf der Aufhebung der Geburt beruht die Aufhebung des Alters und Sterbens, und eben dieser hohe achtteilige Weg ist der zur Aufhebung des Alters und Sterbens führende Pfad, nämlich: rechte Anschauung, rechte Gesinnung, rechtes Reden, rechtes Handeln, rechte Lebensführung, rechter Kampf, rechtes Gedenken, rechte Konzentration.

Wenn nun, ihr Freunde, ein edler Jünger die Geburt, die Entstehung der Geburt, die Aufhebung der Geburt und den zur Aufhebung der Geburt führenden Pfad erkennt, hat er, ihr Freunde, insofern rechte Anschauung ... Was aber, Freunde, ist Geburt, was ist die Entstehung der Geburt, was ist die Aufhebung der Geburt, was ist der zur Aufhebung der Geburt führende Pfad? Aller der Wesen in dieser oder jener Wesensklasse Geburt, Geborenwerden, Niederstieg, Keimung, Empfängnis, das Erscheinen der Gruppen, das Ergreifen der Sinnengebiete, dies, ihr Freunde, nennt man Geburt. Auf der Entstehung des Werdens beruht die Entstehung der Geburt, auf der Aufhebung des Werdens beruht die Aufhebung der Geburt, und eben dieser hohe achtteilige Weg ist der zur Aufhebung der Geburt führende Pfad ...

Wenn, ihr Freunde, ein edler Jünger das Werden, die Entstehung des Werdens, die Aufhebung des Werdens und den zur Aufhebung des Werdens führenden Pfad erkennt, hat er, ihr Freunde, insofern rechte Anschauung ... Diese drei Arten von Werden gibt es, ihr Freunde: Werden in der Sinnenlust-Region, Werden in der Form-Region, Werden in der Nicht-Form-Region. Auf der Entstehung des Anhaftens beruht die Entstehung des Werdens, auf der Aufhebung des Anhaftens beruht die Aufhebung des Werdens, und eben dieser hohe achtteilige Weg ist der zur Aufhebung des Werdens führende Pfad ...

Wenn, ihr Freunde, ein edler Jünger das Anhaften, die Entstehung des Anhaftens, die Aufhebung des Anhaftens und den zur Aufhebung des Anhaftens führenden Pfad erkennt, hat er, ihr Freunde, insofern rechte Anschauung ... Diese vier Arten des Anhaftens gibt es, ihr Freunde: das Haften an der Sinnenlust, das Haften an falschen Ansichten, das Haften am Ritualismus, das Haften an dem Ich-Glauben. Auf der Entstehung des Durstes beruht die Entstehung des Anhaftens, auf der Aufhebung des Durstes beruht die Aufhebung des Anhaftens, und eben dieser hohe achtteilige Weg ist der zur Aufhebung des Anhaftens führende Pfad ...

Wenn ihr Freunde, ein edler Jünger den ‚Durst' die Entstehung des Durstes, die Aufhebung des Durstes und den zur Aufhebung des Durstses führenden Pfad erkennt, hat er, ihr Freunde, insofern rechte Anschauung ... Diese sechs Arten von ‚Durst' gibt es, ihr Freunde: den Durst nach den körperlichen Formen, den Durst nach Tönen, den Durst nach Düften, den Durst nach Säften, den Durst nach Tastungen, den Durst nach Vorstellungen. Auf der Entstehung der Empfindung beruht die Entstehung des Durstes, auf der Aufhebung der Empfindung beruht die Aufhebung des Durstes, und eben dieser hohe achtteilige Weg ist der zur Aufhebung des Durstes führende Pfad.

Wenn, ihr Freunde, ein edler Jünger die Empfindung, die Entstehung der Empfindung, die Aufhebung der Empfindung und den zur Aufhebung der Empfindung führenden Pfad erkennt, hat er, ihr Freunde, insofern rechte Anschauung ... Diese sechs Empfindungsgruppen gibt es, ihr Freunde: die durch Sehberührung entstandenen Empfindung, die durch Hörberührung ... durch Riechberührung ... durch Schmeckberührung ... durch Tastberührung ... durch Denkberührung entstandene Empfindung. Auf der Entstehung der Berührung beruht die Entstehung der Empfindung, auf der Aufhebung der Berührung beruht die Aufhebung der Empfindung, und eben dieser hoche achtteilige Weg ist der zur Aufhebung der Empfindung führende Pfad ...

Wenn, ihr Freunde, ein edler Jünger die Berührung, die Entstehung der Berührung, die Aufhebung der Berührung und den zur Aufhebung der Berührung führenden Pfad erkennt, hat er, ihr Freunde, insofern rechte Anschauung ...

Diese sechs Arten von Berührung gibt es, ihr Freunde: Sehberührung, Hörberührung, Riechberührung, Schmeckberührung, Tastberührung, Denkberührung. Auf der Entstehung der sechs Gebiete beruht die Entstehung der Berührung, auf der Aufhebung der sechs Gebiete beruht die Aufhebung der Berührung, und eben dieser hohe achtteilige Weg ist der zur Aufhebung der Berührung führende Pfad ...

Wenn, ihr Freunde, ein edler Jüngling die sechs Gebiete, die Entstehung der sechs Gebiete, die Aufhebung der sechs Gebiete und den zur Aufhebung der sechs Gebiete führenden Pfad erkennt, hat er, ihr Freunde, insofern rechte Anschauung ... Diese sechs Gebiete gibt es, ihr Freunde: das Sehgebiet, das Hörgebiet, das Riechgebiet, das Schmeckgebiet, das Tastgebiet, das Denkgebiet. Auf der Entstehung von Name-und-Form beruht die Entstehung der sechs Gebiete, auf der Aufhebung von Name-und-Form beruht die Aufhebung der sechs Gebiete, und eben dieser hohe achtteilige Weg ist der zur Aufhebung der sechs Gebiete führende Pfad ...

Wenn, ihr Freunde, ein edler Jünger Name-und-Form, die Entstehung von Name-und-Form, die Aufhebung von Name-und-Form und den zur Aufhebung von Name-und-Form führenden Pfad erkennt, hat er, ihr Freunde, insofern rechte Anschauung ... Empfindung, Wahrnehmung, Denken, Berührung, Aufmerksamkeit, dies, ihr Freunde, nennt man ‚Name'; die vier großen Gebilde und die auf den vier großen Gebilden beruhende körperliche Form, das, ihr Freunde, nennt man Form. So nennt man dies, ihr Freunde, Name-und-Form, nämlich jenes ‚Namen', dieses ‚Form'. Auf der Entstehung des Bewußtseins beruht die Entstehung von Name-und-Form, auf der Aufhebung des Bewußtseins beruht die Aufhebung von Name-und-Form, und eben dieser hohe, achtteilige Weg ist der zur Aufhebung von Name-und-Form führende Pfad ...

Wenn, ihr Freunde, ein edler Jünger das Bewußtsein, die Entstehung des Bewußtseins, die Aufhebung des Bewußtseins und den zur Aufhebung des Bewußtseins führenden Pfad erkennt, hat er, ihr Freunde, insofern rechte Anschauung ... Diese sechs Arten von Bewußtsein gibt es, ihr Freunde: Sehbewußtsein, Hörbewußtsein, Riechbewußtsein, Schmeckbewußtsein, Tastbewußtsein, Denkbewußtsein. Auf der Entstehung der organischen Prozesse beruht die Entstehung des Bewußtseins, auf der Aufhebung der organischen Prozesse beruht die Aufhebung des Bewußtseins, und eben dieser hohe achtteilige Weg ist der zur Aufhebung des Bewußtseins führende Pfad ...

Wenn, ihr Freunde, ein edler Jünger die organischen Prozesse, die Entstehung der Prozesse, die Aufhebung der Prozesse und den zur Aufhebung der Prozesse führenden Pfad erkennt, hat er, ihr Freunde, insofern rechte Anschauung ... Diese drei Prozesse gibt es, ihr Freunde: Körper-Prozeß, sprachlichen Prozeß, geistigen Prozeß. Auf der Entstehung des Nichtwissens beruht die Entstehung der Prozesse, auf der Aufhebung des Nichtwissens beruht die Aufhebung der Prozesse, und eben dieser hohe achtteilige Weg ist der zur Aufhebung der Prozesse führende Pfad ...

Wenn, ihr Freunde, ein edler Jünger das Nichtwissen, die Entstehung des Nichtwissens, die Aufhebung des Nichtwissens und den zur Aufhebung des Nichtwissens führenden Pfad erkennt, hat er, ihr Freunde, insofern rechte Anschauung ... Das Nichterkennen des Leidens, ihr Freunde, das Nichterkennen der Entstehung des Leidens, das Nichterkennen der Aufhebung des Leidens und das Nichterkennen des zur Aufhebung des Leidens führenden Pfades, dies, ihr Freunde, nennt man Nichtwissen. Auf der Entstehung der Einflüsse beruht die Entstehung des Nichtwissens, auf der Aufhebung der Einflüsse beruht die Aufhebung des Nichtwissens, und eben dieser hohe achtteilige Weg ist der zur Aufhebung des Nichtwissens führende Pfad ...

Wenn, ihr Freunde, ein edler Jünger die Einflüsse, die Entstehung der Einflüsse, die Aufhebung der Einflüsse und den zur Aufhebung der Einflüsse führenden Pfad erkennt, hat er, ihr Freunde, insofern rechte Anschauung, ist seine Anschauung eine richtige, ist er von inniger Hingabe an die Lehre beseelt und mit dieser guten Lehre vertraut. Was aber, ihr Freunde, sind die Einflüsse, was ist die Entstehung der Einflüsse, was ist die Aufhebung der Einflüsse, was ist der zur Aufhebung der Einflüsse führende Pfad? Diese drei Einflüsse gibt es, ihr Freunde: den Einfluß der Sinnenlust, den Einfluß des Werdens, den Einfluß des Nichtwissens. Auf der Entstehung des Nichtwissens beruht die Entstehung der Einflüsse, auf der Aufhebung des Nichtwissens beruht die Aufhebung der Einflüsse, und eben dieser hohe achtteilige Weg ist der zur Aufhebung der Einflüsse führende Pfad, nämlich: rechte Anschauung, rechte Gesinnung, rechtes Reden, rechtes Handeln, rechte Lebensführung, rechter Kampf, rechtes Gedenken, rechte Konzentration.

Wenn nun, ihr Freunde, ein edler Jünger also die Einflüsse, die Entstehung der Einflüsse, die Aufhebung der Einflüsse und den zur Aufhebung der Einflüsse führenden Pfad erkennt, entledigt er gänzlich des Hanges zur Begier, vertreibt er den Hang zum Widerstreit, wirft er den Dünkel ab, der in dem Hang zur Ansicht ‚Ich bin' besteht, erlangt das Wissen und macht schon in dem gegenwärtigen Leben dem Leiden ein Ende. Insofern eben, ihr Freunde, hat ein edler Jünger rechte Anschauung, ist seine Anschauung eine richtige, ist er von inniger Hingabe an die Lehre beseelt und mit dieser guten Lehre vertraut."

Also sprach der ehrwürdige Sariputta. Beglückten Herzens stimmten jene Mönche den Worten des ehrwürdigen Sariputta mit freudigem Danke zu.

118. Die Einflüsse.

Majjh. 2.

So hab' ich es gehört: Einst weilte der Erhabene bei Savatthi im Jeta-Haine, im Klostergarten des Anathapindika. Dort nun richtete der Erhabene das Wort an die Mönche: „Ihr Mönche!" – ‚Ehrwürdiger Herr!' antworteten die Mönche aufmerksam dem Erhabenen. Der Erhabene sprach also: „Wie die Abwehr aller Einflüsse ist, will ich euch künden, Mönche; höret es, vergegenwärtigt es euch, ich werde jetzt sprechen." – ‚So sei es, Herr', antworteten jene Mönche dem Erhabenen. Der Erhabene sprach also:

„Dem Erkennenden, ihr Mönche, dem Sehenden verkünde ich der Einflüsse Vernichtung, keinem, der ohne Erkenntnis und nicht sehend ist. Und was, ihr Mönche, kommt für den Erkennenden, was für den Sehenden in Betracht bei der Vernichtung der Einflüsse? Gründliche Aufmerksamkeit und oberflächliche Aufmerksamkeit. Einem oberflächlich Aufmerksamen, ihr Mönche, entstehen neue Einflüsse, und vorhandene Einflüsse wachsen an; und einem gründlich Aufmerksamen, ihr Mönche, entstehen neue Einflüsse nicht, und die vorhandenen Einflüsse schwinden.

'Es gibt, ihr Mönche, Einflüsse, die man durch *Einsicht* überwinden muß; es gibt Einflüsse, die man durch *Beherrschung* überwinden muß; es gibt Einflüsse, die man durch sorgfältige *Verwendung* überwinden muß; es gibt Einflüsse, die man durch *Ertragen* überwinden muß; es gibt Einflüsse, die man durch *Meiden* überwinden muß; es gibt Einflüsse, die man durch *Vertreiben* überwinden muß; es gibt Einflüsse, die man durch *Erweckung* überwinden muß.

Und welche Einflüsse sind es, ihr Mönche, die man durch *Einsicht* überwinden muß? In diesem Falle, ihr Mönche, kennt ein kenntnisloser Weltmensch, der nicht bekannt ist mit Heiligen, unkundig der Lehre der Heiligen, ungeschult in der Lehre der Heiligen, der nicht bekannt ist mit guten Menschen, unkundig der Lehre guter Menschen, ungeschult in der Lehre guter Menschen, – die zu beachtenden Dinge nicht und kennt nicht die nicht zu beachtenden Dinge. Er, der die zu beachtenden Dinge nicht kennt und die nicht zu beachtenden Dinge nicht kennt, richtet seine Aufmerksamkeit auf die nicht zu beachtenden Dinge, und auf die zu beachtenden Dinge richtet er die Aufmerksamkeit nicht.

Und welche nicht zu beachtenden Dinge sind es, ihr Mönche, auf die er die Aufmerksamkeit richtet? Jene Dinge, ihr Mönche, bei denen ihm, wenn er die Aufmerksamkeit darauf richtet, ein neuer *Einfluß der Sinnenlust* entsteht oder ein vorhandener Einfluß der Sinnenlust anwächst, oder bei denen ihm ein neuer *Einfluß des Werdens* entsteht oder ein vorhandener Einfluß des Werdens anwächst, oder bei denen ihm ein neuer *Einfluß des Nichtwissens* entsteht oder ein vorhandener Einfluß des Nichtwissens anwächst, – dies sind die nicht zu beachtenden Dinge, auf die er die Aufmerksamkeit richtet.

Und welche zu beachtenden Dinge sind es, ihr Mönche, auf die er die Aufmerksamkeit nicht richtet? Jene Dinge, ihr Mönche, bei denen ihm, wenn er die Aufmerksamkeit darauf richtet, ein neuer Einfluß der Sinnenlust nicht entsteht oder ein vorhandener Einfluß der Sinnenlust schwindet, oder bei denen ihm ein neuer Einfluß des Werdens nicht entsteht oder ein vorhandener Einfluß des Werdens schwindet, oder bei denen ein neuer Einfluß des Nichtwissen nicht entsteht oder ein vorhandener Einfluß des Nichtwissen schwindet, – dies sind die zu beachtenden Dinge, auf die er die Aufmerksamkeit nicht richtet.

Ihm entstehen dadurch, daß er auf nicht zu beachtende Dinge die Aufmerksamkeit richtet und auf zu beachtende Dinge die Aufmerksamkeit nicht richtet, neue Einflüsse, und vorhandene Einflüsse wachsen an.

Oberflächlich sinnt er also: War ich wohl in vergangener Zeit? War ich etwa in vergangener Zeit nicht? Was war ich wohl in vergangener Zeit? Wie war ich denn in vergangener Zeit? Was geworden seiend war ich wohl was in vergangener Zeit? Werde ich wohl in zukünftiger Zeit sein? Werde ich etwa in zukünftiger Zeit nicht sein? Was werde ich wohl in zukünftiger Zeit sein? Wie werde ich denn in zukünftiger Zeit sein? Was geworden werde ich wohl was sein in zukünftiger Zeit? Oder ist er über sich selbst jetzt in der gegenwärtigen Zeit voller Zweifel: Bin ich denn? Bin ich etwa nicht? Was bin ich denn? Wie bin ich denn? Dieses Wesen, woher ist es gekommen, wohin wird es gehen?

Ihm, der also oberflächlich sinnt, entsteht die eine oder die andere von sechs Ansichten: Entweder entsteht ihm als wahr und fest die Ansicht: ‚Mein Ich ist.‘ Oder es entsteht ihm als wahr und fest die Ansicht: ‚Mein Ich ist nicht.‘ Oder es entsteht ihm als wahr und fest die Ansicht: ‚Durch das Ich erkenne ich das Ich.‘ Oder es entsteht ihm als wahr und fest die Ansicht: ‚Durch das Ich erkenne ich das Nicht-Ich.‘ Oder es entsteht ihm als wahr und fest die Ansicht: ‚Durch das Nicht-Ich erkenne ich das Ich.' Oder aber es wird folgendes seine Ansicht: ‚Eben dieses mein zu erkennendes Ich', behauptet er, ‚welches da und dort die Reife guter und böser Taten erfährt, ist beständig, verharrend, ewig, dem Wechsel nicht unterworfen und wird als ein ewig sich Gleiches also bestehen bleiben.' Das, ihr Mönche, nennt man Weg der Ansichten, Dickicht der Ansichten, Wildnis der Ansichten, Spiel der Ansichten, Bewegtheit der Ansichten, Fessel der Ansichten. Mit der Fessel der Ansichten gebunden, ihr Mönche, wird der kenntnislose Weltmensch nicht erlöst von Geburt, Alter und Tod, von Kummer, Jammer, Schmerz, Gram und Verzweiflung, er wird nicht erlöst vom Leiden, sage ich.

Ein kenntnisreicher, edler Jünger hingegen, ihr Mönche, der bekannt ist mit Heiligen, kundig der Lehre der Heiligen, wohlgeschult in der Lehre der Heiligen, der bekannt ist mit guten Menschen, kundig der Lehre guter Menschen, wohl geschult in der Lehre guter Menschen, – kennt die zu beachtenden Dinge und kennt die nicht zu beachtenden Dinge. Er, der die zu beachtenden Dinge kennt und die nicht zu beachtenden Dinge kennt, richtet nicht die Aufmerksamkeit auf die nicht zu beachtenden Dinge, und auf die zu beachtenden Dinge richtet er die Aufmerksamkeit.

Und welche nicht zu beachtenden Dinge sind es, ihr Mönche, auf die er die Aufmerksamkeit nicht richtet? Jene Dinge, ihr Mönche, bei denen ihm, wenn er die Aufmerksamkeit darauf richtet, ein neuer Einfluß der Sinnenlust entsteht oder ein vorhandener Einfluß der Sinnenlust anwächst, oder bei denen ihm ein neuer Einfluß des Werdens entsteht oder ein vorhandener Einfluß des Werdens anwächst oder bei denen ihm ein neuer Einfluß des Nichtwissens entsteht oder ein vorhandener Einfluß des Nichtwissens anwächst, – dies sind die nicht zu beachtenden Dinge, auf die er die Aufmerksamkeit nicht richtet.

Und welche zu beachtenden Dinge sind es, ihr Mönche, auf die er die Aufmerksamkeit richtet? Jene Dinge, ihr Mönche, bei denen ihm, wenn er die Aufmerksamkeit darauf richtet, ein neuer Einfluß der Sinnenlust nicht entsteht oder ein vorhandener Einfluß der Sinnenlust schwindet oder bei denen ihm ein neuer Einfluß des Werdens nicht entsteht oder ein vorhandener Einfluß des Werdens schwindet oder bei denen ihm ein neuer Einfluß des Nichtwissens nicht entsteht oder ein vorhandener Einfluß des Nichtwissens schwindet, – dies sind die zu beachtenden Dinge, auf die er die Aufmerksamkeit richtet.

Ihm entstehen dadurch, daß er auf nicht zu beachtende Dinge die Aufmerksamkeit nicht richtet und auf zu beachtende Dinge die Aufmerksamkeit richtet, keine neuen Einflüsse, und die vorhandenen Einflüsse schwinden.

‚Dies ist das Leiden', – darauf richtet er gründlich die Aufmerksamkeit; ‚dies ist die Entstehung des Leidens', – darauf richtet er gründlich die Aufmerksamkeit; ‚dies ist die Aufhebung des Leidens', – darauf richtet er gründlich die Aufmerksamkeit; ‚dies ist der zur Aufhebung des Leidens führende Pfad', – darauf richtet er gründlich die Aufmerksamkeit. Ihm, der in dieser Weise aufmerksam ist, schwinden drei Fesseln: der Persönlichkeits-Irrglaube, der Zweifel, das Hängen an religiösen Gebräuchen. Dies, ihr Mönche, nennt man die Einflüsse, die man durch Einsicht überwinden muß.

Und welche Einflüsse sind es, ihr Mönche, die man durch *Beherrschung* überwinden muß? Mönche, in diesem Falle lebt ein Mönch in gründlichem Bedachtsein, beherrscht in der Bewachung des Gesichtssinnes. Insofern nämlich, ihr Mönche, ihm, wenn er in der Bewachung des Gesichtssinnes nicht beherrscht lebte, verheerende, quälende Einflüsse entstehen würden, sind diese verheerenden, quälenden Einflüsse für ihn in dieser Weise nicht vorhanden, wenn er in der Bewachung des Gesichtssinnes beherrscht lebt.

In gründlichem Bedachtsein lebt er bewacht in der Beherrschung des Gehörsinnes ... lebt er bewacht in der Beherrschung des Geruchssinnes ... lebt er bewacht in der Beherrschung des Geschmackssinnes ... lebt er beherrscht in der Beherrschung des Tastsinnes ...

In gründlichem Bedachtsein lebt er bewacht in der Beherrschung des Denksinnes. Insofern nämlich, ihr Mönche, ihm, wenn er in der Bewachung des Denksinnes nicht beherrscht lebte, verheerende, quälende Einflüsse entstehen würden, sind diese verheerenden, quälenden Einflüsse für ihn in dieser Weise nicht vorhanden, wenn er in der Bewachung des Denksinnes beherrscht lebt.

Insofern also, ihr Mönche, ihm, wenn er in der Selbstbewachung nicht beherrscht lebte, verheerende, quälende Einflüsse entstehen würden, sind diese verheerenden, quälenden Einflüsse für ihn in dieser Weise nicht vorhanden, wenn er in der Selbstbewachung beherrscht lebt. Dies, ihr Mönche, nennt man die Einflüsse, die man durch Beherrschung überwinden muß.

Und welche Einflüsse sind es, ihr Mönche, die man durch *sorgfältige Verwendung* überwinden muß? Mönche, in diesem Falle verwendet ein Mönch in gründlichem Bedachtsein sorgfältig das Gewand, nur um Kälte und Hitze abzuwehren, nur um Bremsen, Stechmücken, Wind, Sonnenbrand und die Berührung durch Kriechtiere abzuwehren, nur zu dem Zweck, seine Blöße zu decken. In gründlichem Bedachtsein verwendet er sorgfältig die Almosenspeise, nicht zur Ergötzung, nicht zur Freude, nicht zum Schmuck, nicht zur Zier, sondern nur zur Erhaltung und Fristung dieses Körpers, zum Vermeiden von Schädigung, zur Förderung des heiligen Wandels: ‚In dieser Weise zwinge ich eine frühere Empfindung nieder und werde eine neue Empfindung nicht aufkommen lassen, und ich werde mein Leben fristen, werde unbefleckt bleiben und mich wohlbefinden.‘ In gründlichem Bedachtsein verwendet er sorgfältig die Lagerstätte, nur um Kälte und Hitze abzuwehren, nur um Bremsen, Stechmücken, Wind, Sonnenbrand und die Berührung durch Kriechtiere abzuwehren, nur um die Gefahren der Jahreszeiten zu vermeiden, um in der Abgeschiedenheit verweilen zu können. In gründlichem Bedachtsein verwendet er sorgfältig die für Krankheitsfälle bestimmten Arzneimittel, nur um entstandene schmerzvolle Empfindungen abzuwehren, um den höchsten Grad von Schmerzlosigkeit zu erreichen.

Insofern nämlich, ihr Mönche, ihm, wenn er [jene Dinge] nicht sorgfältig verwendete, verheerende, quälende Einflüsse entstehen würden, sind diese verheerenden, quälenden Einflüsse für ihn in dieser Weise nicht vorhanden, wenn er [jene Dinge] sorgfältig verwendet. Dies, ihr Mönche, nennt man die Einflüsse, die man durch sorgfältige Verwendung überwinden muß.

Und welche Einflüsse sind es, ihr Mönche, die man durch *Ertragen* überwinden muß? Mönche, in diesem Falle erduldet ein Mönch in gründlichem Bedachtsein Kälte, Hitze, Hunger, Durst, Bremsen, Stechmücken, Wind, Sonnenbrand, die Berührung durch Kriechtiere und bösgesprochene, unwillkommene Redeweise, und seine Natur erträgt entstandene körperliche Schmerzempfindungen, heftige, scharfe, stechende, unangenehme, widrige, das Leben bedrohende.

Insofern nämlich, ihr Mönche, ihm, wenn er [solches] nicht ertrüge, verheerende, quälende Einflüsse entstehen würden, sind diese verheerenden, quälenden Einflüsse für ihn in dieser Weise nicht vorhanden, wenn er [solches] erträgt. Dies, ihr Mönche, nennt man die Einflüsse, die man durch Ertragen überwinden muß.

Und welche Einflüsse sind es, ihr Mönche die man durch *Meiden* überwinden muß? Mönche, in diesem Falle meidet ein Mönch in gründlichem Bedachtsein einen wütenden Elefanten, meidet ein wütendes Pferd, meidet einen wütenden Stier, meidet einen wütenden Hund, sowie Schlangen Baumstümpfe, Dornengestrüpp, Gruben, Abgründe, Moräste und Schmutzlachen. In gründlichem Bedachtsein meidet er unpassende Stätten, unpassende Plätze, üble Freunde, die seine Mitasketen, wenn er dort weilte, dort wanderte, mit ihnen Verkehr pflegte, zu den üblen Lebensbedingungen rechnen würden.

Insofern nämlich, ihr Mönche, ihm, wenn er [jene Dinge] nicht miede, verheerende, quälende Einflüsse entstehen würden, sind diese verheerenden, quälenden Einflüsse für ihn in dieser Weise nicht vorhanden, wenn er [jene Dinge] meidet. Dies, ihr Mönche, nennt man die Einflüsse, die man durch Meiden überwinden muß.

Und welche Einflüsse sind es, ihr Mönche, die man durch *Vertreiben* überwinden muß? Mönche, in diesem Falle gewährt ein Mönch in gründlichem Bedachtsein einem entstandenen Gedanken sinnlicher Lust keine Stätte; er entledigt sich seiner, vertreibt ihn, entfernt ihn, vernichtet ihn gänzlich. Einem entstandenen Gedanken des Übelwollens, der Gewalttätigkeit gewährt er keine Stätte; er entledigt sich seiner, vertreibt ihn, entfernt ihn, vernichtet ihn gänzlich. Üblen, unheilvollen Vorstellungen, die von neuem sich erheben, gewährt er keine Stätte; er entledigt sich ihrer, vertreibt sie, entfernt sie, vernichtet sie gänzlich.

Insofern nämlich, ihr Mönche, ihm, wenn er [solche Gedanken] nicht vertriebe, verheerende, quälende Einflüsse entstehen würden, sind diese verheerenden quälenden Einflüsse für ihn in dieser Weise nicht vorhanden, wenn er [solche Gedanken] vertreibt. Dies, ihr Mönche, nennt man die Einflüsse, die man durch Vertreiben überwinden muß.

Und welche Einflüsse sind es, ihr Mönche, die man durch *Erweckung* überwinden muß? Mönche, in diesem Falle erweckt ein Mönch in gründlichem Bedachtsein das in Abgeschiedenheit, Leidenschaftslosigkeit und Aufhebung gründende, zur Loslösung führende Erleuchtungs-Merkmal ‚klares Gedenken'. In gründlichem Bedachtsein erweckt er das in Abgeschiedenheit, Leidenschaftslosigkeit und Aufhebung gründende, zur Loslösung führende Erleuchtungs-Merkmal ‚*Ergründung der Lehre*', ‚*Energie*', ‚*Freudigkeit*', ‚*Ruhe*', ‚*Konzentration*', ‚*Gleichmut*'.

Insofern nämlich, ihr Mönche, ihm wenn er [diese Erleuchtungs-Merkmale] nicht erweckte, verheerende, quälende Einflüsse entstehen würden, sind diese verheerenden, quälenden Einflüsse für ihn in dieser Weise nicht vorhanden, wenn er [jene Erleuchtungs-Merkmale] erweckt. Dies, ihr Mönche, nennt man die Einflüsse, die man durch Erweckung überwinden muß.

Wenn nun, ihr Mönche, ein Mönch die Einflüsse, die man durch Einsicht überwinden muß, durch Einsicht überwunden hat, die man durch Beherrschung überwinden muß, durch Beherrschung überwunden hat, die man durch sorgfältige Verwendung überwinden muß, durch sorgfältige Verwendung überwunden hat, die man durch Ertragen überwinden muß, durch Ertragen überwunden hat, die man durch Meiden überwinden muß, durch Meiden überwunden hat, die man durch Vertreiben überwinden muß, durch Vertreiben überwunden hat, die man durch Erweckung überwinden muß, durch Erweckung überwunden hat, – so wird, ihr Mönche, von diesem gesagt, daß er als Mönch in der Abwehr aller Einflüsse vollkommen ist. Abgeschnitten hat er den ‚Durst', zersprengt die Fessel; durch vollkommene Durchdringung des Dünkels hat er dem Leiden ein Ende gemacht."

Also sprach der Erhabene. Beglückten Herzens stimmten jene Mönche den Worten des Erhabenen mit freudigem Danke zu.

119. Malunkyaputtas Bedenken.

Majjh. 63.

So hab' ich es gehört: Einst weilte der Erhabene bei Savatthi im Jeta-Haine, im Klostergarten des Anathapindika. Und während der ehrwürdige Malunkyaputta einsam sinnend weilte, erhob sich in seinem Innern folgende Erwägung:

‚Alle die von dem Erhabenen nicht-enthüllten, dahingestellten, abgelehnten Theorien, wie: ‚Ewig ist die Welt', ‚nicht ewig ist die Welt', ‚endlich ist die Welt', ‚unendlich ist die Welt', ‚dies das Leben, dies der Leib', ‚ein anderes ist das Leben, ein anderes der Leib', ‚der Vollendete *ist* jenseits des Todes', ‚der Vollendete *ist nicht* jenseits des Todes', ‚der Vollendete ist und ist auch nicht jenseits des Todes', ‚weder ist noch ist auch nicht der Vollendete jenseits des Todes': Diese Theorien enthüllt mir der Erhabene nicht. Und daß der Erhabene sie mir nicht enthüllt, das behagt mir nicht, das gefällt mir nicht! Ich will daher zum Erhabenen gehen und ihn in dieser Sache befragen. Wenn mir der Erhabene enthüllen wird: ‚Ewig ist die Welt', oder ‚nicht ewig ist die Welt', oder ‚endlich ist, die Welt', oder ‚unendlich ist die Welt', oder ‚dies das Leben, dies der Leib', oder ‚ein anderes ist das Leben, ein anderes der Leib', oder ‚der Vollendete *ist* jenseits des Todes', oder ‚der Vollendete *ist nicht* jenseits des Todes', oder, ‚der Vollendete ist und ist auch nicht jenseits des Todes', oder ‚weder ist noch ist auch nicht der Vollendete jenseits des Todes', – in diesem Falle will ich den heiligen Wandel bei dem Erhabenen führen. Wird mir aber der Erhabene nicht enthüllen: ‚Ewig ist die Welt', oder ‚nicht ewig ist die Welt', oder ‚endlich ist die Welt', oder ‚unendlich ist die Welt', oder ‚dies das Leben, dies der Leib', oder ‚ein anderes ist das Leben, ein anderes der Leib', oder ‚der Vollendete *ist* jenseits des Todes', oder ‚der Vollendete *ist nicht* jenseits des Todes', oder ‚der Vollendete ist und ist auch nicht jenseits des Todes', oder, ‚weder ist noch ist auch nicht der Vollendete jenseits des Todes', – in diesem Falle will ich das Ringen aufgeben und zum niederen [Weltleben] zurückkehren.'

Und der ehrwürdige Malunkyaputta erhob sich zur Abendzeit aus seiner sinnenden Ruhe und begab sich zum Erhabenen, begrüßte den Erhabenen ehrfurchtsvoll und setzte sich ihm zur Seite nieder. Zum Erhabenen sprach nun der ehrwürdige Malunkyaputta, der ihm zur Seite saß, also:

‚Herr, als ich einsam sinnend weilte, erhob sich in meinem Innern folgende Erwägung: „Alle die von dem Erhabenen nicht-enthüllten, dahingestellten, abgelehnten Theorien wie: ‚Ewig ist die Welt', ‚nicht ewig ist die Welt', ‚endlich ist die Welt', ‚unendlich ist die Welt', ‚dies das Leben, dies der Leib', ‚ein anderes ist das Leben, ein anderes der Leib', ‚der Vollendete *ist* jenseits des Todes', ‚der Vollendete *ist nicht* jenseits des Todes', ‚der Vollendete ist und ist auch nicht jenseits des Todes', ‚weder ist noch ist auch nicht der Vollendete jenseits des Todes': Diese Theorien enthüllt mir der Erhabene nicht. Und daß der Erhabene sie mir nicht enthüllt, das behagt mir nicht, das gefällt mir nicht. Ich will daher zum Erhabenen gehen und ihn in dieser Sache befragen. Wenn mir der Erhabene enthüllen wird: ‚Ewig ist die Welt', oder ‚nicht ewig ist die Welt' ... [usw. bis] ... ‚weder ist noch ist auch nicht der Vollendete jenseits des Todes' – in diesem Falle will ich den heiligen Wandel bei dem Erhabenen führen. Wird mir aber der Erhabene ... [diese Theorien] ... nicht enthüllen, so werde ich das Ringen aufgeben und zum niederen [Weltleben] zurückkehren.

Wenn nun der Erhabene weiß: ‚Ewig ist die Welt', so möge mir der Erhabene enthüllen: ‚Ewig ist die Welt'; wenn der Erhabene weiß: ‚Nicht ewig ist die Welt', so möge mir der Erhabene enthüllen: ‚Nicht ewig ist die Welt.' Weiß aber der Erhabene *nicht*: ‚Ewig ist die Welt', oder ‚nicht ewig ist die Welt', so ist es für einen, der's nicht weiß, der's nicht erkennt, das Richtige zu sagen: ‚Ich weiß es nicht, ich erkenne es nicht.'

Wenn nun der Erhabene weiß: ‚Endlich ist die Welt', so möge mir der Erhabene enthüllen: ‚Endlich ist die Welt'; wenn der Erhabene weiß: ‚Unendlich ist die Welt', so möge mir der Erhabene enthüllen: ‚Unendlich ist die Welt.' Weiß aber der Erhabene *nicht*: ‚Endlich ist die Welt', oder ‚unendlich ist die Welt', so ist es für einen, der's nicht weiß, der's nicht erkennt, das Richtige zu sagen: ‚Ich weiß es nicht, ich erkenne es nicht.'

Wenn der Erhabene weiß: ‚Dies das Leben, dies der Leib', so möge mir der Erhabene enthüllen: ‚Dies das Leben, dies der Leib'; wenn der Erhabene weiß: ‚Ein anderes ist das Leben, ein anderes der Leib', so möge mir der Erhabene enthüllen: ,Ein anderes ist das Leben, ein anderes der Leib.' Weiß aber der Erhabene *nicht*: ,Dies ist das Leben, dies ist der Leib', oder ,ein anderes ist das Leben, ein anderes der Leib', so ist es für einen, der's nicht weiß, der's nicht erkennt, das Richtige zu sagen: ,Ich weiß es nicht, ich erkenne es nicht.'

Wenn nun der Erhabene weiß: ,Der Vollendete *ist* jenseits des Todes', so möge mir der Erhabene enthüllen: ,Der Vollendete *ist* jenseits des Todes'; wenn der Erhabene weiß: ,Der Vollendete *ist nicht* jenseits des Todes', so möge mir der Erhabene enthüllen: ,Der Vollendetet *ist nicht* jenseits des Todes.' Weiß aber der Erhabene *nicht*: ,Der Vollendete *ist* jenseits des Todes', oder ,der Vollendete *ist nicht* jenseits des Todes', so ist es für einen, der's nicht weiß, der's nicht erkennt, das Richtige zu sagen: ,Ich weiß es nicht, ich erkenne es nicht.'

Wenn nun der Erhabene weiß: ,Der Vollendete ist und ist auch nicht jenseits des Todes', so möge mir der Erhabene enthüllen: ,Der Vollendete ist und ist auch nicht jenseits des Todes'; wenn der Erhabene weiß: ,Weder ist noch ist auch nicht der Vollendete jenseits des Todes', so möge mir der Erhabene enthüllen: ,Weder ist noch ist auch nicht der Vollendete jenseits des Todes.' Weiß aber der Erhabenen nicht: ,Der Vollendete ist und ist auch nicht jenseits des Todes', oder ,weder ist noch ist auch nicht der Vollendete jenseits des Todes', so ist es für einen, der's nicht weiß, der's nicht erkennt, das Richtige, zu sagen: ,Ich weiß es nicht, ich erkenne es nicht.'

[Der Erhabene sprach:]

„Wie denn, Malunkyaputta: Habe ich etwa zu dir also gesprochen: Komm, Malunkyaputta, führe bei mir den heiligen Wandel, ich will dir enthüllen: ,Ewig ist die Welt', oder ,nicht ewig ist die Welt' ... [usw. bis] ... ,weder ist noch ist auch nicht der Vollendete jenseits des Todes'?"

,Das freilich nicht, Herr.'

„Oder hast etwa du zu mir also gesprochen: Herr, ich will bei dem Erhabenen den heiligen Wandel führen; der Erhabene wird mir enthüllen: ‚Ewig ist die Welt', oder ‚nicht ewig ist die Welt' ... [usw. bis] ... ‚weder ist noch ist auch nicht der Vollendete jenseits des Todes'?"

‚Das freilich nicht, Herr.'

„So habe also, Malunkyaputta, weder ich zu dir gesagt: Komm, Malunkyaputta, führe bei mir den heiligen Wandel, ich will dir enthüllen: ‚Ewig ist die Welt', oder ‚nicht ewig ist die Welt', ... [usw.] ... ‚weder ist noch ist auch nicht der Vollendete jenseits des Todes', – noch auch hast du zu mir gesagt: Herr, ich will bei dem Erhabenen den heiligen Wandel führen; der Erhabene wird mir enthüllen: ‚Ewig ist die Welt', oder ‚nicht ewig ist die Welt' ... [usw.] ... ‚weder ist noch ist auch nicht der Vollendete jenseits des Todes.' Da die Dinge so liegen, wer bist du und über wen beklagst du dich da, du törichter Mann?

Wer da, Malunkyaputta, also spräche: Nicht eher werde ich bei dem Erhabenen einen heiligen Wandel führen, bis mir der Erhabene enthüllt hat: ‚Ewig ist die Welt', oder ‚nicht ewig ist die Welt', oder ‚endlich ist die Welt', oder ‚unendlich ist die Welt', oder ‚dies das Leben, dies der Leib', oder ‚der Vollendete *ist* jenseits des Todes', oder ‚der Vollendete *ist nicht* jenseits des Todes', oder ‚der Vollendete ist und ist auch nicht jenseits des Todes', oder ‚weder ist noch ist auch nicht der Vollendete jenseits des Todes', – bis das, Malunkyaputta, diesem Menschen vom Vollendeten enthüllt wäre, würde jener das Zeitliche erfüllen.

Es verhält sich damit etwa so, Malunkyaputta, wie wenn ein Mann von einem weit mit Gifte bestrichenen Pfeile getroffen wäre, und seine Freunde und Genossen, Angehörigen und Blutsverwandten schafften einen heilkundigen Wundarzt herbei, jener aber spräche: ‚Nicht eher werde ich diesen Pfeil herausziehen, bis ich jenen Mann kenne, der mich getroffen hat, ob er ein Brahmane oder ein Adliger oder ein Mann der dritten Kaste oder ein Angehöriger der vierten Kaste ist', –

und er spräche: ‚Nicht eher werde ich diesen Pfeil herausziehen, bis ich jenen Mann kenne, der mich getroffen hat, wie er heißt, welcher Familie er angehört', –

und er spräche: ‚Nicht eher werde ich diesen Pfeil herausziehen, bis ich jenen Mann kenne, der mich getroffen hat, ob er groß, klein oder von mittlerer Gestalt ist', –

und er spräche: ‚Nicht eher werde ich diesen Pfeil herausziehen, bis ich jenen Mann kenne, der mich getroffen hat, ob seine Hautfarbe schwarz, braun oder gelb ist', –

und er spräche: ‚Nicht eher werde ich diesen Pfeil herausziehen, bis ich jenen Mann kenne, der mich getroffen hat, in welchem Dorfe oder in welchem Flecken oder in welcher Stadt er zu Hause ist', –

und er spräche: ‚Nicht eher werde ich diesen Pfeil herausziehen, bis ich den Bogen kenne, durch den ich getroffen bin, ob es ein Capa oder ein Kodanda ist', –

und er spräche: ‚Nicht eher werde ich diesen Pfeil herausziehen, bis ich die Sehne kenne, durch die ich getroffen bin, ob sie von Schwalbenwurz oder von Bambus oder von einer Sehne oder von Hanf oder von Bast ist', –

und er spräche: ‚Nicht eher werde ich diesen Pfeil herausziehen, bis ich den Schaft kenne, durch den ich getroffen bin, ob er von rauhem Holz oder geglättet ist', –

und er spräche: ‚Nicht eher werde ich diesen Pfeil herausziehen, bis ich den Schaft kenne, durch den ich getroffen bin, mit was für Federn er gefiedert ist, ob mit Geierfedern oder mit Reiherfedern oder mit Falkenfedern oder mit Pfauenfedern oder mit den Federn eines Sithilahanu', –

und er spräche: ‚Nicht eher werde ich diesen Pfeil herausziehen, bis ich den Schaft kenne, durch den ich getroffen bin, mit was für Sehnen er umwunden ist, ob mit Rindssehnen, Büffelsehnen, mit den Sehnen eines Ruru oder mit Affensehnen', –

und er spräche: ‚Nicht eher werde ich diesen Pfeil herausziehen, bis ich den Pfeil kenne, von dem ich getroffen bin, ob es ein gewöhnlicher Pfeil ist oder ein Pfeil mit gebogener Spitze oder ein Pfeil mit Widerhaken oder ein eiserner Pfeil oder ein Pfeil aus Kalbszahn oder ein blattförmiger Pfeil.‘

Bevor dieser Mann, Malunkyaputta, das alles in Erfahrung gebracht hätte, würde er das Zeitliche erfüllen.

Genau so, Malunkyaputta, verhält es sich, wenn jemand also spräche: ‚Nicht eher werde ich bei dem Erhabenen den heiligen Wandel führen, bis mir der Erhabene enthüllt hat: ‚Ewig ist die Welt‘, oder ‚nicht ewig ist die Welt‘, oder ‚endlich ist die Welt‘, oder ‚unendlich ist die Welt‘, oder ‚dies das Leben, dies der Leib‘, oder ‚ein anderes ist das Leben, ein anderes der Leib‘, oder ‚der Vollendete *ist* jenseits des Todes‘, oder ‚der Vollendete *ist nicht* jenseits des Todes‘, oder ‚der Vollendete ist und ist auch nicht jenseits des Todes‘, oder ‚weder ist noch ist auch nicht der Vollendete jenseits des Todes‘: Bis das, Malunkyaputta, diesem Menschen von dem Vollendeten enthüllt wäre, würde jener das Zeitliche erfüllen.

Daß, wenn die Ansicht herrscht: ‚Ewig ist die Welt‘, der heilige Wandel bestehen könnte, – unmöglich ist das, Malunkyaputta. Daß, wenn die Ansicht herrscht: ‚Nicht ewig ist die Welt‘, der heilige Wandel bestehen könnte, – auch das ist unmöglich Malunkyaputta. Mag nun, Malunkyaputta die Ansicht herrschen: ‚Ewig ist die Welt.‘ Oder mag die die Ansicht herrschen: ‚Nicht ewig ist die Welt‘, so besteht doch Geburt, so besteht doch Alter, so besteht doch Tod, so bestehen doch Kummer, Jammer, Schmerz, Gram und Verzweiflung, deren noch im gegenwärtigen Leben [zu verwirklichende] Vernichtung ich kennen lehre.

Daß, wenn die Ansicht herrscht: ‚Endlich ist die Welt‘, der heilige Wandel bestehen könnte, – unmöglich ist das, Malunkyaputta. Daß, wenn die Ansicht herrscht: ‚Unendlich ist die Welt‘, der heilige Wandel bestehen könnte, – auch das ist unmöglich, Malunkyaputta. Mag nun, Malunkyaputta, die Ansicht herrschen: ‚Endlich ist die Welt‘, oder mag die Ansicht herrschen: ‚Unendlich ist die Welt', so besteht doch Geburt, so besteht doch Alter, so besteht doch Tod, so besteht doch Kummer, Jammer, Schmerz, Gram und Verzweiflung, deren noch im gegenwärtigen Leben [zu verwirklichende] Vernichtung ich kennen lehre.

Daß, wenn die Ansicht herrscht: ‚Dies das Leben, dies der Leib', der heilige Wandel bestehen könnte, – unmöglich ist das, Malunkyaputta. Daß, wenn die Ansicht herrscht: ‚Ein anderes ist das Leben, ein anderes ist der Leib', der heilige Wandel bestehen könnte, – auch das ist unmöglich, Malunkyaputta. Mag nun, Malunkyaputta, die Ansicht herrschen: ‚Dies ist das Leben, dies ist der Leib', oder mag die Ansicht herrschen: ‚Ein anderes ist das Leben, ein anderes ist der Leib', so besteht doch Geburt, so besteht doch Alter, so besteht doch Tod, so besteht doch Kummer, Jammer, Schmerz, Gram und Verzweiflung, deren noch im gegenwärtigen Leben [zu verwirklichende] Vernichtung ich kennen lehre.

Daß, wenn die Ansicht herrscht: ‚Der Vollendete *ist* jenseits des Todes', der heilige Wandel bestehen könnte, – unmöglich ist das, Malunkyaputta. Daß wenn die Ansicht herrscht: ‚Der Vollendete *ist nicht* jenseits des Todes', der heilige Wandel bestehen könnte, – auch das ist unmöglich, Malunkyaputta. Mag nun, Malunkyaputta, die Ansicht herrschen: ‚Der Vollendete *ist* jenseits des Todes', oder mag die Ansicht herrschen: ‚Der Vollendete *ist nicht* jenseits des Todes', so besteht doch Geburt, so besteht doch Alter, so besteht doch Tod, so bestehen doch Kummer, Jammer, Schmerz, Gram und Verzweiflung, deren noch im gegenwärtigen Leben [zu verwirklichende] Vernichtung ich kennen lehre.

Daß, wenn die Ansicht herrscht: ‚Der Vollendete ist und ist auch nicht jenseits des Todes', der heilige Wandel bestehen könnte, – unmöglich ist das, Malunkyaputta. Daß, wenn die Ansicht herrscht: ‚Weder ist noch ist auch nicht der Vollendete jenseits des Todes', der heilige Wandel bestehen könnte, –

auch das ist unmöglich, Malunkyaputta. Mag nun, Malunkyaputta, die Ansicht herrschen: ‚Der Vollendete ist und ist auch nicht jenseits des Todes', oder mag die Ansicht herrschen: ‚Weder ist noch ist auch nicht der Vollendete jenseits des Todes', so besteht doch Geburt, so besteht doch Alter, so besteht doch Tod, so bestehen doch Kummer, Jammer, Schmerz, Gram und Verzweiflung, deren noch im gegenwärtigen Leben [zu verwirklichende] Vernichtung ich kennen lehre.

Darum, Malunkyaputta, möget ihr das von mir nicht Enthüllte als nicht enthüllt hinnehmen, und das von mir Enthüllte möget ihr als enthüllt hinnehmen.

Was aber, Malunkyaputta, habe ich *nicht* enthüllt? ‚Ewig ist die Welt', das habe ich nicht enthüllt. ‚Nicht ewig ist die Welt', das habe ich nicht enthüllt. ‚Endlich ist die Welt', das habe ich nicht enthüllt. ‚Unendlich ist die Welt', das habe ich nicht enthüllt. ‚Dies das Leben, dies der Leib', das habe ich nicht enthüllt. ‚Ein anderes ist das Leben, ein anderes der Leib', das habe ich nicht enthüllt. ‚Der Vollendete *ist* jenseits des Todes', das habe ich nicht enthüllt. ‚Der Vollendete *ist nicht* jenseits des Todes', das habe ich nicht enthüllt. ‚Der Vollendete ist und ist auch nicht jenseits des Todes', das habe ich nicht enthüllt. ‚Weder ist noch ist auch nicht der Vollendete jenseits des Todes', das habe ich nicht enthüllt. Und warum, Malunkyaputta, habe ich das nicht enthüllt? Weil dies, Malunkyaputta, nicht zweckdienlich ist, nicht ein wahrhaft heiliges Leben begründet und nicht zur Weltabkehr, Leidenschaftslosigkeit, Aufhebung, Beruhigung, *nicht* zum höheren Wissen, *nicht* zur Erwachung, *nicht* zum Nirvana führt. Aus diesem Grunde habe ich das nicht enthüllt.

Und was, Malunkyaputta, habe ich enthüllt? ‚Dies ist das Leiden', das habe ich enthüllt. ‚Dies ist die Entstehung des Leidens', das habe ich enthüllt. ‚Dies ist die Aufhebung des Leidens', das habe ich enthüllt. ‚Dies ist der zur Aufhebung des Leidens führende Pfad', das habe ich enthüllt. Und warum, Malunkyaputta, habe ich das enthüllt? Dies ist ja zweckdienlich, Malunkyaputta, und begründet ein wahrhaft heiliges Leben und führt zur Weltabkehr, Leidenschaftslosigkeit, Aufhebung, Beruhigung, zum höheren Wissen, zur Erwachung, zum Nirvana. Aus diesem Grunde habe ich das enthüllt.

Darum, Malunkyaputta, möget ihr mir das von mir nicht Enthüllte als nicht enthüllt hinnehmen, und das von mir Enthüllte möget ihr als enthüllt hinnehmen."

Also sprach der Erhabene. Beglückten Herzens stimmte der ehrwürdige Malunkyaputta den Worten des Erhabenen mit freudigem Danke zu.

120. Vacchagottas Belehrung.

Majjh. 72.

So hab' ich es gehört: Einst weilte der Erhabene bei Savatthi im Jeta-Haine, im Klostergarten des Anathapindika. Da begab sich der Wanderasket Vacchagotta zum Erhabenen, tauschte mit dem Erhabenen die herkömmliche Begrüßung aus und setzte sich ihm zur Seite nieder. Zum Erhabenen sprach der Wanderasket Vacchagotta, der ihm zur Seite saß, also:

‚Wie ist das, Herr Gautama: Vertritt der Herr Gautama wohl die Ansicht: „Ewig ist die Welt; dies ist die Wahrheit, anderes ist töricht"?‘

„Ich vertrete, Vaccha, nicht die Ansicht: ‚Ewig ist die Welt; dies ist die Wahrheit, anderes ist töricht.‘"

‚Dann also, Herr Gautama, vertritt der Herr Gautama gewiß die Ansicht: „Nicht ewig ist die Welt; dies ist die Wahrheit, anderes ist töricht"?‘

„Ich vertrete, Vaccha, nicht die Ansicht: ‚Nicht ewig ist die Welt; dies ist die Wahrheit, anderes ist töricht.‘"

‚Dann also, Herr Gautama vertritt der Herr Gautama wohl die Ansicht: „Endlich die Welt, dies ist die Wahrheit, anderes ist töricht"?‘

„Ich vertrete, Vaccha, nicht die Ansicht: ‚Endlich ist die Welt; dies ist die Wahrheit, anderes ist töricht.‘"

‚Dann also, Herr Gautama, vertritt der Herr Gautama gewiß die Ansicht: „Unendlich ist die Welt; dies ist die Wahrheit, anderes ist töricht"?'

„Ich vertrete, Vaccha, nicht die Ansicht: ‚Unendlich ist die Welt; dies ist die Wahrheit, anderes ist töricht.'"

‚Dann also, Herr Gautama, vertritt der Herr Gautama wohl die Ansicht: „Dies das Leben, dies der Leib; dies ist die Wahrheit, anderes ist töricht"?'

„Ich vertrete, Vaccha, nicht die Ansicht: ‚Dies das Leben, dies der Leib; dies ist die Wahrheit, anderes ist töricht.'"

‚Dann also, Herr Gautama, vertritt der Herr Gautama gewiß die Ansicht: „Ein anderes ist das Leben, ein anderes der Leib; dies ist die Wahrheit, anderes ist töricht"?'

„Ich vertrete, Vaccha, nicht die Ansicht: ‚Ein anderes ist das Leben, ein anderes der Leib; dies ist die Wahrheit, anderes ist töricht.'"

‚Dann also, Herr Gautama, vertritt der Herr Gautama wohl die Ansicht: „Der Vollendete ist jenseits des Todes; dies ist die Wahrheit, anderes ist töricht"?'

„Ich vertrete, Vaccha, nicht die Ansicht: ‚Der Vollendete ist jenseits des Todes; dies ist die Wahrheit, anderes ist töricht.'"

‚Dann also, Herr Gautama, vertritt der Herr Gautama gewiß die Ansicht: „Der Vollendete ist nicht jenseits des Todes; dies ist die Wahrheit, anderes ist töricht"?'

„Ich vertrete, Vaccha, nicht die Ansicht: ‚Der Vollendete ist nicht jenseits des Todes; dies ist die Wahrheit, anderes ist töricht.'"

‚Dann also, Herr Gautama, vertritt der Herr Gautama wohl die Ansicht: „Der Vollendete ist und ist auch nicht jenseits des Todes; dies ist die Wahrheit, anderes ist töricht"?'

„Ich vertrete, Vaccha, nicht die Ansicht: ‚Der Vollendete ist und ist auch nicht jenseits des Todes; dies ist die Wahrheit, anderes ist töricht.'"

‚Dann also, Herr Gautama, vertritt der Herr Gautama gewiß die Ansicht: „Weder ist noch ist auch nicht der Vollendete jenseits des Todes; dies ist die Wahrheit, anderes ist töricht"?'

„Ich vertrete, Vaccha, nicht die Ansicht: ‚Weder ist noch ist auch nicht der Vollendete jenseits des Todes; dies ist die Wahrheit, anderes ist töricht.'"

‚Wie denn, Herr Gautama: Auf meine Frage: „Vertritt der Herr Gautama wohl die Ansicht: ‚Ewig ist die Welt; dies ist die Wahrheit, anderes ist töricht'?" – antwortest du: „Ich vertrete, Vaccha, nicht die Ansicht: ‚Ewig ist die Welt; dies ist die Wahrheit, anderes ist töricht.'"

Und wiederum, auf meine Frage: „Dann also, Herr Gautama, vertritt der Herr Gautama gewiß die Ansicht: ‚Nicht ewig ist die Welt' ...

... ‚Endlich ist die Welt' ...

... ‚Unendlich ist die Welt' ...

... ‚Dies das Leben, dies der Leib' ...

... ‚Ein anderes ist das Leben, ein anderes der Leib' ...

... ‚Der Vollendete *ist* jenseits des Todes' ...

... ‚Der Vollendete *ist nicht* jenseits des Todes' ...

... ‚Der Vollendete ist und ist auch nicht jenseits des Todes' ...

... ‚Weder ist noch ist auch nicht der Vollendete jenseits des Todes; dies ist die Wahrheit, anderes ist töricht'?" – antwortest du: „Ich vertrete, Vaccha, nicht die Ansicht: ‚Weder ist noch ist auch nicht der Vollendete jenseits des Todes; dies ist die Wahrheit, anderes ist töricht.'"

Welche Mißlichkeiten gewahrt nun aber der Herr Gautama eigentlich, daß er diese Ansichten so gänzlich beiseite setzt?'

„Die Ansicht, Vaccha: ‚Ewig ist die Welt', ist ein Dickicht von Ansichten, ein Wirrwarr von Ansichten, ein Puppenspiel von Ansichten, ein Tappen in Ansichten, eine Fessel von Ansichten, eine leidvolle, verderbliche, verzweifelnde, jammervolle, die nicht zur Beruhigung, nicht zum höheren Wissen, nicht zur Erwachung, nicht zum Nirvana führt.

Die Ansicht, Vaccha: ‚Nicht ewig ist die Welt‘, ist ein Dikkicht von Ansichten ...

Die Ansicht, Vaccha: ‚Endlich ist die Welt‘ ...

Die Ansicht, Vaccha: ‚Unendlich ist die Welt‘ ...

Die Ansicht, Vaccha: ‚Dies das Leben, dies der Leib‘ ...

Die Ansicht, Vaccha: ‚Ein anderes ist das Leben, ein anderes der Leib‘ ...

Die Ansicht, Vaccha: ‚Der Vollendete *ist* jenseits des Todes‘ ...

Die Ansicht, Vaccha: ‚Der Vollendete *ist nicht* jenseits des Todes‘ ...

Die Ansicht, Vaccha: ‚Der Vollendete ist und ist auch nicht jenseits des Todes‘ ...

Die Ansicht, Vaccha: ‚Weder ist noch ist auch nicht der Vollendete jenseits des Todes‘, ist ein Dickicht von Ansichten, ein Wirrwarr von Ansichten, ein Puppenspiel von Ansichten, ein Tappen in Ansichten, eine Fessel von Ansichten, eine leidvolle, verderbliche, verzweifelnde, jammervolle, die nicht zur Weltabkehr, Leidenschaftslosigkeit, Aufhebung, Beruhigung, nicht zum höheren Wissen, nicht zur Erwachung, nicht zum Nirvana führt.

Diese Mißlichkeiten, Vaccha, gewahre ich, so daß ich diese Ansichten gänzlich beiseite setze.“

‚Hat denn der Herr Gautama überhaupt irgendeine Ansicht?‘

„*Ansichten*, Vaccha, – darüber ist der Vollendete hinaus; denn der Vollendete hat dies gesehen: So ist die körperliche Form, so ist die Entstehung der körperlichen Form, so ist der Untergang der körperlichen Form; so ist die Empfindung, so ist die Entstehung der Empfindung, so ist der Untergang der Empfindung; so ist die Wahrnehmung, so ist die Entstehung der Wahrnehmung, so ist der Untergang der Wahrnehmung; so sind die Gemütsregungen, so ist die Entstehung der Gemütsregungen, so ist der Untergang der Gemütsregungen; so ist das Bewußtsein, so ist die Entstehung des Bewußtseins, so ist der Untergang des Bewußtseins. Darum sage ich: Der Vollendete ist, ohne mehr zu haften, erlöst, weil er alle Meinungen, alle Vermutungen, alle auf das ‚Ich' und ‚Mein' hinzielenden Äußerungen des Eigendünkels zerstört, vernichtet, aufgehoben, aufgegeben und hinter sich gelassen hat."

‚Ein also geist-erlöster Mönch, Herr Gautama, – wo erscheint der wieder?'

„‚Erscheint wieder', – das trifft nicht zu, Vaccha."

‚Dann erscheint er also nicht wieder, Herr Gautama?'

„‚Erscheint nicht wieder', – das trifft nicht zu, Vaccha."

‚So erscheint er also wieder und erscheint auch nicht wieder, Herr Gautama?'

„‚Erscheint wieder und erscheint auch nicht wieder', – das trifft nicht zu, Vaccha."

‚Dann also, Herr Gautama, erscheint er weder wieder, noch erscheint er nicht wieder?'

„‚Erscheint weder wieder noch erscheint er nicht wieder', – das trifft nicht zu, Vaccha."

‚Auf die von mir gestellten Fragen: „Ein also geist-erlöster Mönch, Herr Gautama, wo erscheint der wieder?" ... [usw.] ... antwortest du mir: „Das trifft nicht zu, Vaccha." Jetzt bin ich, Herr Gautama, in Unkenntnis geraten, bin in Verwirrung geraten, und auch das wenige Zutrauen zu dem Herrn Gautama, das ich gelegentlich eines früheren Zwiegespräches gewonnen hatte, ist mir jetzt verlorengegangen.'

„Begründet, Vaccha, ist deine Unkenntnis, begründet ist deine Verwirrung! Gar tief ist ja diese Ordnung, Vaccha, schwer zu sehen, schwer zu begreifen, wahr, hocherhaben, nicht im Bereich äußeren Denkens liegend, fein, nur dem Wissenden verständlich; sie ist schwer zu verstehen für dich, der du anderer Ansicht bist, der du einen andern Standpunkt vertrittst, der du einer andern Richtung angehörst, der du abseits der religiösen Schulung stehst und von deinen Lehrern anders unterwiesen bist. Daher will ich dir hierüber jetzt

Fragen stellen,Vaccha, und wie es dir gut scheint, magst du dich dazu erklären. Was meinst du, Vaccha, wenn vor dir ein Feuer brennt, würdest du dann erkennen: ‚Vor mir brennt dieses Feuer'?"

‚Herr Gautama, wenn vor mir ein Feuer brennte, so würde ich erkennen: „Vor mir brennt dieses Feuer."'

„Wenn dich nun, Vaccha, jemand fragen würde: ‚Dieses Feuer, das da vor dir brennt, durch was bedingt brennt es?' Was würdest du, Vaccha, auf diese Frage hin erklären?"

‚Wenn mich, Herr Gautama, jemand also fragen würde: „Dieses Feuer, das da vor dir brennt, durch was bedingt brennt es?" so würde ich auf diese Frage hin, Herr Gautama, folgendes erklären: „Dieses Feuer, das da vor mir brennt, – brennt, bedingt durch Heu und Holz."'

„Wenn nun, Vaccha, dieses Feuer vor dir erlöschen würde, würdest du dann erkennen: ‚Dieses Feuer vor mir ist erloschen.'?

Wenn dich nun, Vaccha, jemand fragen würde: ‚Dieses Feuer, das da vor dir erloschen ist, nach welcher Richtung ist es von hier gegangen, nach Osten oder nach Westen oder nach Norden oder nach Süden?' Was würdest du, Vaccha, auf diese Frage hin erklären?"

‚Das trifft nicht zu, Herr Gautama. Das Feuer brannte doch bedingt durch Heu und Holz, Herr Gautama, und nachdem es dies verzehrt und keine andere Nahrung erhalten hat, ist es eben, da es keinen Nahrung hat, erloschen, wie man es nennt.'

„Genau so, Vaccha, ist alle körperliche Form, durch die man einen Vollendeten beschreiben und kennzeichnen möchte, für den Vollendeten aufgegeben, entwurzelt, wie ein Palmstumpf ausgerodet, daseinsenthoben und nicht mehr fähig, künftig wieder in die Erscheinung zu treten. Von dem, was man körperliche Form nennt, erlöst, o Vaccha, ist ein Vollendeter gar tief, unermeßlich, unergründlich, wie das große

Meer; ‚er erscheint wieder', – das trifft nicht zu; ‚er erscheint nicht wieder', – das trifft nicht zu; ‚er erscheint wieder und erscheint auch nicht wieder', – das trifft nicht zu; ‚weder erscheint er wieder noch erscheint er nicht wieder', – das trifft nicht zu.

Von dem, was man Empfindung nennt, erlöst, o Vaccha, ist ein Vollendeter gar tief ...

Von dem, was man Wahrnehmung nennt, erlöst, o Vaccha, ist ein Vollendeter gar tief ...

Von dem, was man Gemütsregungen nennt, erlöst, o Vaccha, ist ein Vollendeter gar tief ...

Von dem, was man Bewußtsein nennt, erlöst, o Vaccha, ist ein Vollendeter gar tief, unermeßlich, unergründlich, wie das große Meer; ‚er erscheint wieder', – das trifft nicht zu; ‚er erscheint nicht wieder', – das trifft nicht zu; ‚er erscheint wieder und erscheint auch nicht wieder', – das trifft nicht zu; ‚weder erscheint er wieder noch erscheint er nicht wieder', das trifft nicht zu."

Nach diesen Worten sprach der Wanderasket Vacchagotta zum Erhabenen also: ‚Es ist, Herr Gautama, wie wenn da in der Nähe eines Dorfes oder Fleckens ein großer Sala-Baum stünde, und es fielen seine toten Zweige und Blätter ab, seine Rinde fiele Stück für Stück ab, sein dürres Holz fiele ab, und er stünde dann, von jenen Zweigen und Blättern, von Rinde und dürrem Holz befreit, frisch in seiner vollen Kraft da, – genau so steht dieses Wort des Herrn Gautama da, frei von Zweigen und Blättern, von Rinde und dürrem Holz, frisch in seiner vollen Kraft. Wahrhaft erhaben, Herr Gautama, wahrhaft erhaben, Herr Gautama! Gleichwie da, Herr Gautama, jemand das Umgestürzte aufrichtet oder das Bedeckte enthüllt oder wie jemand einem Verirrten den Weg weist oder in der Finsternis eine Leuchte hält, auf daß die Augen haben, die Dinge sehen können, – so auch ist mir vom Herrn Gautama die Lehre auf mancherlei Weise klar gemacht worden. Ich nehme meine Zuflucht zu dem Herrn Gautama, zur Lehre und zur Brüderschaft der Mönche. Möge der Herr Gautama mich, der ich Zuflucht genommen habe, als Laienjünger annehmen vom heutigen Tage an bis zum Ende meines Lebens.‘

121. Woher konmen die verschiedenen Ansichten?

Samy. XXXIII, 1-5 (in gekürzter Form).

Savatthi. Und es begab sich der Wanderasket Vacchagotta zum Erhabenen usw. Zum Erhabenen sprach nun der Wanderasket Vacchagotta, der ihm zur Seite saß, also:

‚Was ist wohl, Herr Gautama, die Ursache, was der Grund, daß da so verschiedene bestimmte Ansichten in der Welt entstehen, wie: „Ewig ist die Welt“, „nicht ewig ist die Welt“, ... [usw. wie im vorigen Sutta bis] ... „weder ist noch ist auch nicht der Vollendete jenseits des Todes“?‘

„Weil man die körperliche Form nicht begreift, weil man die Empfindung, die Wahrnehmung, die Gemütsregungen, das Bewußtsein, – ihre Entstehung, – ihre Aufhebung und den zu ihrer Aufhebung führenden Pfad nicht begreift, Vaccha, entstehen da in der Welt so verschiedene bestimmte Ansichten, wie: ‚Ewig ist die Welt‘ ... [usw.]. Dies, Vaccha, ist die Ursache, dies der Grund, daß so verschiedene bestimmte Ansichten in der Welt entstehen, wie: ‚Ewig ist die Welt‘“ ... [usw.].

122. Ist das Ich?

Samy. XLIV, 10.

Und es begab sich der Wanderasket Vacchagotta zum Erhabenen, tauschte mit dem Erhabenen die herkömmliche höfliche Begrüßung aus und setzte sich nach vollzogener Begrüßung ihm zur Seite nieder. Zum Erhabenen sprach nun der Wanderasket Vacchagotta, der ihm zur Seite saß, also:

‚Wie verhält sich das, Herr Gautama: *Ist* das Ich?‘

Auf diese Worte hin verhielt sich der Erhabene schweigend.

‚Wie also, Herr Gautama: Das Ich *ist nicht*?

Auf diese Worte hin verhielt sich der Erhabene abermals schweigend.

Da erhob sich der Wanderasket Vacchagotta von seinem Sitz und ging fort.

Nicht lange, nachdem der Wanderasket Vacchagotta fortgegangen war, sprach der Ehrwürdige Ananda zum Erhabenen also:

‚Herr, warum hat sich der Erhabene auf die Fragen des Wanderasketen Vacchagotta hin nicht erklärt?'

„Hätte ich, Ananda, auf die Frage des Wanderasketen Vacchagotta: ‚*Ist* das Ich?' erklärt: ‚Das Ich *ist*', so wäre, Ananda, dadurch jenen Asketen und Brahmanen, welche die Ewigkeit lehren, beigepflichtet worden.

Hätte ich, Ananda, auf die Frage des Wanderasketen Vacchagotta: ‚Das Ich *ist nicht*?' erklärt: ‚Das Ich *ist nicht*', so wäre, Ananda, dadurch jenen Asketen und Brahmanen, welche die Vernichtung lehren, beigepflichtet worden.

Und hätte ich, Ananda, auf die Frage des Wanderasketen Vacchagotta: ‚*Ist* das Ich?' erklärt: ‚Das Ich *ist*', wäre das wohl ein Mittel gewesen, in ihm die Erkenntnis entstehen zu lassen: ‚Alle Realitäten sind nicht das Ich'?"

‚Das freilich nicht, Herr.'

„Hätte ich aber, Ananda, auf die Frage des Wanderasketen Vacchagotta: ‚Das Ich *ist nicht*?' erklärt: ‚Das Ich *ist nicht*', so würde das, Ananda, dem verworrenen Wanderasketen Vacchagotta nur noch mehr Verwirrung eingetragen haben: Früher war doch wohl mein Ich, – jetzt aber ist es *nicht*!'"

123. Kurze Erklärungen.

Majjh. 44.

So hab' ich es gehört: Einst weilte der Erhabene bei Rajagaha im Bambus-Haine beim Kalandakanivapa. Da begab sich der Laienjünger Visakha zur Nonne Dhammadinna, begrüßte sie ehrerbietig und setzte sich ihr zur Seite nieder. Und zur Nonne Dhammadinna sprach nun der Laienjünger Visakha, der ihr zur Seite saß, also:

„Persönlichkeit, Persönlichkeit, so sagt man, Ehrwürdige; was hat denn nun, Ehrwürdige, der Erhabene Persönlichkeit genannt?" – „Diese fünf Gruppen des Anhaftens, Freund Visakha, hat der Erhabene Persönlichkeit genannt, das will sagen: die Haftensgruppe der körperlichen Form, die Haftensgruppe der Empfindung, die Haftensgruppe der Wahrnehmung, die Haftensgruppe der Gemütsregungen, die Haftensgruppe des Bewußtseins. Diese fünf Gruppen des Anhaftens also, Freund Visakha, hat der Erhabene Persönlichkeit genannt." – „Vortrefflich, Ehrwürdige", sagte der Laienjünger Visakha und gab damit seinem Beifall und seiner Freude über die Worte der Nonne Dhammadinna Ausdruck; dann stellte er ihr die weitere Frage:

„Entstehung der Persönlichkeit, Entstehung der Persönlichkeit, so sagt man, Ehrwürdige; was hat denn nun, Ehrwürdige, der Erhabene Entstehung der Persönlichkeit genannt?" – „Jenen ‚Durst', Freund Visakha, der Wiedergeburt schafft, der von Lust und Verlangen begleitet ist und bald hier, bald dort sich zu sättigen sucht, nämlich den Durst nach Sinnenlust, den Durst nach Werden, den Durst nach Vernichtung, – den, Freund Visakha, hat der Erhabene Entstehung der Persönlichkeit genannt."

„Aufhebung der Persönlichkeit, Aufhebung der Persönlichkeit, so sagt man, Ehrwürdige; was hat denn nun, Ehrwürdige, der Erhabene Aufhebung der Persönlichkeit genannt?" – „Freund Visakha, eben jenes Durstes restloses, spurloses Aufheben, Aufgeben, Verwerfen, Loslassen, Abstoßen, das, Freund Visakha, hat der Erhabene Aufhebung der Persönlichkeit genannt."

„Der zur Aufhebung der Persönlichkeit führende Pfad, der zur Aufhebung der Persönlichkeit führende Pfad, so sagt man,

Ehrwürdige; was hat denn nun, Ehrwürdige, der Erhabene den zur Aufhebung der Persönlichkeit führenden Pfad genannt?" – „Diesen hohen achtteiligen Weg, Freund Visakha, hat der Erhabene den zur Aufhebung der Persönlichkeit führenden Pfad genannt, das will sagen: rechte Anschauung, rechte Gesinnung, rechtes Reden, rechtes Handeln, rechte Lebensführung, rechter Kampf, rechtes Gedenken, rechte Konzentration."

„Ist denn nun, Ehrwürdige, das Anhaften dasselbe wie die fünf Gruppen des Anhaftens, oder gibt es ein Anhaften außerhalb der fünf Gruppen des Anhaftens?" – „Freund Visakha, weder ist das Anhaften dasselbe wie die fünf Gruppen des Anhaftens, noch gibt es ein Anhaften außerhalb der fünf Gruppen des Anhaftens; die Willenslust bei den fünf Gruppen des Anhaftens vielmehr, Freund Visakha, das ist im gegebenen Falle das Anhaften."

„Wie aber, Ehrwürdige, kommt der Persönlichkeits-Wahn zustande?" – „Das ist so zu verstehen, Freund Visakha: Ein unkundiger Weltmensch, der nichts von Heiligen weiß, die Lehre der Heiligen nicht kennt, in der Lehre der Heiligen nicht geschult ist, der nichts von edlen Menschen weiß, die Lehre edler Menschen nicht kennt, in der Lehre edler Menschen nicht geschult ist, – der sieht die körperliche Form als das Ich an oder das Ich als formhaft, oder (er sieht) in dem Ich die körperliche Form oder in der körperlichen Form das Ich; er sieht die Empfindung als das Ich an oder das Ich als mit Empfindung begabt, oder (er sieht) in dem Ich die Empfindung oder in der Empfindung das Ich; er sieht die Wahrnehmung als das Ich an oder das Ich als mit Wahrnehmung begabt, oder (er sieht) in dem Ich die Wahrnehmung oder in der Wahrnehmung das Ich; er sieht die Gemütsregungen als das Ich an oder das Ich als mit Gemütsregungen begabt, oder (er sieht) in dem Ich die Gemütsregungen oder in den Gemütsregungen das Ich; er sieht das Bewußtsein als das Ich an oder das Ich als mit

Bewußtsein begabt, oder (er sieht) in dem Ich das Bewußtsein oder im Bewußtsein das Ich. Auf diese Weise, Freund Visakha, kommt der Persönlichkeits-Wahn zustande."

„Wie aber, Ehrwürdige, kommt der Persönlichkeits-Wahn nicht zustande?" – „Der Fall liegt so, Freund Visakha: Ein kundiger, edler Jünger, der von Heiligen wohl etwas weiß, die Lehre der Heiligen gut kennt, in der Lehre der Heiligen wohl geschult ist, der von edlen Menschen wohl etwas weiß, die Lehre edler Menschen gut kennt, in der Lehre edler Menschen wohl geschult ist, – der sieht nicht die körperliche Form als das Ich an noch das Ich als formhaft; (er sieht) nicht in dem Ich die körperliche Form noch in der körperlichen Form das Ich; er sieht nicht die Empfindung als das Ich an noch das Ich als mit Empfindung begabt; (er sieht) nicht in dem Ich die Empfindung noch in der Empfindung das Ich; er sieht nicht die Wahrnehmung als das Ich an noch das Ich als mit Wahrnehmung begabt; (er sieht) nicht in dem Ich die Wahrnehmung noch in der Wahrnehmung das Ich; er sieht nicht die Gemütsregungen als das Ich an noch das Ich als mit Gemütsregungen begabt; (er sieht) nicht in dem Ich die Gemütsregungen noch in den Gemütsregungen das Ich; er sieht nicht das Bewußtsein als das Ich an noch das Ich als mit Bewußtsein begabt; (er sieht) nicht in dem Ich das Bewußtsein noch im Bewußtsein das Ich. Auf diese Weise, Freund Visakha, kommt der Persönlichkeits-Wahn nicht zustande."

„Welches ist doch, Ehrwürdige, der hohe achtteilige Weg?" – „Eben dies, Freund Visakha, ist der hohe achtteilige Weg, nämlich: rechte Anschauung, rechte Gesinnung, rechtes Reden, rechtes Handeln, rechte Lebensführung, rechter Kampf, rechtes Gedenken, rechte Konzentration."

„Ist aber, Ehrwürdige, der hohe achtteilige Weg zusammengesetzt oder nicht zusammengesetzt?" – „Der hohe achtteilige Weg ist zusammengesetzt, Freund Visakha."

„Sind nun, Ehrwürdige, in dem hohen achtteiligen Wege die drei Stücke [des Heilspfades] einbegriffen, oder ist in den drei Stücken [des Heilspfades] der hohe achtteilige Weg einbegriffen?“ – „Nicht sind, Freund Visakha, in dem hohen achtteiligen Wege die drei Stücke [des Heilspfades] einbegriffen, einbegriffen ist vielmehr der hohe achtteilige Weg in den drei Stücken [des Heilspfades], Freund Visakha. Und zwar, Freund Visakha, sind rechtes Reden, rechtes Handeln, rechte Lebensführung die in dem Stück der sittlichen Zucht einbegriffenen Dinge; rechter Kampf, rechtes Gedenken, rechte Konzentration sind die in dem Stück der Konzentration einbegriffenen Dinge; rechte Anschauung und rechte Gesinnung sind die in dem Stück der Erkenntnis einbegriffenen Dinge.“

„Was aber, Ehrwürdige, ist Konzentration, was sind die Vorstellungsbilder in der Konzentration, was die Erfordernisse zur Konzentration und was die Entfaltung der Konzentration?“ – „Das in einem Aufgehen des Geistes, Freund Visakha, das ist Konzentration; die vier grundlegenden Betrachtungen sind die Vorstellungsbilder in der Konzentration; die vier großen Kämpfe sind die Erfordernisse zur Konzentration, und die Pflege, Entfaltung, Steigerung dieser Dinge, das ist hier die Entfaltung der Konzentration.“

„Wieviel (Arten von) Prozessen gibt es nun aber, Ehrwürdige?“ – „Diese drei (Arten von) Prozessen gibt es, Freund Visakha: körperlichen Prozeß, sprachlichen Prozeß, geistigen Prozeß.“

„Was ist denn aber, Ehrwürdige, körperlicher Prozeß, was sprachlicher Prozeß, was geistiger Prozeß?“ – „Einatmen und Ausatmen, Freund Visakha, ist körperlicher Prozeß, Erwägen und Überlegen ist sprachlicher Prozeß, Wahrnehmen und Empfinden ist geistiger Prozeß.“

„Warum ist aber, Ehrwürdige, Einatmen und Ausatmen körperlicher Prozeß, warum ist Erwägen und Überlegen sprachlicher Prozeß, warum ist Wahrnehmen und Empfinden geistiger Prozeß?“ – „Einatmen und Ausatmen, Freund Visakha, sind körperliche Zustände, an den Körper gebunden; darum ist

Einatmen und Ausatmen körperlicher Prozeß. Was man, Freund Visakha, zuvor erwogen und überlegt hat, das zergliedert man nachher in Worte; darum ist Erwägen und Überlegen sprachlicher Prozeß. Wahrnehmen und Empfinden sind geistige Zustände, an den Geist gebunden; darum ist Wahrnehmen und Empfinden geistiger Prozeß."

„Wie kommt nun, Ehrwürdige, die Erreichung der Aufhebung von Wahrnehmung und Empfindung zustande?" – „Das ist nicht so, Freund Visakha, daß einem Mönch, der die Aufhebung von Wahrnehmung und Empfindung erreicht, der Gedanke käme: ‚Ich werde die Aufhebung von Wahrnehmung und Empfindung erreichen', oder: ‚Ich erreiche die Aufhebung von Wahrnehmung und Empfindung', oder: ‚Ich habe die Aufhebung von Wahrnehmung und Empfindung erreicht'; vielmehr ist sein Geist vorher derartig ausgebildet, daß er ihn einem solchen Zustande annähert."

„Wenn nun aber, Ehrwürdige, ein Mönch die Aufhebung von Wahrnehmung und Empfindung erreicht, welche Zustände schwinden da zuerst: körperlicher Prozeß, sprachlicher Prozeß oder geistiger Prozeß?" – „Freund Visakha, wenn ein Mönch die Aufhebung von Wahrnehmung und Empfindung erreicht, schwindet zuerst der sprachliche Prozeß, demnächst der körperliche Prozeß, alsdann der geistige Prozeß."

„Wie kommt aber, Ehrwürdige, das Heraustreten aus der Aufhebung von Wahrnehmung und Empfindung zustande?"

„Das ist nicht so, Freund Visakha, daß einem Mönch, der aus der Aufhebung von Wahrnehmung und Empfindung heraustritt, der Gedanke käme: ‚Ich werde aus der Aufhebung von Wahrnehmung und Empfindung heraustreten', oder: ‚Ich trete aus der Aufhebung von Wahrnehmung und Empfindung heraus', oder: ‚Ich bin aus der Aufhebung von Wahrnehmung und Empfindung herausgetreten'; vielmehr ist sein Geist vorher derartig ausgebildet, daß er ihn einem solchen Zustande annähert."

„Wenn nun aber, Ehrwürdige, ein Mönch aus der Aufhebung von Wahrnehmung und Empfindung heraustritt, welche Zustände stellen sich da zuerst ein: körperlicher Prozeß, sprachlicher Prozeß oder geistiger Prozeß?“ – „Freund Visakha, wenn ein Mönch aus der Aufhebung von Wahrnehmung und Empfindung heraustritt, stellt sich zuerst der geistige Prozeß ein, demnächst der körperliche Prozeß, alsdann der sprachliche Prozeß.“

„Wie viele Eindrücke aber, Ehrwürdige, erfährt ein Mönch, wenn er aus der Aufhebung von Wahrnehmung und Empfindung heraustritt?“ – „Freund Visakha, wenn ein Mönch aus der Aufhebung von Wahrnehmung und Empfindung heraustritt, erfährt er drei Eindrücke: den Eindruck der Leere, den Eindruck des Fehlens von Vorstellungsbildern, den Eindruck der Wunschlosigkeit.“

„Wenn nun, Ehrwürdige, ein Mönch aus der Aufhebung von Wahrnehmung und Empfindung heraustritt, wohin vertieft sich, wohin neigt sich, wohin weitet sich sein Geist?“ – „Freund Visakha, wenn ein Mönch aus der Aufhebung von Wahrnehmung und Empfindung heraustritt, vertieft sich sein Geist zur Abgeschiedenheit, neigt sich zur Abgeschiedenheit, weitet sich zur Abgeschiedenheit.“

„Wieviele Empfindungen gibt es denn, Ehrwürdige?“ – „Diese drei Empfindungen gibt es, Freund Visakha: wohlige Empfindung, leidige Empfindung, weder leidige noch wohlige Empfindung.“

„Was aber, Ehrwürdige, ist wohlige Empfindung, was leidige Empfindung, was weder leidige noch wohlige Empfindung?“ – „Körperliches oder geistiges Wohl, Freund Visakha, das als Lust empfunden wird, das ist wohlige Empfindung, Körperliches oder geistiges Leid, Freund Visakha, das als Unlust empfunden wird, das ist leidige Empfindung. Und was da, Freund Visakha, körperlich oder geistig weder als Lust noch als Unlust empfunden wird, das ist weder leidige noch wohlige Empfindung.“

„Inwieweit nun, Ehrwürdige, ist wohlige Empfindung wohlig, inwieweit leidig; inwieweit ist leidige Empfindung leidig, inwieweit wohlig, und inwieweit ist die weder leidige noch wohlige Empfindung wohlig, inwieweit leidig?“ – „Die wohlige Empfindung, Freund Visakha, ist wohlig in ihrem Bestehen, leidig im Anderswerden; die leidige Empfindung ist leidig in ihrem Bestehen, wohlig im Anderswerden; die weder leidige noch wohlige Empfindung ist im Wissen wohlig, im Nichtwissen leidig.“

„Welcher Hang aber, Ehrwürdige, haftet der wohligen Empfindung an; welcher Hang haftet der leidigen Empfindung an; welcher Hang haftet der weder leidigen noch wohligen Empfindung an?“ – „Der wohligen Empfindung, Freund Visakha, haftet der Hang zur Begier an; der leidigen Empfindung haftet der Hang zum Widerstreit an; der weder leidigen noch wohligen Empfindung haftet der Hang zum Nichtwissen an.“

„Haftet denn nun, Ehrwürdige, jeder wohligen Empfindung der Hang zur Begier an; haftet jeder leidigen Empfindung der Hang zum Widerstreit an; haftet jeder weder leidigen noch wohligen Empfindung der Hang zum Nichtwissen an?“ „Nicht jeder wohligen Empfindung, Freund Visakha, haftet der Hang zur Begier an; nicht jeder leidigen Empfindung haftet der Hang zum Widerstreit an; nicht jeder weder leidigen noch wohligen Empfindung haftet der Hang zum Nichtwissen an.“

„Was aber, Ehrwürdige, hat man bei der wohligen Empfindung aufzugeben, was hat man bei der leidigen Empfindung aufzugeben, was hat man bei der weder leidigen noch wohligen Empfindung aufzugeben?“ – „Bei der wohligen Empfindung, Freund Visakha, hat man den Hang zur Begier aufzugeben; bei der leidigen Empfindung hat man den Hang zum Widerstreit aufzugeben; bei der weder leidigen noch wohligen Empfindung hat man den Hang zum Nichtwissen aufzugeben.“

„Hat man denn, Ehrwürdige, bei jeder wohligen Empfindung den Hang zur Begier aufzugeben, hat man bei jeder leidigen Empfindung den Hang zum Widerstreit aufzugeben, hat man bei jeder weder leidigen noch wohligen Empfindung den Hang zum Nichtwissen aufzugeben?“ – „Nicht bei jeder wohligen Empfindung, Freund Visakha, hat man den Hang zur Begier aufzugeben; nicht bei jeder leidigen Empfindung hat man den Hang zum Widerstreit aufzugeben; nicht bei jeder weder leidigen noch wohligen Empfindung hat man den Hang zum Nichtwissen aufzugeben. Die Sache liegt im konkreten Falle so, Freund Visakha: Abgeschieden ganz von den Sinnengenüssen, abgeschieden von den unheilsamen Dingen ist ein Mönch in die mit Denken und Erwägen verbundene, in der Abgeschiedenheit entstandene, von hoher Freude und Glück erfüllte *erste Versenkung* eingetreten und verharrt darin; in dem Zustande gibt er die Begier auf, der Hang zur Begier haftet dort nicht. In einem andern Falle, Freund Visakha, überlegt ein Mönch bei sich also: Wann werde ich doch nur in jenes Gebiet eintreten und darin verweilen, in das die Edlen jetzt eingetreten sind und in dem sie verweilen?‘ Während er in solchen Gedanken die Sehnsucht nach den allerhöchsten Loslösungen entstehen läßt, stellt sich, infolge der Sehnsucht, Traurigkeit ein; in dem Zustande gibt er den Hang zum Widerstreit auf, der Hang zum Widerstreit haftet dort nicht. Wieder in einem andern Falle, Freund Visakha, ist ein Mönch nach dem Aufgeben von Freud’ und Leid, nach dem Verschwinden früheren Frohsinns und Trübsinns in die schmerzfreie, lustfreie *vierte Versenkung*, wo Gleichmut und klares Gedenken in voller Reinheit bestehen, eingetreten und verharrt darin; in dem Zustande gibt er das Nichtwissen auf, der Hang zum Nichtwissen haftet dort nicht.“

„Was ist aber, Ehrwürdige, das Gegenstück zur wohligen Empfindung?“ – „Das Gegenstück zur wohligen Empfindung, Freund Visakha, ist die leidige Empfindung.“

„Was ist aber, Ehrwürdige, das Gegenstück zur leidigen Empfindung?" – „Das Gegenstück zur leidigen Empfindung, Freund Visakha, ist die wohlige Empfindung."

„Was ist aber, Ehrwürdige, das Gegenstück zu der weder leidigen noch wohligen Empfindung?" – „Das Gegenstück zu der weder leidigen noch wohligen Empfindung, Freund Visakha, ist das Nichtwissen."

„Was ist aber, Ehrwürdige, das Gegenstück zum Nichtwissen?" – „Das Gegenstück zum Nichtwissen, Freund Visakha, ist das Wissen."

„Was aber, Ehrwürdige, ist das Gegenstück zum Wissen?"

„Das Gegenstück zum Wissen, Freund Visakha, ist die Erlösung."

„Was aber, Ehrwürdige, ist das Gegenstück zur Erlösung?" – „Das Gegenstück zur Erlösung, Freund Visakha, ist das Nirvana."

„Was aber, Ehrwürdige, ist das Gegenstück zum Nirvana?" – „Überschritten hast du, Freund, Visakha, das Fragen; du vermochtest nicht die Grenze der Fragen zu erfassen. Auf Nirvana bezieht sich ja der heilige Wandel, Freund Visakha, Nirvana ist sein Ziel, Nirvana sein Abschluß. Solltest du aber im Zweifel sein, Freund Visakha, so gehe zum Erhabenen und befrage ihn in dieser Sache, und wie der Erhabene sie dir erklärt, so mögest du sie behalten."

Da gab der Laienjünger Visakha seiner Freude und seinem Dank über die Worte der Nonne Dhammadinna Ausdruck, dann erhob er sich von seinem Sitz, grüßte die Nonne Dhammadinna ehrerbietig, umwandelte sie rechter Hand und begab sich zum Erhabenen, begrüßte den Erhabenen ehrfurchtsvoll und setzte sich ihm zur Seite nieder. Und dem Erhabenen berichtete nun der Laienjünger Visakha, der ihm zur Seite saß, die ganze Unterredung mit der Nonne Dhammadinna, wie sie stattgefunden hatte. Auf die Worte des Laienjüngers Visakha hin sprach der Erhabene also: „Wissend, Visakha, ist die Nonne Dhammadinna, sehr weise, Visakha, ist die Nonne Dhammadinna. Wenn du, Visakha, in dieser Sache mich befragen würdest, so würde ich sie dir genau so erklären, wie die Nonne Dhammadinna sie dir erklärt hat; eben dies ist der Sinn der Sache, und so mögest du ihn behalten.“

Also sprach der Erhabene; beglückten Herzens stimmte der Laienjünger Visakha den Worten des Erhabenen mit freudigem Danke zu.

124. Derselbe oder ein anderer?

Samy. XII, 46.

Der Erhabene weilte bei Savatthi. Da begab sich ein Brahmane zum Erhabenen, tauschte mit dem Erhabenen die herkömmliche höfliche Begrüßung aus und setzte sich nach vollzogener Begrüßung ihm zur Seite nieder. Zum Erhabenen sprach nun jener Brahmane, der ihm zur Seite saß, also:

‚Wie verhält sich das, Herr Gautama: Empfängt derselbe, der handelt, die Wiedervergeltung?‘

„‚Derselbe, der handelt, empfängt die Wiedervergeltung‘, – dies, Brahmane, ist ein Extrem.“

‚Wie also, Herr Gautama: So empfängt ein anderer, als der, welcher handelt, die Wiedervergeltung?‘

„‚Ein anderer als der, welcher handelt, empfängt die Wiedervergeltung‘, – dies, Brahmane, ist ein anderes Extrem. Diese beiden Extreme, Brahmane, hat der Vollendete vermieden, und er verkündet die in der Mitte stehende Lehre: Durch Nichtwissen bedingt sind die organischen Prozesse, durch organische Prozesse bedingt ist das Bewußtsein ... [usw. wie in dem Text Nr. 26 bis:] Solcherart ist der Ursprung dieser gesamten Leidens-Masse. Aber auf der spurlosen, restlosen Aufhebung des Nichtwissens beruht die Aufhebung der organischen Prozesse, auf der spurlosen, restlosen Aufhebung der organischen Prozesse die Aufhebung des Bewußtseins ... [usw. wie in dem Text Nr. 26 bis:] Solcherart ist die Aufhebung dieser gesamten Leidens-Masse.“

125. Ist alles?

Samy. XII, 47.

... Zum Erhabenen sprach der Brahmane Janussoni, der ihm zur Seite saß, also:

‚Wie verhält sich das, Herr Gautama: *Ist* alles?‘

„ ‚Alles *ist* ‘, – dies, Brahmane, ist *ein* Extrem.“

‚Wie also, Herr Gautama: Alles *ist nicht*?‘

„Alles *ist nicht* ‘, – dies, Brahmane, ist ein anderes Extrem. Diese beiden Extreme, Brahmane, hat der Vollendete vermieden, und er verkündet die in der Mitte stehende Lehre: Durch Nichtwissen bedingt sind die organischen Prozesse ... “ [usw. wie im vorigen Sutta].

126. Falsch und richtig gestellte Fragen.

Samy. XII, 12.

Der Erhabene weilte bei Savatthi.

„Folgende vier ‚Nahrungen‘, ihr Mönche, dienen den entstandenen Wesen zum Fortbestehen oder den der Geburt zustrebenden als Stützpunkt. Welche vier? Materielle Nahrung, grob oder fein; zweitens Berührung; drittens Denken und Überlegung; viertens Bewußtsein. Diese vier ‚Nahrungen‘ also, ihr Mönche, dienen den entstandenen Wesen zum Fortbestehen und den der Geburt zustrebenden als Stützpunkt.“

Nach diesen Worten sprach der ehrwürdige Moliya-Phagguna zum Erhabenen also:

‚Herr, wer genießt denn nun die Bewußtseins-Nahrung?‘

„Die Frage ist nicht richtig gestellt“, sprach der Erhabene. „Nicht sage ich, daß *jemand* genießt. Sagte ich freilich, daß *jemand* genießt, dann wäre die Frage: ‚Wer, Herr, genießt?‘ richtig gestellt. Ich aber sage nicht so etwas. Würde dagegen jemand mich, der ich so etwas nicht sage, fragen: ‚Wozu, Herr, dient die Bewußtseins-Nahrung?‘ – so wäre diese Frage richtig gestellt, und die richtige Antwort darauf würde lauten: Die Bewußtseins-Nahrung ist die Bedingung für die Wiedergeburt zu einem neuen Werden in der Zukunft. Wenn das eingetreten ist, dann ist das sechsfache Gebiet da, und durch das sechsfache Gebiet bedingt ist die Berührung."

'*Wer* aber, Herr, hat Berührung?'

„Die Frage ist nicht richtig gestellt", sprach der Erhabene. „Nicht sage ich, daß *jemand* Berührung hat. Sagte ich freilich, daß *jemand* Berührung hat, dann wäre die Frage: 'Herr, *wer* hat Berührung?' richtig gestellt. Ich aber sage nicht so etwas. Würde dagegen jemand mich, der ich so etwas nicht sage, fragen: 'Durch was, Herr, ist die Berührung bedingt?' – so wäre diese Frage richtig gestellt, und die richtige Antwort darauf würde lauten: Durch das sechsfache Gebiet bedingt ist die Berührung, und durch die Berührung bedingt ist die Empfindung."

'*Wer* aber, Herr, hat Empfindung?'

„Die Frage ist nicht richtig gestellt", sprach der Erhabene. „Nicht sage ich, daß *jemand* Empfindung hat. Sagte ich freilich, daß *jemand* Empfindung hat, dann wäre die Frage: 'Herr, *wer* hat Empfindung?' richtig gestellt. Ich aber sage nicht so etwas. Würde dagegen jemand mich, der ich so etwas nicht sage, fragen: 'Durch was, Herr, ist die Empfindung bedingt?' – so wäre diese Frage richtig gestellt, und die richtige Antwort darauf würde lauten: Durch die Berührung bedingt ist die Empfindung, und durch die Empfindung bedingt ist der 'Durst'."

'*Wer* aber, Herr, ist vom „Durst" erfüllt?'

„Die Frage ist nicht richtig gestellt", sprach der Erhabene. „Nicht sage ich, daß *jemand* von Durst erfüllt ist. Sagte ich freilich, daß *jemand* von Durst erfüllt ist, dann wäre die Frage: 'Herr, *wer* ist vom Durst erfüllt?' richtig gestellt. Ich aber sage nicht so etwas. Würde dagegen jemand mich, der ich so etwas nicht sage, fragen: 'Durch was, Herr, ist der Durst bedingt?', – so wäre diese Frage richtig gestellt, und die richtige Antwort darauf würde lauten: 'Durch die Empfindung bedingt ist der 'Durst', und durch den 'Durst' bedingt ist das Anhaften."

,*Wer* aber, Herr, haftet?'

„Die Frage ist nicht richtig gestellt", sprach der Erhabene. „Nicht sage ich, daß *jemand* haftet. Sagte ich freilich, daß *jemand* haftet, dann wäre die Frage: ,Herr, *wer* haftet?' richtig gestellt. Ich aber sage nicht so etwas. Würde dagegen jemand mich, der ich so etwas nicht sage, fragen: ,Durch was, Herr, ist das Haften bedingt?', so wäre diese Frage richtig gestellt und die richtige Antwort darauf würde lauten: Durch den ,Durst' bedingt ist das Haften, durch das Haften bedingt ist das Werden, durch das Werden bedingt ist die Geburt, durch die Geburt bedingt sind Alter und Tod, Kummer, Jammer, Schmerz, Gram und Verzweiflung. Solcherart ist der Ursprung dieser gesamten Leidens-Masse.

Aber auf der spurlosen, restlosen Aufhebung des sechsfachen Berührungs-Gebietes, Phagguna, beruht die Aufhebung der Berührung, auf der Aufhebung der Berührung die Aufhebung der Empfindung, auf der Aufhebung der Empfindung die Aufhebung des Durstes, auf der Aufhebung des Durstes die Aufhebung des Anhaftens, auf der Aufhebung des Anhaftens die Aufhebung des Werdens, auf der Aufhebung des Werdens die Aufhebung der Geburt, infolge der Aufhebung der Geburt werden Alter und Tod, Kummer, Jammer, Schmerz, Gram und Verzweiflung aufgehoben. Solcherart ist die Aufhebung dieser gesamten Leidens-Masse."

127. Erklärung der Formel des ,Bedingten Entstehens'.

Digh. XV (Maha-Nidana-Sutta 1-22).

1. So hab' ich es gehört: Einst weilte der Erhabene im Kuru-Lande Kammassadhamma. Und der ehrwürdige Ananda begab sich zum Erhabenen, begrüßte den Erhabenen ehrfurchtsvoll und setzte sich ihm zur Seite nieder. Zum Erhabenen sprach nun der ehrwürdige Ananda, der ihm zur Seite saß, also:

,Erstaunlich, Herr, wunderbar, Herr! Obwohl, Herr, dieses ,bedingte Entstehen', so gar tief, und seine Erscheinungsform so tief ist, habe ich es doch so klar erkannt, wie es nur möglich ist.'

„Sprich nicht so, Ananda; gar tief, Ananda, ist dieses ‚bedingte Entstehen' und gar tief ist seine Erscheinungsform. Infolge des Nichtverstehens, Nichtdurchdringens eben dieser Lehre, Ananda, gleicht dieses Geschlecht einem verknoteten Seil, einem verstrickenden Gewebe, oder dem Munja-Gras und Babbaja-Gras, und entrinnt nicht dem Abweg, dem schlimmen Weg, den Stätten des Leidens, dem Lauf der Geburten.

2. Wenn, Ananda, die Frage gestellt würde: ‚Sind Alter und Tod durch irgend etwas bedingt?' – so wäre zu antworten: ‚Ja, sie sind bedingt.' Und wenn gefragt würde: ‚Durch was sind Alter und Tod bedingt?' – so wäre zu antworten: ‚Durch die Geburt bedingt sind Alter und Tod.'

Wenn, Ananda, die Frage gestellt würde: ‚Ist die Geburt durch irgend etwas bedingt?' – so wäre zu antworten: ‚Ja, sie ist bedingt.' Und wenn gefragt würde: ‚Durch was ist die Geburt bedingt?' – so wäre zu antworten: ‚Durch das Werden bedingt ist die Geburt.'

Wenn, Ananda, die Frage gestellt würde: ‚Ist das Werden durch irgend etwas bedingt?' – so wäre zu antworten: ‚Ja, es ist bedingt.' Und wenn gefragt würde: ‚Durch was ist das Werden bedingt?' – so wäre zu antworten: ‚Durch das Anhaften bedingt ist das Werden.'

Wenn, Ananda, die Frage gestellt würde: ‚Ist das Anhaften durch irgend etwas bedingt?' – so wäre zu antworten: ‚Ja, es ist bedingt.' Und wenn gefragt würde: ‚Durch was ist das Anhaften bedingt?' – so wäre zu antworten: ‚Durch den „Durst" bedingt ist das Anhaften.'

Wenn, Ananda, die Frage gestellt würde: ‚Ist der ‚Durst' durch irgend etwas bedingt?' – so wäre zu antworten: ‚Ja, er ist bedingt.' Und wenn gefragt würde: ‚Durch was ist der ‚Durst' bedingt?' – so wäre zu antworten: ‚Durch die Empfindung bedingt ist der Durst.'

Wenn, Ananda, die Frage gestellt würde: ‚Ist die Empfindung durch irgend etwas bedingt?' – so wäre zu antworten: ‚Ja, sie ist bedingt.' Und wenn gefragt würde: ‚Durch was ist die Empfindung bedingt?' – so wäre zu antworten: ‚Durch die Berührung bedingt ist die Empfindung.'

Wenn, Ananda, die Frage gestellt würde: ‚Ist die Berührung durch irgend etwas bedingt?' – so wäre zu antworten: ‚Ja, sie ist bedingt.' Und wenn gefragt würde: ‚Durch was ist die Berührung bedingt?' – so wäre zu antworten: ‚Durch Name-und-Form bedingt ist die Berührung.'

Wenn, Ananda, die Frage gestellt würde: ‚Ist Name-und-Form durch irgend etwas bedingt?' – so wäre zu antworten: ‚Ja, es ist bedingt.' Und wenn gefragt würde: ‚Durch was ist Name-und-Form bedingt?' – so wäre zu antworten: ‚Durch das Bewußtsein bedingt ist Name-und-Form.'

Wenn, Ananda, die Frage gestellt würde: ‚Ist das Bewußtsein durch irgend etwas bedingt?' – so wäre zu antworten: ‚Ja, es ist bedingt.' Und wenn gefragt würde: ‚Durch was ist das Bewußtsein bedingt?' – so wäre zu antworten: ‚Durch Name-und-Form bedingt ist das Bewußtsein.'

3. So ist also, Ananda, durch Name-und-Form das Bewußtsein bedingt; durch das Bewußtsein ist Name-und-Form bedingt; durch Name-und-Form ist die Berührung bedingt; durch die Berührung ist die Empfindung bedingt; durch die Empfindung ist der ‚Durst' bedingt; durch den ‚Durst' ist das Anhaften bedingt; durch das Anhaften ist das Werden bedingt; durch das Werden ist die Geburt bedingt; durch die Geburt ist Alter und Tod bedingt; [durch Alter und Tod bedingt entsteht] Kummer, Jammer, Schmerz, Gram und Verzweiflung. Solcherart ist der Ursprung dieser gesamten Leidens-Masse.

4. Ich habe gesagt: Durch die Geburt bedingt ist Alter und Tod. Und dies, Ananda, daß durch Geburt Alter und Tod bedingt ist, ist in folgendem Sinne zu verstehen: Angenommen, Ananda, daß überhaupt und durchweg keine Geburt von ir-

gend etwas stattfände, so zum Beispiel von Devas zum Deva-Sein oder von Gandhabbas zum Gandhabba-Sein oder von Yakkhas zum Yakkha-Sein oder von Geistern zum Geister-Sein oder von Menschen zum Menschen-Sein oder von Vierfüßlern zum Vierfüßler-Sein oder von Vögeln zum Vogel-Sein oder von Kriechtieren zum Kriechtier-Sein, – angenommen also, Ananda, es fände eine Geburt aller dieser Wesen zu ihrem Dasein *nicht* statt, würde da etwa, bei dem gänzlichen Fehlen der Geburt, aufgrund der Aufhebung der Geburt, irgendwie Alter und Tod wahrzunehmen sein?"

‚Gewiß nicht, Herr.'

„Somit ist dies, Ananda, die Ursache, der Ursprung, die Entstehung, die Abhängigkeit des Alters und Todes, nämlich die *Geburt*.

5. Ich habe gesagt: Durch das Werden bedingt ist die Geburt. Und dies, Ananda, daß durch das Werden die Geburt bedingt ist, ist in folgendem Sinne zu verstehen: Angenommen, Ananda, daß überhaupt und durchweg kein Werden von irgend etwas stattfände, das will sagen, kein Werden in der Sinnenlust-Welt, kein Werden in der Form-Welt, kein Werden in der Nicht-Form-Welt, – würde da etwa bei dem gänzlichen Fehlen des Werdens, aufgrund der Aufhebung des Werdens, irgendwie Geburt wahrzunehmen sein?"

‚Gewiß nicht, Herr.'

„Somit ist dies, Ananda, die Ursache, der Ursprung, die Entstehung, die Abhängigkeit der Geburt, nämlich das *Werden*.

6. Ich habe gesagt: Durch das Anhaften bedingt ist das Werden. Und dies, Ananda, daß durch das Anhaften das Werden bedingt ist, ist in folgendem Sinne zu verstehen: Angenommen, Ananda, daß überhaupt und durchweg kein Anhaften irgendeines [Wesens] an irgend etwas bestünde, das will sagen, kein Haften an Sinnenlüsten, kein Haften an falschen Ansichten, kein Haften an rituellen Gebräuchen, kein Haften an der Lehre vom Ich, – würde da etwa, bei dem gänzlichen Feh-

len des Anhaftens, aufgrund der Aufhebung des Anhaftens, irgendwie ein Werden wahrzunehmen sein?"

,Gewiß nicht, Herr.'

„Somit ist dies, Ananda, die Ursache, der Ursprung, die Entstehung, die Abhängigkeit des Werdens, nämlich das *Anhaften.*

7. Ich habe gesagt: Durch den ,Durst' bedingt ist das Anhaften. Und dies, Ananda, daß durch den ,Durst' das Anhaften bedingt ist, ist in folgendem Sinne zu verstehen: Angenommen, Ananda, daß überhaupt und durchweg kein ,Durst' irgendeines [Wesens] nach irgend etwas bestünde, das will sagen, kein Durst nach körperlichen Formen, kein Durst nach Tönen, kein Durst nach Gerüchen, kein Durst nach Säften, kein Durst nach Tastungen, kein Durst nach Denkobjekten, – würde da etwa, bei dem gänzlichen Fehlen des Durstes, aufgrund der Aufhebung des Durstes, irgendwie ein Anhaften wahrzunehmen sein?"

,Gewiß nicht, Herr.'

„Somit ist dies, Ananda, die Ursache, der Ursprung, die Entstehung, die Abhängigkeit des Anhaftens, nämlich der *,Durst'*.

8. Ich habe gesagt: Durch die Empfindung bedingt ist der Durst. Und dies, Ananda, daß durch die Empfindung der Durst bedingt ist, ist in folgendem Sinne zu verstehen: Angenommen, Ananda, daß überhaupt und durchweg keine Empfindung irgendeines [Wesens] von irgend etwas stattfände, das will sagen, keine aus der Seh-Berührung entstandene Empfindung, keine aus der Hör-Berührung entstandene Empfindung, keine aus der Riech-Berührung entstandene Empfindung, keine aus der Schmeck-Berührung entstandene Empfindung, keine aus der Tast-Berührung entstandene Empfindung, keine aus der Denk-Berührung entstandene Empfindung, – würde da etwa, bei dem gänzlichen Fehlen der Empfindung, aufgrund der Aufhebung der Empfindung, irgendwie ein ,Durst' wahrzunehmen sein?"

‚Gewiß nicht, Herr.'

„Somit ist dies, Ananda, die Ursache, der Ursprung, die Entstehung, die Abhängigkeit des Durstes, nämlich die *Empfindung*. ...

19. Ich habe gesagt: Durch die Berührung bedingt ist die Empfindung. Und dies, Ananda, daß durch die Berührung die Empfindung bedingt ist, ist in folgendem Sinne zu verstehen: Angenommen, Ananda, daß überhaupt und durchweg keine Berührung irgendeines [Wesens] mit irgend etwas stattfände, das will sagen, keine Seh-Berührung, keine Hör-Berührung, keine Riech-Berührung, keine Schmeck-Berührung, keine Tast-Berührung, keine Denk-Berührung, – würde da etwa, bei dem gänzlichen Fehlen der Berührung, aufgrund der Aufhebung der Berührung, irgendwie eine Empfindung wahrzunehmen sein?"

‚Gewiß nicht, Herr.'

„Somit ist dies, Ananda, die Ursache, der Ursprung, die Entstehung, die Abhängigkeit der Empfindung, nämlich die *Berührung*.

20. Ich habe gesagt: Durch Name-und-Form bedingt ist die Berührung. Und dies, Ananda, daß durch Name-und-Form die Berührung bedingt ist, ist in folgendem Sinne zu verstehen: Angenommen, Ananda, daß jene Erscheinungen jene Merkmale, jene Kennzeichen, jene Äußerungen, durch welche der Komplex der inneren Phänomene sich offenbart, nicht vorhanden wären, – würde da etwa, bei dem Fehlen jener Erscheinungen, Merkmale, Kennzeichen und Äußerungen, ein entsprechender Wort-Eindruck in der körperlichen Form, wahrzunehmen sein?"

‚Gewiß nicht, Herr.'

„Angenommen, Ananda, daß jene Erscheinungen, jene Merkmale, jene Kennzeichen, jene Äußerungen, durch welche der Komplex des Körpers sich offenbart, nicht vorhanden wären, würde da etwa, bei dem Fehlen jener Erscheinungen,

Merkmale, Kennzeichen und Äußerungen, ein Sinnes-Eindruck in dem Komplex der inneren Phänomene wahrzunehmen sein?"

'Gewiß nicht, Herr.'

„Angenommen, Ananda, daß jene Erscheinungen, jene Merkmale, jene Kennzeichen, jene Äußerungen, durch welche der Komplex der inneren Phänomene und die körperliche Form sich offenbaren, nicht vorhanden wären, – würde da etwa, bei dem Fehlen jener Erscheinungen, Merkmale, Kennzeichen und Äußerungen ein Wort-Eindruck oder ein Sinnes-Eindruck wahrzunehmen sein?"

'Gewiß nicht, Herr.'

„Angenommen, Ananda, daß jene Erscheinungen, jene Merkmale, jene Kennzeichen, jene Äußerungen, durch welche Name-und-Form sich offenbart, nicht vorhanden wären, – würde da etwa, bei dem Fehlen jener Erscheinungen, Merkmale, Kennzeichen und Äußerungen, eine Berührung wahrzunehmen sein?"

'Gewiß nicht, Herr.'

„Somit ist dies, Ananda, die Ursache, der Ursprung, die Entstehung, die Abhängigkeit der Berührung, nämlich *Name-und-Form*.

21. Ich habe gesagt: Durch das Bewußtsein bedingt ist Name-und-Form. Und dies, Ananda, daß durch Bewußtsein Name-und-Form bedingt ist, ist in folgendem Sinne zu verstehen: Angenommen, Ananda, daß das Bewußtsein nicht in den Mutterschoß hinabstiege, – würde sich da in dem Mutterschoß Name-und-Form herausbilden?"

'Gewiß nicht, Herr.'

„Angenommen, Ananda, daß das Bewußtsein, nachdem es in den Mutterschoß hinabgestiegen ist, wieder verschwände, – würde da etwa Name-und-Form zu dem bevorstehenden Dasein geboren werden?"

'Gewiß nicht, Herr.'

„Angenommen, Ananda, daß das Bewußtsein eines Kindes, sei es nun Knabe oder Mädchen, ausgerottet würde, – würde da Name-und-Form zum Wachstum, zur Entfaltung und Entwicklung gelangen?"

‚Gewiß nicht, Herr.'

„Somit ist dies, Ananda, die Ursache, der Ursprung, die Entstehung, die Abhängigkeit von Name-und-Form, nämlich das *Bewußtsein*.

22. Ich habe gesagt: Durch Name-und-Form bedingt ist das Bewußtsein. Und dies, Ananda, daß durch Name-und-Form das Bewußtsein bedingt ist, ist in folgendem Sinne zu verstehen: Angenommen, Ananda, daß das Bewußtsein in Name-und-Form keinen Standort gewonnen hätte, – würde da etwa Entstehung und Ursprung eines künftigen Geborenwerdens, Alterns, Sterbens und Leidens wahrzunehmen sein?"

‚Gewiß nicht, Herr.'

Somit ist dies, Ananda, die Ursache, der Ursprung, die Entstehung, die Abhängigkeit des Bewußtseins, nämlich Name-und-Form.

„Insofern also, Ananda, einer geboren wird oder altert oder stirbt oder vergeht oder entsteht, nur insoweit gibt es einen Pfad der Worte, einen Pfad der Erklärungen, einen Pfad des Offenbarwerdens, einen Pfad des Erkennens, nur insoweit dreht sich das Rad, um sich in der gegenwärtigen Lebensform zu offenbaren, – und das ist Name-und-Form mitsamt dem Bewußtsein."

128. Rechte Anschauung als der Pfad der Mitte.

Samy. XII, 15.

Der Erhabene weilte bei Savatthi. Und es begab sich der ehrwürdige Kaccayanagotta zum Erhabenen usw. Zum Erhabenen sprach nun der ehrwürdige Kaccayanagotta, der ihm zur Seite saß, also:

‚Rechte Anschauung, rechte Anschauung, so sagt man, o Herr. Inwiefern, Herr, besteht rechte Anschauung?‘

„Im allgemeinen, Kaccayana, ist diese Welt einer von den zwei Ansichten ergeben: der Ansicht des ‚Es ist‘ oder der Ansicht des ‚Es ist nicht‘.

Wer aber, Kaccayana, der Wirklichkeit gemäß in rechter Weisheit die Entstehung der Welt sieht, für den besteht nicht die Ansicht des ‚Es ist nicht‘. Und wer, Kaccayana, der Wirklichkeit gemäß in rechter Weisheit die Aufhebung der Welt sieht, für den besteht nicht die Ansicht des ‚Es ist‘.

Im allgemeinen, Kaccayana, ist diese Welt an ein Suchen, Haften und Anhangen gebunden; aber ein solcher [Jünger] verfällt nicht diesem Suchen und Haften, dieser Festlegung und begehrlichen Neigung des Denkens, noch versteift er sich auf die Vorstellung: ‚Das Ich gehört mir nicht an.‘ Und er zweifelt und schwankt nicht, daß Leiden entsteht, wo etwas entsteht, und Leiden vergeht, wo etwas vergeht, und solche Erkenntnis kommt ihm von keinem andern außer ihm selbst. Insofern, Kaccayana, besteht rechte Anschauung.

‚Alles *ist* ‘, – dies, Kaccayana, ist das eine Extrem. ‚Alles *ist nicht* ‘, dies ist das andere Extrem. Diese beiden Extreme, Kaccayana, hat der Vollendete vermieden, und er verkündet die in der Mitte liegende Lehre:

‚Durch Nichtwissen bedingt sind die organischen Prozesse; durch die organischen Prozesse bedingt ist das Bewußtsein‘“ ... [usw.; Formel des Paticcasamuppada in fortlaufender und rücklaufender Richtung, wie in dem Text Nr. 26.]

129. Falsche und richtig gestellte Fragen.

Samy. XII, 35.

1. Der Erhabene weilte bei Savatthi.

2. „Durch Nichtwissen bedingt, ihr Mönche, sind die organischen Prozesse; durch die organischen Prozesse bedingt ist

das Bewußtsein ... [usw. wie in dem Text Nr. 26 bis] ... Solcherart ist der Ursprung dieser gesamten Leidens-Masse."

3. ‚Was ist nun, Herr, Alter-und-Sterben, und wer hat dieses Alter und Sterben?'

„Die Frage ist nicht richtig gestellt", sprach der Erhabene. „Wenn, o Mönch, jemand spräche: ‚Was ist Alter-und-Sterben, und wer hat dieses Alter-und-Sterben?' – oder er spräche: ‚Ein anderes ist Alter-und-Sterben, als derjenige ist, der dieses Alter-und-Sterben hat', – so würde er dasselbe nur auf zweifach verschiedene Art ausdrücken. Wenn, o Mönch, die Ansicht besteht: ‚Dies das Leben, dies der Leib', – in diesem Falle ist der heilige Wandel unmöglich. Wenn, o Mönch, andererseits die Ansicht besteht: ‚Ein anderes ist das Leben, ein anderes der Leib', – auch in diesem Falle ist der heilige Wandel unmöglich. Diese beiden Extreme, o Mönch, hat der Vollendete vermieden, und er verkündet die in der Mitte liegende Lehre: ‚Durch die Geburt bedingt ist Alter-und-Sterben.'"

4. ‚Was ist nun, Herr, die Geburt, und wer hat diese Geburt?'

„Die Frage ist nicht richtig gestellt", sprach der Erhabene. „Wenn, o Mönch, jemand spräche: ‚Was ist die Geburt, und wer hat diese Geburt?' – oder er spräche: ‚Ein anderes ist die Geburt, als derjenige ist, der diese Geburt hat,' – so würde er dasselbe nur auf zweifach verschiedene Art ausdrücken. Wenn, o Mönch, die Ansicht besteht: ‚Dies das Leben, dies der Leib', – in diesem Falle ist der heilige Wandel unmöglich. Wenn, o Mönch, andererseits die Ansicht besteht: ‚Ein anderes ist das Leben, ein anderes der Leib', – auch in diesem Falle ist der heilige Wandel unmöglich. Diese beiden Extreme, o Mönch, hat der Vollendete vermieden, und er verkündet die in der Mitte liegende Lehre: ‚Durch das Werden bedingt ist die Geburt.'"

5. ‚Was ist nun, Herr, das Werden, und wer hat dieses Werden?'

„Die Frage ist nicht richtig gestellt", sprach der Erhabene. „Wenn, o Mönch, jemand spräche: ‚Was ist das Werden, und wer hat dieses Werden?' – oder er spräche: ‚Ein anderes ist das Werden, als derjenige ist, der dieses Werden hat,' so würde er dasselbe nur auf zweifach verschiedene Art ausdrücken. Wenn, o Mönch, die Ansicht besteht: ‚Dies das Leben, dies der Leib', – in diesem Falle ist der heilige Wandel unmöglich. Wenn, o Mönch, andererseits die Ansicht besteht: ‚Ein anderes ist das Leben, ein anderes der Leib', – auch in diesem Falle ist der heilige Wandel unmöglich. Diese beiden Extreme, o Mönch, hat der Vollendete vermieden, und er verkündet die in der Mitte liegende Lehre:

6. ‚Durch das Anhaften bedingt ist das Werden' ...

7. ‚Durch den „Durst" bedingt ist das Anhaften' ...

8. ‚Durch die Empfindung bedingt ist der „Durst"' ...

9. ‚Durch die Berührung bedingt ist die Empfindung' ...

10. ‚Durch das sechsfache Gebiet bedingt ist die Berührung' ...

11. ‚Durch Name-und-Form bedingt ist das sechsfache Gebiet' ...

12. ‚Durch das Bewußtsein bedingt ist Name-und-Form.'

13. ‚Durch die organischen Prozesse bedingt ist das Bewußtsein."'

14. ‚Was sind nun, Herr, die organischen Prozesse, und wer hat diese Prozesse?'

„Die Frage ist nicht richtig gestellt", sprach der Erhabene. „Wenn, o Mönch, jemand spräche: ‚Was sind die organischen Prozesse, und wer hat diese Prozesse?' – oder er spräche: ‚Ein anderes sind die organischen Prozesse, als derjenige ist, der diese Prozesse hat', – so würde er dasselbe nur auf zweifach verschiedene Art ausdrücken. Wenn, o Mönch, die Ansicht besteht: ‚Dies das Leben, dies der Leib', – in diesem Falle ist der heilige Wandel unmöglich. Wenn, o Mönch, andererseits die Ansicht besteht: ‚Ein anderes ist das Leben, ein anderes der Leib', – auch in diesem Falle ist der heilige Wandel unmöglich. Diese beiden Extreme, o Mönch, hat der Vollendete vermieden, und er verkündet die in der Mitte liegende Lehre: ‚Durch Nichtwissen bedingt sind die organischen Prozesse.'

Aber auf der spurlosen, restlosen Aufhebung des Nichtwissens, o Mönch, [beruht die Aufhebung] aller jener Ausflüchte, Puppenspiele, Schlupfwinkel und Ungewißheiten, [als da sind:]

15. ‚Was ist Alter-und-Sterben, und wer hat dieses Alter-und-Sterben', oder: ‚Ein anderes ist Alter-und-Sterben, als derjenige ist, der dieses Alter-und-Sterben hat', – oder: ‚Dies das Leben, dies der Leib', – oder: ‚Ein anderes ist das Leben, ein anderes der Leib', – alle diese Ausflüchte werden aufgegeben, wie ein Palmstumpf entwurzelt, Daseins-unfähig gemacht und können für die Zukunft nicht wieder in die Erscheinung treten.

Auf der spurlosen, restlosen Aufhebung des Nichtwissens, o Mönch, [beruht die Aufhebung] aller jener Ausflüchte, Puppenspiele, Schlupfwinkel und Ungewißheiten, [als da sind:]

16. ‚Was ist die Geburt und wer hat diese Geburt?' ...

17. ‚Was ist das Werden und wer hat dieses Werden?' ...

18. ‚Was ist das Anhaften?' ...

19. ‚Was ist der Durst?' ...

20., 24. ‚Was ist die Empfindung, ... die Berührung, ... das sechsfache Gebiet, ... Name-und-Form, ... das Bewußtsein', ...

25. ‚Was sind die organischen Prozesse, und wer hat diese Prozesse?' – oder: ‚Ein anderes sind die organischen Prozesse, als derjenige ist, der diese Prozesse hat', – oder: ‚Dies das Leben, dies der Leib', – oder: ‚Ein anderes ist das Leben, ein anderes der Leib', – alle diese Ausflüchte werden aufgegeben, wie ein Palmstumpf entwurzelt, Daseins-unfähig gemacht und können für die Zukunft nicht wieder in die Erscheinung treten."

130. Yamakas Irrtum.

Samy. XXII, 85.

1. Einst weilte der ehrwürdige Sariputta bei Savatthi im Jeta-Haine, im Klostergarten des Anathapindika.

Damals aber war in einem Mönche mit Namen Yamaka folgende üble, irrige Ansicht entstanden: ‚Ich verstehe die von dem Erhabenen verkündete Lehre dahin, daß ein von den Einflüssen befreiter Mönch bei der Auflösung des Körpers, jenseits des Todes, dem völligen Untergang, der Vernichtung anheimfällt und nicht mehr ist.‘

3. Und es vernahmen viele Mönche durch Hörensagen: In dem Mönche namens Yamaka ist folgende üble, irrige Ansicht entstanden: ‚Ich verstehe die von dem Erhabenen verkündete Lehre dahin, daß ein von den Einflüssen befreiter Mönch bei der Auflösung des Körpers, jenseits des Todes, dem völligen Untergang, der Vernichtung anheimfällt und nicht mehr ist.‘

4. Da begaben sich jene Mönche zum ehrwürdigen Yamaka, tauschten mit ihm die übliche herzliche Begrüßung aus und setzten sich nach vollzogener Begrüßung ihm zur Seite nieder.

5. Zu dem ehrwürdigen Yamaka sprachen nun jene Mönche, die ihm zur Seite saßen, also: ‚Freund Yamaka, ist das wahr, was man hört, daß in dir folgende üble, irrige Ansicht entstanden ist: „Ich verstehe die von dem Erhabenen verkündete Lehre dahin, daß ein von den Einflüssen befreiter Mönch bei der Auflösung des Körpers, jenseits des Todes, dem völligen Untergang, der Vernichtung anheimfällt und nicht mehr ist“?‘

6. ‚Gewiß, ihr Freunde, ich versehe die von dem Erhabenen verkündete Lehre dahin, daß ein von den Einflüssen befreiter Mönch bei der Auflösung des Körpers, jenseits des Todes, dem völligen Untergang, der Vernichtung anheimfällt und nicht mehr ist.‘

7. ‚Sprich nicht so, Freund Yamaka. Unterstelle dem Erhabenen nichts; dem Erhabenen etwas zu unterstellen ist nicht gut; der Erhabene würde nämlich nicht so sprechen: „Ein von den Einflüssen befreiter Mönch fällt bei der Auflösung des Körpers, jenseits des Todes, dem völligen Untergang, der Vernichtung anheim und ist nicht mehr.“‘

8. Obwohl nun der ehrwürdige Yamaka von jenen Mönchen mit Nachdruck beredet wurde, blieb er doch dabei, in seiner Ansicht zu verharren: ‚Ich verstehe die von dem Erhabenen verkündete Lehre dahin, daß ein von den Einflüssen befreiter Mönch bei der Auflösung des Körpers, jenseits des Todes, dem völligen Untergang, der Vernichtung anheimfällt und nicht mehr ist.'

9. Da nun jene Mönche den ehrwürdigen Yamaka von dieser üblen Ansicht nicht abzubringen vermochten, erhoben sie sich von ihren Sitzen und begaben sich zum ehrwürdigen Sariputta und sprachen zu ihm: ‚Freund Sariputta, in dem Mönche namens Yamaka ist folgende üble, irrige Ansicht entstanden: „Ich verstehe die von dem Erhabenen verkündete Lehre dahin, daß ein von den Einflüssen befreiter Mönch bei der Auflösung des Körpers, jenseits des Todes, dem völligen Untergang, der Vernichtung anheimfällt und nicht mehr ist." Es wäre gut, wenn sich der ehrwürdige Sariputta, von Mitleid bewogen, zu dem Mönche Yamaka begeben würde.'

10. Der ehrwürdige Sariputta gab durch Schweigen seine Zustimmung zu erkennen.

11. Und nachdem sich der ehrwürdige Sariputta zur Abendzeit aus seiner sinnenden Ruhe erhoben hatte, begab er sich zu dem ehrwürdigen Yamaka, tauschte mit ihm die übliche herzliche Begrüßung aus und setzte sich nach vollzogener Begrüßung ihm zur Seite nieder.

12. Zum ehrwürdigen Yamaka sprach nun der ehrwürdige Sariputta, der ihm zur Seite saß, also: „Freund Yamaka, ist das wahr, was man hört, daß in dir folgende üble, irrige Ansicht entstanden ist: ‚Ich verstehe die von dem Erhabenen verkündete Lehre dahin, daß ein von den Einflüssen befreiter Mönch bei der Auflösung des Körpers, jenseits des Todes, dem völligen Untergang, der Vernichtung anheimfällt und nicht mehr ist'?"

13. ‚Gewiß, Freund, ich verstehe die von dem Erhabenen verkündete Lehre dahin, daß ein von den Einflüssen befreiter

Mönch bei der Auflösung des Körpers, jenseits des Todes, dem völligen Untergang, der Vernichtung anheimfällt und nicht mehr ist.‘

14. „Was meinst du, Freund Yamaka: Ist die körperliche Form verharrend oder vergänglich?“

‚Vergänglich, Freund.‘

„Und was vergänglich ist, ist das leidvoll oder glückbringend?“

‚Leidvoll, Freund.‘

„Und was vergänglich, leidvoll, wandelbar ist, kann man das in diesem Sinne betrachten: ‚Das gehört mir, das bin ich, das ist mein Ich‘?“

‚Gewiß nicht, Freund.‘

15.-18. „Ist die Empfindung, ist die Wahrnehmung, sind die Gemütsregungen, ist das Bewußtsein verharrend oder vergänglich?“

‚Veränderlich, Freund.‘

„Und was vergänglich, leidvoll, wandelbar ist, kann man das in diesem Sinne betrachten: ‚Das gehört mir, das bin ich, das ist mein Ich‘?“

‚Gewiß nicht, Freund.‘

19. „Darum, Freund: Was es auch an körperlicher Form, was es auch an Empfindung, was es auch an Wahrnehmung, was es auch an Gemütsregungen, was es auch an Bewußtsein gibt, vergangen, zukünftig oder gegenwärtig, eigen oder fremd, grob oder fein, häßlich oder schön, fern oder nahe, – alle diese körperlichen Formen, Empfindungen, Wahrnehmungen, Gemütsregungen und alles Bewußtsein hat man der Wirklichkeit gemäß in rechter Weisheit also anzusehen: ‚Das gehört mir nicht, das bin ich nicht, das ist nicht mein Ich.‘

20. Wenn, Freund, ein kenntnisreicher, edler Jünger solches durchschaut, wird er der körperlichen Form, der Empfindung, der Wahrnehmung, der Gemütsregungen, des Bewußtseins satt. Indem er ihrer satt wird, wird er der Leidenschaft ledig,

durch das Fernbleiben der Leidenschaft wird er erlöst, und in dem Erlösten geht die Erkenntnis auf: ‚Erlöst bin ich.' ‚Erschöpft hat sich die Wiedergeburt, gelebt ist der heilige Wandel, was zu tun war, ist getan, nicht mehr ist diese Welt für mich', so erkennt er.

21. Was meinst du, Freund Yamaka: Betrachtest du die körperliche Form als den Vollendeten?"

‚Das freilich nicht, Freund.'

22.-26. „Betrachtest du die Empfindung als den Vollendeten? Betrachtest du die Wahrnehmung oder die Gemütsregungen oder das Bewußtsein als den Vollendeten?"

‚Das freilich nicht, Freund.'

27. „Was meinst du, Freund Yamaka: Siehst du es so an, daß der Vollendete in der körperlichen Form inbegriffen ist?"

‚Das freilich nicht, Freund.'

„Siehst du es so an, daß der Vollendete außerhalb der körperlichen Form ist?"

‚Das freilich nicht, Freund.'

28.-31. „Siehst du es so an, daß der Vollendete in der Empfindung oder in der Wahrnehmung oder in den Gemütsregungen oder im Bewußtsein inbegriffen ist?"

‚Das freilich nicht, Freund.'

„Siehst du es so an, daß der Vollendete außerhalb der Empfindung oder außerhalb der Wahrnehmung oder außerhalb der Gemütsregungen oder außerhalb des Bewußtseins ist?"

‚Das freilich nicht, Freund.'

32. „Was meinst du, Freund Yamaka: Siehst du es so an, daß körperliche Form, Empfindung, Wahrnehmung, Gemütsregungen und Bewußtsein [zusammen] der Vollendete sind?"

‚Das freilich nicht, Freund.'

33. „Was meinst du, Freund Yamaka: Siehst du es so an, daß dieser Gestaltlose, Empfindungslose, Wahrnehmungslose, der Gemütsregungen Ledige, Bewußtlose der Vollendete ist?"

‚Das freilich nicht, Freund.'

34. „Da nun, Freund Yamaka, der Vollendete für dich schon in dieser sichtbaren Erscheinung wahrheitsgemäß und sicher nicht auffindbar ist, – war es da richtig von dir, zu erklären: ‚Ich verstehe die von dem Erhabenen verkündete Lehre dahin, daß ein von den Einflüssen befreiter Mönch bei der Auflösung des Körpers, jenseits des Todes, dem völligen Untergang, der Vernichtung anheimfällt und nicht mehr ist'?"

35. ‚Weil ich vorher nichtwissend war, Freund Sariputta, hatte ich diese üble, irrige Ansicht; nachdem ich nun aber diesen Lehrvortrag des ehrwürdigen Sariputta gehört habe, ist jene üble Ansicht von mir aufgegeben, und ich habe die Lehre voll begriffen.'

36. „Wenn nun, Freund Yamaka, dich jemand fragen würde: ‚Freund Yamaka, was wird bei der Auflösung des Körpers, jenseits des Todes, aus einem Mönche, der ein Heiliger und von den Einflüssen befreit ist?' – was würdest du, Freund Yamaka, auf diese Frage hin erklären?"

37. ‚Wenn mich, Freund, jemand fragen würde: „Freund Yamaka, was wird bei der, Auflösung des Körpers, jenseits des Todes, aus einem Mönche, der ein Heiliger und von den Einflüssen befreit ist?" – so würde ich, Freund, auf diese Frage hin folgendes erklären: Die körperliche Form, Freund, ist vergänglich; was vergänglich ist, das ist leidvoll; was leidvoll ist, das ist zur Aufhebung gelangt, das hat sich aufgelöst. Die Empfindung, die Wahrnehmung, die Gemütsregungen, das Bewußtsein ist vergänglich; was vergänglich ist, das ist leidvoll; was leidvoll ist, das ist zur Aufhebung gelangt, das hat sich aufgelöst. Dies, Freund, würde ich auf jene Frage hin erklären.'

38. „Gut, gut, Freund Yamaka? So will ich dir nun ein Gleichnis geben, Freund Yamaka, damit du diesen Gegenstand in noch höherem Grade erkennst.

39. Angenommen, Freund Yamaka, es wäre da ein sehr reicher, sehr begüterter, mit viel Schutz umgebener Haushalter oder Haushalters-Sohn, und diesem wäre ein Mann feindlich,

unfreundlich, übelwollend gesinnt und trachtete ihm nach dem Leben. Diesem Manne käme nun folgender Gedanke: ‚Dieser Haushalter oder Haushalters-Sohn ist sehr reich, sehr begütert, mit viel Schutz umgeben; ich werde ihn nicht gut mit Gewalt töten können; wie wäre es, wenn ich mich bei ihm einschmeichelte und ihn dann tötete?' Und angenommen, er begäbe sich zu dem Haushalter oder Haushalters-Sohn und spräche: ‚Herr, ich möchte in deine Dienste treten', und der Haushalter oder Haushalters-Sohn nähme ihn in seine Dienste. Und angenommen, er diente ihm, indem er vor ihm aufstünde und nach ihm sich niederlegte und wäre willig, zuvorkommend und in seinen Worten freundlich. Und jener Haushalter oder Haushalters-Sohn behandelte ihn wie einen Freund, behandelte ihn wie einen Genossen und würdigte ihn seines Vertrauens, und wenn nun, Freund, dieser Mann innewürde: ‚Der Haushalter oder Haushalters-Sohn würdigt mich seines Vertrauens', und er träfe ihn an einem einsamen Orte und tötete ihn mit einem scharfen Schwerte:

40. Was meinst du, Freund Yamaka: War dieser Mann schon damals, als er sich zu jenem Haushalter oder Haushalters-Sohn begab und zu ihm sprach: ‚Herr, ich möchte in deine Dienste treten', – ein Mörder, obwohl jener von ihm, dem Mörder, nicht wußte, daß er sein Mörder war?

41. Und war er auch damals ein Mörder, als er jenem diente, indem er vor ihm aufstand und nach ihm sich niederlegte, und willig, zuvorkommend und in seinen Worten freundlich war, – obwohl jener von ihm, dem Mörder, nicht wußte, daß er sein Mörder war?

42. Und war er auch damals ein Mörder, als er jenen an einem einsamen Orte traf und ihn mit einem scharfen Schwerte tötete, – obwohl jener von ihm, dem Mörder, nicht wußte, daß er ein Mörder war?"

‚Freilich war er's, Freund.'

43. „Genauso, Freund, verhält es sich mit einem unkundigen Weltmenschen, der nichts von Heiligen weiß, die Lehre

der Heiligen nicht kennt, in der Lehre der Heiligen nicht geschult ist, der nichts von edlen Menschen weiß; die Lehre edler Menschen nicht kennt, in der Lehre edler Menschen nicht geschult ist. Ein solcher sieht die körperliche Form als das Ich an oder das Ich als formhaft oder (er sieht) in dem Ich die körperliche Form, oder in der körperlichen Form das Ich.

Er sieht die Empfindung als das Ich an ...

Er sieht die Wahrnehmung als das Ich an ...

Er sieht die Gemütsregungen als das Ich an ...

Er sieht das Bewußtsein als das Ich an oder das Ich als mit Bewußtsein begabt, oder (er sieht) in dem Ich das Bewußtsein oder im Bewußtsein das Ich.

44. Er erkennt nicht der Wirklichkeit gemäß, daß die körperliche Form, daß die Empfindung, daß die Wahrnehmung, daß die Gemütsregungen, daß das Bewußtsein *vergänglich* ist.

45. Er erkennt nicht der Wirklichkeit gemäß, daß die körperliche Form, daß die Empfindung, daß die Wahrnehmung, daß die Gemütsregungen, daß das Bewußtsein *leidvoll* ist.

46. Er erkennt nicht der Wirklichkeit gemäß, daß die körperliche Form, daß die Empfindung, daß die Wahrnehmung, daß die Gemütsregungen, daß das Bewußtsein *nicht das Ich* ist.

47. Er erkennt nicht der Wirklichkeit gemäß, daß die körperliche Form, daß die Empfindung, daß die Wahrnehmung, daß die Gemütsregungen, daß das Bewußtsein *zusammengesetzt* ist.

48. Er erkennt nicht der Wirklichkeit gemäß, daß die körperliche Form, daß die Empfindung, daß die Wahrnehmung, daß die Gemütsregungen, daß das Bewußtsein *ein Mörder* ist.

49. Er unterliegt der körperlichen Form und haftet an ihr und versteift sich darauf: ‚Es ist mein Ich.' Er unterliegt der Empfindung, der Wahrnehmung, den Gemütsregungen, dem Bewußtsein und haftet daran und versteift sich darauf: ‚Es ist mein Ich.' Und diese ‚fünf Gruppen des Anhaftens' gereichen ihm, der ihnen unterliegt, der an ihnen haftet, für lange Zeit zum Unheil und Leiden.

50. Aber ein kundiger, edler Jünger, Freund, der von Heiligen wohl etwas weiß, die Lehre der Heiligen gut kennt, in der Lehre der Heiligen wohl geschult ist, der von edlen Menschen wohl etwas weiß, die Lehre edler Menschen gut kennt, in der Lehre edler Menschen wohl geschult ist, – der sieht nicht die körperliche Form als das Ich an noch das Ich als formhaft, (er sieht) nicht in dem Ich die körperliche Form noch in der körperlichen Form das Ich.

Er sieht nicht die Empfindung als das Ich an ...

Er sieht nicht die Wahrnehmung als das Ich an ...

Er sieht nicht die Gemütsregungen als das Ich an ...

Er sieht nicht das Bewußtsein als das Ich an noch das Ich als mit Bewußtsein begabt, (er sieht) nicht in dem Ich das Bewußtsein noch im Bewußtsein das Ich.

51. Er erkennt der Wirklichkeit gemäß, daß die körperliche Form, daß die Empfindung, daß die Wahrnehmung, daß die Gemütsregungen, daß das Bewußtsein *vergänglich* ist.

52. Er erkennt der Wirklichkeit gemäß, daß die körperliche Form, daß die Empfindung, daß die Wahrnehmung, daß die Gemütsregungen, daß das Bewußtsein *leidvoll* ist.

53. Er erkennt der Wirklichkeit gemäß, daß die körperliche Form, daß die Empfindung, daß die Wahrnehmung, daß die Gemütsregungen, daß das Bewußtsein *nicht das Ich* ist.

54. Er erkennt der Wirklichkeit gemäß, daß die körperliche Form, daß die Empfindung, daß die Wahrnehmung, daß die Gemütsregungen, daß das Bewußtsein *zusammengesetzt* ist.

55. Er erkennt der Wirklichkeit gemäß, daß die körperliche Form, daß die Empfindung, daß die Wahrnehmung, daß die Gemütsregungen, daß das Bewußtsein *ein Mörder* ist.

56. Er unterliegt nicht der körperlichen Form und haftet nicht an ihr, noch versteift er sich darauf: ‚Es ist mein Ich.' Er unterliegt nicht der Empfindung, nicht der Wahrnehmung, nicht den Gemütsregungen, nicht dem Bewußtsein und haftet nicht daran, noch versteift er sich darauf: ‚Es ist mein Ich.'

Und diese ‚fünf Gruppen des Anhaftens‘ gereichen ihm, der ihnen nicht unterliegt, der an ihnen nicht haftet, für lange Zeit zum Segen und Glück.“

57. Also sprach der ehrwürdige Sariputta; beglückten Herzens stimmte der ehrwürdige Yamaka den Worten des ehrwürdigen Sariputta mit freudigem Danke zu:

58. ‚So geht es jenen Ehrwürdigen, Freund Sariputta, die solche gütigen, aufs Heil bedachten Ermahner und Berater, wie du bist, zu ihren Mitasketen zählen. Dieweil ich diesen Lehrvortrag des ehrwürdigen Sariputta vernommen habe, ist mein Geist, ohne mehr zu haften, von den Einflüssen frei geworden.‘

131. Die Fragen des Mönches.

Samy. XXII, 82, 1-13.

1. Einst weilte der Erhabene mit einer großen Mönchsgemeinde bei Savatthi, im Östlichen Klostergarten, im Parkhause der Mutter des Migara.

2. Damals aber saß der Erhabene, von einer Mönchsgemeinde umgeben, während der Vollmondnacht eines Feiertages, des sechzehnten Tages im Monat, unter freiem Himmel.

3. Da nun erhob sich ein Mönch von seinem Sitze, ließ die eine Schulter unbedeckt und sprach, indem er die gefalteten Hände dem Erhabenen zuneigte, zum Erhabenen also: ‚Herr, ich möchte den Erhabenen um Verschiedenes befragen, wenn der Erhabene mir die Gunst der Beantwortung erweisen will.‘

„So nimm denn auf deinem Sitze Platz, Mönch, und frage, was du [zu wissen] wünschest.“

4. ‚So sei es, Herr‘, antwortete jener Mönch dem Erhabenen, und er nahm auf seinem Sitze Platz und sprach zum Erhabenen also:

‚Herr, die fünf Gruppen des Anhaftens sind doch wohl folgende, nämlich: die Haftensgruppe der körperlichen Form, die Haftensgruppe der Empfindung, die Haftensgruppe der

Wahrnehmung, die Haftensgruppe der Gemütsregungen, die Haftensgruppe des Bewußtseins?‘

„Dies, Mönch, sind in der Tat die fünf Gruppen des Anhaftens.“

5. ‚Vortrefflich, Herr‘, sagte jener Mönch und gab damit seinem Beifall und seiner Freude über die Worte des Erhabenen Ausdruck; dann stellte er die weitere Frage:

‚Herr, worin wurzeln aber diese fünf Gruppen des Anhaftens?‘

„Diese fünf Gruppen des Anhaftens, Mönch, wurzeln im Willen.“

6. ‚Vortrefflich, Herr‘, sagte jener Mönch und gab damit seinem Beifall und seiner Freude über die Worte des Erhabenen Ausdruck; dann stellte er die weitere Frage:

‚Herr, ist denn das Anhaften dasselbe wie die fünf Gruppen des Anhaftens, oder gibt es ein Anhaften außerhalb der fünf Gruppen des Anhaftens?‘

„Weder, o Mönch, ist das Anhaften dasselbe wie die fünf Gruppen des Anhaftens, noch gibt es ein Anhaften außerhalb der fünf Gruppen des Anhaftens; die Willenslust vielmehr, das ist im gegebenen Falle das Anhaften.“

7. ‚Vortrefflich, Herr‘, sagte jener Mönch und gab damit seinen Beifall und seiner Freude über die Worte des Erhabenen Ausdruck; dann stellte er die weitere Frage:

‚Herr, kann es in den fünf Gruppen des Anhaftens wohl eine Verschiedenheit der Willenslust geben?‘

„Die kann es geben, Mönch“, sprach der Erhabene. „Da kommt, Mönch, einer Person folgender Wunsch an: Ich möchte eine solche körperliche Form in der zukünftigen Zeit haben. Ich möchte eine solche Empfindung in der zukünftigen Zeit haben. Ich möchte eine solche Wahrnehmung in der zukünftigen Zeit haben. Ich möchte solche Gemütsregungen in der zukünftigen Zeit haben. Ich möchte ein solches Bewußtsein in der zukünftigen Zeit haben. In dieser Weise, Mönch, mag es da wohl in den fünf Gruppen des Anhaftens eine Verschiedenheit der Willenslust geben."

8. ‚Vortrefflich, Herr', sagte jener Mönch und gab damit seinem Beifall und seiner Freude über die Worte des Erhabenen Ausdruck; dann stellte er die weitere Frage:

‚Herr, inwiefern gibt es eine sprachliche Formulierung der fünf Gruppen?'

„Was es da, Mönch, an körperlicher Form gibt, vergangen, zukünftig oder gegenwärtig, eigen oder fremd, grob oder fein, häßlich oder schön, fern oder nahe, das nennt man die Gruppe der körperlichen Form. Was es da an Empfindung, – an Wahrnehmung, – an Gemütsregungen, – an Bewußtsein gibt, vergangen, zukünftig oder gegenwärtig, eigen oder fremd, grob oder fein, häßlich oder schön, fern oder nahe, das nennt man die Gruppe der Empfindung, die Gruppe der Wahrnehmung, die Gruppe der Gemütsregungen, die Gruppe des Bewußtseins. Insofern, o Mönch, gibt es eine sprachliche Formulierung der fünf Gruppen."

9. ‚Vortrefflich, Herr', sagte jener Mönch und gab damit seinem Beifall und seiner Freude über die Worte des Erhabenen Ausdruck; dann stellte er die weitere Frage:

‚Herr, was ist die Ursache, was die Bedingung für das Offenbarwerden der Gruppe der körperlichen Form? Was ist die Ursache, was die Bedingung für das Offenbarwerden der Gruppe der Empfindung? Was ist die Ursache, was die Bedingung für das Offenbarwerden der Gruppe der Wahrnehmung? Was ist die Ursache, was die Bedingung für das Offenbarwerden der Gruppe der Gemütsregungen? Was ist die Ursache, was die Bedingung für das Offenbarwerden der Gruppe des Bewußtseins?'

„*Die vier großen Gebilde*, Mönch, sind die Ursache, die vier großen Gebilde sind die Bedingung für das Offenbarwerden der Gruppe der körperlichen Form. Die *Berührung* ist die Ursache, die Berührung ist die Bedingung für das Offenbarwerden der Gruppe der Empfindung. Die *Berührung* ist die Ursache, die Berührung ist die Bedingung für das Offenbarwerden der Gruppe der Wahrnehmung. Die *Berührung* ist die Ursache, die Berührung ist die Bedingung für das Offenbarwerden der Gruppe der Gemütsregungen. *Name-und-Form* ist die Ursache, Name-und-Form ist die Bedingung für das Offenbarwerden der Gruppe des Bewußtseins."

10. ‚Vortrefflich, Herr', sagte jener Mönch und gab damit seinem Beifall und seiner Freude über die Worte des Erhabenen Ausdruck; dann stellte er die weitere Frage: ‚Herr, wie kommt eigentlich der Persönlichkeits-Wahn zustande?'

Der Buddha beantwortet diese Frage mit denselben Worten, die Sariputta im vorigen Sutta (Abschnitt 43) zu Yamaka spricht. Die weitere Frage, die der Mönch an den Meister richtet, lautet: ‚Herr, wie kommt der Persönlichkeits-Wahn nicht zustande?' Die Antwort, die der Buddha darauf gibt, ist dieselbe, wie der 50. Abschnitt im vorhergehenden Sutta. Die nächste Frage lautet:

12. ‚Herr, was ist der körperlichen Form Genuß, Elend und Überwindung? Was ist der Empfindung – , der Wahrnehmung – , der Gemütsregungen – , des Bewußtseins, Genuß, Elend und Überwindung?'

„Was da, o Mönch, durch körperliche Form bedingt, an Glück, an Befriedigung entsteht, das ist der körperlichen Form Genuß. Was da an der körperlichen Form vergänglich, leidvoll, dem Vergehen unterworfen ist, das ist der körperlichen Form Elend. Was da bei der körperlichen Form Niederzwingung der Willenslust, Verlassen der Willenslust ist, das ist der körperlichen Form Überwindung. Was da, durch Empfindung, durch Wahrnehmung, durch Gemütsregungen, durch Bewußtsein bedingt, an Glück, an Befriedigung entsteht, das ist der Empfindung, der Wahrnehmung, der Gemütsregungen, des Bewußtseins Genuß. Was an der Empfindung, an der Wahrnehmung, an den Gemütsregungen, am Bewußtsein vergänglich, leidvoll, dem Vergehen unterworfen ist, das ist der Empfindung, der Wahrnehmung, der Gemütsregungen, des Bewußtseins Elend. Was da bei der Empfindung, bei der Wahrnehmung, bei den Gemütsregungen, beim Bewußtsein Niederzwingung der Willenslust, Verlassen der Willenslust ist, das ist der Empfindung, der Wahrnehmung, der Gemütsregungen, des Bewußtseins Überwindung."

13. ‚Vortrefflich, Herr', sprach jener Mönch und gab damit seinem Beifall und seiner Freude über die Worte des Erhabenen Ausdruck; dann stellte er die weitere Frage:

‚Herr, in welcher Weise bestehen für den Erkennenden, für den Sehenden keine das „Ich" und „Mein" betreffenden Dünkel-Anwandlungen, weder hinsichtlich dieses mit Bewußtsein begabten Körpers noch auch hinsichtlich aller unterschiedlichen Dinge außerhalb?'

„Was es auch immer, o Mönch, an körperlicher Form gibt, vergangen, zukünftig oder gegenwärtig, eigen oder fremd, grob oder fein, häßlich oder schön, fern oder nahe, – alle diese körperlichen Formen erkennt er der Wirklichkeit gemäß in vollkommener Weisheit also: ‚Dies gehört mir nicht, dies bin ich nicht, dies ist nicht mein Ich.' Was es auch an Empfindung, was es auch an Wahrnehmung, was es auch an Gemütsregungen, was es auch an Bewußtsein gibt, vergangen, zukünftig oder gegenwärtig, eigen oder fremd, grob oder fein, häßlich oder schön, fern oder nahe, – alle diese Empfindungen, Wahrnehmungen, Gemütsregungen und alles Bewußtsein erkennt er der Wirklichkeit gemäß in vollkommener Weisheit also: ‚Dies gehört mir nicht, dies bin ich nicht, dies ist nicht mein Ich.'

In dieser Weise, Mönch, bestehen für den Erkennenden, für den Sehenden keine das ‚Ich' und ‚Mein' betreffenden

Dünkel-Anwandlungen, weder hinsichtlich dieses mit Bewußtsein begabten Körpers, noch auch hinsichtlich aller unterschiedlichen Dinge außerhalb.“

132. Der Geist ist weniger verharrend als der Körper.

Samy. XII, 62.

1. Der Erhabene weilte bei Savatthi.

2. „Auch der unkundige Weltmensch, ihr Mönche, mag dieses aus den vier großen Gebilden aufgebauten Körpers satt werden, mag die Lust daran verlieren, mag sich von ihm frei machen.

3. Aus welchem Grunde? Offenkundig, ihr Mönche, ist ja das Wachsen und Vergehen dieses aus den vier großen Gebilden aufgebauten Körpers, und ebenso, wie er aufgenommen und abgelegt wird. Daher mag auch der unkundige Weltmensch seiner satt werden, mag die Lust daran verlieren, mag sich von ihm frei machen.

4. Indessen, ihr Mönche, ist der unkundige Weltmensch nicht imstande, dessen, was man Geist, Denken, Bewußtsein nennt, satt zu werden, ist nicht imstande, die Lust daran zu verlieren, ist nicht imstande, sich davon frei zu machen.

5. Aus welchem Grunde? Seit langen Zeiten, ihr Mönche, hat der unkundige Weltmensch die Vorstellung gehegt, sich zu eigen gemacht und gepflegt: ‚Dies gehört mir, dies bin ich, dies ist mein Ich.‘ Daher ist der unkundige Weltmensch nicht imstande, dessen satt zu werden, ist nicht imstande, die Lust daran zu verlieren, ist nicht imstande, sich davon frei zu machen.

6. Es wäre besser, ihr Mönche, der unkundige Weltmensch sähe diesen aus den vier großen Gebilden aufgebauten Körper als das Ich an, als [daß er] den Geist [also ansieht].

7. Aus welchem Grunde? Es ist ja offenkundig, ihr Mönche, daß dieser aus den vier großen Gebilden aufgebaute Körper ein Jahr besteht, auch zwei Jahre besteht, auch drei, vier, fünf, zehn Jahre besteht, auch zwanzig, dreißig, vierzig,

fünfzig Jahre besteht, selbst hundert Jahre und länger besteht. Das aber, ihr Mönche, was man Geist, Denken, Bewußtsein nennt, entsteht Tag und Nacht als dieses und vergeht als ein anderes.

8. Da vergegenwärtigt sich, ihr Mönche, ein edler Jünger gut und durchdringend das bedingte Entstehen: ‚Wenn dieses ist, ist jenes, wenn dieses entsteht, tritt jenes in die Erscheinung; wenn dieses nicht ist, ist jenes nicht, infolge der Aufhebung dieses [Prozesses] wird jener [Prozeß] aufgehoben.'

9. Eine wohlige Empfindung, ihr Mönche, entsteht bedingt durch angenehm empfundene Berührung. Aber durch die Aufhebung der angenehm empfundenen Berührung wird die wohlige Empfindung aufgehoben und gelangt zur Ruhe, die durch jene als angenehm empfundene Berührung bedingt entstanden war.

10. Eine leidige Empfindung, ihr Mönche, entsteht bedingt durch unangenehm empfundene Berührung. Aber durch die Aufhebung der unangenehm empfundenen Berührung wird die wohlige Empfindung aufgehoben und gelangt zur Ruhe, die durch jene als unangenehm empfundene Berührung bedingt entstanden war.

11. Eine nicht leidige, nicht wohlige Empfindung, ihr Mönche, entsteht bedingt durch eine weder unangenehm noch angenehm empfundene Berührung. Aber durch die Aufhebung der weder unangenehm noch angenehm empfundenen Berührung wird die nicht leidige, nicht wohlige Empfindung aufgehoben und gelangt zur Ruhe, die durch jene als weder unangenehm noch angenehm empfundene Berührung bedingt entstanden war.

12. Es ist, ihr Mönche, wie wenn durch das Stoßen und Reiben zweier Holzstücke Wärme entsteht und Feuer in die Erscheinung tritt. Wenn aber jene beiden Holzstücke von einander gesondert und getrennt werden, wird jene Wärme aufgehoben und gelangt zur Ruhe.

13-15. Genauso, ihr Mönche, entsteht eine wohlige Empfindung, bedingt durch angenehm empfundene Berührung [usw.].

16. Wenn, ihr Mönche, ein kenntnisreicher, edler Jünger solches durchschaut, wird er der Berührung satt, wird er der Empfindung satt, wird er der Wahrnehmung satt, wird er des Bewußtseins satt. Indem er ihrer satt wird, wird er der Leidenschaft ledig, durch das Fernbleiben der Leidenschaft wird er erlöst, und in dem Erlösten geht die Erkenntnis auf: ‚Erlöst bin ich.' ‚Erschöpft hat sich die Wiedergeburt, gelebt ist der heilige Wandel, was zu tun war, ist getan, nicht mehr ist diese Welt für mich', so erkennt er."

133. Der Weg zu Brahma.

Digh. XIII (Tevijja-Sutta).

1. So hab' ich es gehört: Einst wanderte der Erhabene, von einer großen Mönchsgemeinde begleitet, fünfhundert Mönche an der Zahl, im Lande der Kosaler und kam in ein Brahmanendorf der Kosaler mit Namen Manasakata. Dort nun bei Manasakata verweilte der Erhabene im Mango-Haine, am Ufer des Aciravati-Flusses, im Norden von Manasakata.

2. Zu jener Zeit aber hielten sich viele hochberühmte, sehr einflußreiche Brahmanen in Manasakata auf, so der Brahmane Cankin, der Brahmane Tarukkha, der Brahmane Pokkharasati, der Brahmane Janussoni, der Brahmane Todeyya und andere hochberühmte, sehr einflußreiche Brahmanen.

3. Und als Vasettha und Bharadvaja (eines Tages) auf- und abgehend wandelten, entspann sich zwischen ihnen ein Gespräch über das, was der (rechte) ‚Weg', und was nicht der (rechte) ‚Weg' sei.

4. Der junge Vasettha sprach also: ‚Eben dies ist der gerade Weg, dies ist der direkte Pfad, der Heilsweg, der den ihm gemäß Handelnden zur Gemeinschaft mit Brahma führt, – nämlich jener Weg, den der Brahmane Pokkharasati verkündigt.'

5. Der junge Bharadvaja (dagegen) sagte: ‚Eben dies ist der gerade Weg, dies ist der direkte Pfad, der Heilsweg, der den ihm gemäß Handelnden zur Gemeinschaft mit Brahma führt, – nämlich dieser Weg, den der Brahmane Tarukkha verkündigt.‘

6. Weder vermochte nun der junge Vasettha den jungen Bharadvaja zu überzeugen, noch vermochte der junge Bharadvaja den jungen Vasettha zu überzeugen.

7. Da wandte sich der junge Vasettha an den jungen Bharadvaja mit den Worten:

‚Bharadvaja, dieser Asket Gautama, der Sakyer-Sohn, der von dem Sakyer-Geschlechte fortgegangen ist, weilt in Manasakata, im Mango-Haine, am Ufer des Aciravati-Flusses, im Norden von Manasakata. Diesen Herrn Gautama nun begleitet ein heilbringender Ruf und weiß von ihm zu künden: „Dies ist der Erhabene, Heilige, völlig Erwachte, der im Wissen und Wandel Vollkommene, der Pfadvollender, der Kenner der Welten, der unvergleichliche Bändiger der ungezähmten Menschen, der Lehrer der Götter und Menschen, Buddha, der Erhabene.“ Wir wollen gehen, Bharadvaja, und uns zu dem Asketen Gautama begeben und ihn in dieser Sache befragen. Und wie uns der Asket Gautama seine Erklärung gibt, so wollen wir sie festhalten.‘

‚Gut so, Lieber‘, pflichtete der junge Bharadvaja dem jungen Vasettha bei.

8. Und die beiden jungen Männer Vasettha und Bharadvaja begaben sich zum Erhabenen, tauschten mit dem Erhabenen die herkömmliche höfliche Begrüßung aus und setzten sich nach vollzogener Begrüßung ihm zur Seite nieder. Zum Erhabenen sprach nun der junge Vasettha, der ihm zur Seite saß, also:

‚Herr Gautama, als wir (heute) auf- und abgehend wandelten, entspann sich zwischen uns ein Gespräch darüber, was der (rechte) ‚Weg‘ und was nicht der (rechte) ‚Weg‘ sei. Ich sage nun so: „Eben dies ist der gerade Weg, der direkte Pfad, der Heilsweg, der den ihm gemäß Handelnden zur Gemeinschaft mit Brahma führt, – nämlich dieser Weg, den der Brahmane Pokkharasati verkündigt." Der junge Bharadvaja dagegen sagt: „Eben dies ist der gerade Weg, der direkte Pfad, der Heilsweg, der den ihm gemäß Handelnden zur Gemeinschaft mit Brahma führt, – nämlich dieser Weg, den der Brahmane Tarukkha verkündigt." Da ist hier also, Herr Gautama, Streit, Debatte und Unstimmigkeit der Ansichten.'

9. „So sagst also du, Vasettha, wie ich vernehme, folgendes: ‚Eben dies ist der gerade Weg, der direkte Pfad, der Heilsweg, der den ihm gemäß Handelnden zur Gemeinschaft mit Brahma führt, – nämlich dieser Weg, den der Brahmane Pokkharasati verkündigt.' Und der junge Bharadvaja sagt: ‚Eben dies ist der direkte Pfad, der Heilsweg, der den ihm gemäß Handelnden zur Gemeinschaft mit Brahma führt, – nämlich dieser Weg, den der Brahmane Tarukkha verkündigt.' Worüber, Vasettha, besteht nun eigentlich zwischen euch Streit, Debatte und Unstimmigkeit der Ansichten?"

10. Darüber, Herr Gautama, was der (rechte) ‚Weg' und was nicht der (rechte) ‚Weg' ist. Die mancherlei verschiedenen Wege, Herr Gautama, welche die Brahmanen kennen lehren, – wie die Addhariya-Brahmanen, die Tittiriya-Brahmanen, die Chandoka-Brahmanen, die Chandava-Brahmanen, die Brahmacariya-Brahmanen, – führen alle diese, als Heilswege, den, der ihnen gemäß handelt, zur Gemeinschaft mit Brahma? Gleichwie da, Herr Gautama, in der Nähe eines Dorfes oder Fleckens viele verschiedene Wege sind, die alle in dem Dorfe zusammenlaufen, – führen da ebenso die mancherlei verschiedenen Wege, welche die Brahmanen kennen lehren, wie die Addhariya-Brahmanen, die Tittiriya-Brahmanen, die Chandoka-Brahmanen, die Chandava-Brahmanen, die Brahmacariya-Brahmanen, – führen sie alle, [sage ich,] den, der ihnen gemäß handelt, zur Gemeinschaft mit Brahma?'

11. „Sagst du, Vasettha, daß sie dahin führen?"

‚Ich sage, daß sie dahin führen, Herr Gautama.'

„Du sagst also, Vasettha, daß sie dahin führen?"
‚Ich sage, daß sie dahin führen, Herr Gautama.'
„Also du sagst, Vasettha, daß sie dahin führen?"
‚Ich sage, daß sie dahin führen, Herr Gautama.'

12. „Wie verhält sich das, Vasettha: Hat auch nur ein einziger von den in den drei Veden bewanderten Brahmanen Brahma von Angesicht zu Angesicht gesehen?"

‚Das nicht, Herr Gautama.'

„Wie nun, Vasettha: Hat auch nur ein einziger von den Lehrern der in den drei Veden bewanderten Brahmanen Brahma von Angesicht zu Angesicht gesehen?"

‚Das nicht, Herr Gautama.'

„Wie nun, Vasettha: Hat ein einziger Zögling der Lehrer der in den drei Veden bewanderten Brahmanen Brahma von Angesicht zu Angesicht gesehen?"

‚Das nicht, Herr Gautama.'

„Wie nun, Vasettha: Hat irgendein Lehrer der in den drei Veden bewanderten Brahmanen bis hinauf zur siebenten Generation Brahma von Angesicht zu Angesicht gesehen?"

‚Das nicht, Herr Gautama.'

13. „Wie aber, Vasettha: Jene früheren Weisen der in den drei Veden bewanderten Brahmanen, die Schöpfer der Verse, die Erklärer jener Verse, deren also gesungene, rezitierte, gefügte alte Strophen die in den drei Veden bewanderten Brahmanen noch jetzt so wieder singen, so wieder aufsagen, wie sie ehedem aufgesagt und gesprochen wurden, – nämlich: Atthaka, Vamaka, Vamadeva, Vessamitta, Yamataggi, Angirasa, Bharadvaja, Vasettha, Kassapa, Bhagu, – haben *diese* etwa also gesprochen: ‚Wir wissen es, wir sehen es, wo Brahma ist, wie Brahma ist, nach welcher Richtung hin Brahma ist'?"

‚Das nicht, Herr Gautama.'

14. „Du gibst also folgendes zu, Vasettha: Kein einziger von den in den drei Veden bewanderten Brahmanen hat Brahma von Angesicht zu Angesicht gesehen; auch kein einziger

von den Lehrern der in den drei Veden bewanderten Brahmanen hat Brahma von Angesicht zu Angesicht gesehen; auch kein einziger Zögling der Lehrer der in den drei Veden bewanderten Brahmanen hat Brahma von Angesicht zu Angesicht gesehen; auch kein Lehrer der in den drei Veden bewanderten Brahmanen bis hinauf zur siebenten Generation hat Brahma von Angesicht zu Angesicht gesehen; und auch jene früheren Weisen der in den drei Veden bewanderten Brahmanen, die Schöpfer der Verse, die Erklärer jener Verse, deren also gesungene, rezitierte, gefügte alte Strophen die in den drei Veden bewanderten Brahmanen noch jetzt so wieder singen, so wieder aufsagen, wie sie ehedem aufgesagt und gesprochen wurden, ... – auch diese haben nicht also gesprochen: ‚Wir wissen es, wir sehen es, wo Brahma ist, wie Brahma ist, nach welcher Richtung hin Brahma ist.'

So sprechen mithin diese in den drei Veden bewanderten Brahmanen also: ‚Was wir nicht kennen, was wir nicht sehen, zur Gemeinschaft mit diesem zeigen wir den Weg: „Dies ist der gerade Weg, dies ist der direkte Pfad, der Heilsweg, der den ihm gemäß Handelnden zur Gemeinschaft mit Brahma führt".'

Was meinst du, Vasettha: Wird es, da sich dies so verhält, nicht offenbar, daß die Worte der in den drei Veden bewanderten Brahmanen eitles Geschwätz sind?"

‚Allerdings, Herr Gautama, da sich dies so verhält, wird es offenbar, daß die Worte der in den drei Veden bewanderten Brahmanen eitles Geschwätz sind.'

15. „Wahrlich, Vasettha, diese in den drei Veden bewanderten Brahmanen sollten den Weg zur Gemeinschaft mit dem, das sie weder kennen noch sehen, zeigen können: ‚Eben dies ist der gerade Weg, dies ist der direkte Pfad, der Heilsweg, der den ihm gemäß Handelnden zur Gemeinschaft mit Brahma führt'? Einen solchen Stand der Dinge gibt's nicht.

Gleichwie etwa, Vasettha, eine Reihe von Blinden wäre, in welcher der eine an dem andern hängt, – weder sieht der erste, noch sieht der in der Mitte, noch sieht der letzte, – genau so, Vasettha, sind die Worte der in den drei Veden bewanderten Brahmanen nur Worte einer Reihe von Blinden; weder sieht der erste, noch sieht der in der Mitte, noch sieht der letzte. Diese Worte der in den drei Veden bewanderten Brahmanen offenbaren sich also als lächerlich, offenbaren sich als inhaltslos, offenbaren sich als leer, offenbaren sich als eitel.

16. Was meinst du, Vasettha: Können die in den drei Veden bewanderten Brahmanen, wie gewöhnliche Menschen auch, den Mond und die Sonne sehen? – denn nach der Stelle zu, wo Sonne und Mond aufgehen und untergehen, beten jene zu ihnen, preisen sie und wenden sich ihnen zu, indem sie mit gefalteten Händen ihre Verehrung bezeugen."

‚Freilich, Herr Gautama! Die in den drei Veden bewanderten Brahmanen können, wie gewöhnliche Menschen auch, den Mond und die Sonne sehen, wenn sie der Stelle zu, wo Mond und Sonne auf- und untergehen, zu ihnen beten, sie preisen und sich ihnen zuwenden, indem sie mit gefalteten Händen ihre Verehrung bezeugen.'

17. „Was meinst du nun, Vasettha: Wenn die in den drei Veden bewanderten Brahmanen den Mond und die Sonne sehen können, zu denen sie nach der Stelle zu, wo sie auf- und untergehen, beten, die sie preisen und denen sie sich zuwenden, indem sie mit gefalteten Händen ihre Verehrung bezeugen, – sind sie da imstande, den Weg zur Gemeinschaft mit Mond und Sonne zu zeigen, indem sie etwa sagen: ‚Eben dies ist der gerade Weg, dies ist der direkte Pfad, der Heilsweg, der den ihm gemäß Handelnden zur Gemeinschaft mit Mond und Sonne führt'?"

‚Das freilich nicht, Herr Gautama.'

18. „Du gibst also, Vasettha, folgendes zu: Obwohl die in den drei Veden bewanderten Brahmanen, wie gewöhnliche Menschen auch, den Mond und die Sonne sehen können, zu denen sie nach der Stelle zu, wo sie auf- und untergehen, beten, die sie preisen und denen sie sich zuwenden, indem sie mit

gefalteten Händen ihre Verehrung bezeugen, – so sind sie doch nicht imstande, den Weg zur Gemeinschaft mit Mond und Sonne zu zeigen, indem sie etwa sagen: ‚Eben dies ist der gerade Weg, dies ist der direkte Pfad, der Heilsweg, der den ihm gemäß Handelnden zur Gemeinschaft mit Mond und Sonne führt.‘ Wie nun aber? Zugestandenermaßen haben die in den drei Veden bewanderten Brahmanen Brahma nicht von Angesicht zu Angesicht gesehen, auch die Lehrer der in den drei Veden bewanderten Brahmanen, – auch die Zöglinge der Lehrer der in den drei Veden bewanderten Brahmanen, – auch die Lehrer der in den drei Veden bewanderten Brahmanen bis hinauf zur siebenten Generation haben Brahma nicht von Angesicht zu Angesicht gesehen; und auch jene früheren Weisen, der in den drei Veden bewanderten Brahmanen ... haben nicht also gesprochen: ‚Wir wissen es, wir sehen es, wo Brahma ist, wie Brahma ist, nach welcher Richtung hin Brahma ist.‘

Und so sprechen mithin diese in den drei Veden bewanderten Brahmanen also: ‚Was wir nicht kennen, was wir nicht sehen, zur Gemeinschaft mit diesem zeigen wir den Weg: „Dies ist der gerade Weg, dies ist der direkte Pfad, der Heilsweg, der den ihm gemäß Handelnden zur Gemeinschaft mit Brahma führt“.‘

Was meinst du, Vasettha: Wird es, da sich dies so verhält, nicht offenbar, daß die Worte der in den drei Veden bewanderten Brahmanen eitles Geschwätz sind?“

‚Allerdings, Herr Gautama; da sich dies so verhält, wird es offenbar, daß die Worte der in den drei Veden bewanderten Brahmanen eitles Geschwätz sind.‘

„Gut, Vasettha! Wahrlich, diese in den drei Veden bewanderten Brahmanen, Vasettha, sollten den Weg zur Gemeinschaft mit dem zeigen können, das sie weder kennen noch sehen: ‚Dies ist der gerade Weg, dies ist der direkte Pfad, der Heilsweg, der den ihm gemäß Handelnden zur Gemeinschaft mit Brahma führt‘? – Einen solchen Stand der Dinge gibt’s nicht.

19. Es verhält sich damit so, Vasettha, wie wenn ein Mann also spräche: ‚Die die schönste im Lande ist, nach der sehne ich mich, die liebe ich', und die Leute sagen zu ihm: ‚Guter Mann, diese Schönste im Lande, nach der du dich sehnst, die du liebst, – kennst du diese Schönste im Lande, ob sie ein Brahmanen-Mädchen, ob ein Khattiya-Mädchen, ob die Tochter eines Bürgers, oder ob sie ein Mädchen aus der vierten Kaste ist?' Jener aber antwortet auf diese Frage: ‚Ich weiß es nicht.' Und die Leute sagen zu ihm weiter: ‚Guter Mann, diese Schönste im Lande, nach der du dich sehnst, die du liebst, kennst du sie denn, wie sie heißt, aus welcher Familie sie stammt, ob sie groß, oder klein, oder von mittlerer Gestalt ist, ob schwarz, brünett oder blond, in welchem Dorf, Flecken oder in welcher Stadt sie wohnt?' Jener aber antwortet auf diese Fragen: ‚Ich weiß es nicht.' Und die Leute sprechen weiter zu ihm: ‚Guter Mann, so sehnst du dich also nach etwas und liebst dasjenige, was du nicht kennst und nicht siehst?' Er aber antwortet auf diese Frage: ‚So ist es!' – Was meinst du, Vasettha: Wird es, da sich dies so verhält, nicht offenbar, daß die Worte jenes Mannes eitles Geschwätz sind?"

‚Allerdings, Herr Gautama; da sich dies so verhält, wird es offenbar, daß die Worte jenes Mannes eitles Geschwätz sind.'

20. „Genauso, Vasettha, haben zugestandenermaßen die in den drei Veden bewanderten Brahmanen Brahma nicht von Angesicht zu Angesicht gesehen, auch die Lehrer der in den drei Veden bewanderten Brahmanen, – auch die Zöglinge der Lehrer der in den drei Veden bewanderten Brahmanen, – auch die Lehrer der in den drei Veden bewanderten Brahmanen bis hinauf zur siebenten Generation haben Brahma nicht von Angesicht zu Angesicht gesehen; und auch jene früheren Weisen der in den drei Veden bewanderten Brahmanen ... haben nicht also gesprochen: ‚Wir wissen es, wir sehen es, wo Brahma ist, wie Brahma ist, nach welcher Richtung hin Brahma ist.'

Und so sprechen mithin diese in den drei Veden bewanderten Brahmanen also: ‚Was wir nicht kennen, was wir nicht sehen, zur Gemeinschaft mit diesem zeigen wir den Weg: „Dies ist der gerade Weg, dies ist der direkte Pfad, der Heilsweg, der den ihm gemäß Handelnden zur Gemeinschaft mit Brahma führt".'

Was meinst du, Vasettha: Wird es, da sich dies so verhält, nicht offenbar, daß die Worte der in den drei Veden bewanderten Brahmanen eitles Geschwätz sind?"

‚Allerdings, Herr Gautama; da sich dies so verhält, wird es offenbar, daß die Worte der in den drei Veden bewanderten Brahmanen eitles Geschwätz sind.'

„Gut, Vasettha! Wahrlich, diese in den drei Veden bewanderten Brahmanen, Vasettha, sollten den Weg zur Gemeinschaft mit dem zeigen können, das sie weder kennen noch sehen: ‚Dies ist der gerade Weg, dies ist der direkte Pfad, der Heilsweg, der den ihm gemäß Handelnden zur Gemeinschaft mit Brahma führt'? Einen solchen Stand der Dinge gibt's nicht.

21. Es verhält sich damit so, Vasettha, wie wenn ein Mann auf dem Platze, wo vier Straßen zusammenführen, eine Treppe baut zum Aufstieg in einen Sommerpalast, und die Leute sprechen zu ihm: ‚Guter Mann, kennst du den Sommerpalast, zu dem die Treppe, die du baust, hinaufführen soll; liegt er gen Osten, gen Süden, gen Westen, gen Norden, ist er hoch oder niedrig oder von mittlerer Größe?' Jener aber antwortet auf diese Fragen: ‚Ich weiß es nicht.' Und die Leute sagen zu ihm weiter: ‚Guter Mann, so baust du also eine Treppe zum Aufstieg in einen Sommerpalast, den du nicht kennst und nicht siehst?' Er aber antwortet auf diese Frage: ‚So ist es!' – Was meinst du, Vasettha: Wird es, da sich dies so verhält, nicht offenbar, daß die Worte jenes Mannes eitles Geschwätz sind?"

‚Allerdings, Herr Gautama; da sich dies so verhält, wird es offenbar, daß die Worte jenes Mannes eitles Geschwätz sind.'

22. „Genau so, Vasettha, haben zugestandenermaßen die in den drei Veden bewanderten Brahmanen Brahma nicht von

Angesicht zu Angesicht gesehen, auch die Lehrer der in den drei Veden bewanderten Brahmanen, – auch die Zöglinge der Lehrer der in den drei Veden bewanderten Brahmanen, – auch die Lehrer der in den drei Veden bewanderten Brahmanen bis hinauf zur siebenten Generation haben Brahma nicht von Angesicht zu Angesicht gesehen; und auch jene früheren Weisen der in den drei Veden bewanderten Brahmanen ... haben nicht also gesprochen: ‚Wir wissen es, wir sehen es, wo Brahma ist, wie Brahma ist, nach welcher Richtung hin Brahma ist.'

Und so sprechen mithin diese in den drei Veden bewanderten Brahmanen also: ‚Was wir nicht kennen, was wir nicht sehen, zur Gemeinschaft mit diesem zeigen wir den Weg: „Dies ist der gerade Weg, dies ist der direkte Pfad, der Heilsweg, der den ihm gemäß Handelnden zur Gemeinschaft mit Brahma führt".'

Was meinst du, Vasettha: Wird es, da sich dies so verhält, nicht offenbar, daß die Worte der in den drei Veden bewanderten Brahmanen eitles Geschwätz sind?"

‚Allerdings, Herr Gautama; da sich dies so verhält, wird es offenbar, daß die Worte der in den drei Veden bewanderten Brahmanen eitles Geschwätz sind.'

23. „Gut, Vasettha! Wahrlich, diese in den drei Veden bewanderten Brahmanen, Vasettha, sollten den Weg zur Gemeinschaft mit dem zeigen können, das sie weder kennen noch sehen: ‚Dies ist der gerade Weg, dies ist der direkte Pfad, der Heilsweg, der den ihn gemäß Handelnden zur Gemeinschaft mit Brahma führt'? Einen solchen Stand der Dinge gibt's nicht.

24. Es verhält sich damit so, Vasettha, wie wenn dieser Aciravati-Fluß mit Wasser ganz angefüllt wäre, bis ans Ufer hinauf zum Überlaufen voll, und es käme ein Mann, der am andern Ufer zu tun hätte, ans andere Ufer wollte, ans andere Ufer überzusetzen wünschte. Und er stünde am diesseitigen Ufer und riefe das andere Ufer an: ‚Komm' herüber, anderes Ufer! Komm' herüber, anderes Ufer!' – Was meinst du, Vasettha:

Wird das andere Ufer des Aciravati-Flusses infolge der Anrufung, des Flehens, Betens und Preisens von seiten jenes Mannes wohl zum diesseitigen Ufer kommen?"

‚Das freilich nicht, Herr Gautama.'

25. „Genau so, Vasettha, verhält es sich mit den in den drei Veden bewanderten Brahmanen. Sie lassen jene Eigenschaften vermissen, die einen [wahren] Brahmanen ausmachen, sind hingegen mit solchen Eigenschaften behaftet, durch die ein Mensch ein [wahrer] Brahmane nicht werden kann, und sprechen also: ‚Inda rufen wir an! Soma rufen wir an! Varuna rufen wir an! Isana rufen wir an! Pajapati rufen wir an! Brahma rufen wir an, rufen wir an, rufen wir an!' Und wahrlich, Vasettha: Diese in den drei Veden bewanderten Brahmanen, welche jene Eigenschaften vermissen lassen, die einen [wahren] Brahmanen ausmachen, hingegen mit solchen Eigenschaften behaftet sind, durch die ein Mensch ein [wahrer] Brahmane nicht wird, – sie sollten aufgrund ihrer Anrufung, ihres Flehens, Betens und Preisens, bei der Auflösung des Körpers, jenseits des Todes, zur Gemeinschaft mit Brahma gelangen? Einen solchen Stand der Dinge gibt's nicht.

26. Es verhält sich damit so, Vasettha, wie wenn dieser Aciravati-Fluß mit Wasser ganz angefüllt wäre, bis ans Ufer hinauf zum Überlaufen voll, und es käme ein Mann, der am andern Ufer zu tun hätte, ans andere Ufer wollte, ans andere Ufer überzusetzen wünschte. Und er wäre am diesseitigen Ufer mit einer schweren Kette gefesselt, die Arme hart an den Rücken gebunden. – Was meinst du, Vasettha: Wird dieser Mann wohl von dem diesseitigen Ufer des Aciravati-Flusses zum andern Ufer kommen?"

‚Das freilich nicht, Herr Gautama.'

27. „Genau so, Vasettha, werden folgende fünf zu sinnlicher Lust führende Dinge in der Disziplin des Heiligen ‚Fessel' genannt, ‚Kette' genannt; welche fünf? Durch das Auge zum Bewußtsein kommende körperliche Formen, erwünschte, ge-

liebte, erfreuliche, angenehm geartete, von Lust und Leidenschaft begleitete. Durch das Ohr zum Bewußtsein kommende Töne, – durch die Nase zum Bewußtsein kommende Düfte, – durch die Zunge zum Bewußtsein kommende Säfte, – durch den Leib zum Bewußtsein kommende Tastungen, erwünschte, geliebte, erfreuliche, angenehm geartete, von Lust und Leidenschaft begleitete. Diese fünf zu sinnlicher Lust führenden Dinge, Vasettha, werden in der Disziplin des Heiligen ‚Fessel' genannt, ‚Kette' genannt. Und die in den drei Veden bewanderten Brahmanen, Vasettha, sind an diese fünf zu sinnlicher Lust führenden Dinge gebunden, sind durch sie betört, sind ihnen verfallen, sehen nicht ihr Verderben, erkennen nicht, wie man ihnen entrinnt, und haben an ihnen ihre Lust.

28. Und wahrlich, Vasettha: Diese in den drei Veden bewanderten Brahmanen, welche jene Eigenschaften vermissen lassen, die einen [wahren] Brahmanen ausmachen, hingegen mit solchen Eigenschaften behaftet sind, durch die ein Mensch ein [wahrer] Brahmane nicht wird, – sie, die an die fünf zu sinnlicher Lust führenden Dinge gebunden, durch sie betört, ihnen verfallen sind, indem sie ihr Verderben nicht sehen, nicht erkennen, wie man ihnen entrinnt und an ihnen ihre Lust haben, – sie, die durch die Fessel der sinnlichen Lust gebunden sind, – sie sollten bei der Auflösung des Körpers jenseits des Todes, zur Gemeinschaft mit Brahma gelangen? Einen solchen Stand der Dinge gibt's nicht.

29. Es verhält sich damit so, Vasettha, wie wenn dieser Aciravati-Fluß mit Wasser ganz angefüllt wäre, bis ans Ufer hinauf zum Überlaufen voll, und es käme ein Mann, der am andern Ufer zu tun hätte, ans andere Ufer wollte, ans andere Ufer überzusetzen wünschte. Und er legte sich, [den ganzen Körper] samt dem Haupte eingehüllt, am diesseitigen Ufer nieder. Was meinst du, Vasettha: Wird dieser Mann wohl vom diesseitigen Ufer des Aciravati-Flusses zum andern Ufer gelangen?"

‚Das freilich nicht, Herr Gautama.'

30. „Genau so, Vasettha, werden folgende fünf Hemmungen in der Disziplin des Heiligen Bedeckungen genannt, Einwicklungen genannt, Umwicklungen genannt. Welche fünf? Die Hemmung der sinnlichen Lust-Begier, die Hemmung des Übelwollens, die Hemmung der schläfrigen Trägheit, die Hemmung innerer Unruhe und Unbeständigkeit, die Hemmung des Zweifels. Diese fünf Hemmungen, Vasettha, werden in der Disziplin des Heiligen Bedeckungen genannt, werden Hemmungen genannt, Einwicklungen genannt, Umwicklungen genannt. Und die in den drei Veden bewanderten Brahmanen, Vasettha sind von den fünf Hemmungen umhüllt, gehemmt, durchdrungen, umwickelt.

Und wahrlich, Vasettha: Diese in den drei Veden bewanderten Brahmanen, welche jene Eigenschaften vermissen lassen, die einen [wahren] Brahmanen ausmachen, hingegen mit solchen Eigenschaften behaftet sind, durch die ein Mensch ein [wahrer] Brahmane nicht wird, – sie, die von den fünf Hemmungen umhüllt, gehemmt, durchdrungen, umwickelt sind, – sie sollten bei der Auflösung des Körpers, jenseits des Todes, zur Gemeinschaft mit Brahma gelangen? Einen solchen Stand der Dinge gibt's nicht.

31. Was meinst du, Vasettha: Hast du etwas gehört, wenn die alten, betagten Brahmanen, Lehrer und Zöglinge, miteinander sprachen: Lebt Brahma im Besitze sinnlicher Genüsse oder nicht?"

‚Er lebt nicht im Besitze sinnlicher Genüsse, Herr Gautama.'

„Ist sein Geist voll Übelwollen oder frei von Übelwollen?"

‚Er ist frei von Übelwollen, Herr Gautama.'

„Ist sein Geist voll Bosheit oder frei von Bosheit?"

‚Er ist frei von Bosheit, Herr Gautama.'

„Ist sein Geist voll Befleckung oder rein?"

‚Er ist rein, Herr Gautama.'

„Ist er Herr seiner selbst oder nicht?"

‚Er ist Herr seiner selbst, Herr Gautama.'

32. „Was meinst du nun, Vasettha: Leben die in den drei Veden bewanderten Brahmanen im Besitze sinnlicher Genüsse oder nicht?"

‚Sie leben im Besitze sinnlicher Genüsse, Herr Gautama.'

„Ist ihr Geist voll Übelwollen oder frei von Übelwollen?" ‚Ihr Geist ist voll Übelwollen, Herr Gautama.' „Ist ihr Geist voll Bosheit oder frei von Bosheit?" ‚Ihr Geist ist voll Bosheit, Herr Gautama.' „Ist ihr Geist voll Befleckung oder rein?" ‚Ihr Geist ist voll Befleckung, Herr Gautama.' „Sind sie Herr ihrer selbst oder nicht?" ‚Sie sind nicht Herr ihrer selbst, Herr Gautama.'

33. „Zugestandenermaßen also, Vasettha, leben die in den drei Veden bewanderten Brahmanen im Besitze sinnlicher Genüsse, Brahma aber lebt nicht im Besitze sinnlicher Genüsse. Besteht da eine Übereinstimmung zwischen den in den drei Veden bewanderten Brahmanen mit ihren sinnlichen Genüssen, und Brahma, der nicht im Besitze sinnlicher Genüsse lebt?" ‚Das freilich nicht, Herr Gautama.'

34. „Gut, Vasettha! Und wahrlich, Vasettha: Diese in den drei Veden bewanderten Brahmanen, die im Besitze sinnlicher Genüsse leben, sollten bei der Auflösung des Körpers, jenseits des Todes, zur Gemeinschaft mit Brahma gelangen, der nicht im Besitze sinnlicher Genüsse lebt? Einen solchen Stand der Dinge gibt's nicht.

35. Der Geist der in den drei Veden bewanderten Brahmanen, Vasettha, ist zugestandenermaßen voll Übelwollen, voll Bosheit, voll Befleckung, und sie sind auch nicht Herr ihrer selbst; der Geist Brahmas aber ist frei von Übelwollen, frei von Bosheit, rein, und er ist Herr seiner selbst. Besteht da nun eine Übereinstimmung zwischen den in den drei Veden bewanderten Brahmanen, deren Geist voll Übelwollen, voll Bosheit, voll Befleckung ist und die auch nicht Herr ihrer selbst sind, – und Brahma, dessen Geist frei von Übelwollen, frei von Bosheit, rein ist, und welcher auch Herr ist seiner selbst?"

‚Das freilich nicht, Herr Gautama.'

36. „Gut, Vasettha! Und wahrlich, Vasettha: Diese in den drei Veden bewanderten Brahmanen, deren Geist voll Übelwollen, voll Bosheit, voll Befleckung ist, und die auch nicht Herr ihrer selbst sind, – sie sollten bei der Auflösung des Körpers, jenseits des Todes, zur Gemeinschaft mit Brahma gelangen, dessen Geist frei von Übelwollen, frei von Bosheit, rein ist, und der auch Herr ist seiner selbst? Einen solchen Stand der Dinge gibt's nicht.

Vielmehr haben sich, Vasettha, die in den drei Veden bewanderten Brahmanen zusammengeschlossen und gelangen, während sie beieinander sitzen, ins Trostlose und dringen, meine ich, in immer trockeneres [Gebiet] ein. Darum wird der in den drei Veden bewanderten Brahmanen dreifaches Wissen Wüstenei genannt, Gestrüpp genannt, Abgrund genannt."

37. Nach diesen Worten sprach der junge Vasettha zum Erhabenen also:

‚Herr Gautama, ich habe sagen hören: „Der Asket Gautama kennt den Weg zur Gemeinschaft mit Brahma."'

„Was meinst du, Vasettha: Ist Manasakata hier ganz in der Nähe, nicht fern von hier?"

‚Ja, Herr Gautama; Manasakata ist hier ganz in der Nähe, nicht fern von hier.'

„Was meinst du, Vasettha: Nimm an, ein Mann wäre in Manasakata geboren und alt geworden, und ihn, der bis dahin Manasakata niemals verlassen hat, fragten Leute nach dem Wege nach Manasakata. Könnte es sein, Vasettha, daß jener in Manasakata geborene und alt gewordene Mann zweifelte oder im Ungewissen wäre, wenn er nach dem Wege nach Manasakata gefragt würde?"

‚Gewiß nicht, Herr Gautama. Und warum? Jenem in Manasakata geborenen und alt gewordenen Manne sind ja, Herr Gautama, alle Wege nach Manasakata wohlvertraut.'

38. „Es könnte sein, Vasettha, daß jener in Manasakata geborene und alt gewordene Mann zweifelte oder im Ungewis-

sen wäre, wenn er nach dem Wege nach Manasakata gefragt würde; nicht aber gibt es für den Vollendeten ein Zweifeln oder eine Ungewißheit, wenn er nach der Brahma-Welt oder nach dem zur Brahma-Welt führenden Pfade gefragt wird. Ich kenne, Vasettha, Brahma und die Brahma-Welt und den zur Brahma-Welt führenden Pfad; und wie einer, der in der Brahma-Welt erscheint, gewandelt ist, – auch das weiß ich."

39. Nach diesen Worten sprach der junge Vasettha zum Erhabenen:

‚Herr Gautama, ich habe sagen hören: „Der Asket Gautama zeigt den Weg zur Gemeinschaft mit Brahma." Wohl denn! Möge der Herr Gautama uns den Weg zur Gemeinschaft mit Brahma zeigen, möge der Herr Gautama das Geschlecht der Söhne Brahmas erheben!'

„So höre denn, Vasettha, und vergegenwärtige es dir wohl! Ich werde sprechen."

‚So sei es, Herr', antwortete der junge Vasettha aufmerksam dem Erhabenen. Der Erhabene sprach also:

40. „Da ersteht, Vasettha, der Vollendete in der Welt, der Heilige, völlig Erwachte, der im Wissen und Wandel Vollkommene, der Pfadvollender, der Kenner der Welten, der unvergleichliche Bändiger der ungezähmten Menschen, der Lehrer der Götter und Menschen, Buddha, der Erhabene. Nachdem dieser die Welt mit ihren Devas, Maras und Brahmas, die lebenden Wesen mitsamt ihren Asketen und Brahmanen, ihren Devas und Menschen, durch sich selbst erkannt und verwirklicht hat, tut er es kund. Er verkündet die Lehre, die im Anfang, in der Mitte und am Ende heilsam ist, in ihrem Sinn und in ihrer äußeren Fassung und macht den ganz vollkommenen, ganz lauteren heiligen Wandel offenbar.

41. Diese Lehre hört ein Haushalter oder Haushalters-Sohn oder ein in irgendeinem Geschlechte Wiedergeborener. Nachdem dieser die Lehre vernommen hat, gewinnt er Vertrauen zu dem Vollendeten. Und er, der zu dem Vollendeten

Vertrauen gewonnen hat, erwägt bei sich also: ‚Ein beengender Raum ist das Leben im Hause, ein staubiger Weg; ein freier Himmelsraum ist die Weltentsagung. Nicht leicht ist es für einen, der im Haushalt wohnt, den ganz vollkommenen, ganz lauteren heiligen Wandel zu führen. Gut wäre es, wenn ich mir Haar und Bart scherte, die gelben Gewänder anlegte und vom Hause fort in die Hauslosigkeit ginge.‘ Und nachdem er, bald darauf, einen kleinen oder großen Besitzstand aufgegeben, einen kleinen oder großen Verwandtenkreis verlassen hat, geht er mit geschorenem Haar und Bart und mit den gelben Gewändern angetan vom Hause fort in die Hauslosigkeit.

42. Nachdem er so die Weltentsagung vollzogen hat, lebt er gezügelt in den Schranken der für das Mönchtum gültigen Satzungen. Im Wandel und Benehmen würdig sieht er Gefahr auch in den geringsten der zu meidenden Dinge und übt sich in den Geboten, die er auf sich genommen hat. Mit rechtem Handeln in Werken und Worten ausgerüstet, führt er ein makelloses Leben; der sittlichen Zucht ergeben bewacht er die Tore der Sinne, und mit Geistesklarheit und Besonnenheit gewappnet ist er ganz glücklich.

43-75. Und wie, Vasettha, ist ein Mönch der sittlichen Zucht ergeben?

Das hat, Vasettha, ein Mönch das Zerstören von Leben aufgegeben, vor der Zerstörung von Leben hält er sich fern. Stock und Schwert hat er beiseitegelegt, und er lebt zartfühlend, erbarmungsreich, freundlich und gütig gegen alle lebenden Wesen. Eben dies gehört zu seiner sittlichen Zucht.

Das Nehmen nicht-gegebener Dinge hat er aufgegeben, vom Nehmen nicht-gegebener Dinge hält er sich fern. Er nimmt nur, was gegeben wird, und wartet auf die Gabe mit ehrlichem, reinem Herzen. Eben dies gehört zu seiner sittlichen Zucht.

Nicht-keuschen Wandel hat er aufgegeben und lebt keusch. Abgesondert lebend hält er sich vom Geschlechtsverkehr, dem gemeinen Akte, fern. Eben dies gehört zu seiner sittlichen Zucht.

Lügnerische Rede hat er aufgegeben, von lügnerischer Rede hält er sich fern. Die Wahrheit spricht er, von der Wahrheit weicht er nicht ab, er ist vertrauenswürdig, zuverlässig, und hält, was er verspricht. Eben dies gehört zu seiner sittlichen Zucht.

Afterrede hat er aufgegeben, von Afterrede hält er sich fern. Was er hier gehört hat, erzählt er dort nicht weiter, um diese zu entzweien, was er dort gehört hat, erzählt er hier nicht wieder, um jene zu entzweien. So ist er ein Einiger der Entzweiten, ein Festiger der Verbundenen; Eintracht erfreut ihn, Eintracht ist seine Lust, an der Eintracht hat er sein Wohlgefallen, und Eintracht-fördernde Worte spricht er. Eben dies gehört zu seiner sittlichen Zucht.

Rohe Rede hat er aufgegeben, von roher Rede hält er sich fern. Worte, die untadelhaft sind, dem Ohre wohltuend, liebenswürdig, zu Herzen gehend, gesittet, jedermann erfreuend, jedermann willkommen, – solche Worte spricht er. Eben dies gehört zu seiner sittlichen Zucht.

Eitles Geschwätz hat er aufgegeben, von eitlem Geschwätz hält er sich fern. Er spricht zur rechten Zeit, den Tatsachen gemäß, dem Zweck entsprechend, spricht über die Lehre und Disziplin. Die Worte, die er spricht, sind wert behalten zu werden, bisweilen mit Bildern geschmückt, fein unterscheidend, sinngemäß. Eben dies gehört zu seiner sittlichen Zucht.

Von mutwilliger Beschädigung von Saaten und Pflanzen hält er sich fern.

Nur einmal am Tage nimmt er Speise zu sich; zur Nachtzeit ißt er nicht; vom Essen zu ungehöriger Zeit hält er sich fern.

Von Tanz, Gesang, Musik und von der Betrachtung von Schauspielen hält er sich fern.

Von der Schmückung und Verschönerung [des Körpers] durch Verwendung von Kränzen, Wohlgerüchen und Salben hält er sich fern.

Von [der Benutzung] einer hohen und breiten Lagerstätte hält er sich fern.

Von der Annahme von Gold und Silber hält er sich fern. Die Annahme von rohem Getreide weist er zurück. Die Annahme von rohem Fleisch weist er zurück. Die Annahme von Frauen und Mädchen weist er zurück. Die Annahme von Dienerinnen und Dienern weist er zurück. Die Annahme von Ziegen und Schafen weist er zurück. Die Annahme von Geflügel und Schweinen weist er zurück. Die Annahme von Elefanten, Rindern und Pferden weist er zurück.

Die Annahme von bestellten Feldern und Ländereien weist er zurück.

Von dem Beruf eines Boten, Sendlings und Ausrichters hält er sich fern.

Von Kaufen und Verkaufen hält er sich fern.

Von falschem Wägen, falschem Gelde, falschem Maß hält er sich fern.

Von dem falschen Wege der Bestechung, des Betrügens und Hintergehens hält er sich fern.

Von Zerstörung, Mord, Fesselung, Raub, Bedrohung, Gewalttätigkeit hält er sich fern. Eben dies gehört zu seiner sittlichen Zucht.

Er ist völlig zufrieden mit dem für den Leib notwendigen Gewande und mit der für das Leben notwendigen Almosenspeise, und damit ist er versehen, wohin er auch wandert. Gleichwie da ein gefiederter Vogel, wohin er auch fliegt, mit seinen Flügeln versehen fliegt, – so auch ist da ein Mönch zufrieden mit dem für den Leib notwendigen Gewande und mit der für das Leben notwendigen Almosenspeise, und damit ist er versehen, wohin er auch wandert. Mit dieser hohen sittlichen Zucht ausgerüstet, empfindet der Mönch in seinem Innern ein makelloses Glück.

Und wie, Vasettha, bewacht ein Mönch die Tore der Sinne?

Wenn da, Vasettha, ein Mönch mit dem Auge eine körperliche Form erblickt, so versenkt er sich nicht darein, weder in den Gesamteindruck, noch in eine der besonderen Einzelheiten. Da die üblen, unheilsamen Dinge: Begehren und Mißmut den überkommen, der ohne Zügelung des Gesichtssinnes dahinlebt, so ist er auf dessen Zügelung bedacht; er behütet den Gesichtssinn und läßt sich die Zügelung des Gesichtssinnes angelegen sein.

Wenn er mit dem Ohre einen Ton vernimmt ... usw.

Wenn er mit der Nase einen Duft riecht ... usw.

Wenn er mit der Zunge einen Saft schmeckt ... usw.

Wenn er mit dem Leibe etwas Tastbares betastet ... usw.

Wenn er sich mit dem Denken eines Denkobjektes bewußt wird, so versenkt er sich nicht darein, weder in das Ganze, noch in eine der besonderen Einzelheiten. Da die üblen, unheilsamen Dinge: Begehren und Mißmut den überkommen, der ohne Zügelung des Denkens dahinlebt, so ist er auf dessen Zügelung bedacht; er behütet das Denken und läßt sich die Zügelung des Denkens angelegen sein. Mit dieser hohen Sinnes-Zügelung ausgerüstet, empfindet der Mönch in seinem Innern ein makelloses Glück.

76. Gütigen Geistes weilend, Vasettha, strahlt er nach *einer* Richtung, dann nach einer zweiten, dann nach der dritten, dann nach der vierten, ebenso nach oben und unten, ringsherum nach allen Seiten: Vollständig und ganz durchstrahlt er die weite Welt mit gütigem Geiste, mit weitem, tiefem, schrankenlosem, frei von Feindseligkeit und Übelwollen.

77. Gleichwie etwa, Vasettha, ein rüstiger Posaunenbläser sich ohne große Mühe nach den vier Richtungen hin bemerkbar macht, genau so, Vasettha, erweckt da der Mönch die Güte, die Geisteserlösung, und übergeht und übersieht nichts von allem, was Gestalt und Leben hat. Dies, Vasettha, ist der Weg zur Gemeinschaft mit Brahma.

78. Und weiterhin, Vasettha: Mitleidvollen Geistes weilend, freudevollen Geistes weilend, gleichmütigen Geistes weilend

strahlt er nach *einer* Richtung, dann nach einer zweiten, dann nach der dritten, dann nach der vierten, ebenso nach oben und unten, ringsherum nach allen Seiten: Vollständig und ganz durchstrahlt er die weite Welt mit mitleidvollem, freudevollem, gleichmütigem Geiste, mit weitem, tiefem schrankenlosem, frei von Feindseligkeit und Übelwollen.

79. Gleichwie etwa, Vasettha, ein rüstiger Posaunenbläser sich ohne große Mühe nach den vier Richtungen hin bemerkbar macht, genau so, Vasettha, erweckt [der Mönch] das Mitleid, die Geisteserlösung, die Mitfreude, die Geisteserlösung, den Gleichmut, die Geisteserlösung, und übergeht und übersieht nichts von allem, was Gestalt und Leben hat. Dies, Vasettha, ist der Weg zur Gemeinschaft mit Brahma,

80. Was meinst du, Vasettha: Lebt ein Mönch, der also verweilt, im Besitze sinnlicher Genüsse oder nicht?"

‚Er lebt nicht im Besitze sinnlicher Genüsse, Herr Gautama.'

„Ist sein Geist voll Übelwollen oder frei von Übelwollen?"

‚Sein Geist ist frei von Übelwollen, Herr Gautama.'

„Ist sein Geist voll Bosheit oder frei von Bosheit?"

‚Sein Geist ist frei von Bosheit, Herr Gautama.'

„Ist sein Geist voll Befleckung oder rein?"

‚Sein Geist ist rein, Herr Gautama.'

„Ist er Herr seiner selbst oder nicht?"

‚Er ist Herr seiner selbst, Herr Gautama.'

81. „Zugestandenermaßen also, Vasettha, lebt ein solcher Mönch nicht im Besitze sinnlicher Genüsse, und auch Brahma lebt nicht im Besitze sinnlicher Genüsse. Besteht da eine Übereinstimmung zwischen einem Mönch, der frei von sinnlichen Genüssen ist, und Brahma, der (ebenfalls) frei ist von sinnlichen Genüssen?"

‚Das freilich wohl, Herr Gautama.'

„Gut, Vasettha! Wahrlich, Vasettha: Daß ein solcher Mönch, der nicht im Besitze sinnlicher Genüsse lebt, bei der

Auflösung des Körpers, jenseits des Todes, zur Gemeinschaft mit Brahma gelangen sollte, der (ebenfalls) nicht im Besitze sinnlicher Genüsse lebt, – einen solchen Stand der Dinge gibt es gewiß.

So ist zugestandenermaßen, Vasettha, der Geist eines solchen Mönches frei von Übelwollen, frei von Bosheit, rein, und er ist Herr seiner selbst; und auch der Geist Brahmas ist frei von Übelwollen, frei von Bosheit, rein, und er ist auch Herr seiner selbst. Besteht da eine Übereinstimmung zwischen einem Mönche, dessen Geist frei von Übelwollen, frei von Bosheit, rein ist, und welcher Herr ist seiner selbst, – und Brahma, dessen Geist (ebenfalls) frei von Übelwollen, frei von Bosheit, rein ist, und welcher Herr ist seiner selbst?"

‚Das freilich wohl, Herr Gautama.'

„Gut, Vasettha! Und wahrlich, Vasettha: Daß ein solcher Mönch, dessen Geist frei von Übelwollen, frei von Bosheit, rein ist, und welcher Herr ist seiner selbst, – bei der Auflösung des Körpers, jenseits des Todes, zur Gemeinschaft mit Brahma gelangen sollte, dessen Geist (ebenfalls) frei von Übelwollen, frei von Bosheit, rein ist, und welcher Herr ist seiner selbst, – einen solchen Stand der Dinge gibt es gewiß."

82. Nach diesen Worten sprachen die jungen Männer Vasettha und Bharadvaja zum Erhabenen also:

‚Hocherhaben, Herr Gautama, hocherhaben, Herr Gautama! Gleichwie da, Herr Gautama, jemand das Umgestürzte aufrichtet oder das Bedeckte enthüllt, oder wie jemand einem Verirrten den Weg weist, der in der Finsternis eine Leuchte hält, auf daß, die Augen haben, die Dinge sehen können, so auch ist uns vom Herrn Gautama die Lehre auf mancherlei Weise klargemacht worden. Wir nehmen Zuflucht zum Herrn Gautama zur Lehre und zur Mönchsgemeinde; möge der Herr Gautama uns, die wir Zuflucht genommen haben, als seine Laienjünger annehmen vom heutigen Tage an bis zum Ende unseres Lebens.'

XII. Sittliche Zucht.

134. Die fünf Gebote (Pancasila).

1. Ich beobachte das Gebot: Abstehen von der Zerstörung von Leben.

2. Ich beobachte das Gebot: Abstehen vom Nehmen nichtgegebener Dinge.

3. Ich beobachte das Gebot: Abstehen von unkeuschem Wandel.

4. Ich beobachte das Gebot: Abstehen von lügnerischer Rede.

5. Ich beobachte das Gebot: Abstehen von Berauschung durch den Genuß geistiger Getränke.

Diese fünf Satzungen sind die allgemeinen Sitten-Gebote des Buddhismus, die für alle seine Anhänger Gültigkeit haben. Sie werden bis auf den heutigen Tag in den buddhistischen Ländern beim täglichen Blumenopfer aufgesagt, und ihre feierliche Rezitation, nebst der Verehrungs- und Zufluchtsformel, leitet alle religiösen Dienste und Handlungen ein, soweit diese unter Mitwirkung von Laien vorgenommen werden.

135. Die zehn Vergehungen.

1. Das Zerstören von Leben. 2. Das Nehmen nicht-gegebener Dinge. 3. Unkeuscher Wandel. 4. Lügnerische Rede. 5. Afterrede. 6. Rohe Rede. 7. Eitles Geschwätz. 8. Begehren (Habsucht). 9. Übelwollen. 10. Falsche Ansichten.

136. Die zehn Rechtschaffenheiten.

1. Abstehen vom Zerstören von Leben. 2. Abstehen vom Nehmen nicht-gegebener Dinge. 3. Abstehen von unkeuschem Wandel. 4. Abstehen von lügnerischer Rede. 5. Abstehen von Afterrede. 6. Abstehen von roher Rede. 7. Abstehen

von eitlem Geschwätz. 8. Nicht-Begehren. 9. Nicht-Übelwollen. 10. Rechte Anschauung.

In den Kategorien der zehn Vergehungen und zehn Rechtschaffenheiten, die Punkt für Punkt einander gegenüberstehen gaben wir eine andere Gruppe von zehn Geboten vor uns. Die Anordnung begegnet uns bereits in alten Pali-Texten und ist nach folgenden drei Gesichtspunkten getroffen worden Von den zehn Sünden sind die ersten drei Tatsünden, die nächsten vier Wortsünden, die letzten drei Gedankensünden. Dieser ‚Dekalog' gehört zu dem ältesten und noch heute allgemein anerkannten Bestande der buddhistischen Morallehre; wird in Japan genauso gelehrt wie in Ceylon und Birma.

137. Die acht Gebote.

1. Ich beobachte das Gebot: Abstehen von der Zerstörung von Leben.

2. Ich beobachte das Gebot: Abstehen vom Nehmen nichtgegebener Dinge.

3. Ich beobachte das Gebot: Abstehen von nichtkeuschem Wandel.

4. Ich beobachte das Gebot: Abstehen von lügnerischer Rede.

5. Ich beobachte das Gebot: Abstehen von Berauschung durch den Genuß geistiger Getränke.

6. Ich beobachte das Gebot: Abstehen vom Essen zu ungehöriger Zeit.

7. Ich beobachte das Gebot: Abstehen von Tanz, Gesang, Musik und von der Betrachtung von Schauspielen.

8. Ich beobachte das Gebot: Abstehen von der Schmükkung und Verschönerung [des Körpers] durch Verwendung von Kränzen, Wohlgerüchen und Salben.

Die vorstehenden acht Gebote (es sind dies die ersten acht der zehn mönchischen Gebote) werden von buddhistischen Laienjüngern zu bestimmten Tagen und Zeiten beobachtet, namentlich an den Feiertagen (uposatha), und in einigen Ländern (z.B. Birma) auch in der dreimonatlichen Regen- oder Fastenzeit; indessen werden sie häufig ohne besondere Veranlassung für längere oder kürzere Zeitdauer übernommen. Diese Gepflogenheit ist, nach dem Ausweis des Dhammika-Sutta im Sutta-Nipata (s. darüber den Text Nr. 184) eine uralte buddhistische Sitte. Zu beachten ist, daß hier im dritten Gebote jede Verletzung der Keuschheit untersagt ist, während es sich im dritten Gebote des Pancasila um unerlaubten Geschlechtsverkehr, wie Verkehr mit verheirateten Frauen und Minderjährigen, sowie um sexuelle Ausschweifung im allgemeinen handelt.

138. Der Rechtschaffene und der Sittenlose (I).

Ang. IV, 201.

1. „Den schlechten Menschen, ihr Mönche, will ich euch zeigen und den, der noch schlechter ist als der schlechte Mensch; den guten Menschen [will ich euch zeigen] und den, der noch besser ist als der gute Mensch. So höret aufmerksam und vergegenwärtigt es euch genau, ich will jetzt sprechen."

‚So sei es, Herr', antworteten jene Mönche aufmerksam dem Erhabenen. Der Erhabene sprach also:

2. „Wer ist nun, ihr Mönche, der schlechte Mensch? Da ist, ihr Mönche, jemand ein Zerstörer von Leben, ein Nehmer nicht-gegebener Dinge, er führt einen unkeuschen Wandel, spricht lügnerische Worte und berauscht sich durch den Genuß geistiger Getränke. Den, ihr Mönche, nennt man einen schlechten Menschen.

3. Und wer, ihr Mönche, ist noch schlechter als der schlechte Mensch? Da ist, ihr Mönche, jemand selbst ein Zerstörer von Leben, und zur Zerstörung von Leben verleitet er auch einen andern; er ist selbst ein Nehmer nicht-gegebener Dinge,

und zum Nehmen nicht-gegebener Dinge verleitet er auch einen andern; er führt selbst einen unkeuschen Wandel, und zur Unkeuschheit verleitet er auch einen andern; er spricht selbst lügnerische Worte, und zum Lügen verleitet er auch einen andern; er berauscht sich selbst durch den Genuß geistiger Getränke, und zur Berauschung durch den Genuß geistiger Getränke verleitet er auch einen andern. Den, ihr Mönche, nennt man noch schlechter als schlecht.

4. Und wer, ihr Mönche, ist der gute Mensch? Da hält sich, ihr Mönche, jemand von der Zerstörung von Leben fern, hält sich vom Nehmen nicht-gegebener Dinge fern, hält sich von unkeuschem Wandel fern, hält sich von lügnerischer Rede fern, hält sich von der Berauschung durch den Genuß geistiger Getränke fern. Den, ihr Mönche, nennt man einen guten Menschen.

5. Und wer, ihr Mönche, ist noch besser als der gute Mensch? Da hält sich, ihr Mönche, jemand selbst von der Zerstörung von Leben fern, und zur Enthaltung von der Zerstörung von Leben leitet er auch einen andern an. Er selbst hält sich vom Nehmen nicht-gegebener Dinge fern, und zur Enthaltung vom Nehmen nicht-gegebener Dinge leitet er auch einen andern an. Er selbst hält sich von unkeuschem Wandel fern, und zur Enthaltung von unkeuschem Wandel leitet er auch einen andern an. Er selbst hält sich von lügnerischer Rede fern, und zur Enthaltung von lügnerischer Rede leitet er auch einen andern an. Er selbst hält sich von der Berauschung durch den Genuß geistiger Getränke fern, und zur Enthaltung von der Berauschung durch den Genuß geistiger Getränke leitet er auch einen andern an. Den, ihr Mönche, nennt man noch besser als gut."

139. Der Rechtschaffene und der Sittenlose (II).

Ang. IV, 204.

1. „Den schlechten Menschen, ihr Mönche, will ich euch zeigen und den, der noch schlechter ist als der schlechte Mensch;

den guten Menschen [will ich euch zeigen] und den, der noch besser ist als der gute Mensch, – so höret!

2. Wer ist nun, ihr Mönche, der schlechte Mensch? Da ist, ihr Mönche, jemand ein Zerstörer von Leben, ein Nehmer nicht-gegebener Dinge, er führt einen unkeuschen Wandel, spricht lügnerische Worte, übt Afterrede, spricht rohe Worte, führt eitles Geschwätz, ist begehrend, übelwollend gesinnt und hegt falsche Ansichten. Den, ihr Mönche, nennt man einen schlechten Menschen.

3. Und wer, ihr Mönche, ist noch schlechter als der schlechte Mensch? Da ist, ihr Mönche, jemand selbst ein Zerstörer von Leben, und zur Zerstörung von Leben verleitet er auch einen andern; er ist selbst ein Nehmer nicht-gegebener Dinge, und zum Nehmen nicht-gegebener Dinge verleitet er auch einen andern; er führt selbst einen unkeuschen Wandel, und zur Unkeuschheit verleitet er auch einen andern; er spricht selbst lügnerische Worte, und zum Lügen verleitet er auch einen andern; er übt selbst Afterrede, und zur Afterrede verleitet er auch einen andern; er spricht selbst rohe Worte, und zum Sprechen roher Worte verleitet er auch einen andern; er führt selbst eitles Geschwätz, und zu eitlem Geschwätz verleitet er auch einen andern; er ist selbst begehrend, und zum Begehren verleitet er auch einen andern; er ist selbst übelwollend gesinnt, und zum Übelwollen verleitet er auch einen andern; er hat selbst falsche Ansichten, und zu falschen Ansichten verleitet er auch einen andern. Den, ihr Mönche, nennt man noch schlechter als schlecht.

4. Und wer, ihr Mönche, ist der gute Mensch? Da hält sich, ihr Mönche, jemand von der Zerstörung von Leben fern, hält sich vom Nehmen nicht-gegebener Dinge fern, hält sich von unkeuschem Wandel fern, hält sich von lügnerischer Rede fern, hält sich von Afterrede fern, hält sich von roher Rede fern, hält sich von eitlem Geschwätz fern, ist nicht begehrend, nicht übelwollend gesinnt und hat rechte Anschauung. Den, ihr Mönche, nennt man einen guten Menschen.

5. Und wer, ihr Mönche, ist noch besser als der gute Mensch? Da hält sich, ihr Mönche, jemand *selbst* von der Zerstörung von Leben fern, und zur Enthaltung von der Zerstörung von Leben leitet er auch einen andern an. Er selbst hält sich vom Nehmen nicht-gegebener Dinge fern, und zur Enthaltung vom Nehmen nicht-gegebener Dinge leitet er auch einen andern an. Er selbst hält sich von unkeuschem Wandel fern, und zur Enthaltung von unkeuschem Wandel leitet er auch einen andern an. Er selbst hält sich von lügnerischer Rede fern, und zur Enthaltung von lügnerischer Rede leitet er auch einen andern an. Er selbst hält sich von Afterrede fern, und zur Enthaltung von Afterrede leitet er auch einen andern an. Er selbst hält sich von roher Rede fern, und zur Enthaltung von roher Rede leitet er auch einen ändern an. Er selbst hält sich von eitlem Geschwätz fern, und zur Enthaltung von eitlem Geschwätz leitet er auch einen andern an. Er selbst ist nicht begehrend, und zum Nichtbegehren leitet er auch einen andern an. Er selbst ist nicht übelwollend gesinnt, und zum Nichtübelwollen leitet er auch einen andern an. Er selbst hat rechte Anschauung, und zu rechter Anschauung leitet er auch einen andern an. Den, ihr Mönche, nennt man noch besser als gut."

140. Rechtschaffener und sittenloser Wandel.

Majjh. 41.

... Dreifach, ihr Haushalter, ist der ruchlose, ungerechte Wandel in Werken; vierfach ist der ruchlose, ungerechte Wandel in Worten; dreifach ist der ruchlose, ungerechte Wandel in Gedanken.

Wie ist nun, ihr Haushalter, der dreifache ruchlose, ungerechte Wandel in Werken?

Da ist, ihr Haushalter, jemand ein Zerstörer von Leben, ist grausam, ein Blutvergießer, an Morden und Töten gewöhnt, ohne Erbarmen gegen lebende Wesen.

Auch ist er ein Nehmer nicht-gegebener Dinge. Was da einem andern an Besitz und Eigentum in Dorf und Flur gehört, das nimmt er, ohne daß man es ihm gegeben hat, was man Diebstahl nennt.

Dann führt er auch einen unkeuschen Wandel. Mit Mädchen, die unter dem Schutz der Mutter, unter dem Schutz des Vaters, unter dem Schutz des Bruders, unter dem Schutz der Schwester, unter dem Schutz der Verwandten stehen, mit verheirateten Frauen, mit Dienerinnen, ja, sogar mit denen, die sich mit Kränzen zu schmücken pflegen, – mit solchen weiblichen Personen pflegt er Verkehr.

So, ihr Haushalter, ist der dreifache ruchlose, ungerechte Wandel in Werken.

Und wie, ihr Haushalter, ist der vierfache ruchlose, ungerechte Wandel in Worten?

Da spricht, ihr Haushalter, jemand lügnerische Worte. Vor Gericht, oder in einer Gesellschaft, oder unter Verwandten, oder in einer Versammlung, oder von königlichen Beamten vorgeführt und als Zeuge befragt: ‚Wohlan, Mann, was du weißt, das sage!' – sagt er, wenn er nichts weiß: ‚Ich weiß es', oder wenn er es weiß, sagt er: ‚Ich weiß es nicht', oder wenn er nichts gesehen hat, sagt er: ‚Ich habe es gesehen', oder wenn er es gesehen hat, sagt er: ‚Ich habe nichts gesehen.' So spricht er um seiner selbst willen, oder um eines andern willen, oder um irgendeines nichtigen Vorteils willen, bewußt eine Lüge.

Auch übt er Afterrede. Was er hier gehört hat, erzählt er dort weiter, um diese zu entzweien, was er dort gehört hat, erzählt er hier wieder, um jene zu entzweien. So ist er ein Entzweier der Verbundenen, ein Aufwiegler der Entzweiten; Zwietracht erfreut ihn, Zwietracht ist seine Lust, an der Zwietracht hat er sein Wohlgefallen, und Zwietracht fördernde Worte spricht er.

Dann spricht er auch rohe Worte. Worte, die schneidend sind, hart, andere verletzend, andere beschimpfend, die vom

Zorn eingegeben sind und nicht zur Konzentration stimmen, solche Worte spricht er.

Dann führt er auch eitles Geschwätz. Er spricht zur Unzeit, nicht den Tatsachen gemäß, dem Zweck nicht entsprechend, spricht nicht über Lehre und Disziplin. Die Worte, die er spricht, sind nicht wert, behalten zu werden, nicht mit Bildern geschmückt, sind nicht fein unterscheidend, nicht sinngemäß.

So, ihr Haushalter, ist der vierfache ruchlose, ungerechte Wandel in Worten.

Und wie, ihr Haushalter, ist der dreifache ruchlose, ungerechte Wandel in Gedanken?

Da ist, ihr Haushalter, jemand habsüchtig, und was da ein anderer an Besitz und Eigentum hat, danach giert er: ‚Ach, wenn doch das, was dem andern gehört, mein eigen wäre!'

Auch ist er übelwollend gesinnt, im Herzen Böses ausdenkend: ‚Diese Wesen sollen getötet werden, sollen erschlagen, zerstört, zugrundegerichtet werden, nicht sollen sie so sein!'

Dann hat er auch schlechte Ansichten, ist in falschen Meinungen befangen: ‚Spenden hat keinen Wert, Opfer hat keinen Wert, Darreichung hat keinen Wert, es gibt keine Frucht, keine Reife der guten und schlechten Taten, diese Welt ist nicht, es gibt keine andere Welt, ‚Mutter' ist ein leerer Begriff, ‚Vater' ist ein leerer Begriff, ‚rein geistige Wesen' ist ein eitles Wort, nicht gibt es in der Welt vollkommen lebende, vollkommen wandelnde Asketen und Brahmanen, welche diese Welt und die andere Welt erklären, nachdem sie dieselbe durch sich selbst erkannt und verwirklicht haben.'

So, ihr Haushalter, ist der dreifache ruchlose, ungerechte Wandel in Gedanken.

Und eben aufgrund des ruchlosen, ungerechten Wandels, ihr Haushalter, gelangen hier manche Wesen bei der Auflösung des Körpers, jenseits des Todes, auf den Abweg, auf den schlimmen Weg, zu Stätten des Leidens, zur Hölle.

Dreifach, ihr Haushalter, ist der lehrgemäße, gerechte Wandel in Werken; vierfach ist der lehrgemäße, gerechte Wandel in Worten; dreifach ist der lehrgemäße, gerechte Wandel in Gedanken.

Wie ist nun, ihr Haushalter, der dreifache lehrgemäße, gerechte Wandel in Werken?

Da hat jemand, ihr Haushalter, das Zerstören von Leben aufgegeben, von der Zerstörung von Leben hält er sich fern. Stock und Schwert hat er beiseitegelegt und lebt zartfühlend, erbarmungsreich, freundlich und gütig gegenüber allen lebenden Wesen.

Das Nehmen nicht-gegebener Dinge hat er aufgegeben, vom Nehmen nicht-gegebener Dinge hält er sich fern. Was da einem andern an Besitz und Eigentum in Dorf und Flur gehört, das nimmt er, was man Diebstahl nennen würde, nicht, wenn es ihm nicht gegeben wird.

Unkeuschen Wandel hat er aufgegeben, von unkeuschem Wandel hält er sich fern. Mit Mädchen, die unter dem Schutz der Mutter, unter dem Schutz des Vaters, unter dem Schutz des Bruders, unter dem Schutz der Schwester, unter dem Schutz der Verwandten stehen, mit verheirateten Frauen, mit Dienerinnen, und auch mit denen, die sich mit Kränzen zu schmücken pflegen, – mit solchen weiblichen Personen pflegt er keinen Verkehr.

So, ihr Haushalter, ist der dreifache lehrgemäße, gerechte Wandel in Werken.

Und wie, ihr Haushalter, ist der vierfache lehrgemäße, gerechte Wandel in Worten?

Da hat jemand, ihr Haushalter, lügnerische Rede aufgegeben, von lügnerischer Rede hält er sich fern. Vor Gericht, oder in einer Gesellschaft, oder unter Verwandten, oder in einer Versammlung, oder von königlichen Beamten vorgeführt und als Zeuge befragt: ‚Wohlan, Mann, was du weißt, das sage!' – sagt er, wenn er nichts weiß: ‚Ich weiß nichts', oder wenn er es weiß, sagt er: ‚Ich weiß es', oder wenn er es nicht gesehen hat, sagt er: ‚Ich habe es nicht gesehen', oder wenn er es gesehen hat, sagt er: ‚Ich habe es gesehen.' So spricht er, sei es um seiner selbst willen, sei es um eines andern willen, sei es um irgendeines nichtigen Vorteils willen, bewußt keine Lüge.

Afterrede hat er aufgegeben, von Afterrede hält er sich fern. Was er hier gehört hat, erzählt er dort nicht weiter, um diese zu entzweien, was er dort gehört hat, erzählt er hier nicht wieder, um jene zu entzweien. So ist er ein Einiger der Entzweiten, ein Festiger der Verbundenen; Eintracht erfreut ihn, Eintracht ist seine Lust, an der Eintracht hat er sein Wohlgefallen, Eintracht fördernde Worte spricht er.

Rohe Rede hat er aufgegeben, von roher Rede hält er sich fern. Worte, die untadelhaft sind, dem Ohre wohltuend, liebenswürdig, zu Herzen gehend, gesittet, jedermann erfreuend, jedermann willkommen, – solche Worte spricht er.

Eitles Geschwätz hat er aufgegeben, von eitlem Geschwätz hält er sich fern. Er spricht zur rechten Zeit, den Tatsachen gemäß, dem Zweck entsprechend, spricht über Lehre und Disziplin. Die Worte, die er spricht, sind wert, behalten zu werden, mit Bildern geschmückt, fein unterscheidend, sinngemäß.

So, ihr Haushalter, ist der vierfache lehrgemäße, gerechte Wandel in Worten.

Und wie, ihr Haushalter, ist der dreifache lehrgemäße, gerechte Wandel, in Gedanken?

Da ist jemand, ihr Haushalter, nicht begehrend, und was da ein anderer an Besitz und Eigentum hat, danach giert er nicht [in dieser Weise:] ‚Ach, wenn doch das, was dem andern gehört, mein eigen wäre!'

Auch ist er nicht übelwollend gesinnt, sinnt im Herzen nichts Böses: ‚Mögen diese Wesen sich ihr Ich frei von Feindseligkeit, frei von Übelwollen, leidlos und glücklich bewahren!'

Und dann hat er rechte Anschauung, und seine Ansichten sind nicht falsch: ‚Spenden ist von Wert, Opfer ist von Wert,

Darreichung ist von Wert, es gibt eine Frucht, eine Reife der guten und schlechten Taten, diese Welt ist, es gibt eine andere Welt, ‚Mutter' ist kein leerer Begriff, ‚Vater' ist kein leerer Begriff, ‚rein geistige Wesen' ist kein eitles Wort, es gibt in der Welt vollkommen lebende, vollkommen wandelnde Asketen und Brahmanen, die diese Welt und die andere Welt erklären, nachdem sie dieselbe durch sich selbst erkannt und verwirklicht haben.'

So, ihr Haushalter, ist der dreifache lehrgemäße, gerechte Wandel in Gedanken.

Und eben aufgrund des lehrgemäßen, gerechten Wandels, ihr Haushalter, gelangen hier manche Wesen bei der Auflösung des Körpers, jenseits des Todes, auf den guten Weg, zur Himmelswelt ...

141. Die Eltern.

Ang. III, 31; Ang. IV, 63; Itivuttaka 106.

Mit Brahma verbunden, ihr Mönche, sind jene Familien, in deren Hause Mutter und Vater von den Kindern verehrt werden. Mit den Lehrern der Vorzeit verbunden, ihr Mönche, sind jene Familien, in deren Hause Mutter und Vater von den Kindern verehrt werden. Mit den Verehrungswürdigen verbunden, ihr Mönche sind jene Familien, in deren Hause Mutter und Vater von den Kindern verehrt werden.

‚Brahma', – diese Bezeichnung, ihr Mönche, kommt Mutter und Vater zu; ‚Lehrer der Vorzeit', – diese Bezeichnung, ihr Mönche, kommt Mutter und Vater zu; ‚Verehrungswürdige', – diese Bezeichnung, ihr Mönche, kommt Mutter und Vater zu. Aus welchem Grunde? Viel, ihr Mönche, tun Mutter und Vater für die Kinder; sie sind ihre Ernährer, ihre Erhalter, sie sind die Führer dieser Welt.

Vater und Mutter, die ihrem Geschlecht freundlich gesinnten,

Sie werden ‚Brahma', ‚Lehrer der Vorzeit' und ‚die für die Kinder Verehrungswürdigen' genannt.

Deshalb verehre sie der Verständige und diene ihnen
Mit Speise und Trank, mit Kleidung und Lagerstätte,
Mit Salbung, mit Baden und Fußwaschung.
Um dieses Dienstes willen ist er ein Weiser;
Schon hienieden preisen ihn die Weisen und nach seinem Verscheiden ist er im Himmel voller Seligkeit.

142. Über den Tod hinaus verbunden.

Ang. IV, 55.

1. Einst weilte der Erhabene im Lande der Bhaggas, im Gazellenhaine Bhesakalavana. Und als der Erhabene sich zur Zeit des Vormittags angekleidet hatte, begab er sich, mit Almosennapf und Gewand versehen, zur Behausung von Nakulas Vater und ließ sich auf dem für ihn hergerichteten Sitze nieder. Da begaben sich Nakulas Vater, der Haushalter, und Nakulas Mutter, die Hausfrau, zum Erhabenen, begrüßten den Erhabenen ehrfurchtsvoll und setzten sich ihm zur Seite nieder. Zum Erhabenen sprach nun Nakulas Vater, der Haushalter, der ihm zur Seite saß, also:

2. ‚Herr, seitdem Nakulas Mutter, die Hausfrau, mir, dem Gatten, als Gattin zugeführt worden ist, habe ich bei Nakulas Mutter, der Hausfrau, keine Untreue, selbst in Gedanken, geschweige denn in Werken, bemerkt. Können wir wünschen, Herr, daß wir einander im gegenwärtigen Leben (noch lange) sehen, und daß wir einander in einem zukünftigen Zustande wiedersehen?‘

Und auch Nakulas Mutter, die Hausfrau, sprach zu dem Erhabenen also: ‚Herr, seitdem ich meinem Gatten, Nakulas Vater, dem Haushalter, als Gattin zugeführt worden bin, habe ich bei Nakulas Vater, dem Haushalter, keine Untreue, selbst in Gedanken, geschweige denn in Werken, bemerkt. Können wir wünschen, daß wir einander im gegenwärtigen Leben (noch lange) sehen, und daß wir einander in einem zukünftigen Zustande wiedersehen?‘

„Hegen, ihr Haushalter, beide Ehegatten den Wunsch, einander im gegenwärtigen Leben (noch lange) zu sehen und einander in einem zukünftigen Zustande wiederzusehen, und beide sind in gleicher Weise glaubensvoll, in gleicher Weise sittenrein, in gleicher Weise opferwillig, in gleicher Weise verständig, so sehen sich diese im gegenwärtigen Leben (noch lange) und sehen sich in einem zukünftigen Zustande wieder.

3. Diese beiden Gatten sind glaubensvoll, gütig, züchtig; Sie leben nach der Lehre und sind in ihren Worten zueinander liebevoll.

Mit viel Glück sind sie gesegnet, ein glücklicher Haushalt ist ihr Teil.

Da die beiden in gleicher Weise sittenrein sind, werden ihre Feinde mutlos.

Nachdem beide hienieden der Lehre gemäß und in der Erfüllung der religiösen Pflichten ihren Wandel vollbracht haben,

Sind sie in der Götterwelt, Wünsche genießend, freudvoll und selig."

143. Kein Wesen quälen.

Udana V, 4.

So hab' ich es gehört: Einst weilte der Erhabene bei Savatthi im Jeta-Haine, im Klostergarten des Anathapindika. Damals aber quälten verschiedene Knaben auf dem Wege zwischen Savatthi und dem Jeta-Haine Fische. Und nachdem sich der Erhabene zur Zeit des Vormittags angekleidet hatte, ging er, mit Almosennapf und Gewand versehen, nach Savatthi wegen Almosenspeise. Es sah nun der Erhabene, wie jene Knaben auf dem Wege zwischen Savatthi und dem Jeta-Haine Fische quälten. Als er das sah, begab er sich zu jenen Knaben und sprach zu ihnen:

„Ihr Knaben, fürchtet ihr euch vor Schmerz, ist euch Schmerz unangenehm?"

‚Freilich, Herr! Wir fürchten uns vor Schmerz, Herr; Schmerz ist uns unangenehm.'

Da tat der Erhabene, nachdem er erkannt, was dies zu bedeuten hatte, bei jener Gelegenheit folgenden feierlichen Ausspruch:

„Wenn ihr euch fürchtet vor dem Schmerz, wenn euch der Schmerz abstoßend ist,
So tuet keine böse Tat, sei's vor der Welt, sei's still für euch.
Denn wenn ihr eine böse Tat tun werdet oder jetzt sie tut,
So werdet ihr vom Schmerz nicht frei, könnt auch nicht fliehend ihm entgeh'n."

144. Folgen des sittenlosen und rechtschaffenen Wandels.

Digh. XVI (Maha-Parinibbana-Sutta I, 23-24).

Und der Erhabene richtete das Wort an die Laienjünger von Pataligama: „Folgende fünf üble Folgen, ihr Haushalter, erwachsen einem sittenlosen (Menschen) aus der Vernachlässigung der sittlichen Zucht. Welche fünf? Da erleidet, ihr Haushalter, ein sittenloser, die sittliche Zucht vernachlässigender (Mensch) durch seine Leichtfertigkeit einen großen Vermögensverlust. Dies ist die erste üble Folge, die einem sittenlosen (Menschen) aus der Vernachlässigung der sittlichen Zucht erwächst. Und ferner, ihr Haushalter: Über einen sittenlosen, die sittliche Zucht vernachlässigenden (Menschen) verbreitet sich ein übler Leumund. Dies ist die zweite üble Folge, die einem sittenlosen (Menschen) aus der Vernachlässigung der sittlichen Zucht erwächst. Und ferner, ihr Haushalter: Wenn sich ein sittenloser, die sittliche Zucht vernachlässigender (Mensch) in eine Versammlung begibt, sei es in eine Versammlung von Adligen oder in eine Versammlung von Brahmanen oder in eine Versammlung von Haushaltern oder in eine Versammlung von Asketen, so betritt er sie ängstlich und verwirrt. Dies ist die dritte üble Folge, die einem sittenlosen (Menschen) aus der Vernachlässigung der sittlichen Zucht erwächst. Und ferner, ihr Haushalter: Ein sittenloser, die sittliche Zucht vernachlässigender (Mensch) stirbt in Verblendung versunken. Dies ist die vierte üble Folge, die einem sittenlosen (Menschen) aus der Vernachlässigung der sittlichen Zucht erwächst. Und endlich, ihr Haushalter: Ein sittenloser, die sittliche Zucht vernachlässigender (Mensch) gelangt bei der Auflösung des Körpers, jenseits des Todes, in den Abgrund, auf den schlimmen Weg, ins Verderben, in die Hölle. Dies ist die fünfte üble Folge, die einem sittenlosen (Menschen) aus der Vernachlässigung der sittlichen Zucht erwächst. Dies nun, ihr Haushalter, sind die fünf üblen Folgen, die einem sittenlosen (Menschen) aus der Vernachlässigung der sittlichen Zucht erwachsen.

Folgende fünf segensreiche Folgen, ihr Haushalter, erwachsen einem sittlichen (Menschen) aus der Pflege der sittlichen Zucht. Welche fünf? Da erfährt, ihr Haushalter, ein sittlicher, die sittliche Zucht pflegender (Mensch) durch sein unermüdliches Streben eine große Vermögenszunahme. Dies ist die erste segensreiche Folge, die einem sittlichen Menschen aus der Pflege der sittlichen Zucht erwächst. Und ferner, ihr Haushalter: Über einen sittlichen, die sittliche Zucht pflegenden (Menschen) verbreitet sich ein guter Leumund. Dies ist die zweite segensreiche Folge, die einem sittlichen (Menschen) aus der Pflege der sittlichen Zucht erwächst. Und ferner, ihr Haushalter: Wenn sich ein sittlicher, die sittliche Zucht pflegender (Mensch) in eine Versammlung begibt, sei es in eine Versammlung von Adligen oder in eine Versammlung von Brahmanen oder in eine Versammlung von Haushaltern oder in eine Versammlung von Asketen, so betritt er sie unbefangen und sicher. Dies ist die dritte segensreiche Folge, die einem sittlichen (Menschen) aus der Pflege der sittlichen Zucht erwächst. Und ferner, ihr Haushalter: Ein sittlicher, die sittliche Zucht pflegender (Mensch) stirbt, ohne in Verblendung versunken zu sein. Dies ist die vierte segensreiche Folge, die einem sittlichen (Menschen) aus der Pflege der sittlichen Zucht erwächst. Und endlich, ihr Haushalter: Ein sittlicher, die sittliche Zucht pflegender

(Mensch) gelangt bei der Auflösung des Körpers, jenseits des Todes, auf den guten Weg, in himmlische Welt. Dies ist die fünfte segensreiche Folge, die einem sittlichen (Menschen) aus der Pflege der sittlichen Zucht erwächst. Dies nun, ihr Haushalter, sind die fünf segensreichen Folgen, die einem sittlichen (Menschen) aus der Pflege der sittlichen Zucht erwachsen."

145. Höchstes Heil.

Khuddaka-Patha V, Sutta-Nipata II, 4.

1. So hab' ich es gehört: Einst weilte der Erhabene bei Savatthi im Jeta-Haine, im Klostergarten des Anathapindika. Als nun die Nacht vorgerückt war, begab sich eine Gottheit von außerordentlicher Schönheit, indem sie den ganzen Jeta-Hain erhellte, zum Erhabenen, grüßte den Erhabenen ehrfurchtsvoll und trat zur Seite. Zum Erhabenen sprach nun diese Gottheit, die ihm zur Seite stand, in der Strophe:

2. ‚Viele Götter und Menschen haben, nach Glück sich sehnend, an Heil gedacht. Nenne du das höchste Heil.'

[Der Erhabene:]

3. „Den Toren nicht ergeben sein, den Weisen ergeben sein, die Verehrungswürdigen verehren: Dieses ist das höchste Heil.

4. Das Wohnen in einem guten Lande, Verdienst aus früherem Sein, rechtes Streben des Selbstes: Dieses ist das höchste Heil.

5. Viel Wahrhaftigkeit und gutes Wissen, ganz durchgeführte Selbstdisziplin und wohlgesprochene Worte: Dieses ist das höchste Heil.

6. Vater und Mutter unterstützen, für Weib und Kind sorgen, eine friedfertige Beschäftigung: Dieses ist das höchste Heil.

7. Wohltätigkeit, religiöser Wandel, Zuneigung zu den Verwandten und untadelhafte Werke: Dieses ist das höchste Heil.

8. Selbstzucht und Abstehen vom Bösen, Meidung berauschender Getränke und Unermüdlichkeit in wahrhaft religiösen Dingen: Dieses ist das höchste Heil.

9. Ehrerbietung und Demut, Zufriedenheit und Dankbarkeit, das Hören der Lehre zur richtigen Zeit: Dieses ist das höchste Heil.

10. Geduld und Milde, der Verkehr mit Asketen und Unterredung über die Lehre zur richtigen Zeit: Dieses ist das höchste Heil.

11. Tugendpflege und keuscher Wandel, die Erkenntnis der hohen Wahrheiten und die Verwirklichung des Nirvana: Dieses ist das höchste Heil.

12. Das Gemüt eines von den Dingen der Welt berührten Menschen, welches nicht erzittert und kummerlos, leidenschaftslos und frei von Furcht ist: Dieses ist das höchste Heil.

13. Die solches getan haben, sind überall unüberwunden; überall wandeln sie glücklich: Ja, ihrer ist das höchste Heil."

146. Verlust.

Sutta-Nipata I, 6.

So hab' ich es gehört: Einst weilte der Erhabene bei Savatthi im Jeta-Haine, im Klostergarten des Anathapindika. Als nun die Nacht vorgerückt war, begab sich eine Gottheit von außerordentlicher Schönheit, indem sie den ganzen Jeta-Hain erhellte, zum Erhabenen, grüßte den Erhabenen ehrfurchtsvoll und trat zur Seite. Zum Erhabenen sprach nun diese Gottheit, die ihm zur Seite stand, in der Strophe:

1. ‚Wir fragen Gautama nach dem Mann, der Verlust erleidet. Nachdem wir gekommen sind, den Erhabenen zu fragen, [so sage uns:] Was ist die Ursache, daß jemand Verlust erleidet?'

2. „Leicht zu erkennen ist der Gewinner, leicht zu erkennen ist der Verlierer: Wer die Lehre liebt, ist der Gewinner, wer die Lehre haßt, der Verlierer."

3. ‚Wohl, wir wissen, daß dies so ist; dies ist der erste Verlierer. Nenne du, Erhabener, den zweiten: Was ist die Ursache, daß jemand Verlust erleidet?'

4. „Schlechte Menschen sind ihm lieb, den Guten erweist er nichts Liebes; die Lehre der Schlechten billigt er: Dies ist die Ursache, daß jemand Verlust erleidet."

5. ‚Wohl, wir wissen, daß dies so ist; dies ist der zweite Verlierer. Nenne du, Erhabener, den dritten: Was ist die Ursache, daß jemand Verlust erleidet?'

6. „Wenn ein Mann schläfrig ist, die Zerstreuung liebend, ohne sich aufzuraffen, träge, dem Zorn ergeben: Dies ist die Ursache, daß jemand Verlust erleidet."

7. ‚Wohl, wir wissen, daß dies so ist; dies ist der dritte Verlierer. Nenne du, Erhabener, den vierten: Was ist die Ursache, daß jemand Verlust erleidet?'

8. „Wer, obwohl er viel besitzt, Mutter oder Vater nicht unterstützt, die Alten, deren Jugend verwelkt ist: Dies ist die Ursache, daß jemand Verlust erleidet."

9. ‚Wohl, wir wissen, daß dies so ist; dies ist der vierte Verlierer. Nenne du, Erhabener, den fünften: Was ist die Ursache, daß jemand Verlust erleidet?'

10. „Wer einen Brahmanen oder Asketen oder auch einen andern Mendikanten durch lügnerische Rede täuscht: Dies ist die Ursache, daß jemand Verlust erleidet."

11. ‚Wohl, wir wissen, daß dies so ist; dies ist der fünfte Verlierer. Nenne du, Erhabener, den sechsten: Was ist die Ursache, daß jemand Verlust erleidet?'

12. „Wenn ein sehr vermögender, viel Gold und Reichtum besitzender Mann die Kostbarkeiten für sich allein genießt: Dies ist die Ursache, daß jemand Verlust erleidet."

13. ‚Wohl, wir wissen, daß dies so ist; dies ist der sechste Verlierer. Nenne du, Erhabener, den siebenten: Was ist die Ursache, daß jemand Verlust erleidet?'

14. „Wenn ein Mann, der durch seine Geburt, durch seinen Besitz, durch seine Familie dünkelhaft geworden ist, seine Verwandten verachtet: Dies ist die Ursache, daß jemand Verlust erleidet."

15. ‚Wohl, wir wissen, daß dies so ist; dies ist der siebente Verlierer. Nenne du, Erhabener, den achten: Was ist die Ursache, daß jemand Verlust erleidet?'

16. „Ein Mann, der leichtsinnig die Weiber liebt, die geistigen Getränke liebt, die Würfel liebt und das mühsam Erworbene vergeudet: Dies ist die Ursache, daß jemand Verlust erleidet."

17. ‚Wohl, wir wissen, daß dies so ist; dies ist der achte Verlierer. Nenne du, Erhabener, den neunten: Was ist die Ursache, daß jemand Verlust erleidet?'

18. „Wenn ein [Mann] sich nicht mit seiner eigenen Gattin begnügt, sich unter Huren sehen läßt und sich mit dem Weibe eines andern vergeht: Dies ist die Ursache, daß jemand Verlust erleidet."

19. ‚Wohl, wir wissen, daß dies so ist; dies ist der neunte Verlierer. Nenne du, Erhabener, den zehnten: Was ist die Ursache, daß jemand Verlust erleidet?'

20. „Wenn sich ein Mann, der die Jugend hinter sich hat, ein Weib nimmt, mit Brüsten, [strotzend] wie die Timbaru-Frucht, und seine Eifersucht ihretwegen kommt nicht zur Ruhe: Dies ist die Ursache, daß jemand Verlust erleidet."

21. ‚Wohl, wir wissen, daß dies so ist; dies ist der zehnte Verlierer. Nenne du, Erhabener, den elften: Was ist die Ursache, daß jemand Verlust erleidet?'

22. „Wenn jemand ein trunkliebendes, verschwenderisches Weib oder einen ebensolchen Mann an eine leitende Stelle setzt: Dies ist die Ursache, daß jemand Verlust erleidet."

23. ‚Wohl, wir wissen, daß dies so ist; dies ist der elfte Verlierer. Nenne du, Erhabener, den zwölften: Was ist die Ursache, daß jemand Verlust erleidet?'

24. „Ein Mensch mit wenig Vermögen und vielen Wünschen, der in einer Adligen-Familie geboren ist, giert nach einer Königsherrschaft hier (in der Welt): Dies ist die Ursache, daß jemand Verlust erleidet.

25. Wenn ein verständiger, edler, mit Einsicht begabter [Mensch] diese Verluste in der Welt erwägt, wendet er sich der seligen Welt zu."

147. Der Verworfene.

Sutta-Nipata I, 7.

So hab' ich es gehört: Einst weilte der Erhabene bei Savatthi im Jeta-Haine, im Klostergarten des Anathapindika. Und der Erhabene kleidete sich zur Zeit des Vormittags an und begab sich, mit Almosennapf und Gewand versehen, auf den Weg nach Savatthi wegen Almosenspeise. Damals nun brannte in der Wohnung des Brahmanen Aggibharadvaja ein Feuer, und es wurde ein Opfer dargebracht. Und wie der Erhabene seinen Almosengang von Haus zu Haus verrichtete, kam er auch zu der Wohnung des Brahmanen Aggibharadvaja. Es sah nun der Brahmane Aggibharadvaja den Erhabenen von ferne herankommen, und als er seiner ansichtig wurde, sprach er zu dem Erhabenen:

‚Dort bleib' stehen, Kahlkopf! Bleib' stehen dort, armseliger Asket! Bleib' stehen dort, Verworfener!'

Nach diesen Worten sprach der Erhabene zu dem Brahmanen Aggibharadvaja also:

„Brahmane, kennst du denn auch den Verworfenen oder die Eigenschaften, die den Verworfenen ausmachen?"

‚Herr Gautama, ich kenne allerdings den Verworfenen nicht, noch auch die Eigenschaften, die den Verworfenen ausmachen; wohl! Möge der Herr Gautama mir den Gegenstand so erklären, daß ich den Verworfenen und die Eigenschaften, die den Verworfenen ausmachen, kennenlerne.'

„So höre denn, Brahmane, und vergegenwärtige dir es wohl! Ich will es [dir] künden."

‚So sei es, Herr', antwortete der Brahmane Aggibharadvaja aufmerksam dem Erhabenen.

Der Erhabene sprach also:

1. „Einen zornigen, feindseligen, bösen, heuchlerischen Mann, der in irrigen Ansichten befangen ist und andere täuscht, – *ihn* erkenne man als einen Verworfenen.

2. Wer, sei er ein einmal- oder zweimal-Geborener, hienieden lebenden Wesen Gewalt antut, wer kein Erbarmen mit lebenden Wesen hat, – *ihn* erkenne man als einen Verworfenen.

3. Wer tötet, wer Dörfer und Flecken belagert, wer als ein Bedrücker bekannt ist, – *ihn* erkenne man als einen Verworfenen.

4. Wer, sei es im Dorfe oder im Walde, das, was anderen gehört, sich durch Diebstahl zu eigen macht, obwohl es ihm nicht gegeben ward, – *ihn* erkenne man als einen Verworfenen.

5. Wahrlich, wer eine Schuld hat, und, [zur Tilgung] aufgefordert, davonläuft, [indem er spricht:] ‚Ich schulde dir nichts', – *ihn* erkenne man als einen Verworfenen.

6. Wer aus Liebe zu einem nichtigen Dinge einen seines Weges gehenden Menschen tötet und das nichtige Ding sich aneignet, – *ihn* kenne man als einen Verworfenen.

7. Wenn ein Mann als Zeuge vernommen wird, und er spricht um seiner selbst willen oder um eines andern willen oder um einer Belohnung willen eine Lüge, – *ihn* erkenne man als einen Verworfenen.

8. Wer mit den Frauen seiner Verwandten oder Freunde Verkehr pflegt, sei es gewaltsam oder im gegenseitigen Einverständnis, – *ihn* erkenne man als einen Verworfenen.

9. Wer, obwohl er viel besitzt, Mutter oder Vater nicht unterstützt, die Alten, deren Jugend verwelkt ist, – *ihn* erkenne man als einen Verworfenen.

10. Wer Mutter oder Vater, Bruder, Schwester oder Schwager schlägt oder mit Worten kränkt, – *ihn* erkenne man als einen Verworfenen.

11. Wer, nach dem Guten gefragt, das nicht Gute lehrt, und, sich selbst verschleiernd, Ratschläge erteilt, – *ihn* erkenne man als einen Verworfenen.

12. Wer, nachdem er eine schlechte Tat begangen hat, [bei sich denkt:] ‚Man soll mich nicht erkennen!' – wer bei seinem Handeln das Ziel des Sich-Verschleierns verfolgt, – *ihn* erkenne man als einen Verworfenen.

13. Wer in eine andere Familie geht und dort die gute Speise mit genießt, dann aber den zu ihm Kommenden nicht *wiederehrt*, – *ihn* erkenne man als einen Verworfenen.

14. Wer einen Brahmanen oder Asketen oder auch einen andern Mendikanten durch lügnerische Rede täuscht, – *ihn* erkenne man als einen Verworfenen.

15. Wer, wenn die Zeit des Mahles da ist, einen Brahmanen oder Asketen durch Worte kränkt und [ihm] nichts spendet, – *ihn* erkenne man als einen Verworfenen.

16. Wer, in Wahn verstrickt, hier Unwahres vorhersagt, indem er nach nichtigen Dingen giert, – *ihn* erkenne man als einen Verworfenen.

17. Wer sich selbst preist und einen anderen verachtet, wer niedrig ist in seinem Eigendünkel, – *ihn* erkenne man als einen Verworfenen.

18. Wer voll Wut und geizig ist, voll schlechter Begierden, mißgünstig, verbrecherisch, schamlos und gewissenlos, – *ihn* erkenne man als einen Verworfenen.

19. Wer den Buddha schmäht oder seinen Jünger, sei dieser nun ein Mendikant oder ein Haushalter, – *ihn* erkenne man als einen Verworfenen.

20. Wahrlich, wer, ohne ein Heiliger zu sein, sich für einen Heiligen ausgibt, – ein Dieb in der Welt, einschließlich Brahmas, – dieser ist der niedrigste unter den Verworfenen.

Diese, die ich euch beschrieb, werden ‚Verworfene' genannt.

21. Nicht durch die Geburt ist man ein Verworfener, nicht durch die Geburt ist man ein Brahmane; durch die Tat ist man ein Verworfener, durch die Tat ist man ein Brahmane.

22. Wie ich dies meine, möget ihr aus folgendem Beispiel ersehen:

Da war ein Candala, aus der Kaste der ‚Hunde-Köche', wohlbekannt als ‚Matanga'.

23. Dieser Matanga erlangte den höchsten Ruhm, wie er nur schwer zu gewinnen ist, und gar viele Adlige und Brahmanen kamen zu ihm, um ihm aufzuwarten.

24. Nachdem er den Götter-Weg erklommen, den leidenschaftsfreien, hohen Pfad, und die Sinnenlust zum Verschwinden gebracht hatte, gelangte er in die Brahma-Welt. Seine Geburt hinderte ihn nicht, in der Brahma-Welt wiedergeboren zu werden.

25. [Andererseits] gibt es dem Geschlecht der Lehrer entstammende, mit den heiligen Formeln wohlvertraute Brahmanen, welche jeden Augenblick bei schlechten Taten ertappt werden.

26. In dem gegenwärtigen Leben sind sie tadelnswert, und in der Zukunft ist der schlimme Weg [ihr Los]. Ihre Geburt schützt sie nicht vor dem schlimmen Weg und dem Tadel.

27. Nicht durch die Geburt ist man ein Verworfener, nicht durch die Geburt ist man ein Brahmane; durch die Tat ist man ein Verworfener, durch die Tat ist man ein Brahmane."

Nach diesen Worten sprach der Brahmane Aggibharadvaja zum Erhabenen also:

‚Hocherhaben, Herr Gautama, hocherhaben, Herr Gautama! Gleichwie da, Herr Gautama, jemand das Umgestürzte aufrichtet, oder das Bedeckte enthüllt, oder wie jemand einem Verirrten den Weg weist oder in der Finsternis eine Leuchte hält, auf daß, die Augen haben, die Dinge sehen können, – so auch ist mir vom Herrn Gautama die Lehre auf mancherlei Weise klargemacht worden. Ich nehme meine Zuflucht zum Herrn Gautama, zur Lehre und zur Mönchsgemeinde; möge der Herr Gautama mich, der ich Zuflucht genommen habe, als seinen Laienjünger annehmen vom heutigen Tage an bis zum Ende meines Lebens.'

148. Unrein.

Sutta-Nipata II, 2.

1-3. Ein Brahmane setzt dem Buddha Kassapa auseinander, was nach seiner Ansicht unrein (amagandha) sei, und bittet den Buddha, nun auch seinerseits zu sagen, was er für unrein halte. Darauf spricht der Buddha:

4. „Leben zerstören, morden, vernichten, fesseln, Diebstahl, lügnerische Rede, Betrug und Hintergehungen, das Verkehren des wahren Sinnes und die Hingabe an das Weib eines andern: Dies ist unrein, nicht aber das Essen von Fleisch.

5. Menschen, die hienieden ungezügelt in sinnlichen Lüsten [leben], nach angenehmen Dingen gierend, mit unreinen Dingen verbunden, frivole Leugner, ungerecht, störrisch: Dies ist unrein, nicht aber das Essen von Fleisch.

6. Die da roh, hartherzig, verleumderisch, treulos, erbarmungslos, aufgeblasen sind, die nicht zu spenden pflegen und niemandem eine Gabe reichen: Dies ist unrein, nicht aber das Essen von Fleisch.

7. Zorn, Trunkenheit, Starrsinn und herrisches Wesen, Täuschung, Neid, Großsprecherei, Stolz und Dünkel, vertrauter Umgang mit Ungerechten: Dies ist unrein, nicht aber das Essen von Fleisch.

8. Die in dieser Welt schlechten Sitten ergeben sind, leichtfertige Schuldner, Ohrenbläser, Gleisner, Fälscher, die hienieden als die niedrigsten unter den Menschen sündigen: Dies ist unrein, nicht aber das Essen von Fleisch.

9. Menschen, die hienieden gegenüber lebenden Wesen ohne Beherrschung sind, auf die Schädigung anderer bedacht, nachdem sie [diesen ihr Eigentum] genommen haben, Sittenlose, Grausame, Lästerer ohne jede Scheu: dies ist unrein, nicht aber das Essen von Fleisch.

10. Die gierigen Wesen unter diesen [Menschen], die feindseligen, gewalttätigen, deren Trachten stets [hierauf] gerichtet war, die nach ihrem Verscheiden in die Finsternis eingehen

und kopfüber in die Hölle stürzen: Dies ist unrein, nicht aber das Essen von Fleisch.

11. Weder Fisch und Fleisch, noch die Enthaltsamkeit [hiervon], noch Unbekleidetsein, noch die Tonsur, noch geflochtenes Haar, noch Schmutz, noch ein rauhes Gewand, noch der Dienst des Feueropfers, auch nicht die vielen unsterblichen Selbstpeinigungen in der Welt, noch Hymnen, Darbringungen und Opfer, noch die Beobachtung heiliger Zeiten läutern den Sterblichen, der das Schwanken noch nicht überwunden hat.

12. Mit bewachten Sinnen, mit gezügelten Sinnen wandelt der Standhafte, fest in der Tugend stehend, an Rechtschaffenheit und Milde sich erfreuend; den Fesseln entronnen und alles Leides ledig klammert er sich nicht [mehr] an das, was er sieht und hört.“

149. Wie soll der rechte Wandel sein?

Sutta-Nipata II, 9.

1. ‚Wie ist die sittliche Zucht, wie ist der Wandel, und welche Taten muß ein Mann vollbringen, damit er vollkommen fest werde und das höchste Gut erlange?‘

2. „Er sei voll Ehrfurcht gegen die Bejahrten und frei von Mißgunst; er kenne die rechte Zeit, seine Lehrer zu sehen, er kenne den rechten Augenblick, die Lehr-Unterweisung anzuhören, und er lausche aufmerksam den guten Worten.

3. Zur rechten Zeit gehe er zu seinen Lehrern, demütig gestimmt, nachdem er den Starrsinn abgelegt; er sei eingedenk des Guten, der Lehre und des reinen Wandels und betätige sich auch darin.

4. Die Lehre sei seine Lust, die Lehre sei seine Freude; er stehe fest in der Lehre und sei bewandert in der Ergründung der Lehre. Er spreche nichts, was die Lehre befleckt, und bewege sich in wohlgesprochenen Wahrheiten.

5. Er halte sich frei von Gelächter und törichten Redereien, von Jammern und Äußerungen des Hasses, von Gaukelei, Heu-

chelei, Gier und Stolz, von Lärmen, Roheiten, sittlichen Flecken und von Schwäche, und wandle nüchtern als einer, der fest steht.

6. Die Worte, deren Sinn erkannt wird, sind wohlgesprochen, und das Gehörte und Erkannte enthält das Wesen der Konzentration, aber die Weisheit und das Wissen nimmt bei einem Manne, der heftig und leichtfertig ist, nicht zu.

7. Unübertroffen in Worten, Gedanken und Werken sind die, deren Lust die von den Heiligen verkündete Lehre ist; sie stehen fest im Frieden im Mitleid und in der Konzentration und sind zum Wesen dessen, was sie vernommen haben, und der Weisheit vorgedrungen."

150. Untadelhafte Rede.

Sutta-Nipata III, 3.

So hab' ich es gehört: Einst weilte der Erhabene bei Savatthi im Jeta-Haine usw. Der Erhabene sprach also:

„Die mit vier Kennzeichen ausgestattete Rede, ihr Mönche, ist wohlgesprochen, nicht schlecht gesprochen, und für die Weisen untadelhaft und makellos. Mit welchen vier [Kennzeichen]? Da spricht jemand, ihr Mönche, *gute* Worte, nicht schlechte Worte; er spricht *gerecht*, nicht ungerecht; er spricht *freundlich*, nicht unfreundlich; er spricht *wahr*, nicht unwahr. Die mit diesen vier Kennzeichen ausgestattete Rede, ihr Mönche, ist also wohlgesprochen, nicht schlecht gesprochen, und für die Weisen untadelhaft und makellos."

So sprach der Erhabene, und als der Pfadvollender also geredet hatte, sagte der Meister noch folgendes:

1. „Wohlgesprochene Worte nennen die Weisen die vorzüglichsten [Worte]. Man rede gerecht, nicht ungerecht: Dies ist das zweite. Freundlich rede man, nicht unfreundlich: Dies ist das dritte. Man rede wahr, nicht unwahr: Dies ist das vierte."

Da erhob sich der ehrwürdige Vangisa von seinem Sitz, ließ die eine Schulter unbedeckt und sprach, indem er die gefalteten Hände dem Erhabenen zuneigte, zum Erhabenen also:

‚Es leuchtet mir auf, Pfadvollender!'

„Möge es dir aufleuchten, Vangisa!" sprach der Erhabene. Und Auge in Auge mit dem Erhabenen sprach der ehrwürdige Vangisa in angemessenen Strophen die Lobpreisung:

2. Man spreche solche Worte, durch die man weder sich selbst quält, noch auch anderen Harm bereitet. Wahrlich, diese Worte sind wohlgesprochen.

3. Auch spreche man freundliche Worte, – Worte, welche [die Menschen] mit Wohlgefallen aufnehmen, und durch die man ohne Arg anderen etwas Angenehmes sagt.

4. Unsterbliche Rede, wahrlich, ist die *Wahrheit*, das ist ein ewiges Gesetz; im Wahren, Guten und in der Lehre stehen die Weisen, heißt es, fest gegründet.

5. Die sicheren Worte, die der Buddha spricht, die zur Erreichung des Nirvana und zur Vernichtung des Leidens führen, – diese Worte sind von allen die höchsten.'

151. Lehrsprüche.

Aus dem Dhammapada.

3. ‚Er schmähte mich, er schlug auf mich, er überwand mich mit Gewalt', – wer solcherlei Gedanken hegt, der wird von Feindschaft niemals frei.

4. ‚Er schmähte mich, er schlug auf mich, er überwand mich mit Gewalt', – wer dem Gedanken Raum nicht gibt, der wird gar bald von Feindschaft frei:

5. Denn Feindschaft kommt durch Feindschaft hienieden nie zur Ruh; durch Nichtfeindschaft kommt sie zur Ruh, dies ist ein ewiges Gesetz.

13. Gleichwie der Regen in ein Haus, das schlecht gedeckt ist, einwärts dringt, so dringt die Gier in ein Gemüt, dem sorgsame Bewachung fehlt.

25. Durch Festigkeit und ernstes Streben, durch Selbstzucht, Sinneszügelung, bereite sich der weise Mann ein Eiland, das vor der Hochflut ganz gesichert ist.

26. Die Toren, denen Weisheit fehlt, sind der Leichtfertigkeit ergeben; der Weise wahrt sein ernstes Streben sich als den kostbarsten Besitz.

27. Verfallt nicht der Leichtfertigkeit, nicht der Begierde, nicht der Lust; wer ernstlich ringt und sich vertieft, erlanget höchste Seligkeit.

29. Ernst strebend unter Lässigen und wachsam unter Schläfrigen eilt vorwärts in der Welt der Weise wie unter Lastpferden das edle Roß.

35. Heilsam ist's, zu zähmen den Geist, den flüchtigen, schwer zu beugenden, der bald hierhin, bald dorthin schweift; Seligkeit schafft ein gezähmter Geist.

42. Was auch der Feind dem Feinde antun mag, und was ein Gegner seinem Widersacher: noch größ'res Unheil richtet an der Geist, auf falsche Bahn gelenkt.

50. Nicht die Vergehungen der anderen, was sie getan, was sie versäumt, soll man betrachten; vielmehr das, was selbst man tut und unterläßt.

103. Nicht, wer im Kampfe viele Tausende hat besiegt, sondern nur wer sich selbst bezwang, ist von den Siegern im Kampf der größte.

104-105. Sich selbst bezwingen ist ein schönerer Sieg als Niederzwingung anderer. Wer selbst sich überwunden hat und selbstbeherrscht im Wandel ist, einem solchen Mann kann kein Gott, kein Mara auch, kein Genius, auch Brahma nicht, den Sieg zur Niederlage machen.

110. Lebt jemand hundert Jahre auch in Lastern, ohne Zügelung, viel besser ist ein Lebenstag des Guten und Besonnenen.

129. Alle Wesen erbeben vor Züchtigung, alle Wesen fürchten den Tod. O denke, daß du bist wie sie, und töte nicht, noch veranlasse Mord.

131. Wer nur sein eignes Glück verfolgt, indem er andern Wesen Harm bereitet, die doch auch wollen glücklich sein, der findet nach dem Tode nicht das Glück.

141. Nicht Nacktheit, nicht geflocht'nes Haar, nicht Schmutz, nicht Fasten, nicht das Ruh'n auf bloßer Erde, nicht Staubbesudelung, nicht regungsloses Sitzen vermag den Sterblichen zu läutern, wenn er das Schwanken noch nicht überwunden hat.

157. Wenn einem teuer ist sein eigenes Selbst, der wache sorgsam über ihm; die eine von den drei Nachtwachen soll wachend sein der weise Mann.

158. Bevor man andere belehrt, befestige man sich selbst in dem, was recht ist; so entgeht der Weise jedem Makel.

162. Wer in Verruchtheit ist verstrickt, gleichwie ein Baum im Schlinggewächs, gelangt durch eigene Schuld dorthin, wo ihn sein Feind zu sehen wünscht.

167. Folge der niederen Lehre nicht und gib dich nicht der Trägheit hin; sei nicht dem Irrtum zugetan und sei kein Diener dieser Welt.

173. Wer seine frühere Übeltat durch gute Taten ganz bedeckt, der leuchtet in die Welt hinein, gleichwie der wolkenlose Mond.

176. Wer auch nur das eine Gebot übertritt, indem er lügt und sich um die andere Welt nicht kümmert, für den gibt es keine Übeltat, zu der er nicht fähig wäre.

197. Glückselig wahrlich leben wir, haßfrei unter den Hassenden. Inmitten haßerfüllter Menschen ist unser Leben frei von Haß.

199. Glückselig wahrlich leben wir, gierlos unter den Gierenden. Inmitten giererfüllter Menschen ist unser Leben frei von Gier.

200. Glückselig wahrlich leben wir, die wir nichts unser eigen nennen; wir werden sein wie die Abhassaras, deren Speise die Freude ist.

214. Aus der Wollust keimt der Kummer, aus der Wollust keimt die Furcht; wer von Wollust völlig frei ist, der kennt keinen Kummer, geschweige Furcht.

222. Wer den in ihm aufsteigenden Zorn hemmt wie einen Wagen im Lauf, den nenne ich Wagenlenker, die anderen halten die Zügel nur.

223. Bezwinge den Zorn durch Nichtzürnen, durch Gutes besiege den Bösen; den Geizigen überwinde durch Gaben und den Lügner durch Wahrheit.

224. Rede die Wahrheit, gib nicht dem Zorne Raum und spende, wenn man dich um ein Scherflein bittet. Durch diese drei Bedingungen gelangst du in die Nähe der Götter.

234. Die Weisen, die in Werken und Worten gezügelt sind, die Weisen, deren Geist beherrscht ist, die, wahrlich, sind recht gezügelt.

242. Schlechter Wandel ist für das Weib ein Schandfleck, Geiz für den, der geben soll; Schandflecke sind die schlechten Sitten in dieser und der andern Welt.

243. Doch gibt es einen Schandfleck noch, der schlimmer ist als alle andern: Nichtwissen ist der schwerste Makel. Habt diesen Makel ihr entfernt, dann seid ihr, Mönche, fleckenlos.

246-247. Wer Lebendes zerstört und lügt, wer in der Welt nimmt, was nicht gegeben ward, wer mit des Nächsten Weib verkehrt und auch dem Trunk ergeben ist, der gräbt sich schon hier in der Welt die eigenen Wurzeln aus.

248. Bedenke wohl, o Mensch: zügellos sind die Bösen, auf daß dich die Gier und Ungerechtigkeit nicht für lange Zeit dem Leid unterwerfe!

XIII. Meditation.

Bei der Darstellung des Buddhismus bereitet das weite Gebiet der *Meditation* erhebliche Schwierigkeiten. Die Meditation ist eine der Grundsäulen, auf welcher der Buddhismus ruht, ein weitverzweigtes System geistiger Exerzitien und Trainierungen; sie ist für den Bekenner die Quelle innerer Umwandlung, Läuterung und fortschreitender Erkenntnis, ja sie gilt ihm als der Pfad und das Prinzip des Heiles selbst.

Das Wort ‚Meditation' ist nur ein Sammelname für eine bunte Vielheit der verschiedenartigsten Dinge, und erst ein langes Studium und ein liebevolles Eindringen in den schwierigen Gegenstand wird imstande sein, in dem für den Neuling verwirrenden Durcheinander einen wohlgegliederten Organismus, ein fein durchdachtes und bewundernswert durchgeführtes System zu erkennen.

Die heterogensten Dinge fallen in den Bereich dieser geistigen Trainierungen: Reflexionen über konkrete und abstrakte Gegenstände, Konzentrationsübungen durch Anwendung rein mechanischer oder auch psychischer Mittel, graduell sich abstufende Zustände der Verinnerlichung (Versenkung), mit denen intensive Kontemplationen verbunden sein können, Eliminierung innerer Hemmungen, Erweckung geistiger Kräfte, Fähigkeiten, Schauungen und Erkenntnisse, und anderes mehr.

Wenn wir also daran festhalten müssen, daß die buddhistische Meditation ein großes System mannigfaltiger geistiger Exerzitien und Trainings darstellt, die für den Bekenner als *Mittel* zu der zu erwirkenden Erlösung (vimutti) von allergrößter Bedeutung sind, – so fehlt es doch andererseits auch im Buddhismus nicht an solchen ‚Betrachtungen', die, außerhalb des eben gekennzeichneten *meditativen* Systems stehend, mehr dem konform sind, was wir im Abendlande *religiöse* oder *geistliche Betrachtungen* nennen würden. Von diesen will ich zunächst sprechen. Somit zerfällt das vorstehende Kapitel in die beiden Hauptteile: A. *Religiöse Betrachtungen*; B. *Das System der Meditation.*

A. Religiöse Betrachtungen

In dieses Gebiet gehören viele in den Pitakas enthaltene Sutten, die nicht eigentlich als Lehrstücke anzusprechen sind, die sich vielmehr in poetischer, freierer Form in Betrachtungen über allerlei Gegenstände ergehen und die, wie wir sagen würden, darauf abzielen, eine religiöse Stimmung zu erwecken. Die Gegenstände, die in solchen Betrachtungen behandelt werden, sind zum Teil zweifellos kontemplatives Gemeingut des Brahmanismus, Buddhismus und des Christentums katholisierender Richtung, und manche dieser Stücke sind gar nicht so weit von dem entfernt, was wir in den Schriften eines Thomas a Kempis und Johannes Scheffler gelesen haben: Die Vergänglichkeit und der leidvolle Charakter der Welt, die Hinfälligkeit des menschlichen Körpers, die Eitelkeit des weltlichen Sinnes, – daneben die Gefährlichkeit von Sünde und Irrtum und das Lob der Tugend, das in hohen Worten gesungen wird. Einige dieser Partien sind von wunderbarer Schönheit und atmen den Geist einer echten Frömmigkeit und eines herzerquickenden Friedens; die im nächsten Kapitel übersetzten Hymnen der Güte sind Belege hierfür.

Ich will nun hier zwei Sutten aus dem Sutta-Nipta herausgreifen, die für den Standpunkt des Buddhismus besonders charakteristisch sind: Das eine handelt von der Hinfälligkeit und Unreinheit des Körpers, das andere von der Nichtigkeit des menschlichen Lebens. Beide ermahnen zur Aneignung eines unerschütterlichen Gleichmutes.

152. Die Unreinheit des Körpers.

Sutta-Nipata I, 11.

1. Wenn man gehend oder stehend, sitzend oder liegend den Körper zusammenzieht oder ausstreckt, so ist dies die Bewegung des Körpers.

2. Der durch Knochen und Sehnen zusammengehaltene, mit Haut und Fleisch überzogene, mit einer Haut umgrenzte Körper wird nicht gesehen, wie er in Wirklichkeit ist.

3. Er ist angefüllt mit Eingeweiden, angefüllt mit dem Magen, mit dem Leber-Klumpen, mit der Blase, mit Herz und Lungen, mit Nieren und Milz,

4. mit Nasenschleim und Speichel, mit Schweiß und Lymphe, mit Blut und Gelenköl, mit Galle und Serum.

5. Ferner entfließt ihm Unreinheit in neun Strömen: Vom Auge die Augenabsonderung, vom Ohr das Ohrenschmalz,

6. Nasenschleim von der Nase; mit dem Munde erbricht er zu Zeiten Galle, und [zu Zeiten] erbricht er Schleim, und von dem Körper geht Schweiß und Unreines ab.

7. Und sein hohler Schädel ist mit der Gehirnmasse angefüllt; der Tor, welcher vom Nichtwissen geleitet wird, hält ihn für etwas sehr Anmutsvolles.

8. Und wenn er tot daliegt, aufgequollen, blauschwarz gefleckt, in der Leichenstätte niedergelegt, haben die Verwandten nach ihm kein Verlangen mehr.

9. Es fressen ihn Hunde und Schakale, Wölfe und Würmer; Krähen fressen ihn und Geier, und was es sonst an lebendem Getier gibt.

10. Wenn der mit Weisheit begabte Mönch das Wort des Buddha hienieden gehört hat, dann erkennt er ihn [den Körper] recht, denn er sieht ihn, wie er in Wirklichkeit ist.

11. Wie jenes ist, so ist dieses, wie dieses ist, so ist jenes: man gebe das Verlangen nach dem Körper auf, sowohl nach dem eigenen, als auch nach fremden [Körpern].

12. Der mit Weisheit begabte Mönch, welcher der Willenslust hienieden überdrüssig ward, ist zu dem todlosen Frieden gelangt, zum wechsellosen Reich des Nirvana.

13. Diesen mit zwei Füßen versehenen, unreinen, übelriechenden [Körper] pflegt man, den mit mancherlei Fäulnis angefüllten, der fort und fort Abflüsse von sich gibt.

14. Wer da meint, mit einem so beschaffenen Körper sich selbst zu verherrlichen, oder wer andere verachtet, – was ist das anders als Blindheit?

153. Die Nichtigkeit des menschlichen Lebens.

Sutta-Nipata III, 8.

1. Unbemerkt und unbekannt ist das Leben der Sterblichen hienieden, voll von Kümmernissen und nichtig, und mit Leid ist es verbunden.

2. Denn es besteht ja keine Möglichkeit, durch welche die Geborenen dem Tode entgehen könnten; nach Erreichung des Alters [kommt] der Tod, so ist das Gesetz der lebenden Wesen.

3. Wie für die reifen Früchte die Gefahr des Abfallens schon früh besteht, so besteht für die Sterblichen, wenn sie geboren sind, beständig die Gefahr des Sterbens.

4. Wie den von dem Töpfer gefertigten irdenen Gefäßen allen das Ende des Zerbrechens beschieden ist, so auch dem Leben der Sterblichen.

5. Die Jungen und die Großen, die Toren und die Weisen, sie alle gelangen in die Gewalt des Todes, ihr aller Ende ist der Tod.

6. Von denen, die vom Tode überwältigt in die andere Welt gehen, – nicht rettet der Vater seinen Sohn, noch auch die Verwandten ihre Angehörigen.

7. Siehe, während die Verwandten zusehen und laut wehklagen, wird einer der Sterblichen nach dem andern hinweggeführt, wie das Rind, das zum Schlachten bestimmt ist.

8. Also ist die Welt mit Tod und Alter behaftet; daher grämen sich die Weisen darüber nicht, da sie den Weg der Welt kennen.

9. Zwecklos jammerst du um den, dessen Weg du nicht kennst, weder [woher] er gekommen, noch [wohin] er gegangen ist, da du die beiden Enden nicht siehst.

10. Wenn der sich selbst quälende Tor durch sein Jammern irgendeinen Zweck erreichen sollte, dann möge der Verständige ebenso handeln!

11. Denn nicht gewinnt man ja durch Weinen und Kummer den Frieden des Gemütes; der Körper wird [um so mehr] geschädigt, je mehr [in] einem das Leiden Wurzel faßt.

12. Indem man sich durch sich selbst abhärmt, wird man hager und bleich; [aber] die Abgeschiedenen werden dadurch nicht errettet, – zwecklos ist das Jammern.

13. Ein Mensch, der den Kummer nicht aufgibt, gerät nur noch mehr in das Leiden. Die einen Toten Beweinenden unterliegen der Gewalt des Kummers.

14. Siehe andere Menschen, wie sie dahingehen, ihren Werken entsprechend; es zittern schon hienieden die lebenden Wesen, die der Gewalt des Todes verfallen sind.

15. Denn wie immer man es sich denkt, so wird es doch anders; solcherart sind die Fehlschläge, das ist der Lauf der Welt.

16. Wenn auch ein jugendlicher Mensch hundert Jahre oder noch mehr zu leben hat – (einmal) wird er von dem Kreis seiner Verwandten getrennt und verläßt hier das Leben.

17. Daher möge man, nachdem man das Wort des Heiligen vernommen hat, dem Jammern Einhalt tun; beim Anblick eines abgeschiedenen Toten [möge man sich sagen:] ‚Dieser kann von mir nicht [mehr] erreicht werden.'

18. Gleichwie ein brennendes Gebäude durch Wasser ausgelöscht wird, so zerstöre der standhafte, weise, kundige, rechtschaffene Mensch schnell den aufkommenden Kummer, wie der Wind eine Baumwollstaude.

19. Wer sein eigenes Glück sucht, der ziehe seinen eigenen Pfeil heraus, [nämlich] seinen Jammer, seine Klage und Verzweiflung.

20. Wer, ohne zu haften, den Pfeil entfernt hat, wird den Frieden des Geistes erlangen; er, der allen Kummer überwunden hat, ist als ein Kummerloser vollkommen erlöst.

In dieses Gebiet der zu innerer Anregung und Stimmungsklärung dienenden religiösen Betrachtungen gehören auch einige Übungen, die zugleich noch anderen, in den Rahmen des meditativen Systems fallenden Zwecken dienen, – z.B. die Kontemplation über den Buddha, die Kontemplation über die Lehre, die Kontemplation über die Gemeinde u.a.m., die weiter unten aufgeführt werden.

B. Das System der Meditation.

Ich will versuchen, im folgenden das buddhistische System der Meditation durch eine ganz kurz gefaßte Übersicht dem Anfänger verständlich zu machen. Auch verweise ich auf den Text Nr. 113, dessen Inhalt durch die folgenden Erörterungen klarer werden wird.

I. Das zweifache Training der Meditation.

§ 1. Die buddhistischen Schriften (z.B. Anguttara-Nikaya III, 88; III, 81; vgl. Text 110) betrachten das religiöse Leben als ein *dreifaches Training* (sikkha), nämlich als 1. ein Training in höherer sittlicher Zucht (adhisila), 2. ein Training in höherem Denken (adhicitta), 3. ein Training in höherer Weisheit oder höherem Wissen (adhipanna).

§ 2. Das Training in höherer sittlicher Zucht bedeutet die mit rechtem Verständnis verbundene Beobachtung der Sittengebote und *gilt als die Grundlage*, *die Vorbedingung* für die beiden anderen Trainings.

§ 3. Das *Adhicitta-Training* und das *Adhipanna-Training bilden zusammen das System der buddhistischen Meditation.*

§ 4. Die genannten beiden Trainings sind zwei verschiedene Methoden, von denen jede einem besondern Zwecke dient.

§ 5. Das Ergebnis des *Adhicitta*-Trainings ist *samatha* (Ruhe), d.i. eine zeitweilige Beruhigung des Geistes, eine temporäre Aufhebung innerer Hemmungen.

Das Ergebnis des *Adhipanna*-Trainings ist vipassana, d.i. tiefe Einsicht, das Ergreifen und Innewerden der fundamentalen Wahrheiten, namentlich der drei Merkmale des Daseins und der vier hohen Wahrheiten.

§ 6. Samatha als solcher ist ein mundaner (lokiya) Zustand, während vipassana zur Erreichung der höheren Pfade führt, also in ihrem Endziel lokuttara, transzendental (im buddhistischen Sinne) ist.

Anmerkung. Dies bedeutet: Samatha und seine Requisiten können unter Umständen auch von solchen verwirklicht werden, die noch keinen der höheren Pfade betreten haben, dies ist aber bei der vollen vipassana unmöglich; vipassana kann nur von einem Ariya (Jünger der höheren Pfade) vollständig verwirklicht werden; ein solcher kann natürlich auch das Adhicitta-Training pflegen. Mit anderen Worten: Für den Eintritt in das Nirvana ist vipassana stets erforderlich, während samatha mit seinen Requisiten (den Versenkungen) nicht den Eintritt in die höheren Pfade, geschweige denn in das Nirvana, direkt zu bewirken vermag.

§ 7. Die Verfassung des Geistes, welche die Pflege des Adhicitta- und Addhipanna-Trainings ermöglicht, ist die Konzentration (samadhi).

§ 8. Samadhi ist graduell zweifach verschieden: 1. *volle Konzentration* (appana-samadhi; wörtlich: Reflexions-Konzentration), 2. *angrenzende Konzentration* (upacara-samadhi).

§ 9. Nun ist zu beachten, daß bei dem Adhicitta-Training für die Gewinnung der mit ihm verbundenen Versenkungen die *volle* Konzentration erforderlich ist, während für die Verwirklichung der vipassana *angrenzende* Konzentration vorhanden sein muß.

Anmerkung. 1. Volle Konzentration ermöglicht also nur den Eintritt in die Versenkungen und die zeitweilige Befreiung des Geistes von schlechten Zuständen, niemals aber direkt die Verwirklichung der höheren Pfade und des Nirvana.

Anmerkung. 2. Sehr häufig wird in den Pitakas samadhi als ein Synonym für die Versenkung (jhana) gebraucht, eine Gepflogenheit, die leider dazu beiträgt, das ganze Gebiet noch mehr zu verwirren. Samadhi ist eigentlich Konzentration des Denkens auf ein Objekt, wobei das Denken an andere Gegenstände ausgeschaltet wird; diese Konzentration kann einen so hohen Grad erreichen, daß eine an die tiefe Meeresstille erinnernde „Entleerung" des Bewußtseins von allen Inhalten, also die unterschiedslose Einheitlichkeit des Bewußtseins eintritt. Eine Erklärung der aufgeführten sechs Arten der Konzentration wird in § 21 gegeben werden.

§ 10. Das Charakteristische des *Adhicitta*-Trainings ist, daß die dadurch ihn erwirkte zeitweilige Beruhigung (samatha) stets durch die sog. Versenkungen (jhana) erreicht wird; dieses Training steht also mit einer Vertiefung und Verinnerlichung des Geistes in engster Verbindung.

Andererseits brauchen bei dem Adhipanna-Training nicht notwendigerweise die Zustände der Versenkung wachgerufen zu werden, obwohl solche Zustände, namentlich die erste Versenkung, es zeitweilig begleiten *können*. Die durch dieses Training gewonnene Einsicht (vipassana) ist nicht eine rein verstandesgemäße Erkenntnis, wie sie etwa die moderne Wissenschaft verlangt, sondern ein inneres Schauen und Erleben, wobei die Vorgänge, die sich im Körper und in der Psyche des Meditierenden abspielen, sozusagen objektiviert und dramatisiert werden. Die bei diesem Training vielfach geübte *Kontrolle des Ein- und Ausatmens* (anapanasati) läßt den Meditierenden seine ganze Aufmerksamkeit auf seine Ein- und Ausatmungen konzentrieren; dabei wird eine Introspektion und eine Dramatisierung der psychischen Vorgänge erreicht. Dies aber bedeutet für den Meditierenden die Verwirklichung des Anatta-Prinzipes: Er wird inne, daß in Wirklichkeit dieser ganze Organismus, dieses ‚Geist-Leiblichkeit' genannte Gebilde nichts ist als eine ‚Beilegung' (upadi), ein Haufen vergänglicher, ihm ganz wesensfremder Prozesse, von denen zu gelten hat: „Das gehört mir nicht an, das bin ich nicht, das ist nicht mein Ich." Er sieht nur einen Strom beständig wechselnder, entstehender und wieder vergehender Empfindungen, Wahrnehmungen, Gedanken usw. Und dies bedeutet zugleich die Verwirklichung der ersten hohen Wahrheit vom Leiden. In diesem Zustande können dann gewisse Kräfte und Fähigkeiten, wie die ‚geistigen Kräfte', die ‚Merkmale der Erleuchtung' u.a.m. erweckt werden.

§ 11. Spätere exegetische Werke wie Visuddhi-Magga und Abbidhammattha-Sangaha geben an, daß zu dem zur Erreichung von samatha führenden Adhicitta-Training folgende vierzig Übungen gehören: *Zehn Kasina-Übungen*, nämlich Erd-Kasina, Wasser-Kasina, Feuer-Kasina, Wind-Kasina, Blau-Kasina, Gelb-Kasina, Rot-Kasina, Weiß-Kasina, Licht-Kasina, Teil-Raum-Kasina. *Zehn Wahrnehmungen des Unreinen* (die sog. Leichenbetrachtungen), nämlich die Vorstellung eines aufgequollenen Leichnams, eines Leichnams mit Fäulnis-Flecken, eines verwesenden Leichnams, eines zerstückelten Leichnams, eines zernagten Leichnams, eines in Stücken verstreuten Leichnams, eines zerfressenen, verstreuten Leichnams, eines blutbesudelten Leichnams, eines von Maden durchsetzten Leichnams, eines Knochengerippes. *Zehn Kontemplationen*, nämlich: Kontemplation über den Buddha, über die Lehre, über die Gemeinde, über die sittliche Zucht, über die Freigebigkeit, über die Gottheiten, die Kontrolle des Ein- und Ausatmens, die Betrachtung über den Tod, die Betrachtung über den Körper, die Kontemplation über den Frieden. *Vier Unermeßliche* (oder die vier göttlichen Zustände), nämlich: die Erweckung der Güte, die Erweckung des Mitleids, die Erweckung der Mitfreude, die Erweckung des Gleichmuts. *Vier Zustände in der Nichtform-Region* (d.s. die vier höheren jhana), nämlich: das unbegrenzte Raum-Gebiet, das unbegrenzte Bewußtseins-Gebiet, das Gebiet der Nichtirgendetwasheit, das Gebiet der

Wahrnehmung-und-auch-nicht-Wahrnehmnug. *Eine Wahrnehmung*, nämlich: die Vorstellung der Unreinheit in der Nahrung. *Eine Analyse*, nämlich: die Analyse des Körpers in die vier ‚großen Gebilde'.

§ 12. Von diesen vierzig Übungen reichen folgende zehn Übungen, jede für sich allein, nicht hin, die volle Konzentration und damit den Eintritt in die Versenkungen zu ermöglichen: Die Kontemplation über den Buddha, die Kontemplation über die Lehre, die Kontemplation über die Gemeinde, die Kontemplation über die sittliche Zucht, die Kontemplation über die Freigebigkeit, die Kontemplation über die Gottheiten, die Betrachtung über den Tod, die Betrachtung über den Frieden, die Vorstellung der Unreinheit in der Nahrung und die Analyse. Diese zehn Übungen also erzeugen angrenzende Konzentration, während die übrigen dreißig die volle Konzentration und damit den Eintritt in die Versenkungen ermöglichen.

§ 13. Von diesen dreißig, die Versenkung erwirkenden Übungen führen die zehn ‚Wahrnehmungen des Unreinen' und die Betrachtung über den Körper die *erste* Versenkung herbei; die ersten drei ‚Unermeßlichen' ermöglichen die ersten drei Versenkungen; die zehn Kasina-Übungen, das vierte ‚Unermeßliche' und die Kontrolle des Ein- und Ausatmens vermögen alle vier Versenkungen herbeizuführen, und die vier Zustände in der Nichtform-Region (die vier sog. höheren oder formfreien Versenkungen) sind überhaupt erst nach dem Eintritt in die vierte Versenkung möglich.

§ 14. Manche von diesen vierzig Übungen können auch bei der Ausübung des Adhipanna-Training zur Gewinnung der vipassana als Ausgangspunkt gewählt werden, wie z.B. die zehn Kontemplationen.

§ 15. Für das *Adhipanna-Training* und die dadurch erwirkte vipassana kommen namentlich in Betracht: die Betrachtung der Reizlosigkeit der ganzen Welt, die Betrachtung der Veränderlichkeit, die Betrachtung des in der Veränderlichkeit wurzelnden Leidens, die Betrachtung des Nicht-Ich im Leiden (d.i. die Betrachtung darüber, daß in Wirklichkeit der Leidenskomplex das Nicht-Ich ist); tiefe Einsicht, deren Haupt-Konstituenten die 37 Elemente der Erleuchtung (s. Text Nr. 113), sowie die Einsicht in das Entstehen und Vergehen, in die Vergänglichkeit, in das Leiden, ferner Weltabkehr, Gleichmut und Sehnsucht nach Erlösung, sind. Weiter gehört zu diesem Training eine siebenfache Reinheit (visuddhi), nämlich: 1. Sittliche Reinheit (silavisuddhi), 2. Reinheit der Anschauung (ditthivisuddhi), 3. Reinheit des Geistes (cittavisuddhi; dies bezieht sich auf die angrenzende und volle Konzentration), 4. Reinheit, bestehend in der Überwindung des Schwankens (kankhavitaranavisuddhi), 5. Reinheit, bestehend in der Erkenntnis-Schauung dessen, was der ‚Weg' und was nicht der ‚Weg' ist (maggamaggananadassanavisuddhi; unter ‚Weg' sind hier die vier höheren Pfade zu verstehen), 6. Reinheit, bestehend in der Erkenntnis-Schauung des geistigen Fortschritts (patipadananadassanavisuddhi), 7. Reinheit der Erkenntnis- Schauung (nanadassanavisuddhi; dies bezieht sich auf jene von dem Erlösten verwirklichte ‚Erkenntnis-Schauung', die der Buddha am Schluß der Predigt von Benares erwähnt).

§ 16. In dem im Text Nr. 112 gegebenen *zehngliedrigen Wege* des Erlösten (Ang. X, 112) bezieht sich das *achte Glied* auf das Adhicitta-Training und samatha, das *neunte Glied* auf das Adhipanna-Training und vipassana, während das *zehnte Glied*, die vollkommene rechte Erlösung, das Gesamtresultat der Bemeisterung aller vorhergehenden Glieder darstellt.

§ 17. Verschiedene Übungen gehören sowohl dem Adhicitta- als auch dem Adhipanna-Training an, so die ‚vier Grundlagen des rechten Gedenkens' (satipatthana), die unter allen meditativen Übungen wohl als die wichtigsten betrachtet werden und deren ausführliche Darstellung in den Worten der Pitakas der Leser weiter unten finden wird.

II. Die Kategorien des Meditations-Systems.

§ 18. Die dem meditativen System angehörenden mannigfachen Übungen können in verschiedene Gruppen geordnet werden. Indessen ist eine solche Gruppierung vielfach nur *theoretisch* durchführbar und nur insoweit statthaft, als sie dazu dient, das Verständnis für dieses Gebiet zu erleichtern. In der Praxis sind häufig verschiedenen Gruppen angehörende Übungen miteinander verbunden oder laufen nebeneinander, oder die eine bedingt die andere. So ist samadhi bei allen Übungen mehr oder weniger entwickelt; die Kontrolle über das Ein- und Ausatmen begleitet alle vier satipatthana, die Zerlegung des Körpers in seine zweiunddreißig Bestandteile erzeugt die erste Vertiefung usw. Die folgende Gruppierung hat also – wenigstens in manchen Punkten – nur eine theoretische Gültigkeit.

§ 19. Konzentrations-Übungen.

A. Durch rein mechanische Mittel: *Die zehn Kasina-Übungen*. Ihre Aufzählung s. in § 11. Ihr Zweck ist, die volle Konzentration und damit den Eintritt in die Versenkung herbeizuführen. Bei den Farben-Kasinas dient als Objekt eine in der betr. Farbe gehaltene kreisrunde Scheibe, beim Erd-Kasina ein Fleck Erde, beim Wasser-Kasina eine begrenzte Wasserfläche in nicht allzu großer Entfernung usw. Der Meditierende heftet also seine Aufmerksamkeit auf das betr. Objekt, bis sich in ihm das Nimitta (Marke, Widerschein, Reflex) entwickelt hat. Dieses Nimitta ist zunächst ein klares, mondartiges Spiegelbild, das der Meditierende sowohl bei geschlossenen als auch bei offenen Augen deutlich wahrnimmt. Dieses *Nimitta*, das für längere Zeit bestehen bleiben muß, heißt das *Uggaha-nimitta*, der Auffassungs-Reflex. Nun konzentriert der Meditierende seine ganze Aufmerksamkeit auf diesen Auffassungs-Reflex, bis das *Patibhaga-nimitta* erscheint. Patibhaga-nimitta ist ein weiterer, noch mehr verinnerlichter Reflex des Uggaha-nimitta, abgeblaßt und ohne scharfe Konturen. Bei dem Erscheinen des

Patibhaga-nimitta verschwinden die fünf Hemmungen (s. Text 155, 13), und die *angrenzende* Konzentration ist erreicht. Bei weiterer Konzentration auf das Patibhaga-nimitta stellt sich die *volle* Konzentration und damit der Eintritt in die Versenkungen ein. Wir sehen also, daß die Kasina-Übungen sowohl für das Adhicitta-Training als auch für das Adhipanna-Training als Ausgangspunkt gewählt werden können.

B. Die Konzentration auf psychischem Wege: *Die Kontrolle des Ein- und Ausatmens.* S. darüber in § 10, 11 und unten in der Beschreibung der vier satipatthana.

§ 20. **Die Versenkung.**

A. In dieses Gebiet gehören 1. die acht Versenkungen (jhana), d.h. vier Versenkungen in der Form-Region, welche die vier Versenkungen schlechthin genannt werden, und vier Zustände in der Nichtform-Region, auch die vier formfreien Versenkungen genannt; 2. die neun Samapattis; 3. die acht Loslösungen (vimokha).

B. *Die acht Versenkungen* (jhana). a) Die vier Versenkungen in der Form-Region (rupajjhana). Ihre Beschreibung in den Worten der Pitakas findet der Leser gegen Ende des Maha-Satipatthana-Sutta. Das Charakteristische der in ihnen herrschenden Geistes-Verfassung ist: *Die erste Versenkung* besteht in voller Konzentration, Denken, Sinnen, Freudigkeit und Glück. In der *zweiten* Versenkung herrscht nach dem Verschwinden des Denkens und Sinnens volle Konzentration, Freudigkeit und Glück. In der *dritten* Versenkung herrscht nach dem Verschwinden der Freude volle Konzentration, Glück und Gleichmut. In der *vierten* Versenkung endlich herrscht nur klare Bewußtheit und Gleichmut in voller Reinheit. – b) Die vier Zustände in der Nicht-Form-Region sind die arupajjhana, (vgl. § 11 und den weiter unten folgenden Text Anguttara-Nikaya I, 20, 55): 1. das unbegrenzte Raum-Gebiet, 2. das unbegrenzte Bewußtseins-Gebiet, 3. das Gebiet der Nichtirgendetwasheit,

4. das Gebiet der Weder-Wahrnehmung-noch-auch-nicht-Wahrnehmung. Von diesen vier Zuständen gelten der erste und dritte als imaginär, der zweite und vierte als real. – Es sei hier nochmals bemerkt, daß die acht Versenkungen als solche mundane (lokiya) Zustände sind und nur eine zeitweilige Befreiung von schlechten Zuständen schaffen.

C. *Die neun Samapattis.* Samapatti heißt wörtlich *Erreichung.* Die ersten acht Samapattis sind die erlangten acht Versenkungen, die wir eben unter B. betrachtet haben. Die *neunte* Samapatti ist die *Nirodhasamapatti* oder die Erlangung der Aufhebung (nirodha = Aufhebung). Eine andere Bezeichnung ist sannavedayitanirodha (Aufhebung von Wahrnehmung und Empfindung). Dies ist, nach äußeren Kriterien zu schließen, ein unbewußter Zustand, ein bis zum äußersten Grade gesteigerter Tiefschlaf, der längstens sieben Tage anhalten kann. Während dieses Zustandes ist alles Kamma sistiert, und nur das Noch-Vorhandensein der Vitalität und Körperwärme unterscheidet diese samapatti vom physischen Tode. Es wird gesagt, daß nirodhasamapatti nur in der Anagamischaft und Arahatschaft verwirklicht werden könne, und daß auch von den Anagamin und Arahats nur sehr wenige in diesen Zustand eintreten. Es ist also ganz verkehrt, zu behaupten, Nirodhasamapatti sei mit Nirvana identisch oder das Nirvana komme gleich nach der Nirodhasamapatti. Daran ändert auch nichts die Tatsache, daß ein kanonischer Text die Bezeichnung Nirvana für die Nirodhasamapatti als zulässig erklärt. Könnte man diese gleichsam ein antizipiertes Parinibbana nennen, so bleibt zwischen ihr und dem „Nirvana bei Lebzeiten" der fundamentale Unterschied bestehen, daß dieses ein dauernder Lokuttara-Zustand, die Nirodhasamapatti dagegen ein vorübergehender, weltlicher (lokiya) Zustand unter *zeitweiliger* Aufhebung innerer Hemmungen ist. Die beiden Dinge haben tatsächlich nicht das Geringste miteinander zu tun. Nirvana kann sehr wohl von einem Arahat verwirklicht werden, der die Nirodhasamapatti niemals erreicht oder gepflegt hat, während andererseits dieser ‚Zustand der Aufhebung' den, der in ihn eingetreten ist, dem Nirvana um keinen Schritt näher bringt. Dabei ist es natürlich sehr wohl möglich, daß ein Asekha die Nirodhasamapatti auch pflegen *kann*. – Dies ist die Stellung, die der orthodoxe Pali-Buddhismus zu diesem Gegenstande einnimmt, und er scheint mir die in den älteren Partien des Pali-Kanons vertretene Auffassung (in diesem Punkte) treu bewahrt zu haben.

D. *Die acht Loslösungen* (vimokha). Die ersten drei vimokha werden in den Pitakas mit folgenden Worten beschrieben: 1. „Formhaft sieht er körperliche Formen, dies ist die erste Loslösung." Dies bedeutet: In der Form-Region weilend (d.h. in die Versenkung eingetreten) nimmt er noch körperliche Formen wahr. 2. „Hinsichtlich seiner selbst Formen nicht wahrnehmend, sieht er einzig Formen außerhalb, dies ist die zweite Loslösung. 3. [„Von dem innern Eindruck]: ‚Das Glück!' ist er ganz hingenommen; dies ist die dritte Loslösung." Die vierte bis siebente Loslösung sind mit den vier Zuständen in der Nichtform-Region, und die achte Loslösung ist mit der Nirodhasamapatti identisch. Vgl. auch § 25.

§ 21. **Samadhi.**

Samma-Samadhi, rechte Konzentration, ist ein die meditativen Übungen begleitender, dieselben ermöglichender Zustand der Sammlung und Konzentration.

Graduell hat samadhi zwei Abstufungen: Angrenzende Konzentration (upacara-samadhi) und volle Konzentration (appana-samadhi).

Über die sechs Arten des samadhi ist zu bemerken:

1. Die mit Denken und Sinnen verbundene Konzentration bezeichnet die erste Versenkung.

2. Die vom Denken freie, nur mit Sinnen verbundenen Konzentration bezeichnet den Übergang von der ersten zur zweiten Versenkung.

3. Die vom Denken und Sinnen freie Versenkung bezeichnet die zweite, dritte und vierte Versenkung und die formfreien Zustände.

4. Die „leere Konzentration“ bezieht sich auf einen bei dem Adhipanna-Training erreichten Zustand, in welchem das Nichtvorhandensein eines realen Ich-Wesens in dem gesamten Fluß der Erscheinungen erkannt und erlebt wird.

5. Die von Vorstellungsbildern freie Konzentration bezeichnet möglicherweise die Nirodhasamapatti, oder aber die durch das Adhipanna-Training gewonnene Einsicht, daß alles Gestaltete in einem beständigen Fluß begriffen und daß in den Erscheinungen nichts Verharrendes ist.

6. Die Konzentration bei vollendeter Wunschlosigkeit bezeichnet das völlige Freisein von Begierde, Haß und Wahn mit anderen Worten den dauernden Gemütszustand des Asekha Arahat, d.i. die Verwirklichung des Nirvana.

§ 22. **Die Erweckungen.**

A. Erweckung (bhavana) im *engern* Sinne der Name einer vierfachen großen Meditation, die im Buddhismus sehr hoch gewertet wird. Diese Meditation ist allgemein bekannt als ‚die vier göttlichen Zustände‘ (brahmavihara); ein anderer Name dafür ist ‚die vier Unermeßlichen‘ (appamanna). Sie besteht in der Erweckung und Entfaltung 1. der Güte (metta), 2. des Mitleids (karuna), 3. der Mitfreude (mudita), 4 des Gleichmuts (upekha). Nachdem der Meditierende diese Gemütsverfassungen in sich erweckt hat, „durchdringt“ er damit die Welt nach allen Richtungen. Die ersten drei Erweckungen ermöglichen den Eintritt in die ersten drei Versenkungen, die vierte Erweckung ermöglicht den Eintritt in die vier ersten Versenkungen. Die Beschreibung dieser Erweckungen findet der Leser im Text 114 (Abschnitt 15) und Text 133 (Abschnitt 76 bis 79).

B. Bhavana wird aber noch in einem viel weiteren Sinne gebraucht: die Texte sprechen von der ‚Erweckung‘ der Versenkungen, der Kasinas, der Elemente der Erleuchtung, der Betrachtungen Kontemplationen, Vorstellungen usw. Somit ist eigentlich nahezu jede meditative Übung eine ‚Erweckung', und daraus erklärt es sich, daß bhavana direkt als ein Sammelname für Meditation neben samadhi angewandt wird.

§ 23. **Kontemplationen und Betrachtungen.**

Zu dieser Gruppe mag gerechnet werden: A. Die Kontemplation oder Betrachtung. B. die Wahrnehmung oder Vorstellung.

A. *Die Kontemplation oder Betrachtung*. Die Pali-Ausdrücke dafür sind 1. *sati* (wörtl. Gedenken). Dies ist das *siebente* Glied des achtteiligen Weges, sofern die sati ‚sammasati' (rechtes Gedenken) ist, d.h. sofern die gewählten Objekte richtig und heilsam sind, und sofern diese Gedankenübung mit der nötigen Konzentration verbunden ist. Sati ist also der allgemeine Ausdruck für Kontemplation. Hierher gehören vor allen Dingen 2. die vier satipatthana, die zugleich eine Gruppe der 37 Elemente der Erleuchtung bilden. Jede dieser vier Kontemplationen heißt anupassana, Betrachtung. Ferner sind hierher 3. zu stellen die in § 11 und in dem weiter unten folgenden Text Ang. I, 20 (Abschnitt 93-102) aufgezählten zehn Kontemplationen. Von diesen werden sieben ‚anussati' und drei ‚sati' genannt. Die dieser Klasse angehörende ‚Kontrolle über das Ein- und Ausatmen' (zugleich eine Konzentrationsübung) und die Betrachtung über den Körper (d.h. die Zerlegung des Körpers in seine 32 Bestandteile) sind zugleich Teile der vier satipatthana, u.z. begleitet die Atem-Kontrolle alle vier anupassana, während die Betrachtung über den Körper eine Unterabteilung der großen ‚Betrachtung des Körpers' (kayanupassana) ist.

B. *Die Wahrnehmung oder Vorstellung* (sanna) ist eine gesteigerte Kontemplation oder Schauung, in der das Vorstellungsobjekt sich (visionsartig) zu einer sinnlichen Wahrnehmung verdichtet. Hierher gehören u.a. die Wahrnehmung der Unreinheit, d.h. die neun Leichenbetrachtungen (zugleich eine

Unterabteilung der satipatthana, u.z. der Betrachtung des Körpers) und die Wahrnehmung des Todes; letztere Übung gehört auch zu den zehn Kontemplationen. Eine Aufzählung von Übungen, die zu dieser Gruppe gehören, findet sich in dem nachfolgenden Texte Ang. I, 20 (Abschnitt 73 bis 92), eine andere mit näherer Beschreibung gibt der Text Nr. 156.

§ 24. **Die 37 Elemente der Erleuchtung.**

A. Diese wichtige Kategorie gliedert sich in sieben Hauptgruppen: I. Die vier Grundlagen des rechten Gedenkens (satipatthana), II. die vier großen Kämpfe (sammappadhanani), III. die vier Grundlagen magischer Kraft (iddhipada), IV. die fünf inneren Sinne (indriyani), V. die fünf geistigen Kräfte (balani), VI. die sieben Erleuchtungs-Merkmale (sambojjhanga), VII. der achtteilige Weg (atthangikamagga).

B. Die vier großen Kämpfe bilden die sechste Stufe des hohen achtteiligen Weges. Ich verweise auf den Text im Maha-Satipatthana-Sutta. – Die vier Grundlagen magischer Kraft (iddhi) führen zu den *sechs übersinnlichen Kenntnissen* (abhinna), die nach dem Eintritt in die *vierte* Versenkung erlangt werden können. Die sechs abhinna sind: 1. Verschiedenartige magische Kraft (iddhividha), 2. das himmlische Ohr (dibbasota), 3. das Erkennen der Gedanken anderer (paracittavijana), 4. das Wissen von früheren Existenzen (pubbenivasanussatinana), 5. das himmlische Auge (dibbacakkhu), 6. das zur Vernichtung der Einflüsse führende Wissen (asavakkhayakaranana). Die zweite und fünfte abhinna sind die Fähigkeiten des Hellhörens und Hellsehens.

§ 25. **Die acht Gebiete des Überwinders.**

Die acht Gebiete des Überwinders (abhibhayatanani), die in dem folgenden Text erwähnt werden, gehören der Gruppe der acht Loslösungen (§ 20 D) an und sind im Grunde nichts anderes, als eine Zergliederung der ersten zwei Loslösungen.

§ 26. **Die zwei Vehikel.**

Ruhe (samatha) und Einsicht (vipassana) sind die durch das Adhicitta-Training bzw. Adhipanna-Training gewonnenen Eigenschaften. Der Buddhismus teilt nun die Arahats in zwei Gruppen, je nachdem ein Heiliger mehr das Adhicitta-Training oder das Adhipanna-Training kultiviert. Ein Arahat der ersten Gruppe heißt ein Samathayanika (d.h. einer, dessen Vehikel samatha ist), und ein Arahat der zweiten Gruppe wird ein Sukkhavipassaka (d.h. einer, der die ‚trockene' Einsicht hat) genannt. Ein Samathayanika ist durch die Übung der Versenkungen im Besitze magischer Kräfte, während ein Sukkhavipassaka das Nirvana verwirklicht haben kann, ohne daß er jemals in die Versenkungen eingetreten und im Besitze magischer Kräfte zu sein braucht. Daher wird seine Einsicht „dürr" genannt, d.h. sie ist ohne die Versenkung als Zugabe.

Der folgende Text aus dem ersten Buche des Anguttara-Nikaya gibt eine Zusammenstellung von verschiedenen Meditationsübungen. Zur Erleichterung des Überblickes gebe ich zunächst die Gliederung an:

2-5 die vier Versenkungen. 6-9 die vier Unermeßlichen. 10-46 die 37 Elemente der Erleuchtung. 47-54 die acht Gebiete des Überwinders. 55-62 die acht Loslösungen. 63-72 die zehn Kasina-Übungen (hier als 8. und 9. das Raum- und Bewußtseins-Kasina statt der oben in § 11 an gleicher Stelle genannten Licht- und Teil-Raum-Kasinas). 73-92 zwanzig Wahrnehmungen (sanna) in zwei Gruppen, deren jede zehn Übungen umfaßt. 93-102 die zehn Kontemplationen. Den Schluß (Abschnitt 103-192) lasse ich in der Übersetzung fort, da er nur eine nochmalige Aufzählung der bereits unter den Elementen der Erleuchtung genannten fünf inneren Sinne und fünf geistigen Kräfte enthält, je nachdem diese mit einer der vier Versenkungen oder mit einem der vier Unermeßlichen verbunden sind oder für sich allein erweckt werden.

154. Verschiedene Meditationen.

Ang. I, 20.

2-5. Wenn da, ihr Mönche, ein Mönch auch nur für Augenblicke die erste Versenkung erweckt, die zweite, dritte, vierte Versenkung erweckt, – dieser, ihr Mönche, wird Mönch genannt; er lebt als einer, dessen Vertiefung nicht eitel ist, als ein Betätiger der Religion des Meisters, als ein Erfüller seiner Ermahnungen, und er ißt nicht umsonst die Almosenspeise des Landes. Was soll ich da erst von jenen sagen, die solches in vielfacher Weise tun?

6-9. Wenn da, ihr Mönche, ein Mönch auch nur für Augenblicke die Güte, die Geisteserlösung erweckt, das Mitleid, die Geisteserlösung erweckt, die Mitfreude, die Geisteserlösung erweckt, den Gleichmut, die Geisteserlösung erweckt, – dieser, ihr Mönche, wird Mönch genannt; er lebt als einer, dessen Vertiefung nicht eitel ist, als ein Betätiger der Religion des Meisters, als ein Erfüller seiner Ermahnungen, und er ißt nicht umsonst die Almosenspeise des Landes. Was soll ich da erst von jenen sagen, die solches in vielfacher Weise tun?

10-46. Wenn da, ihr Mönche, ein Mönch auch nur für Augenblicke eifrig, klar bewußt, besonnen beim Körper in der Betrachtung des Körpers verweilt, um in der Welt Begehren und Kümmernis zu bemeistern – bei den Empfindungen in der Betrachtung der Empfindungen verweilt, – bei den Gedanken in der Betrachtung der Gedanken verweilt, – bei den Erscheinungen in der Betrachtung der Erscheinungen verweilt, um in der Welt Begehren und Kümmernis zu bemeistern, – dieser, ihr Mönche, wird Mönch genannt usw.

Wenn da, ihr Mönche, ein Mönch auch nur für Augenblicke in sich den Willen erzeugt, nicht-vorhandene üble, unheilvolle Zustände nicht entstehen zu lassen und seine Energie zusammenraffend kämpft und ringt und seinen Geist antreibt; – vorhandene üble, unheilvolle Zustände zu vertreiben, – nicht-vorhandene heilsame Zustände zu erwecken, – vorhandene heilsame Zustände zu erhalten, sie nicht schwinden zu lassen, sie noch mehr zu pflegen und zu entfalten, indem er, seine Energie zusammenraffend, kämpft und ringt und seinen Geist antreibt, – dieser, ihr Mönche, wird Mönch genannt usw.

Wenn da, ihr Mönche, ein Mönch auch nur für Augenblicke die Grundlage zu magischer Kraft erweckt, welche besteht in der mit der Konzentration des *Willens* verbundenen Anstrengung, in der mit der Konzentration der *Energie* verbundenen Anstrengung, in der mit der Konzentration des *Geistes* verbundenen Anstrengung, in der mit der Konzentration des *Forschens* verbundenen Anstrengung, – dieser, ihr Mönche, wird Mönch genannt usw.

Wenn da, ihr Mönche, ein Mönch auch nur für Augenblicke den [innern] Sinn des Glaubens, der Energie, des Gedenkens, der Konzentration, der Weisheit erweckt, –

die Kraft des Glaubens, der Energie, des Gedenkens, der Konzentration, der Weisheit erweckt, – dieser, ihr Mönche, wird Mönch genannt usw.

Wenn da, ihr Mönche, ein Mönch auch nur für Augenblicke das Erleuchtungs-Merkmal des Gedenkens, der Ergründung der Lehre, der Energie, der Freudigkeit, der Ruhe, der Konzentration, des Gleichmutes erweckt, – dieser, ihr Mönche, wird Mönch genannt usw.

Wenn da, ihr Mönche, ein Mönch auch nur für Augenblicke rechte Anschauung, rechte Gesinnung, rechtes Reden, rechtes Handeln, rechte Lebensführung, rechten Kampf, rechtes Gedenken, rechte Konzentration erweckt, – dieser, ihr Mönche, wird Mönch genannt usw.

47-54. [Er pflegt die acht Gebiete des Überwinders in folgender Weise:]

Indem er hinsichtlich seiner selbst körperliche Formen wahrnimmt, nimmt er auch körperliche Formen außerhalb wahr, begrenzte, schöne und unschöne, und nachdem er diese überwunden hat, kommt ihm die Wahrnehmung: ‚Ich erkenne, ich sehe.'

Indem er hinsichtlich seiner selbst körperliche Formen wahrnimmt, nimmt er auch körperliche Formen außerhalb wahr, unbegrenzte, schöne und unschöne, und nachdem er diese überwunden hat, kommt ihm die Wahrnehmung: ‚Ich erkenne, ich sehe.'

Indem er hinsichtlich seiner selbst körperliche Formen *nicht* wahrnimmt, nimmt er körperliche Formen außerhalb wahr, begrenzte, schöne und unschöne, und nachdem er diese überwunden hat, kommt ihm die Wahrnehmung: ‚Ich erkenne, ich sehe.'

Indem er hinsichtlich seiner selbst körperliche Formen *nicht* wahrnimmt, nimmt er körperliche Formen außerhalb wahr, unbegrenzte, schöne und unschöne, und nachdem er diese überwunden hat, kommt ihm die Wahrnehmung: ‚Ich erkenne, ich sehe.'

Indem er hinsichtlich seiner selbst körperliche Formen *nicht* wahrnimmt, nimmt er körperliche Formen außerhalb wahr, blaue, von blauer Farbe, von blauem Aussehen, von blauem Schein,

– gelbe, von gelber Farbe, von gelbem Aussehen, von gelbem Schein,

– rote, von roter Farbe, von rotem Aussehen, von rotem Schein,

– weiße, von weißer Farbe, von weißem Aussehen, von weißem Schein, und nachdem er diese überwunden hat, kommt ihm die Wahrnehmung: ‚Ich erkenne, ich sehe.'

55-62. [Er pflegt die acht Loslösungen in folgender Weise:] –

In der Formregion weilend sieht er körperliche Formen: Dies ist die erste Loslösung.

Hinsichtlich seiner selbst körperliche Formen nicht wahrnehmend, sieht er körperliche Formen außerhalb: Dies ist die zweite Loslösung.

[Von dem inneren Eindruck:] ‚Das Glück!' ist er ganz hingenommen: Dies ist die dritte Loslösung.

Infolge gänzlichen Sich-Erhebens über die Wahrnehmungen körperlicher Formen, infolge der Beseitigung der Wahrnehmungen von Widerständen und infolge davon, daß er den Wahrnehmungen der Vielheit [der Dinge] keine Aufmerksamkeit schenkt, [geht er in der Vorstellung auf:] ‚Unbegrenzt ist der Raum' und gelangt so zum unbegrenzten Raum-Gebiet und verweilt darin: Dies ist die vierte Loslösung.

Infolge des gänzlichen Sich-Erhebens über das unbegrenzte Raum-Gebiet, [geht er in der Vorstellung auf:] ‚Unbegrenzt ist das Bewußtsein' und gelangt so zum unbegrenzten Bewußtseins-Gebiet und verweilt darin: Dies ist die fünfte Loslösung.

Infolge des gänzlichen Sich-Erhebens über das unbegrenzte Bewußtseins-Gebiet [geht er in der Vorstellung auf:] ‚Nicht irgend etwas ist da' und gelangt so zum Gebiet der Nichtirgendetwasheit und verweilt darin: Dies ist die sechste Loslösung.

Infolge des gänzlichen Sich-Erhebens über das Gebiet der Nichtirgendetwasheit gelangt er zum Gebiet der Weder-Wahrnehmung-noch-auch-nicht-Wahrnehmung und verweilt darin: Dies ist die siebente Loslösung.

Infolge des gänzlichen Sich-Erhebens über das Gebiet der Weder-Wahrnehmung-noch-auch-nicht-Wahrnehmung gelangt er zur Aufhebung von Wahrnehmung und Empfindung und verweilt darin: Dies ist die achte Loslösung.

63-72. Er erweckt das Erd-Kasina, das Wasser-Kasina, das Feuer-Kasina, das Wind-Kasina, das Blau-Kasina, das Gelb-Kasina, das Rot-Kasina, das Weiß-Kasina, das Raum-Kasina, das Bewußtseins-Kasina.

73-92. Er erweckt die Wahrnehmung des Unreinen, die Wahrnehmung des Todes, die Wahrnehmung der Unreinheit in der Nahrung, die Wahrnehmung der Reizlosigkeit der ganzen Welt, die Wahrnehmung des Veränderlichen, die Wahrnehmung des Veränderlichen im Leiden, die Wahrnehmung des Nicht-Ich im Leiden, die Wahrnehmung des Aufgebens, die

Wahrnehmung der Gier-Befreiung, die Wahrnehmung der Aufhebung; – die Wahrnehmung des Vergänglichen, die Wahrnehmung des Nicht-Ich, die Wahrnehmung des Todes, die Wahrnehmung der Unreinheit in der Nahrung, die Wahrnehmung der Reizlosigkeit der ganzen Welt, die Wahrnehmung eines Knochengerippes, die Wahrnehmung eines von Würmern durchsetzten Leichnams, die Wahrnehmung eines Leichnams mit bläulichen Flecken, die Wahrnehmung eines zerfallenen Leichnams, die Wahrnehmung eines aufgequollenen Leichnams.

93-102. Er erweckt die Kontemplation über den Buddha, die Kontemplation über die Lehre, die Kontemplation über die Gemeinde, die Kontemplation über die sittliche Zucht, die Kontemplation über die Freigebigkeit, die Kontemplation über die Gottheiten, die Kontrolle des Ein- und Ausatmens, die Betrachtung über den Tod, die Betrachtung über den Körper, die Kontemplation über den Frieden.

Ein solcher, ihr Mönche, wird Mönch genannt; er lebt als einer, dessen Vertiefung nicht eitel ist, als ein Betätiger der Religion des Meisters, als ein Erfüller seiner Ermahnungen, und er ißt nicht umsonst die Almosenspeise des Landes. Was soll ich da erst von jenen sagen, die solches in vielfacher Weise tun?

Ich gebe nun im folgenden die Übersetzung eines Traktates, (Digha-Nikaya XXII), der von allen, die vier satipatthana behandelnden Texten der Pitakas der ausführlichste ist. Seine *kürzer gehaltene* Parallele ist das 10. Sutta des Majjhima-Nikaya. Zunächst folgt zur Orientierung ein Überblick über den Inhalt.

Abschnitt 1: Einleitung. – 2-10: Die Betrachtung des Körpers. (2: Die Kontrolle des Ein- und Ausatmens. 3: Die vier Stellungen des Körpers. 4: Das klare Bewußtsein. 5: Die Zerlegung des Körpers in seine einunddreißig Bestandteile. 6: Die Analyse des Körpers in die vier großen Gebilde. 8-10: Die Leichenbetrachtungen.) – 11: Die Betrachtung der Empfindungen. –

12: Die Betrachtung der Gedanken. – 13-21: Die Betrachtung der Erscheinungen. (13: Die fünf Hemmungen. 14: Die fünf Gruppen des Anhaftens. 15: Die sechs inneren-und-äußeren Gebiete. 16: Die sieben Erleuchtungs-Merkmale. 17. Die vier hohen Wahrheiten. 18: Die hohe Wahrheit vom Leiden. 19: Die hohe Wahrheit von der Entstehung des Leidens. 20: Die hohe Wahrheit von der Aufhebung des Leidens. 21: Die hohe Wahrheit von dem zur Aufhebung des Leidens führenden Pfade.) – 22: Schlußworte über die hohe Bedeutung der vier ‚Grundlagen des rechten Gedenkens'.

155. Die vier großen Betrachtungen.

Digh. XXII (Maha-Satipatthana-Sutta).

1. So hab' ich es gehört: Einst weilte der Erhabene im Lande der Kurus; es war der Flecken der Kurus, dessen Name Kammassadhamma ist. Dort nun richtete der Erhabene das Wort an die Mönche: „Ihr Mönche!" ‚Herr!' antworteten jene Mönche aufmerksam dem Erhabenen. Der Erhabene sprach also:

„Es gibt, ihr Mönche, für die Wesen nur diesen einen Weg zur Reinheit, zur Überwindung des Kummers und Klagens, zur Vernichtung des Leidens und Trübsinns, zur Gewinnung des rechten Wandels, zur Verwirklichung des Nirvana, – das sind die vier Grundlagen des rechten Gedenkens.

Welche vier? Da verweilt, ihr Mönche, ein Mönch beim Körper in der Betrachtung des Körpers eifrig, klar bewußt, besonnen, um in der Welt Begehren und Kümmernis zu bemeistern, – verweilt bei den Empfindungen in der Betrachtung der Empfindungen eifrig, klar bewußt, besonnen, um in der Welt Begehren und Kümmernis zu bemeistern, – verweilt bei den Gedanken in der Betrachtung der Gedanken eifrig, klar bewußt, besonnen, um in der Welt Begehren und Kümmernis zu bemeistern, – verweilt bei den Erscheinungen in der Betrachtung der Erscheinungen eifrig, klar bewußt, besonnen, um in der Welt Begehren und Kümmernis zu bemeistern.

2. Wie verweilt nun, ihr Mönche, ein Mönch beim Körper in der Betrachtung des Körpers?

Da setzt sich, ihr Mönche, ein Mönch, nachdem er sich in einen Wald, an den Fuß eines Baumes oder an eine einsame Stätte begeben hat, mit gekreuzten Beinen nieder, den Körper gerade aufgerichtet, und erweckt das [rechte] Gedenken. Besonnen atmet er ein, besonnen atmet er aus. Atmet er lang ein, so ist er sich wohl bewußt: ‚Ich atme lang ein'; oder atmet er lang aus, so ist er sich wohl bewußt: ‚Ich atme lang aus'; oder atmet er kurz ein, so ist er sich wohl bewußt: ‚Ich atme kurz ein'; oder atmet er kurz aus, so ist er sich wohl bewußt: ‚Ich atme kurz aus'. ‚Jeden Atemzug voll empfindend will ich einatmen', so übt er sich; ‚jeden Atemzug voll empfindend will ich ausatmen', so übt er sich. [‚Diesen] Körper-Prozeß beruhigend will ich einatmen', so übt er sich; [‚diesen] Körper-Prozeß beruhigend will ich ausatmen', so übt er sich.

Gleichwie da, ihr Mönche, ein gewandter Drechsler oder Drechsler-Gehilfe, wenn er eine lange Umdrehung macht, sich wohl bewußt ist: ‚Ich mache eine lange Umdrehung', oder wenn er eine kurze Umdrehung macht, sich wohl bewußt ist: ‚Ich mache eine kurze Umdrehung', – genauso, ihr Mönche, ist sich ein Mönch, wenn er lang einatmet, wohl bewußt: ‚Ich, atme lang ein'; oder wenn er lang ausatmet, so ist er sich wohl bewußt: ‚Ich atme lang aus'; oder wenn er kurz einatmet, so ist er sich wohl bewußt: ‚Ich atme kurz ein'; oder wenn er kurz ausatmet, so ist er sich wohl bewußt: ‚Ich atme kurz aus'. ‚Jeden Atemzug voll empfindend will ich einatmen', so übt er sich; ‚jeden Atemzug voll empfindend will ich ausatmen', so übt er sich. [‚Diesen] Körper-Prozeß beruhigend will ich einatmen', so übt er sich; ‚diesen Körper Prozeß beruhigend will ich ausatmen', so übt er sich.

So verweilt er beim eigenen Körper in der Betrachtung des Körpers, oder er verweilt bei einem fremden Körper in der Betrachtung des Körpers, oder er verweilt bei dem eigenen und bei einem fremden Körper in der Betrachtung des Körpers. Er verweilt beim Körper, indem er ihn hinsichtlich seines Entstehens betrachtet, oder er verweilt beim Körper, indem er ihn hinsichtlich seines Vergehens betrachtet, oder er verweilt beim Körper, indem er ihn hinsichtlich seines Entstehens und Vergehens betrachtet. Nur ein *Körper* ist's, – dieses Gedenken ist ihm gegenwärtig in dem Maße, als er Erkenntnis und Einsicht besitzt, und er lebt ohne Anhänglichkeit und haftet nicht an irgend etwas in der Welt. Also verweilt, ihr Mönche, ein Mönch beim Körper in der Betrachtung des Körpers.

3. Und wiederum, ihr Mönche, ist sich ein Mönch, wenn er geht, wohl bewußt: ‚Ich gehe'; oder wenn er steht, ist er sich wohl bewußt: ‚Ich stehe'; oder wenn er sitzt, ist er sich wohl bewußt: ‚Ich sitze'; oder wenn er liegt, ist er sich wohl bewußt; ‚Ich liege'; oder in welcher Stellung sein Körper sich immer befinden mag, so ist er sich dessen wohl bewußt.

So verweilt er beim eigenen Körper in der Betrachtung des Körpers, oder er verweilt bei einem fremden Körper in der Betrachtung des Körpers, oder er verweilt bei dem eigenen und bei einem fremden Körper in der Betrachtung des Körpers. Er verweilt beim Körper, indem er ihn hinsichtlich seines Entstehens betrachtet, oder er verweilt beim Körper, indem er ihn hinsichtlich seines Vergehens betrachtet, oder er verweilt beim Körper, indem er ihn hinsichtlich seines Entstehens und Vergehens betrachtet. Nur ein *Körper* ist's, – dieses Gedenken ist ihm gegenwärtig in dem Maße, als er Erkenntnis und Einsicht besitzt, und er lebt ohne Anhänglichkeit und haftet nicht an irgend etwas in der Welt. Also verweilt, ihr Mönche, ein Mönch beim Körper in der Betrachtung des Körpers.

4. Und wiederum, ihr Mönche, wenn da ein Mönch kommt und geht, so tut er das mit vollem Bewußtsein. Wenn er hinblickt und wegblickt, so tut er das mit vollem Bewußtsein. Wenn er seinen Arm einzieht und ausstreckt, so tut er das mit vollem Bewußtsein. Wenn er Mantel, Almosennapf und Ge-

wänder trägt, so tut er das mit vollem Bewußtsein. Wenn er ißt und trinkt, kaut und schmeckt, so tut er das mit vollem Bewußtsein. Wenn er Kot und Harn von sich läßt, so tut er das mit vollem Bewußtsein. Wenn er geht, steht, sitzt, einschläft, erwacht, redet oder schweigt, so tut er das mit vollem Bewußtsein.

So verweilt er beim eigenen Körper in der Betrachtung des Körpers, oder er verweilt bei einem fremden Körper in der Betrachtung des Körpers, oder er verweilt bei dem eigenen und bei einem fremden Körper in der Betrachtung des Körpers. Er verweilt beim Körper, indem er ihn hinsichtlich seines Entstehens betrachtet, oder er verweilt beim Körper, indem er ihn hinsichtlich seines Vergehens betrachtet, oder er verweilt beim Körper, indem er ihn hinsichtlich seines Entstehens und Vergehens betrachtet. Nur ein *Körper* ist's, – dieses Gedenken ist ihm gegenwärtig in dem Maße, als er Erkenntnis und Einsicht besitzt, und er lebt ohne Anhänglichkeit und haftet nicht an irgend etwas in der Welt. Also verweilt, ihr Mönche, ein Mönch beim Körper in der Betrachtung des Körpers.

5. Und wiederum, ihr Mönche, betrachtet ein Mönch gründlich von der Fußsohle an aufwärts und von dem Kopfscheitel an abwärts eben diesen Körper, den hautbegrenzten, der voll ist von verschiedenartigen unreinen Dingen: ‚In diesem Körper sind vorhanden Haupthaare, Körperhaare, Nägel, Zähne, Haut, Fleisch, Sehnen, Knochen, Knochenmark, Nieren, Herz, Leber, Rippenfell, Milz, Lungen, Eingeweide, Weichteile, Magen, Kot, Galle, Schleim, Eiter, Blut, Schweiß, Lymphe, Tränen, Serum, Speichel, Rotz, Gelenköl und Harn.'

Gleichwie da, ihr Mönche, ein doppelmündiges Gefäß wäre, mit verschiedenen Arten von Korn angefüllt, wie mit Sali-Reis, mit Vihi-Reis, mit Mugga-Bohnen, mit Hülsen-Bohnen, mit Sesam, mit Hülsen-Reis, und ein scharfblickender Mann öffnete es und betrachtete gründlich [seinen Inhalt]: ‚Dies ist Sali-Reis, dies ist Vihi-Reis, dies sind Mugga-Bohnen, dies sind

Hülsen-Bohnen, dies ist Sesam, dies ist Hülsen-Reis', – genauso, ihr Mönche, betrachtet ein Mönch gründlich von der Fußsohle an aufwärts und von dem Kopfscheitel an abwärts eben diesen Körper, den hautbegrenzten, der voll ist von verschiedenartigen unreinen Dingen: ‚In diesem Körper sind vorhanden Haupthaare, Körperhaare, Nägel, Zähne, Haut, Fleisch, Sehnen, Knochen, Knochenmark, Nieren, Herz, Leber, Rippenfell, Milz, Lungen, Eingeweide, Weichteile, Magen, Kot, Galle, Schleim, Eiter, Blut, Schweiß, Lymphe, Tränen, Serum, Speichel, Rotz, Gelenköl und Harn.'

So verweilt er beim eigenen Körper in der Betrachtung des Körpers, oder er verweilt bei einem fremden Körper in der Betrachtung des Körpers, oder er verweilt bei dem eigenen und bei einem fremden Körper in der Betrachtung des Körpers. Er verweilt beim Körper, indem er ihn hinsichtlich seines Entstehens betrachtet, oder er verweilt beim Körper, indem er ihn hinsichtlich seines Vergehens betrachtet, oder er verweilt beim Körper, indem er ihn hinsichtlich seines Entstehens und Vergehens betrachtet. Nur ein *Körper* ist's, – dieses Gedenken ist ihm gegenwärtig in dem Maße, als er Erkenntnis und Einsicht besitzt, und er lebt ohne Anhänglichkeit und haftet nicht an irgend etwas in der Welt. Also verweilt, ihr Mönche, ein Mönch beim Körper in der Betrachtung des Körpers.

6. Und wiederum, ihr Mönche, betrachtet ein Mönch gründlich eben diesen Körper, wie er ist, in welcher Lage er sich befinden mag, nach seinen Elementen: ‚In diesem Körper ist vorhanden das Erd-Element, das Wasser-Element, das Feuer-Element, das Luft-Element.'

Gleichwie da, ihr Mönche, ein gewandter Rinderschlächter oder Rinderschlächter-Gehilfe, nachdem er eine Kuh geschlachtet und in einzelne Stücke zerlegt hat, sich an der Kreuzung von vier Straßen niedersetzt, – genauso, ihr Mönche, betrachtet ein Mönch gründlich eben diesen Körper, wie er ist, in welcher Lage er sich befinden mag, nach seinen Elementen:

‚In diesem Körper ist vorhanden das Erd-Element, das Wasser-Element, das Feuer-Element, das Luft-Element.

So verweilt er beim eigenen Körper in der Betrachtung des Körpers, oder er verweilt bei einem fremden Körper in der Betrachtung des Körpers, oder er verweilt bei dem eigenen und bei einem fremden Körper in der Betrachtung des Körpers. Er verweilt beim Körper, indem er ihn hinsichtlich seines Entstehens betrachtet, oder er verweilt beim Körper, indem er ihn hinsichtlich seines Vergehens betrachtet, oder er verweilt beim Körper, indem er ihn hinsichtlich seines Entstehens und Vergehens betrachtet. Nur ein *Körper* ist's, – dieses Gedenken ist ihm gegenwärtig in dem Maße, als er Erkenntnis und Einsicht besitzt, und er lebt ohne Anhänglichkeit und haftet nicht an irgend etwas in der Welt. Also verweilt, ihr Mönche, ein Mönch beim Körper in der Betrachtung des Körpers.

7. Und wiederum, ihr Mönche, gleichsam als sähe da ein Mönch einen Leichnam auf der Leichenstätte liegen einen Tag nach dem Tode, oder zwei Tage nach dem Tode, oder drei Tage nach dem Tode, aufgequollen, mit bläulichen Leichenflekken, in beginnender Verwesung, – so zieht er daraus die Anwendung auf diesen seinen Körper: ‚Auch dieser mein Körper ist so beschaffen, ist solcher Art, bildet hiervon keine Ausnahme.'

So verweilt er beim eigenen Körper in der Betrachtung des Körpers, oder er verweilt bei einem fremden Körper in der Betrachtung des Körpers, oder er verweilt bei dem eigenen und bei einem fremden Körper in der Betrachtung des Körpers. Er verweilt beim Körper, indem er ihn hinsichtlich seines Entstehens betrachtet, oder er verweilt beim Körper, indem er ihn hinsichtlich seines Vergehens betrachtet, oder er verweilt beim Körper, indem er ihn hinsichtlich seines Entstehens und Vergehens betrachtet. Nur ein *Körper* ist's, – dieses Gedenken ist ihm gegenwärtig in dem Maße, als er Erkenntnis und Einsicht besitzt, und er lebt ohne Anhänglichkeit und haftet nicht an irgend etwas in der Welt. Also verweilt, ihr Mönche, ein Mönch beim Körper in der Betrachtung des Körpers.

8. Und wiederum, ihr Mönche, gleichsam als sähe da ein Mönch einen Leichnam auf der Leichenstätte liegen von Krähen angefressen, oder von Adlern angefressen, oder von Geiern angefressen, oder von Hunden angefressen, oder von Schakalen angefressen, – so zieht er daraus die Anwendung auf diesen seinen Körper: ‚Auch dieser mein Körper ist so beschaffen, ist solcher Art, bildet hiervon keine Ausnahme.'

So verweilt er beim eigenen Körper in der Betrachtung des Körpers, oder er verweilt bei einem fremden Körper in der Betrachtung des Körpers, oder er verweilt bei dem eigenen und bei einem fremden Körper in der Betrachtung des Körpers. Er verweilt beim Körper, indem er ihn hinsichtlich seines Entstehens betrachtet, oder er verweilt beim Körper, indem er ihn hinsichtlich seines Vergehens betrachtet, oder er verweilt beim Körper, indem er ihn hinsichtlich seines Entstehens und Vergehens betrachtet. Nur ein *Körper* ist's, – dieses Gedenken ist ihm gegenwärtig in dem Maße, als er Erkenntnis und Einsicht besitzt, und er lebt ohne Anhänglichkeit und haftet nicht an irgend etwas in der Welt. Also verweilt, ihr Mönche, ein Mönch beim Körper in der Betrachtung des Körpers.

9. Und wiederum, ihr Mönche, gleichsam als sähe da ein Mönch einen Leichnam auf der Leichenstätte liegen, ein Knochengerippe fleischig, blutig, von den Sehnen zusammengehalten, –

ein Knochengerippe, fleischentblößt, blutbesudelt, von den Sehnen zusammengehalten, –

ein Knochengerippe, fleischlos, blutlos, von den Sehnen zusammengehalten, –

lose Knochen, ohne Zusammenhalt, nach verschiedenen Richtungen hin zerstreut, hier ein Handknochen, dort ein Fußknochen, dort ein Schenkelknochen, dort ein Schienbein, dort ein Hüftknochen, dort die Rückenwirbel, dort der Schädel, so zieht er daraus die Anwendung auf diesen seinen Körper: ‚Auch dieser mein Körper ist so beschaffen, ist solcher Art, bildet hiervon keine Ausnahme.'

So verweilt er beim eigenen Körper in der Betrachtung des Körpers oder er verweilt bei einem fremden Körper in der Betrachtung des Körpers, oder er verweilt bei dem eigenen und bei einem fremden Körper in der Betrachtung des Körpers. Er verweilt beim Körper, indem er ihn hinsichtlich seines Entstehens betrachtet, oder er verweilt beim Körper, indem er ihn hinsichtlich seines Vergehens betrachtet, oder er verweilt beim Körper, indem er ihn hinsichtlich seines Entstehens und Vergehens betrachtet. Nur ein *Körper* ist's, – dieses Gedenken ist ihm gegenwärtig in dem Maße, als er Erkenntnis und Einsicht besitzt, und er lebt ohne Anhänglichkeit und haftet nicht an irgend etwas in der Welt. Also verweilt, ihr Mönche, ein Mönch beim Körper in der Betrachtung des Körpers.

10. Und wiederum, ihr Mönche, gleichsam als sähe da ein Mönch einen Leichnam auf der Leichenstätte liegen, Knochen, gebleicht, muschelfarbig, –

Knochen, in Haufen getürmt, seit Jahren [liegend], –

Knochen, modernd, in Staub zerfallen, – so zieht er daraus die Anwendung auf diesen seinen Körper: ‚Auch dieser mein Körper ist so beschaffen, ist solcher Art, bildet hiervon keine Ausnahme.'

So verweilt er beim eigenen Körper in der Betrachtung des Körpers, oder er verweilt bei einem fremden Körper in der Betrachtung des Körpers, oder er verweilt bei dem eigenen und bei einem fremden Körper in der Betrachtung des Körpers. Er verweilt beim Körper, indem er ihn hinsichtlich seines Entstehens betrachtet, oder er verweilt beim Körper, indem er ihn hinsichtlich seines Vergehens betrachtet, oder er verweilt beim Körper, indem er ihn hinsichtlich seines Entstehens und Vergehens betrachtet. Nur ein *Körper* ist's, – dieses Gedenken ist ihm gegenwärtig in dem Maße, als er Erkenntnis und Einsicht besitzt, und er lebt ohne Anhänglichkeit und haftet nicht an irgend etwas in der Welt. Also verweilt, ihr Mönche, ein Mönch beim Körper in der Betrachtung des Körpers.

11. Wie verweilt nun, ihr Mönche, ein Mönch bei den Empfindungen in der Betrachtung der Empfindungen?

Da ist sich, ihr Mönche, ein Mönch, wenn er eine wohlige Empfindung fühlt, wohl bewußt: ‚Ich fühle eine wohlige Empfindung'; oder wenn er eine leidige Empfindung fühlt, ist er sich wohl bewußt: ‚Ich fühle eine leidige Empfindung', oder wenn er eine weder leidige noch wohlige Empfindung fühlt, ist er sich wohl bewußt: ‚Ich fühle eine weder leidige noch wohlige Empfindung'; oder wenn er eine fleischliche Lust-Empfindung fühlt, ist er sich wohl bewußt: ‚Ich fühle eine fleischliche Lust-Empfindung', oder wenn er eine nicht fleischliche Lust-Empfindung fühlt, ist er sich wohl bewußt: ‚Ich fühle eine nicht-fleischliche Lust-Empfindung'; oder wenn er eine fleischliche Unlust-Empfindung fühlt, ist er sich wohl bewußt: ‚Ich fühle eine fleischliche Unlust-Empfindung'; oder wenn er eine nicht-fleischliche Unlust-Empfindung fühlt, ist er sich wohl bewußt: ‚Ich fühle eine nicht-fleischliche Unlust-Empfindung'; oder wenn er eine fleischliche Weder-Unlust-noch-Lust-Empfindung fühlt, ist er sich wohl bewußt: ‚Ich fühle eine fleischliche Weder-Unlust-noch-Lust-Empfindung'; oder wenn er eine nicht-fleischliche Weder-Unlust-noch-Lust-Empfindung fühlt, ist er sich wohl bewußt: ‚Ich fühle eine nicht fleischliche Weder-Unlust-noch-Lust-Empfindung'.

So verweilt er bei den eigenen Empfindungen in der Betrachtung der Empfindungen, oder er verweilt bei fremden Empfindungen in der Betrachtung der Empfindungen, oder er verweilt bei den eigenen und bei fremden Empfindungen in der Betrachtung der Empfindungen. Er verweilt bei den Empfindungen, indem er sie hinsichtlich ihres Entstehens betrachtet, oder er verweilt bei den Empfindungen, indem er sie hinsichtlich ihres Vergehens betrachtet, oder er verweilt bei den

Empfindungen, indem er sie hinsichtlich ihres Entstehens und Vergehens betrachtet. Nur *Empfindungen* sind es, – dieses Gedenken ist ihm gegenwärtig in dem Maße, als er Erkenntnis und Einsicht besitzt, und er lebt ohne Anhänglichkeit und haftet nicht an irgend etwas in der Welt. Also verweilt, ihr Mönche, ein Mönch bei den Empfindungen in der Betrachtung der Empfindungen.

12. Wie verweilt nun, ihr Mönche, ein Mönch bei den Gedanken in der Betrachtung der Gedanken?

Da ist sich, ihr Mönche, ein Mönch bei einem begehrlichen Gedanken wohl bewußt: ‚Es ist ein begehrlicher Gedanke', oder bei einem gierfreien Gedanken ist er sich wohl bewußt: ‚Es ist ein gierfreier Gedanke', oder bei einem haßvollen Gedanken ist er sich wohl bewußt: ‚Es ist ein haßvoller Gedanke' oder bei einem haßfreien Gedanken ist er sich wohl bewußt: ‚Es ist ein haßfreier Gedanke', oder bei einem wahnvollen Gedanken ist er sich wohl bewußt: ‚Es ist ein wahnvoller Gedanke', oder bei einem wahnfreien Gedanken ist er sich wohl bewußt: ‚Es ist ein wahnfreier Gedanke', oder bei einem aufmerksamen Gedanken ist er sich wohl bewußt: ‚Es ist ein aufmerksamer Gedanke', oder bei einem abschweifenden Gedanken ist er sich wohl bewußt: ‚Es ist ein abschweifender Gedanke', oder bei einem hohen Gedanken ist er sich wohl bewußt: ‚Es ist ein hoher Gedanke', oder bei einem niedrigen Gedanken ist er sich wohl bewußt: ‚Es ist ein niedriger Gedanke', oder bei einem heiligen Gedanken ist er sich wohl bewußt: ‚Es ist ein heiliger Gedanke', oder bei einem nicht heiligen Gedanken ist er sich wohl bewußt: ‚Es ist ein nicht heiliger Gedanke', oder bei einem gesammelten Gedanken ist er sich wohl bewußt: ‚Es ist ein gesammelter Gedanke', oder bei einem nicht gesammelten Gedanken ist er sich wohl bewußt: ‚Es ist ein nicht gesammelter Gedanke', oder bei einem befreiten Gedanken ist er sich wohl bewußt: ‚Es ist ein befreiter Gedanke', oder bei einem nicht befreiten Gedanken ist er sich wohl bewußt: ‚Es ist ein nicht befreiter Gedanke'.

So verweilt er bei den eigenen Gedanken in der Betrachtung der Gedanken, oder er verweilt bei fremden Gedanken in der Betrachtung der Gedanken, oder er verweilt bei den eigenen und bei fremden Gedanken in der Betrachtung der Gedanken. Er verweilt bei den Gedanken, indem er sie hinsichtlich ihres Entstehens betrachtet, oder er verweilt bei den Gedanken, indem er sie hinsichtlich ihres Vergehens betrachtet, oder er verweilt bei den Gedanken, indem er sie hinsichtlich ihres Entstehens und Vergehens betrachtet. Nur *Gedanken* sind es, – dieses Gedenken ist ihm gegenwärtig in dem Maße, als er Erkenntnis und Einsicht besitzt, und er lebt ohne Anhänglichkeit und haftet nicht an irgend etwas in der Welt. Also verweilt, ihr Mönche, ein Mönch bei den Gedanken in der Betrachtung der Gedanken.

13. Wie verweilt nun, ihr Mönche, ein Mönch bei den Erscheinungen in der Betrachtung der Erscheinungen?

Da verweilt, ihr Mönche, ein Mönch bei den Erscheinungen in der Betrachtung der Erscheinungen, nämlich bei den fünf Hemmungen.

Und wie verweilt, ihr Mönche, ein Mönch bei den Erscheinungen in der Betrachtung der Erscheinungen, nämlich bei den fünf Hemmungen?

Da ist sich, ihr Mönche, ein Mönch, wenn sinnliche Lustbegier in ihm ist, wohl bewußt: ‚In mir ist sinnliche Lustbegier', oder wenn sinnliche Lustbegier in ihm abwesend ist, ist er sich wohl bewußt: ‚In mir ist keine sinnliche Lustbegier'. Und wie der Ursprung noch nicht entstandener Lustbegier ist, auch dessen ist er sich wohl bewußt, und wie das Aufgeben der bereits entstandenen Lustbegier ist, auch dessen ist er sich wohl bewußt, und wie es für die aufgegebene Lustbegier künftig einen Ursprung nicht mehr gibt, auch dessen ist er sich wohl bewußt.

Wenn Übelwollen in ihm ist, ist er sich wohl bewußt: ‚In mir ist Übelwollen', oder wenn Übelwollen in ihm abwesend ist, ist er sich wohl bewußt: ‚In mir ist kein Übelwollen'. Und wie der Ursprung noch nicht entstandenen Übelwollens ist, auch dessen ist er sich wohl bewußt, und wie das Aufgeben des bereits entstandenen Übelwollens ist, auch dessen ist er sich wohl bewußt, und wie es für das aufgegebene Übelwollen künftig einen Ursprung nicht mehr gibt, auch dessen ist er sich wohl bewußt.

Wenn schläfrige Trägheit in ihm ist, ist er sich wohl bewußt: ‚In mir ist schläfrige Trägheit', oder wenn schläfrige Trägheit in ihm abwesend ist, ist er sich wohl bewußt: ‚In mir ist keine schläfrige Trägheit'. Und wie der Ursprung noch nicht entstandener schläfriger Trägheit ist, auch dessen ist er sich wohl bewußt, und wie das Aufgeben der bereits entstandenen schläfrigen Trägheit ist, auch dessen ist er sich wohl bewußt, und wie es für die aufgegebene schläfrige Trägheit künftig einen Ursprung nicht mehr gibt, auch dessen ist er sich wohl bewußt. Wenn innere Unruhe und Unbeständigkeit in ihm ist, ist er sich wohl bewußt: ‚In mir ist innere Unruhe und Unbeständigkeit', oder wenn innere Unruhe und Unbeständigkeit in ihm abwesend ist, ist er sich wohl bewußt: ‚In mir ist keine innere Unruhe und Unbeständigkeit'. Und wie der Ursprung noch nicht entstandener innerer Unruhe und Unbeständigkeit ist, auch dessen ist er sich wohl bewußt, und wie das Aufgeben der bereits entstandenen inneren Unruhe und Unbeständigkeit ist, auch dessen ist er sich wohl bewußt, und wie es für die aufgegebene innere Unruhe und Unbeständigkeit künftig einen Ursprung nicht mehr gibt, auch dessen ist er sich wohl bewußt.

Wenn Zweifel in ihm ist, ist er sich wohl bewußt: ‚In mir ist Zweifel', oder wenn Zweifel in ihm abwesend ist, ist er sich wohl bewußt: ‚In mir ist kein Zweifel'. Und wie der Ursprung noch nicht entstandenen Zweifels ist, auch dessen ist er sich wohl bewußt, und wie das Aufgeben des bereits entstandenen Zweifels ist, auch dessen ist er sich wohl bewußt, und wie es für den aufgegebenen Zweifel künftig einen Ursprung nicht mehr gibt, auch dessen ist er sich wohl bewußt.

So verweilt er bei den eigenen Erscheinungen in der Betrachtung der Erscheinungen, oder er verweilt bei fremden Erscheinungen in der Betrachtung der Erscheinungen, oder er verweilt bei den eigenen und bei fremden Erscheinungen in der Betrachtung der Erscheinungen. Er verweilt bei den Erscheinungen, indem er sie hinsichtlich ihres Entstehens betrachtet, oder er verweilt bei den Erscheinungen, indem er sie hinsichtlich ihres Vergehens betrachtet, oder er verweilt bei den Erscheinungen, indem er sie hinsichtlich ihres Entstehens und Vergehens betrachtet. ‚Nur *Erscheinungen* sind es', – dieses Gedenken ist ihm gegenwärtig in dem Maße, als er Erkenntnis und Einsicht besitzt, und er lebt ohne Anhänglichkeit und haftet nicht an irgend etwas in der Welt. Also verweilt, ihr Mönche, ein Mönch bei den Erscheinungen in der Betrachtung der Erscheinungen, nämlich bei den fünf Hemmungen.

14. Und wiederum, ihr Mönche, verweilt ein Mönch bei den Erscheinungen in der Betrachtung der Erscheinungen, nämlich bei den fünf Gruppen des Anhaftens.

Und wie verweilt, ihr Mönche, ein Mönch bei den Erscheinungen in der Betrachtung der Erscheinungen, nämlich bei den fünf Gruppen des Anhaftens?

Da ist sich, ihr Mönche, ein Mönch darüber im klaren: ‚So ist die körperliche Form, so ist die Entstehung der körperlichen Form, so ist das Vergehen der körperlichen Form; so ist die Empfindung, so ist die Entstehung der Empfindung, so ist das Vergehen der Empfindung; so ist die Wahrnehmung, so ist die Entstehung der Wahrnehmung, so ist das Vergehen der Wahrnehmung; so sind die Gemütsregungen, so ist die Entstehung der Gemütsregungen, so ist das Vergehen der Gemütsregungen; so ist das Bewußtsein, so ist die Entstehung des Bewußtseins, so ist das Vergehen des Bewußtseins.'

So verweilt er bei den eigenen Erscheinungen in der Betrachtung der Erscheinungen, oder er verweilt bei fremden Erscheinungen in der Betrachtung der Erscheinungen, oder er verweilt bei den eigenen und bei fremden Erscheinungen in der Betrachtung der Erscheinungen. Er verweilt bei den Erscheinungen, indem er sie hinsichtlich ihres Entstehens betrachtet, oder er verweilt bei den Erscheinungen, indem er sie hinsichtlich ihres Vergehens betrachtet, oder er verweilt bei den Erscheinungen, indem er sie hinsichtlich ihres Entstehens und Vergehens betrachtet. ‚Nur *Erscheinungen* sind es', – dieses Gedenken ist ihm gegenwärtig in dem Maße, als er Erkenntnis und Einsicht besitzt, und er lebt ohne Anhänglichkeit und haftet nicht an irgend etwas in der Welt. Also verweilt, ihr Mönche, ein Mönch bei den Erscheinungen in der Betrachtung der Erscheinungen, nämlich bei den fünf Gruppen des Anhaftens.

15. Und wiederum, ihr Mönche, verweilt ein Mönch bei den Erscheinungen in der Betrachtung der Erscheinungen, nämlich bei den sechs inneren-und-äußeren Gebieten.

Und wie verweilt, ihr Mönche, ein Mönch bei den Erscheinungen in der Betrachtung der Erscheinungen, nämlich bei den sechs inneren-und-äußeren Gebieten?

Da ist sich, ihr Mönche, ein Mönch des Auges wohl bewußt, ist sich der körperlichen Formen wohl bewußt und ist sich auch der Fessel wohl bewußt, die durch beide bedingt entsteht. Und wie der Ursprung der noch nicht entstandenen Fessel ist, auch dessen ist er sich wohl bewußt, und wie das Aufgeben der bereits entstandenen Fessel ist, auch dessen ist er sich wohl bewußt, und wie es für die aufgegebene Fessel künftig einen Ursprung nicht mehr gibt, auch dessen ist er sich wohl bewußt.

Er ist sich des Ohres wohl bewußt, ist sich der Töne wohl bewußt und ist sich auch der Fessel wohl bewußt, die durch beide bedingt entsteht. Und wie der Ursprung der noch nichtentstandenen Fessel ist, auch dessen ist er sich wohl bewußt, und wie das Aufgeben der bereits entstandenen Fessel ist, auch dessen ist er sich wohl bewußt, und wie es für die aufgegebene

Fessel künftig einen Ursprung nicht mehr gibt, auch dessen ist er sich wohl bewußt.

Er ist sich der Nase wohl bewußt, ist sich der Gerüche wohl bewußt und ist sich auch der Fessel wohl bewußt, die durch beide bedingt entsteht. Und wie der Ursprung der noch nicht entstandenen Fessel ist, auch dessen ist er sich wohl bewußt, und wie das Aufgeben der bereits entstandenen Fessel ist, auch dessen ist er sich wohl bewußt, und wie es für die aufgegebene Fessel künftig einen Ursprung nicht mehr gibt, auch dessen ist er sich wohl bewußt.

Er ist sich der Zunge wohl bewußt, ist sich der Säfte wohl bewußt und ist sich auch der Fessel wohl bewußt, die durch beide bedingt entsteht. Und wie der Ursprung der noch nicht entstandenen Fessel ist, auch dessen ist er sich wohl bewußt, und wie das Aufgeben der bereits entstandenen Fessel ist, auch dessen ist er sich wohl bewußt, und wie es für die aufgegebene Fessel künftig einen Ursprung nicht mehr gibt, auch dessen ist er sich wohl bewußt.

Er ist sich des Leibes wohl bewußt, ist sich der tastbaren Dinge wohl bewußt und ist sich auch der Fessel wohl bewußt, die durch beide bedingt entsteht. Und wie der Ursprung der noch nicht entstandenen Fessel ist, auch dessen ist er sich wohl bewußt, und wie das Aufgeben der bereits entstandenen Fessel ist, auch dessen ist er sich wohl bewußt, und wie es für die aufgegebene Fessel künftig einen Ursprung nicht mehr gibt, auch dessen ist er sich wohl bewußt.

Er ist sich des Denkens wohl bewußt, ist sich der Denkobjekte wohl bewußt und ist sich auch der Fessel wohl bewußt, die durch beide bedingt entsteht. Und wie der Ursprung der noch nicht entstandenen Fessel ist, auch dessen ist er sich wohl bewußt, und wie das Aufgeben der bereits entstandenen Fessel ist, auch dessen ist er sich wohl bewußt, und wie es für die aufgegebene Fessel künftig einen Ursprung nicht mehr gibt, auch dessen ist er sich wohl bewußt.

So verweilt er bei den eigenen Erscheinungen in der Betrachtung der Erscheinungen, oder er verweilt bei fremden Erscheinungen in der Betrachtung der Erscheinungen, oder er verweilt bei den eigenen und bei fremden Erscheinungen in der Betrachtung der Erscheinungen. Er verweilt bei den Erscheinungen, indem er sie hinsichtlich ihres Entstehens betrachtet, oder er verweilt bei den Erscheinungen, indem er sie hinsichtlich ihres Vergehens betrachtet, oder er verweilt bei den Erscheinungen, indem er sie hinsichtlich ihres Entstehens und Vergehens betrachtet. ‚Nur *Erscheinungen* sind es', – dieses Gedenken ist ihm gegenwärtig in dem Maße, als er Erkenntnis und Einsicht besitzt, und er lebt ohne Anhänglichkeit und haftet nicht an irgend etwas in der Welt. Also verweilt, ihr Mönche, ein Mönch bei den Erscheinungen in der Betrachtung der Erscheinungen, nämlich bei den [sechs] inneren-und-äußeren Gebieten.

16. Und wiederum, ihr Mönche, verweilt ein Mönch bei den Erscheinungen in der Betrachtung der Erscheinungen, nämlich bei den sieben Erleuchtungs-Merkmalen.

Und wie verweilt, ihr Mönche, ein Mönch bei den Erscheinungen in der Betrachtung der Erscheinungen, nämlich bei den sieben Erleuchtungs-Merkmalen?

Da ist sich, ihr Mönche, ein Mönch, wenn das Erleuchtungs-Merkmal des [rechten] Gedenkens in ihm ist, wohl bewußt: ‚In mir ist das Erleuchtungs-Merkmal des [rechten] Gedenkens', oder wenn das Erleuchtungs-Merkmal des [rechten] Gedenkens in ihm abwesend ist, ist er sich wohl bewußt: ‚In mir ist nicht das Erleuchtungs-Merkmal des [rechten] Gedenkens'. Und wie der Ursprung des noch nicht entstandenen Erleuchtungs-Merkmales des [rechten] Gedenkens ist, auch dessen ist er sich wohl bewußt, und wie die volle Entfaltung des bereits entstandenen Erleuchtungs-Merkmales des [rechten] Gedenkens ist, auch dessen ist er sich wohl bewußt.

Wenn das Erleuchtungs-Merkmal der Lehrergründung in ihm ist, ist er sich wohl bewußt: ‚In mir ist das Erleuchtungs-

Merkmal der Lehrergründung', oder wenn das Erleuchtungs-Merkmal der Lehrergründung in ihm abwesend ist, ist er sich wohl bewußt: ‚In mir ist nicht das Erleuchtungs-Merkmal der Lehrergründung'. Und wie der Ursprung des noch nicht entstandenen Erleuchtungs-Merkmales der Lehrergründung ist, auch dessen ist er sich wohl bewußt, und wie die volle Entfaltung des bereits entstandenen Erleuchtungs-Merkmales der Lehrergründung ist, auch dessen ist er sich wohl bewußt.

Wenn das Erleuchtungs-Merkmal der Energie in ihm ist, ist er sich wohl bewußt: ‚In mir ist das Erleuchtungs-Merkmal der Energie', oder wenn das Erleuchtungs-Merkmal der Energie in ihm abwesend ist, ist er sich wohl bewußt: ‚In mir ist nicht das Erleuchtungs-Merkmal der Energie'. Und wie der Ursprung des noch nicht entstandenen Erleuchtungs-Merkmales der Energie ist, auch dessen ist er sich wohl bewußt, und wie die volle Entfaltung des bereits entstandenen Erleuchtungs-Merkmales der Energie ist, auch dessen ist er sich wohl bewußt.

Wenn das Erleuchtungs-Merkmal der Freudigkeit in ihm ist, ist er sich wohl bewußt: ‚In mir ist das Erleuchtungs-Merkmal der Freudigkeit', oder wenn das Erleuchtungs-Merkmal der Freudigkeit in ihm abwesend ist, ist er sich wohl bewußt: ‚In mir ist nicht das Erleuchtungs-Merkmal der Freudigkeit'. Und wie der Ursprung des noch nicht entstandenen Erleuchtungs-Merkmales der Freudigkeit ist, auch dessen ist er sich wohl bewußt, und wie die volle Entfaltung des bereits entstandenen Erleuchtungs-Merkmales der Freudigkeit ist, auch dessen ist er sich wohl bewußt.

Wenn das Erleuchtungs-Merkmal der Ruhe in ihm ist, ist er sich wohl bewußt: ‚In mir ist das Erleuchtungs-Merkmal der Ruhe', oder wenn das Erleuchtungs-Merkmal der Ruhe in ihm abwesend ist, ist er sich wohl bewußt: ‚In mir ist nicht das Erleuchtungs-Merkmal der Ruhe'. Und wie der Ursprung des noch nicht entstandenen Erleuchtungs-Merkmales der Ruhe ist, auch dessen ist er sich wohl bewußt, und wie die volle Entfaltung des bereits entstandenen Erleuchtungs-Merkmales der Ruhe ist, auch dessen ist er sich wohl bewußt.

Wenn das Erleuchtungs-Merkmal der Konzentration in ihm ist, ist er sich wohl bewußt: ‚In mir ist das Erleuchtungs-Merkmal der Konzentration', oder wenn das Erleuchtungs-Merkmal der Konzentration in ihm abwesend ist, ist er sich wohl bewußt: ‚In mir ist nicht das Erleuchtungs-Merkmal der Konzentration.' Und wie der Ursprung des noch nicht entstandenen Erleuchtungs-Merkmales der Konzentration ist, auch dessen ist er sich wohl bewußt, und wie die volle Entfaltung des bereits entstandenen Erleuchtungs-Merkmales der Konzentration ist, auch dessen ist er sich wohl bewußt.

Wenn das Erleuchtungs-Merkmal des Gleichmutes in ihm ist, ist er sich wohl bewußt: ‚In mir ist das Erleuchtungs-Merkmal des Gleichmutes', oder wenn das Erleuchtungs-Merkmal des Gleichmutes in ihm abwesend ist, ist er sich wohl bewußt: ‚In mir ist nicht das Erleuchtungs-Merkmal des Gleichmutes'. Und wie der Ursprung des noch nicht entstandenen Erleuchtungs-Merkmales des Gleichmutes ist, auch dessen ist er sich wohl bewußt, und wie die volle Entfaltung des bereits entstandenen Erleuchtungs-Merkmales des Gleichmutes ist, auch dessen ist er sich wohl bewußt.

So verweilt er bei den eigenen Erscheinungen in der Betrachtung der Erscheinungen, oder er verweilt bei fremden Erscheinungen in der Betrachtung der Erscheinungen, oder er verweilt bei den eigenen und bei fremden Erscheinungen in der Betrachtung der Erscheinungen. Er verweilt bei den Erscheinungen, indem er sie hinsichtlich ihres Entstehens betrachtet, oder er verweilt bei den Erscheinungen, indem er sie hinsichtlich ihres Vergehens betrachtet, oder er verweilt bei den Erscheinungen, indem er sie hinsichtlich ihres Entstehens und Vergehens betrachtet. ‚Nur *Erscheinungen* sind es', – dieses Gedenken ist ihm gegenwärtig in dem Maße, als er Erkenntnis und Einsicht besitzt, und er lebt ohne Anhänglichkeit und haftet nicht an irgend etwas in der Welt. Also verweilt, ihr Mönche, ein Mönch bei den Erscheinungen in der Betrachtung der Erscheinungen, nämlich bei den sieben Erleuchtungs-Merkmalen.

17. Und wiederum, ihr Mönche, verweilt ein Mönch bei den Erscheinungen in der Betrachtung der Erscheinungen, nämlich bei den vier hohen Wahrheiten.

Und wie verweilt, ihr Mönche, ein Mönch bei den Erscheinungen in der Betrachtung der Erscheinungen, nämlich bei den vier hohen Wahrheiten?

Da ist sich, ihr Mönche, ein Mönch der Wirklichkeit gemäß wohl bewußt: ‚Dies ist das Leiden', ist sich der Wirklichkeit gemäß wohl bewußt: ‚Dies ist die Entstehung des Leidens', ist sich der Wirklichkeit gemäß wohl bewußt: ‚Dies ist die Aufhebung des Leidens', ist sich der Wirklichkeit gemäß wohl bewußt: ‚Dies ist der zur Aufhebung des Leidens führende Pfad'.

18. Was ist nun, ihr Mönche, die hohe Wahrheit vom Leiden?

Geburt ist leidvoll, Alter ist leidvoll, (Krankheit ist leidvoll,) Tod ist leidvoll, Kummer, Jammer, Schmerz, Gram und Verzweiflung sind leidvoll, nicht erlangen was man begehrt ist leidvoll. Kurz gesagt, die fünf Gruppen des Anhaftens sind leidvoll.

Was, ihr Mönche, ist die Geburt? Aller der Wesen in dieser oder jener Wesensklasse Geburt, Geborenwerden, Niederstieg, Keimung, Empfängnis, das Erscheinen der Gruppen, das Ergreifen der Sinnes-Gebiete: Das nennt man, ihr Mönche, die Geburt.

Und was, ihr Mönche, ist das Alter? Aller der Wesen in dieser oder jener Wesensklasse Altern und Welken, Abgenutzt-, Grau- und Runzeligwerden, das Schwinden der Lebenskraft, das Stumpfwerden der Sinne: Das nennt man, ihr Mönche, das Alter.

Und was, ihr Mönche, ist der Tod? Das Abscheiden, Hinweggehen aller der Wesen aus dieser oder jener Wesensklasse, die Auflösung, das Vergehen, der Tod, das Sterben, die Erfüllung der Zeit, der Zerfall der Gruppen, die Zersetzung des Leichnams: Das nennt man, ihr Mönche, den Tod.

Und was, ihr Mönche, ist Kummer? Was da, ihr Mönche bei diesem oder jenem Verluste, den man erleidet, bei diesem oder jenem leidvollen Ereignis, das einen trifft, Kummer, Kümmernis, Bekümmerung, innerer Kummer, inneres Herzeleid ist: Das nennt man, ihr Mönche, Kummer.

Und was, ihr Mönche, ist Jammer? Was da, ihr Mönche, bei diesem oder jenem Verluste, den man erleidet, bei diesem oder jenem leidvollen Ereignis, das einen trifft, Klage und Jammer, Beklagen und Bejammern, Wehklage und lauter Jammer ist: Das nennt man, ihr Mönche, Jammer.

Und was, ihr Mönche, ist Schmerz? Was da, ihr Mönche, körperlich schmerzhaft, körperlich unangenehm ist, durch körperliche Berührung als schmerzhaft und unangenehm empfunden wird: Das nennt man, ihr Mönche, Schmerz.

Und was, ihr Mönche, ist Gram? Was da, ihr Mönche, geistig schmerzhaft, geistig unangenehm ist, durch geistigen Kontakt als schmerzhaft und unangenehm empfunden wird: Das nennt man, ihr Mönche, Gram.

Und was, ihr Mönche, ist Verzweiflung? Was da, ihr Mönche, bei diesem oder jenem Verluste, den man erleidet, bei diesem oder jenem leidvollen Ereignis, das einen trifft, Verzagen und Verzweifeln, Verzagtsein und Verzweifeltsein ist: Das nennt man, ihr Mönche, Verzweiflung.

Und inwiefern, ihr Mönche, ist das Nichterlangen dessen, was man begehrt, leidvoll? Die der Geburt unterworfenen Wesen verfallen dem Wunsche: ‚O daß wir doch der Geburt nicht unterworfen wären, daß uns doch keine Geburt mehr bevorstünde!‘ Aber das kann man durch Wünschen nicht erreichen, und eben dieses Nichterlangen dessen, was man begehrt, ist leidvoll. Die dem Alter, der Krankheit, dem Tode, dem Kummer, Jammer, Schmerz, Gram und der Verzweiflung unterworfenen Wesen verfallen dem Wunsche: ‚O daß wir doch dem Alter, der Krankheit, dem Tode, dem Kummer, Jammer, Schmerz, Gram und der Verzweiflung nicht unterworfen wären, daß uns doch kein Alter, keine Krankheit, kein Tod, kein Kummer, Jammer, Schmerz, Gram und keine Verzweiflung bevorstünde!‘ Aber solches kann man durch Wünschen nicht erreichen, und eben dieses Nichterlangen dessen, was man begehrt, ist leidvoll.

Und was, ihr Mönche, sind, kurz gesagt, die leidvollen fünf Gruppen des Anhaftens? Es sind folgende: Die Haftensgruppe der körperlichen Form, die Haftensgruppe der Empfindung, die Haftensgruppe der Wahrnehmung, die Haftensgruppe der Gemütsregungen, die Haftensgruppe des Bewußtseins. Dies, ihr Mönche, nennt man, kurz gesagt, die fünf leidvollen Gruppen des Anhaftens.

Dies, ihr Mönche, nennt man die hohe Wahrheit vom Leiden.

19. Was ist nun, ihr Mönche, die hohe Wahrheit von der Entstehung des Leidens?

Es ist jener Wiedergeburt-erzeugende, von Wohlgefallen und Lust begleitete ‚Durst‘, der bald hier, bald dort sich ergötzt, das will sagen: Der Durst nach Sinnenlust, der Durst nach Werden, der Durst nach Vernichtung.

Wo aber, ihr Mönche, entsteht und entspringt eben dieser Durst? Wo setzt er sich fest und greift um sich? Was da in der Welt angenehm und reizend ist, dort entsteht und entspringt eben dieser Durst, dort setzt er sich fest und greift um sich.

Was aber ist in der Welt angenehm und reizend? Das Auge ist in der Welt angenehm und reizend, dort entsteht und entspringt eben dieser Durst, dort setzt er sich fest und greift um sich. Das Ohr, – die Nase, – die Zunge, – der Leib, – der Geist ist in der Welt angenehm und reizend, – dort entsteht und entspringt eben dieser Durst, dort setzt er sich fest und greift um sich.

Körperliche Formen, – Töne, – Düfte, – Säfte, – tastbare Dinge, – Denkobjekte sind in der Welt angenehm und reizend; dort entsteht und entspringt eben dieser Durst, dort setzt er sich fest und greift um sich.

Das Seh-Bewußtsein, – das Hör-Bewußtsein, – das Riech-Bewußtsein, – das Schmeck-Bewußtsein, – das Tast-Bewußtsein, – das Denk-Bewußtsein ist in der Welt angenehm und reizend; dort entsteht und entspringt eben dieser Durst, dort setzt er sich fest und greift um sich.

Die Seh-Berührung, – die Hör-Berührung, – die Riech-Berührung, – die Schmeck-Berührung, – die Tast-Berührung, – die Denk-Berührung ist in der Welt angenehm und reizend; dort entsteht und entspringt eben dieser Durst, dort setzt er sich fest und greift um sich.

Die aus der Seh-Berührung resultierende Empfindung, – die aus der Hör-Berührung resultierende Empfindung, – die aus der Riech-Berührung resultierende Empfindung, – die aus der Schmeck-Berührung resultierende Empfindung, – die aus der Tast-Berührung resultierende Empfindung, – die aus der Denk-Berührung resultierende Empfindung ist in der Welt angenehm und reizend; dort entsteht und entspringt eben dieser Durst, dort setzt er sich fest und greift um sich.

Die Wahrnehmung der körperlichen Formen, – die Wahrnehmung der Töne, – die Wahrnehmung der Düfte, – die Wahrnehmung der Säfte, – die Wahrnehmung der tastbaren Dinge, – die Wahrnehmung der vorstellbaren Dinge ist in der Welt angenehm und reizend; dort entsteht und entspringt eben dieser Durst, dort setzt er sich fest und greift um sich.

Das Überlegen hinsichtlich der körperlichen Formen, – das Überlegen hinsichtlich der Töne, – das Überlegen hinsichtlich der Düfte, – das Überlegen hinsichtlich der Säfte, – das Überlegen hinsichtlich der tastbaren Dinge, – das Überlegen hinsichtlich der vorstellbaren Dinge ist in der Welt angenehm und reizend; dort entsteht und entspringt eben dieser Durst, dort setzt er sich fest und greift um sich.

Der Durst nach körperlichen Formen, – der Durst nach Tönen, – der Durst nach Düften, – der Durst nach Säften, – der Durst nach tastbaren Dingen, – der Durst nach vorstellbaren Dingen ist in der Welt angenehm und reizend; dort entsteht und entspringt eben dieser Durst, dort setzt er sich fest und greift um sich.

Das Denken an körperliche Formen, – das Denken an Töne, – das Denken an Düfte, – das Denken an Säfte, – das Denken an tastbare Dinge, – das Denken an vorstellbare Dinge ist in der Welt angenehm und reizend; dort entsteht und entspringt eben dieser Durst, dort setzt er sich fest und greift um sich.

Das Nachsinnen über körperliche Formen, – das Nachsinnen über Töne, – das Nachsinnen über Düfte, – das Nachsinnen über Säfte, – das Nachsinnen über tastbare Dinge, – das Nachsinnen über vorstellbare Dinge ist in der Welt angenehm und reizend; dort entsteht und entspringt eben dieser Durst, dort setzt er sich fest und greift um sich.

Dies, ihr Mönche, nennt man die hohe Wahrheit von der Entstehung des Leidens.

20. Was ist nun, ihr Mönche, die hohe Wahrheit von der Aufhebung des Leidens?

Es ist eben dieses Durstes spurloses, restloses Aufheben, Aufgeben, Verwerfen, Ablegen, Vertreiben.

Wo aber, ihr Mönche, wird eben dieser Durst aufgegeben und verlassen? Wo verschwindet er und vergeht? Was da in der Welt angenehm und reizend ist, dort wird eben dieser Durst aufgegeben und verlassen, dort verschwindet er und vergeht.

Was aber, ihr Mönche, ist in der Welt angenehm und reizend? Das Auge ist in der Welt angenehm und reizend; dort wird eben dieser Durst aufgegeben und verlassen, dort verschwindet er und vergeht. Das Ohr, – die Nase, – die Zunge, –

der Leib, – der Geist ist in der Welt angenehm und reizend; dort wird eben dieser Durst aufgegeben und verlassen, dort verschwindet er und vergeht.

Körperliche Formen, – Töne, – Düfte, – Säfte, – tastbare Dinge, – vorstellbare Dinge sind in der Welt angenehm und reizend; dort wird eben dieser Durst aufgegeben und verlassen, dort verschwindet er und vergeht.

Das Seh-Bewußtsein, – das Hör-Bewußtsein, – das Riech-Bewußtsein, – das Schmeck-Bewußtsein, – das Tast-Bewußtsein, – das Denk-Bewußtsein ist in der Welt angenehm und reizend; dort wird eben dieser Durst aufgegeben und verlassen, dort verschwindet er und vergeht.

Die Seh-Berührung, – die Hör-Berührung, – die Riech-Berührung, – die Schmeck-Berührung, – die Tast-Berührung, – die Denk-Berührung ist in der Welt angenehm und reizend; dort wird eben dieser Durst aufgegeben und verlassen, dort verschwindet er und vergeht.

Die aus der Seh-Berührung resultierende Empfindung, – die aus der Hör-Berührung resultierende Empfindung, – die aus der Riech-Berührung resultierende Empfindung, – die aus der Schmeck-Berührung resultierende Empfindung, – die aus der Tast-Berührung resultierende Empfindung, – die aus der Denk-Berührung resultierende Empfindung ist in der Welt angenehm und reizend; dort wird eben dieser Durst aufgegeben und verlassen, dort verschwindet er und vergeht.

Die Wahrnehmung der körperlichen Formen, – die Wahrnehmung der Töne, – die Wahrnehmung der Düfte, – die Wahrnehmung der Säfte, – die Wahrnehmung der tastbaren Dinge, – die Wahrnehmung der vorstellbaren Dinge ist in der Welt angenehm und reizend; dort wird eben dieser Durst aufgegeben und verlassen, dort verschwindet er und vergeht.

Das Überlegen hinsichtlich der körperlichen Formen, – das Überlegen hinsichtlich der Töne, – das Überlegen hinsichtlich der Düfte, – das Überlegen hinsichtlich der Säfte, – das Überlegen hinsichtlich der tastbaren Dinge, – das Überlegen hinsichtlich der vorstellbaren Dinge ist in der Welt angenehm und reizend; dort wird eben dieser Durst aufgegeben und verlassen, dort verschwindet er und vergeht.

Der Durst nach körperlichen Formen, – der Durst nach Tönen, – der Durst nach Düften, der Durst nach Säften, – der Durst nach tastbaren Dingen, – der Durst nach vorstellbaren Dingen ist in der Welt angenehm und reizend; dort wird eben dieser Durst aufgegeben und verlassen, dort verschwindet er und vergeht.

Das Denken an körperliche Formen, – das Denken an Töne, – das Denken an Düfte, – das Denken an Säfte, – das Denken an tastbare Dinge, – das Denken an vorstellbare Dinge ist in der Welt angenehm und reizend; dort wird eben dieser Durst aufgegeben und verlassen, dort verschwindet er und vergeht.

Das Nachsinnen über körperliche Formen, – das Nachsinnen über Töne, – das Nachsinnen über Düfte, – das Nachsinnen über Säfte, – das Nachsinnen über tastbare Dinge, – das Nachsinnen über vorstellbare Dinge ist in der Welt angenehm und reizend; dort wird eben dieser Durst aufgegeben und verlassen, dort verschwindet er und vergeht.

Dies, ihr Mönche, nennt man die hohe Wahrheit von der Aufhebung des Leidens.

21. Was ist nun, ihr Mönche, die hohe Wahrheit von dem zur Aufhebung des Leidens führenden Pfade?

Es ist dieser hohe achtteilige Weg, nämlich rechte Anschauung, rechte Gesinnung, rechtes Reden, rechtes Handeln, rechte Lebensführung, rechter Kampf, rechtes Gedenken, rechte Konzentration.

Was, ihr Mönche, ist rechte Anschauung? Die Erkenntnis des Leidens, die Erkenntnis der Entstehung des Leidens, die Erkenntnis der Aufhebung des Leidens, die Erkenntnis des zur Aufhebung des Leidens führenden Pfades. Das, ihr Mönche, nennt man rechte Anschauung.

Und was, ihr Mönche, ist rechte Gesinnung? Die Gesinnung des Entsagens, die von Übelwollen freie Gesinnung, die Gesinnung, die keinem Wesen Harm bereitet. Das, ihr Mönche, nennt man rechte Gesinnung.

Und was, ihr Mönche, ist rechtes Reden? Das Abstehen vom Lügen, das Abstehen vom Afterreden, das Abstehen von roher Rede, das Abstehen von eitlem Geschwätz. Das, ihr Mönche, nennt man rechtes Reden.

Und was, ihr Mönche, ist rechtes Handeln? Abstehen vom Zerstören von Leben, Abstehen vom Nehmen nichtgegebener Dinge, Abstehen von unkeuschem Wandel. Das, ihr Mönche, nennt man rechtes Handeln.

Und was, ihr Mönche, ist rechte Lebensführung? Dieser Fall, ihr Mönche, liegt vor, wenn ein edler Jünger eine verkehrte Lebensführung aufgegeben hat und sein Leben in rechter Lebensführung gestaltet. Das, ihr Mönche, nennt man rechte Lebensführung.

Und was, ihr Mönche, ist rechter Kampf? Da erzeugt, ihr Mönche, ein Mönch in sich den Willen, nicht-vorhandene üble, unheilvolle Zustände nicht entstehen zu lassen, und seine Energie zusammenraffend kämpft er, ringt er, treibt seinen Geist an. – Er erzeugt in sich den Willen, vorhandene üble, unheilvolle Zustände zu vertreiben, und seine Energie zusammenraffend kämpft er, ringt er, treibt seinen Geist an. – Er erzeugt in sich den Willen, nicht-vorhandene heilsame Zustände zu erwecken, und seine Energie zusammenraffend kämpft er, ringt er, treibt seinen Geist an. – Er erzeugt in sich den Willen, vorhandene heilsame Zustände zu erhalten, sie nicht schwinden zu lassen und sie zu entfalten, und seine Energie zusammenraffend kämpft er, ringt er, treibt seinen Geist an. Das, ihr Mönche, nennt man rechten Kampf.

Und was, ihr Mönche, ist rechtes Gedenken? Da verweilt, ihr Mönche, ein Mönch beim Körper in der Betrachtung des Körpers, eifrig, klar bewußt, besonnen, um in der Welt Begehren und Kümmernis zu bemeistern. – Er verweilt bei den Empfindungen in der Betrachtung der Empfindungen eifrig, klar bewußt, besonnen, um in der Welt Begehren und Kümmernis zu bemeistern. – Er verweilt bei den Gedanken in der Betrachtung der Gedanken eifrig, klar bewußt, besonnen, um in der Welt Begehren und Kümmernis zu bemeistern. – Er verweilt bei den Erscheinungen in der Betrachtung der Erscheinungen eifrig, klar bewußt, besonnen, um in der Welt Begehren und Kümmernis zu bemeistern. – Das, ihr Mönche, nennt man rechtes Gedenken.

Und was, ihr Mönche, ist rechte Konzentration? Abgeschieden von den Sinnenlüsten, abgeschieden von unheilsamen Zuständen gewinnt ein Mönch die mit Denken und Sinnen verbundene, aus der Abgeschiedenheit entstandene, von Freude und Glück erfüllte *erste Versenkung* und verweilt darin. – Nach Beruhigung des Denkens und Sinnens gewinnt er die innere Sammlung, die Einheit des Geistes, die von Denken und Sinnen freie, aus der Konzentration entstandene, von Freude und Glück erfülle *zweite Versenkung* und verweilt darin. – Und nach dem Verschwinden der Freude lebt er gleichmütig, klar bewußt und besonnen, und er empfindet leibhaftig jenes Glück, von dem die Edlen sagen: ‚Der Gleichmütige und Besonnene lebt glücklich.' So gewinnt er die *dritte Versenkung* und verweilt darin. – Und nach dem Schwinden von Freud' und Leid und nach dem Untergang des früheren Frohsinns und Trübsinns gewinnt er die jenseits von Freude und Leid liegende *vierte Versenkung*, wo Gleichmut und klare Besinnung in voller Reinheit bestehen, und verweilt darin. – Das, ihr Mönche, nennt man rechte Konzentration.

Dies, ihr Mönche, nennt man die hohe Wahrheit von dem zur Aufhebung des Leidens führenden Pfade.

So verweilt er bei den eigenen Erscheinungen in der Betrachtung der Erscheinungen, oder er verweilt bei fremden Erscheinungen in der Betrachtung der Erscheinungen, oder er verweilt bei den eigenen und bei fremden Erscheinungen in der Betrachtung der Erscheinungen. Er verweilt bei den Erscheinungen, indem er sie hinsichtlich ihres Entstehens betrachtet, oder er verweilt bei den Erscheinungen, indem er sie hinsichtlich ihres Vergehens betrachtet, oder er verweilt bei den Erscheinungen, indem er sie hinsichtlich ihres Entstehens und Vergehens betrachtet. ‚Nur *Erscheinungen* sind es', – dieses Gedenken ist ihm gegenwärtig in dem Maße, als er Erkenntnis und Einsicht besitzt, und er lebt ohne Anhänglichkeit und haftet nicht an irgend etwas in der Welt. Also verweilt, ihr Mönche, ein Mönch bei den Erscheinungen in der Betrachtung der Erscheinungen, nämlich bei den vier hohen Wahrheiten.

22. Wer nun, ihr Mönche, diese vier Grundlagen des rechten Gedenkens sieben Jahre also pflegt, der darf die eine von den zwei Früchten erwarten: Entweder volles Wissen noch in dem gegenwärtigen Leben, oder, wenn noch ein Rest von Beilegungen vorhanden ist, die Nichtwiederkehr. Aber lassen wir die sieben Jahre, ihr Mönche: Wer da, ihr Mönche, diese vier Grundlagen des rechten Gedenkens sechs Jahre, fünf Jahre, vier Jahre, drei Jahre, zwei Jahre, ein Jahr also pflegt, der darf die eine von den zwei Früchten erwarten: Entweder volles Wissen noch in dem gegenwärtigen Leben oder, wenn noch ein Rest von Beilegungen vorhanden ist, die Nichtwiederkehr. Aber lassen wir das eine Jahr, ihr Mönche: wer da, ihr Mönche, diese vier Grundlagen des rechten Gedenkens sieben Monate also pflegt, der darf die eine von den zwei Früchten erwarten: Entweder volles Wissen noch in dem gegenwärtigen Leben oder, wenn noch ein Rest von Beilegungen vorhanden ist, die Nichtwiederkehr. Aber lassen wir die sieben Monate, ihr Mönche: wer da, ihr Mönche, diese vier Grundlagen des rechten Gedenkens sechs Monate, fünf Monate, vier Monate, drei Monate, zwei Monate, einen Monat, einen halben Monat also pflegt, der darf die eine von den zwei Früchten erwarten: Entweder volles Wissen noch in dem gegenwärtigen Leben oder,

wenn noch ein Rest von Beilegungen vorhanden ist, die Nichtwiederkehr. Aber lassen wir den halben Monat, ihr Mönche: Wer da, ihr Mönche, diese vier Grundlagen des rechten Gedenkens sieben Tage also pflegt, der darf die eine von den zwei Früchten erwarten: entweder volles Wissen noch in dem gegenwärtigen Leben oder, wenn noch ein Rest von Beilegungen vorhanden ist, die Nichtwiederkehr.

‚Es gibt, ihr Mönche, für die Wesen nur diesen einen Weg zur Reinheit, zur Überwindung des Kummers und Klagens, zur Vernichtung des Leidens und Trübsinns, zur Gewinnung des rechten Wandels, zur Verwirklichung des Nirvana, – das sind die vier Grundlagen des rechten Gedenkens', – was da mit diesen Worten gesagt wurde, das wurde mit Beziehung hierauf gesagt."

Also sprach der Erhabene. Beglückten Herzens stimmten jene Mönche den Worten des Erhabenen mit freudigem Danke zu.

156. Zehn meditative ‚Wahrnehmungen'.

Ang. X, 60.

So hab' ich es gehört: Einst weilte der Erhabene bei Savatthi im Jeta-Haine, im Klostergarten des Anathapindika. Damals aber war der ehrwürdige Girimananda leidend, elend, schwerkrank. Da begab sich der ehrwürdige Ananda zum Erhabenen, begrüßte den Erhabenen ehrfurchtsvoll und setzte sich ihm zur Seite nieder. Und zum Erhabenen sprach nun der ehrwürdige Ananda, der ihm zur Seite saß, also:

‚Herr, der ehrwürdige Girimananda ist leidend, elend, schwerkrank; gut wäre es, Herr, wenn der Erhabene sich zum ehrwürdigen Girimananda begeben würde, von Mitleid bewogen.'

„Wenn du, Ananda, zu dem Mönche Girimananda gehen und ihm zehn ‚Wahrnehmungen' vortragen würdest, so ist die Möglichkeit vorhanden, daß die Krankheit des Mönches Girimananda, nachdem er die zehn Wahrnehmungen vernommen hat, auf der Stelle verschwinden könnte.

Welche zehn [Wahrnehmungen sind das]? Die Wahrnehmung des Veränderlichen, die Wahrnehmung des Nicht-Ich, die Wahrnehmung des Unreinen, die Wahrnehmung des Elends, die Wahrnehmung des Aufgebens, die Wahrnehmung der Gier-Befreiung, die Wahrnehmung der Aufhebung, die Wahrnehmung der Reizlosigkeit der ganzen Welt, die Wahrnehmung des Vergänglichen bei allen Prozessen, die Kontrolle des Ein- und Ausatmens.

1. Und was, Ananda, ist *die Wahrnehmung des Veränderlichen*? In diesem Falle, Ananda, begibt sich ein Mönch in den Wald, an den Fuß eines Baumes oder an eine einsame Stätte und stellt sich folgendes vor Augen: ‚Der Körper ist veränderlich, die Empfindung ist veränderlich, die Wahrnehmung ist veränderlich, die Gemütsregungen sind veränderlich, das Bewußtsein ist veränderlich.' So verweilt er, indem er bei diesen fünf Gruppen des Anhaftens in dieser Weise das Vergängliche betrachtet. Dies, Ananda, nennt man die Wahrnehmung des Veränderlichen.

2. Und was, Ananda, ist *die Wahrnehmung des Nicht-Ich*? In diesem Falle, Ananda, begibt sich ein Mönch in den Wald, an den Fuß eines Baumes oder an eine einsame Stätte und stellt sich folgendes vor Augen: ‚Das Auge ist nicht das Ich, die Gestalten sind nicht das Ich; das Ohr ist nicht das Ich, die Töne sind nicht das Ich; die Nase ist nicht das Ich, die Düfte sind nicht das Ich; die Zunge ist nicht das Ich, die Säfte sind nicht das Ich; der Leib ist nicht das Ich, die tastbaren Dinge sind nicht das Ich; das Denken ist nicht das Ich, die Denkobjekte sind nicht das Ich.' So verweilt er, indem er bei diesen sechs inneren und äußeren Gebieten in dieser Weise das Nicht-Ich betrachtet. Dies, Ananda, nennt man die Wahrnehmung des Nicht-Ich.

3. Und was, Ananda, ist *die Wahrnehmung des Unreinen*? In diesem Falle, Ananda, betrachtet ein Mönch gründlich von der Fußsohle an aufwärts und von dem Kopfscheitel an abwärts eben diesen Körper, den hautbegrenzten, der voll ist von ver-

schiedenartigen unreinen Dingen: ‚In diesem Körper sind vorhanden Haupthaare, Körperhaare, Nägel, Zähne, Haut, Fleisch, Sehnen, Knochen, Knochenmark, Nieren, Herz, Leber, Rippenfell, Milz, Lungen, Eingeweide, Weichteile, Magen, Kot, Galle, Schleim, Eiter, Blut, Schweiß, Lymphe, Tränen, Serum, Speichel, Rotz, Gelenköl und Harn.' So verweilt er, indem er bei diesem Körper in dieser Weise das Unreine betrachtet. Dies, Ananda, nennt man die Wahrnehmung des Unreinen.

4. Und was, Ananda, ist *die Wahrnehmung des Elends*? In diesem Falle, Ananda, begibt sich ein Mönch in den Wald, an den Fuß eines Baumes oder an eine einsame Stätte und stellt sich folgendes vor Augen: ‚Voll des Leides ist doch dieser Körper, voll des Elends! Verschiedenartige Krankheiten erheben sich in diesem Körper, wie die folgenden: Augenkrankheit, Ohrkrankheit, Nasenkrankheit, Zungenkrankheit, Erkrankungen des Körpers, des Kopfes, des äußeren Ohres, des Mundes und der Zähne, Husten, Krampfhusten, Katarrh, Entzündung, Fieber, innere Leiden, Ohnmacht, Ruhr, Darre, Cholera, Aussatz, Beulen, trockener Aussatz, Schwindsucht, Fallsucht, Hautausschlag, Krätze, Schorf, Rakhasa (?), Grind, Gelbsucht, Zukkerkrankheit, Lähmung, Schwären, Fisteln, Krankheiten, die durch Festsetzung der Galle, des Schleimes und der Winde entstanden sind, Krankheiten, die durch Anhäufung (? unverdauter Stoffe) entstanden sind, periodische Krankheiten, die mit dem Stoffwechsel zusammenhängen, Krankheiten, die durch Unmäßigkeit entstanden sind, Krankheiten infolge von Verletzungen, Krankheiten, die aus der Reife (früherer) Taten entstanden sind, – [ferner] Frieren, Erhitzung, Hunger, Durst, [der Abgang von] Kot und Harn.' So verweilt er, indem er bei diesem Körper in dieser Weise das Elend betrachtet. Dies, Ananda, nennt man die Wahrnehmung des Elends.

5. Und was, Ananda, ist *die Wahrnehmung des Aufgebens*? In diesem Falle, Ananda, läßt ein Mönch einen aufgestiegenen Gedanken der Lust nicht Fuß fassen, er gibt ihn auf, vertreibt

ihn, vernichtet ihn, bringt ihn zum Verschwinden. Einen aufgestiegenen Gedanken des Übelwollens ... einen aufgestiegenen Gedanken der Grausamkeit ... die immer von neuem aufgestiegenen üblen, unheilvollen Zustände läßt er nicht Fuß fassen, er gibt sie auf, vertreibt sie, vernichtet sie, bringt sie zum Verschwinden. Dies, Ananda, nennt man die Wahrnehmung des Aufgebens.

6. Und was, Ananda, ist *die Wahrnehmung der Gier-Befreiung*? In diesem Falle, Ananda, begibt sich ein Mönch in den Wald, an den Fuß eines Baumes oder an eine einsame Stätte und stellt sich folgendes vor Augen: ‚Dies ist das Friedevolle, dies ist das Hocherhabene, nämlich das Ruhigwerden aller Prozesse, das Verlassen aller Beilegungen, die Vernichtung des ‚Durstes', die Gier-Befreiung, das Nirvana.' Dies, Ananda, nennt man die Wahrnehmung der Gier-Befreiung.

7. Und was, Ananda, ist *die Wahrnehmung der Aufhebung*? In diesem Falle, Ananda, begibt sich ein Mönch in den Wald, an den Fuß eines Baumes oder an eine einsame Stätte und stellt sich folgendes vor Augen: ‚Dies ist das Friedvolle, dies ist das Hocherhabene, nämlich das Ruhigwerden aller Prozesse, das Verlassen aller Beilegungen, die Vernichtung des ‚Durstes', die Aufhebung, das Nirvana.' Dies, Ananda, nennt man die Wahrnehmung der Aufhebung.

8. Und was, Ananda, ist *die Wahrnehmung der Reizlosigkeit der ganzen Welt*? In diesem Falle, Ananda, gibt ein Mönch alles auf, was es da in der Welt an Anhaftungen verschiedener Art, an Entschlüssen, Hang und Neigungen des Geistes gibt, verliert die Lust daran, ohne sich mehr daran zu klammern. Dies, Ananda, nennt man die Reizlosigkeit der ganzen Welt.

9. Und was, Ananda, ist *die Wahrnehmung des Vergänglichen bei allen Prozessen*? In diesem Falle, Ananda, empfindet ein Mönch gegen alle Prozesse Widerwillen, empfindet Grausen, empfindet Abscheu vor ihnen. Dies, Ananda, nennt man die Wahrnehmung des Vergänglichen bei allen Prozessen.

10. Und was, Ananda, ist die *Kontrolle des Ein- und Ausatmens*? In diesem Falle, Ananda, begibt sich ein Mönch in den Wald, an den Fuß eines Baumes oder an eine einsame Stätte und setzt sich mit gekreuzten Beinen nieder, den Körper gerade aufgerichtet, mit klarer Besinnung gewappnet. Besonnen atmet er ein, besonnen atmet er aus. Atmet er lang ein, so ist er sich wohl bewußt: ‚Ich atme lang ein'; oder atmet er lang aus, so ist er sich wohl bewußt: ‚Ich atme lang aus'; oder atmet er kurz ein, so ist er sich wohl bewußt: ‚Ich atme kurz ein'; oder atmet er kurz aus, so ist er sich wohl bewußt: ‚Ich atme kurz aus.' ‚Den ganzen Körper voll empfindend will ich einatmen', so übt er sich. ‚Den ganzen Körper voll empfindend will ich ausatmen', so übt er sich. ‚Den Körper-Prozeß beruhigend will ich einatmen', so übt er sich; ‚den Körper-Prozeß beruhigend will ich ausatmen', so übt er sich. ‚Freude voll empfindend will ich einatmen', so übt er sich; ‚Freude voll empfindend will ich ausatmen', so übt er sich. ‚Glück voll empfindend will ich einatmen', so übt er sich; ‚Glück voll empfindend will ich ausatmen', so übt er sich. ‚Den Geist-Prozeß voll empfindend will ich einatmen', so übt er sich; ‚den Geist-Prozeß voll empfindend will ich ausatmen', so übt er sich. ‚Den Geist-Prozeß beruhigend will ich einatmen', so übt er sich; ‚den Geist-Prozeß beruhigend will ich ausatmen', so übt er sich. ‚Den Geist voll empfindend will ich einatmen', so übt er sich; ‚den Geist voll empfindend will ich ausatmen', so übt er sich. ‚Den Geist erheiternd will ich einatmen', so übt er sich; ‚den Geist erheiternd will ich ausatmen', so übt er sich. ‚Den Geist konzentrierend will ich einatmen', so übt er sich; ‚den Geist konzentrierend will ich ausatmen', so übt er sich. ‚Den Geist befreiend will ich einatmen', so übt er sich; ‚den Geist befreiend will ich ausatmen', so übt er sich. ‚Das Vergängliche schauend will ich einatmen', so übt er sich; ‚das Vergängliche schauend will ich ausatmen', so übt er sich. ‚Die Gier-Befreiung schauend will ich einatmen', so übt er sich; ‚die Gier-Befreiung schauend will

ich ausatmen', so übt er sich. ,Die Aufhebung schauend will ich einatmen', so übt er sich; ,die Aufhebung schauend will ich ausatmen', so übt er sich. ,Das Verlassen (aller Beilegungen) schauend will ich einatmen', so übt er sich; ,das Verlassen (aller Beilegungen) schauend will ich ausatmen', so übt er sich. Dies, Ananda, nennt man die Kontrolle des Ein- und Ausatmens.

Wenn du nun, Ananda, zu dem Mönch Girimananda gehen und ihm diese zehn Wahrnehmungen vortragen würdest, so ist die Möglichkeit vorhanden, daß die Krankheit des Mönches Girimananda, nachdem er diese zehn Wahrnehmungen vernommen hat, auf der Stelle verschwinden könnte."

Und als nun der ehrwürdige Ananda diese zehn Wahrnehmungen, vom Erhabenen persönlich gelernt hatte, begab er sich zum ehrwürdigen Girimananda und trug ihm diese zehn Wahrnehmungen vor. Und jene Krankheit des ehrwürdigen Girimananda verschwand auf der Stelle, sobald er diese zehn Wahrnehmungen vernommen hatte, und der ehrwürdige Girimananda erhob sich von seiner Krankheit. Somit war die Krankheit des ehrwürdigen Girimananda überstanden.

XIV. Laster und Tugenden.

157. Dreifache Wurzel.

Ang. III, 69 (1 und 6).

Folgende drei Wurzeln des Unheilvollen gibt es, ihr Mönche; welche drei? Begierde ist eine Wurzel des Unheilvollen, Haß ist eine Wurzel des Unheilvollen, Wahn ist eine Wurzel des Unheilvollen.

Folgende drei Wurzeln des Heilsamen gibt es, ihr Mönche; welche drei? Gierlosigkeit ist eine Wurzel des Heilsamen, Haßlosigkeit ist eine Wurzel des Heilsamen, Wahnlosigkeit ist eine Wurzel des Heilsamen.

158. Die drei Einflüsse.

Itivuttaka 56.

Gesagt wurde dies vom Erhabenen, gesagt von dem Heiligen, so habe ich gehört:

„Diese drei Einflüsse gibt es, ihr Mönche; welche drei? Den Einfluß der Sinnenlust, den Einfluß des Werdens, den Einfluß des Nichtwissens. Dies, ihr Mönche, sind die drei Einflüsse."

Dies sprach der Erhabene; daher heißt es mit Bezug hierauf folgendermaßen:

„Der konzentrierte, bewußte,
Besonnene Jünger des Buddha
Kennt genau die Einflüsse
Und das Zustandekommen der Einflüsse.
Und wo diese verschwinden, [weiß er,]
Und [er kennt] den zu ihrer Vernichtung führenden Weg.
Infolge der Vernichtung der Einflüsse
Ist der Mönch frei von allem Verlangen und vollkommen erlöst."

Auch dies wurde vom Erhabenen gesagt, so habe ich gehört.

159. Drei Verdienst-wirkende Mittel.

Itivuttaka 60.

Gesagt wurde dies vom Erhabenen, gesagt von dem Heiligen, so habe ich gehört: „Folgende drei Verdienst-wirkende Mittel gibt es, ihr Mönche; welche drei? Das im Spenden bestehende Verdienst-wirkende Mittel, das in sittlicher Zucht bestehende Verdienst-wirkende Mittel, das in der Erweckung bestehende Verdienst-wirkende Mittel. Dies also, ihr Mönche, sind die drei Verdienst-wirkenden Mittel." ...

160. Sieben Schätze.

Ang. VII, 5.

Diese sieben Schätze gibt es, ihr Mönche; welche sieben?

Den Schatz des Glaubens, den Schatz der sittlichen Zucht, den Schatz der Schamhaftigkeit, den Schatz der Feinfühligkeit, den Schatz des reichen Wissens, den Schatz der Opferwilligkeit, den Schatz der Weisheit.

Dies also, ihr Mönche, sind die sieben Schätze.

Der Schatz des Glaubens, der sittlichen Zucht, die Schamhaftigkeit, der Schatz der Feinfühligkeit,

Der Schatz reichen Wissens, Opferwilligkeit, Weisheit, – das, wahrlich, sind die sieben Schätze.

Wem diese Schätze gehören, sei es nun Weib oder Mann,

Den nennt man reich, und sein Leben ist nicht vergeblich.

Darum sei der Weise, der Religion der Buddhas gedenkend,

Dem Glauben, der sittlichen Zucht, der Reinheit und der Erkenntnis der Lehre ergeben.

161. Sieben Fesseln.

Ang. VII, 8.

Diese sieben Fesseln gibt es, ihr Mönche; welche sieben?

Die Fessel der Gleisnerei, die Fessel des Widerstreits, die Fessel der Ansichten, die Fessel des Zweifels, die Fessel des

Dünkels, die Fessel der Daseins-Lust, die Fessel des Nichtwissens.

Dies also, ihr Mönche, sind die sieben Fesseln.

162. Sieben Eigenschaften.

Ang. VII, 80.

Diese sieben schlechten Eigenschaften gibt es, ihr Mönche; welche sieben?

Da ist jemand glaubenslos, schamlos, nicht feinfühlend, ohne Kenntnisse, faul, nachlässig und betört.

Dies also, ihr Mönche, sind die sieben schlechten Eigenschaften.

Diese sieben guten Eigenschaften gibt es, ihr Mönche; welche sieben?

Da ist jemand glaubensvoll, schamhaft, feinfühlend, kenntnisreich, er rafft sich auf, ist besonnen und weise.

Dies also, ihr Mönche, sind die sieben guten Eigenschaften.

163. Unheilvolle und heilsame Eigenschaften.

Ang. I; VI, 8-10, VII, 1.

Nicht kenne ich, ihr Mönche, auch nur *eine* Eigenschaft, durch welche so sehr noch nicht-vorhandene unheilvolle Dinge, zum Entstehen kommen oder bereits vorhandene heilsame Dinge verschwinden, wie, ihr Mönche, die *Leichtfertigkeit.*

Einem Leichtfertigen, ihr Mönche, entstehen noch nicht-vorhandene unheilvolle Dinge, und es schwinden bereits vorhandene heilsame Dinge.

Nicht kenne ich, ihr Mönche, auch nur *eine* Eigenschaft, durch welche so sehr noch nicht-vorhandene heilsame Dinge zum Entstehen kommen oder bereits vorhandene unheilvolle Dinge verschwinden, wie, ihr Mönche, das *ernste Streben.*

Einem ernst Strebenden, ihr Mönche, entstehen noch nicht-vorhandene heilsame Dinge, und es schwinden bereits vorhandene unheilvolle Dinge.

Nicht kenne ich, ihr Mönche, auch nur *eine* Eigenschaft, durch welche so sehr noch nicht-vorhandene unheilvolle Dinge zum Entstehen kommen oder bereits vorhandene heilsame Dinge verschwinden, wie, ihr Mönche, die *Trägheit*.

Einem Trägen, ihr Mönche, entstehen noch nicht-vorhandene unheilvolle Dinge, und es schwinden bereits vorhandene heilsame Dinge.

Nicht kenne ich, ihr Mönche, auch nur *eine* Eigenschaft, durch welche so sehr noch nicht-vorhandene heilsame Dinge zum Entstehen kommen oder bereits vorhandene unheilvolle Dinge verschwinden, wie, ihr Mönche, das *energische Sichaufraffen*.

Einem energisch sich Aufraffenden, ihr Mönche, entstehen noch nicht vorhandene heilsame Dinge, und es schwinden bereits vorhandene unheilvolle Dinge.

164. Preis des ernsten Eifers.

Sutta-Nipata II, 10.

1. Erhebet euch, setzet euch aufrecht! Welchen Sinn hat es für euch, zu schlafen? Wie kann es Schlummer geben für die Siechen, Pfeilverwundeten, Leidenden?

2. Erhebet euch, setzet euch aufrecht! Strebet standhaft dem Frieden zu, auf daß euch nicht der Fürst des Todes, nachdem er euch als leichtfertig erkannt hat, betöre und seiner Gewalt unterwerfe!

3. Überwindet jenes Begehren, dem Götter und Menschen voll Verlangen ergeben sind! Verpasset ja nicht den rechten Augenblick! Denn die den rechten Augenblick haben vorübergehen lassen, jammern, wenn sie in der Hölle angelangt sind.

4. Leichtfertigkeit ist ein Schandfleck, das der Leichtfertigkeit Ergebensein ist ein Schandfleck. Durch unermüdlichen Eifer und Erkenntnis entferne man seinen eigenen Pfeil!

165. Das hohe Lied der Güte.

Khuddaka-Patha IX, Sutta-Nipata I, 8.

1. Dies ist es, was ein Mensch, der mit Geschick sein Bestes sucht, tun soll, nachdem er den Pfad des Friedens völlig erkannt hat: Er sei befähigt, aufrichtig, gewissenhaft, willfährig, sanft und ohne Stolz;

2. zufrieden, nicht lästig fallend, ohne Sorge, mit wenig Bedürfnissen, die Sinne beherrscht, besonnen, sittsam und nicht gierig in den Familien.

3. Er begehe nichts Niedriges, um dessentwillen ihn andere, die klug sind, tadeln könnten.

4. Glücklich und sicher mögen alle Wesen sein! Mögen sie glückselig sein!

5. Was es auch an lebenden Wesen gibt: die sich bewegenden oder die ruhenden, sie alle, die langen oder die großen, die mittleren, die kurzen, die zarten und starken,

6. Die gesehen werden oder die nicht sichtbar sind, die in der Ferne weilen oder nicht gar fern, die geboren sind oder die einer Geburt zustreben: alle Wesen mögen glückselig sein!

7. Niemand betrüge einen andern, wo es auch sei, noch verachte man einen andern; man wünsche sich nicht gegenseitig aus Zorn oder ärgerlichen Gedanken irgendwelches Unheil.

8. Wie eine Mutter mit ihrem Leben ihr eigenes Kind, ihr einziges Kind, beschirmt, so möge man gegen alle Wesen einen unbegrenzten Geist erwecken.

9. Und man erwecke gegen die ganze Welt einen unbegrenzten gütigen Geist, unbeengt, ohne Haß, ohne Feindseligkeit, noch oben, unten und nach allen Seiten.

10. Stehend, gehend, sitzend oder liegend, insofern man frei von Schläfrigkeit ist, pflege man eifrig dieses Gedenken: dies nennt man hienieden ein göttliches Verweilen.

11. Und wenn jemand, ohne falschen Ansichten zu huldigen, tugendhaft und mit tiefer Einsicht ausgestattet, das Ver-

langen nach sinnlicher Lust überwindet: der wahrlich, geht nicht wieder in den Mutterleib ein!

166. Die Güte, des Geistes Erlösung.

Itivuttaka 27.

Gesagt wurde dies vom Erhabenen, gesagt von dem Heiligen, so habe ich gehört:

„Was es auch immer, ihr Mönche, an Verdienst-wirkenden Mitteln im Bereiche der Welt gibt, sie alle haben nicht den Wert eines Sechzehntels der Güte, der Erlösung des Geistes; denn die Güte, die Erlösung des Geistes, nimmt sie in sich auf und leuchtet und flammt und strahlt. Gleichwie da, ihr Mönche, aller Sternenschein nicht den Wert eines Sechzehntels des Mondenscheins hat; denn der Mondenschein nimmt ihn in sich auf und leuchtet und flammt und strahlt, – so auch, ihr Mönche, haben alle Verdienst-wirkenden Mittel, die es im Bereiche der Welt gibt, nicht den Wert eines Sechzehntels der Güte, der Erlösung des Geistes; denn die Güte, die Erlösung des Geistes, nimmt sie in sich auf und leuchtet und flammt und strahlt.

Gleichwie da, ihr Mönche, im letzten Monat der Regenzeit, im Herbste, die Sonne am klaren, wolkenlosen Himmel, am Himmel emporsteigend, alles, was im Hellen oder im Dunkeln liegt, durchdringt und leuchtet und flammt und strahlt, – so auch, ihr Mönche, haben alle Verdienst-wirkenden Mittel, die es im Bereiche der Welt gibt, nicht den Wert eines Sechzehntels der Güte, der Erlösung des Geistes; denn die Güte, die Erlösung des Geistes, nimmt sie in sich auf und leuchtet und flammt und strahlt.

Gleichwie da, ihr Mönche, des Nachts, zur Zeit des Morgengrauens, der heilbringende Stern leuchtet und flammt und strahlt, – so auch, ihr Mönche, haben alle Verdienst-wirkenden Mittel, die es im Bereiche der Welt gibt, nicht den Wert eines Sechzehntels der Güte, der Erlösung des Geistes; denn die

Güte, die Erlösung des Geistes, nimmt sie in sich auf und leuchtet und flammt und strahlt."

Dies sprach der Erhabene; daher heißt es mit Bezug hierauf folgendermaßen:

„Wer geistesklar
Unbegrenzte Güte erweckt, –
Dünn werden die Fesseln [dessen,]
Der die Vernichtung der Beilegungen schaut.

Wenn jemand, in gütiger Gesinnung auch
nur gegen *ein* Wesen,
Güte betätigt, wird er dadurch ein Gerechter;
Und wenn er in seinem Geiste allen Wesen
Erbarmen entgegenbringt:
Ein [solcher] Edler übt die Tugend in reichem Maße.

Wer nicht tötet, noch töten läßt,
Wer nicht Gewalt tut, noch Gewalt tun läßt,
Allen Wesen ein Freund:
Dem [droht] keine Feindseligkeit von irgendeiner Seite."

Auch dies ist vom Erhabenen gesagt worden, so habe ich gehört.

167. Güte gegen den Feind.

Majjh. 21.

Selbst wenn da, ihr Mönche, Räuber und Mörder mit einer doppeltgezähnten Säge jemandem ein Glied nach dem andern abtrennen, so würde jener, wenn sein Geist von Wut erfüllt würde, eben deshalb kein Betätiger meiner Religion sein.

Auch in diesem Falle, ihr Mönche, müßt ihr euch also üben: ‚Nicht soll unser Geist erregt werden, kein böses Wort wollen wir ausstoßen, freundlich und mitleidsvoll wollen wir bleiben, gütig gesinnt, ohne Haß im Innern, und diesen Menschen wollen wir mit gütigem Geiste durchdringen, und von ihm ausgehend wollen wir die ganze weite Welt mit gütigem Geiste durchdringen, mit schrankenlosem, weitem, unermeßlichem, frei von Feindseligkeit und Übelwollen.‘ So also, ihr, Mönche, müßt ihr euch üben.

Dritter Teil.

Bekenntnis und Bekenner.

XV. Die Bekenntnis-Formeln.

168. Die Formel der Buddha-Verehrung.

Verehrung Ihm, dem Erhabenen, Heiligen, völlig Erwachten!

169. Die Zufluchts-Formel.

Khuddaka-Patha I.

Zu dem Buddha als (meiner) Zuflucht gehe ich.

Zu der Lehre als (meiner) Zuflucht gehe ich.

Zu der Gemeinde als (meiner) Zuflucht gehe ich.

Zum andern Mal: Zu dem Buddha als (meiner) Zuflucht gehe ich.

Zum andern Mal: Zu der Lehre als (meiner) Zuflucht gehe ich.

Zum andern Mal: Zu der Gemeinde als (meiner) Zuflucht gehe ich.

Zum dritten Mal: Zu dem Buddha als (meiner) Zuflucht gehe ich.

Zum dritten Mal: Zu der Lehre als (meiner) Zuflucht gehe ich.

Zum dritten Mal: Zu der Gemeinde als (meiner) Zuflucht gehe ich.

170. Die Bekenntnis-Formel.

Samy. LV, 1 et passim.

Dies ist der Erhabene, Heilige, völlig Erwachte, der im Wissen und Wandel Vollkommene, der Pfadvollender, der Kenner der Welten, der unvergleichliche Bändiger der ungezähmten Menschen, der Lehrer der Götter und Menschen, Buddha, der Erhabene.

Wohl verkündet ist von dem Erhabenen die Lehre, die sichtbare, zeitlose, zum Kommen und Sehen einladende, zum Ziele führende, die den Wissenden, jedem für sich, verständlich ist.

Gut wandelt die Jünger-Gemeinde des Erhabenen, richtig wandelt die Jünger-Gemeinde des Erhabenen, in Gerechtigkeit wandelt die Jünger-Gemeinde des Erhabenen, pflichtgemäß wandelt die Jünger-Gemeinde des Erhabenen, nämlich die *vier Paare* von Menschen, die *acht Klassen* von Menschen; diese Jünger-Gemeinde des Erhabenen ist würdig der Opfer, würdig der Gastfreundschaft, würdig der Spenden, würdig der Verehrung, ein unvergleichliches Feld der Verdienstlichkeit in der Welt.

Von diesen Formeln kann die *Zufluchts-Formel* als das eigentliche kurze Glaubensbekenntnis der Buddhisten gelten. Bemerkenswert ist, daß ihre richtige Fassung die der dreimaligen Wiederholung in der oben angegebenen Weise ist. Ich will hier nicht auf die Frage eingehen, ob wir in dieser dreimaligen Wiederholung lediglich einen die Feierlichkeit des Aktes hervorhebenden Pleonasmus zu erblicken haben, oder ob sie anders zu deuten ist. Unmöglich ist das letztere nicht, wenn auch nicht gerade wahrscheinlich. Diese Zufluchts-Forrnel nun eröffnet neben der Formel der Buddha-Verehrung jeden religiösen Akt, und bei Konversionen hat der Konvertierende die Formel, die ihm von einem Thera vorgesprochen wird, nachzusagen.

Die Bekenntnis-Formel, die nur eine Erweiterung der Zufluchtsformel darstellt, ist in der Buddhistischen Welt bis auf den heutigen Tag sehr gebräuchlich geblieben. Sie wird beim täglichen Blumen-Opfer aufgesagt und dient auch den Mönchen als Ausgangs-Punkt für die ersten drei der zehn Kontemplationen (s. Kap. XIII.)

Die *Formel der Buddha-Verehrung* endlich findet bei jedem religiösen Akte Anwendung und leitet auch jedes selbständige Buch in den Pitakas ein.

Der Buddha, die Lehre und die Gemeinde werden die *drei Juwelen* (Tiratana) genannt; sie bilden die heilige Trinität des Buddhismus.

XVI. Der Buddha.

171. Das unvergleichliche Wesen.

Ang. I, 13.

Ein Wesen, ihr Mönche, das in der Welt erscheint, erscheint vielen Menschen zum Heile, vielen Menschen zum Glück, aus Mitleid für die Welt, zum Segen, Heil und Glück der Götter und Menschen. Welches eine Wesen? Der Vollendete, Heilige, völlig Erwachte. Dieses eine Wesen also, ihr Mönche, das in der Welt erscheint, erscheint vielen Menschen zum Heile, vielen Menschen zum Glück, aus Mitleid für die Welt, zum Segen, Heil und Glück der Götter und Menschen.

Das Offenbarwerden *eines* Wesens, ihr Mönche, ist schwer anzutreffen in der Welt. Welches einen Wesens? Des Vollendeten, Heiligen, völlig Erwachten. Das Offenbarwerden dieses einen Wesens also, ihr Mönche, ist schwer anzutreffen in der Welt.

Ein Wesen, ihr Mönche, das in der Welt erscheint, erscheint als ein außerordentlicher Mensch. Welches eine Wesen? Der Vollendete, Heilige, völlig Erwachte. Dieses eine Wesen also, ihr Mönche, das in der Welt erscheint, erscheint als ein außerordentlicher Mensch.

Das Abscheiden *eines* Wesens, ihr Mönche, ist für viele Menschen schmerzlich. Welches einen Wesens? Des Vollendeten, Heiligen, völlig Erwachten. Dieses einen Wesens Abscheiden also, ihr Mönche, ist für viele Menschen schmerzlich.

Ein Wesen, ihr Mönche, das in der Welt erscheint, erscheint ohne einen Zweiten, ohne Genossen, ohne Ebenbild, ohne einen Gleichen, ohne einen Ebenbürtigen, als einer, der nicht seinesgleichen hat, als ein Unvergleichlicher, als der beste der Menschen. Welches eine Wesen? Der Vollendete, Heilige, völlig Erwachte. Dieses eine Wesen also, ihr Mönche, das in der Welt erscheint, erscheint ohne einen Zweiten, ohne Genossen, ohne Ebenbild, ohne einen Gleichen, ohne einen Ebenbürtigen, als einer, der nicht seinesgleichen hat, als ein Unvergleichlicher, als der beste der Menschen.

Wenn ein Wesen offenbar wird, ihr Mönche, wird ein großes Auge offenbar, wird eine große Helle offenbar, wird ein großer Glanz offenbar, werden sechs hohe Vortrefflichkeiten offenbar, werden die vier analytischen Erkenntnisse verwirklicht, werden die einzelnen Elemente durchdrungen, werden die verschiedenen Prinzipien durchdrungen, wird die Frucht der Wissens-Erlösung verwirklicht, wird die Frucht des Stromeintritts verwirklicht, wird die Frucht der Einmalwiederkehr verwirklicht, wird die Frucht der Nichtwiederkehr verwirklicht, wird die Frucht der Heiligkeit verwirklicht. Wenn welches eine Wesen offenbar wird? Der Vollendete, Heilige, völlig Erwachte. Wenn dieses eine Wesen also offenbar wird, ihr Mönche, wird ein großes Auge offenbar, wird eine große Helle offenbar, wird ein großer Glanz offenbar, werden sechs hohe Vortrefflichkeiten offenbar, werden die vier analytischen Erkenntnisse verwirklicht, werden die einzelnen Elemente durchdrungen, werden die verschiedenen Prinzipien durchdrungen, wird die Frucht der Wissens-Erlösung verwirklicht, wird die Frucht des Stromeintritts verwirklicht, wird die Frucht der Einmalwiederkehr verwirklicht, wird die Frucht der Nichtwiederkehr verwirklicht, wird die Frucht der Heiligkeit verwirklicht.

172. Der Vollendete.

Itivuttaka 112; Ang. IV, 23.

Gesagt wurde dies vom Erhabenen, gesagt von dem Heiligen, so habe ich gehört:

„Die Welt, ihr Mönche, ist von dem Vollendeten völlig erkannt, von der Welt ist der Vollendete ganz befreit. Der Welt Entstehung, ihr Mönche, ist von dem Vollendeten völlig erkannt, der Welt Entstehung ist für den Vollendeten beseitigt. Der Welt Aufhebung, ihr Mönche, ist von dem Vollendeten völlig erkannt, der Welt Aufhebung ist für den Vollendeten verwirklicht. Der zur Aufhebung der Welt führende Pfad, ihr Mönche, ist von dem Vollendeten völlig erkannt, der zur Aufhebung der Welt führende Pfad ist für den Vollendeten abgeschlossen.

Was da, ihr Mönche, von der Welt mit ihren Devas, Maras und Brahmas, von den lebenden Wesen samt Devas und Menschen einschließlich der Asketen und Brahmanen (je) gesehen, gehört, erdacht, erkannt, erreicht, angestrebt und im Geiste erwogen ist, – weil das vom Vollendeten völlig erkannt ist, deshalb wird er der Vollendete genannt.

Und alles, ihr Mönche, was der Vollendete von der Nacht an, da er zum allerhöchsten Erwachen erwacht, bis zu jener Nacht, da er in dem von Beilegungen ganz freien Nirvana-Bereich vollkommen erlischt, spricht, redet, darlegt, das ist ebenso und nicht anders; deshalb wird er der Vollendete genannt.

Wie der Vollendete spricht, ihr Mönche, so handelt er, und wie der Vollendete handelt, so spricht er; somit handelt er so, wie er spricht, und spricht so, wie er handelt; deshalb wird er der Vollendete genannt.

In der Welt mit ihren Devas, Maras und Brahmas, unter den lebenden Wesen samt Devas und Menschen einschließlich der Asketen und Brahmanen ist der Vollendete der Überwinder, der Nichtüberwundene, der Allseher, der seinen Willen walten läßt; deshalb wird er der Vollendete genannt."

Dies sprach der Erhabene; daher heißt es mit Bezug hierauf folgendermaßen:

„Weil er in der ganzen Welt die ganze Welt erkannt hat so wie sie ist, ist er von der ganzen Welt völlig befreit, der Unvergleichliche in allen Welten. Der alle und alles überwindende Held (ist) von allen Fesseln befreit; der höchste Friede ist ihm eigen, der das mit Schrecken nicht behaftete Nirvana erreicht hat. Dies ist der Buddha, von den Einflüssen frei, der Leidlose, der den Zweifel brach; die Vernichtung alles Wirkens hat er erreicht und ist zugleich mit der Zerstörung der Beilegungen frei geworden. Eben dies ist der erhabene Buddha, dies ist der unvergleichliche Löwe; für die Welt samt ihren Göttern hat er das heilige Rad rollen lassen. Mit diesen Worten werden Devas und Menschen, die zu dem Buddha ihre Zuflucht nahmen, ihm in Scharen Verehrung zollen, dem Großen, der den Zeitenlauf vollendet hat. Von den Überwindern ist er der Selbstüberwinder, der beste; er, der Beruhigte, ist unter denen, die Ruhe spenden, der Seher; er, der Erlöste, ist der erste unter den Erlösung Bringenden; der Hinübergelangte ist unter denen, die (den Strom) kreuzen, der Vorzüglichste. Mit diesen Worten werden sie dem Gewaltigen, der den Zeitenlauf vollendet hat, Verehrung zollen. In der Welt mit ihren Göttern ist keiner, der Dir ebenbürtig wäre."

Auch dies ist vom Erhabenen gesagt worden, so habe ich gehört.

173. Der Buddha.

Ang. IV, 36.

1. Einst wanderte der Erhabene auf der Heerstraße zwischen Ukkattha und Setabbya. Nun wanderte auch der Brahmane Dona auf der Heerstraße zwischen Ukkattha und Setabbya. Es sah aber der Brahmane Dona die Radzeichen an den Füßen des Erhabenen mit Speichen, Reifen und Naben in einer in jeder Hinsicht vollendeten Form. Bei ihrem Anblick kam ihm folgender Gedanke: ‚Ganz erstaunlich, fürwahr! Ganz wunderbar, fürwahr! Wahrlich, dies können nicht die Fußspuren eines menschlichen Wesens sein!'

2. Und der Erhabene ging vom Wege abseits und setzte sich mit gekreuzten Beinen, den Körper gerade aufgerichtet, am Fuße eines Baumes nieder, indem er sich mit klarer Besinnung wappnete. Es sah aber der Brahmane Dona, welcher den Fußspuren des Erhabenen nachging, den Erhabenen am Fuß des Baumes sitzen, den Anmutsvollen, Heilbringenden, mit beruhigten Sinnen, mit friedvollem Geiste, im Besitze höch-

ster Selbstbeherrschung und Ruhe, den Beherrschten, Gezügelten, den vortrefflichen Mann mit beruhigten Sinnen. Als er seiner ansichtig wurde, begab er sich zum Erhabenen und sprach zum Erhabenen also:

‚Der Herr dürfte doch nicht etwa ein Deva sein?'

„Ich dürfte allerdings kein Deva sein, Brahmane."

‚Der Herr dürfte doch nicht etwa ein Gandhabba sein?'

„Ich dürfte allerdings kein Gandhabba sein, Brahmane."

‚Der Herr dürfte doch nicht etwa ein Yakkha sein?'

„Ich dürfte allerdings kein Yakkha sein, Brahmane."

‚Der Herr dürfte aber doch kein Mensch sein?'

„Ich dürfte allerdings kein Mensch sein, Brahmane."

‚Auf die Frage: ‚Der Herr dürfte doch nicht etwa ein Deva sein?', antwortest du: „Ich dürfte allerdings kein Deva sein, Brahmane." Auf die Frage: ‚Der Herr dürfte doch nicht etwa ein Gandhabba sein?', antwortest du: „Ich dürfte allerdings kein Gandhabba sein, Brahmane." Auf die Frage: ‚Der Herr dürfte doch nicht etwa ein Yakkha sein?', antwortest du: „Ich dürfte allerdings kein Yakkha sein, Brahmane." Auf die Frage: ‚Der Herr dürfte aber doch kein Mensch sein?', antwortest du: „Ich dürfte allerdings kein Mensch sein, Brahmane." Ja, was wird der Herr denn nun eigentlich sein?'

3. „Jene Einflüsse, Brahmane, durch deren Nichtaufgeben ich etwa ein Deva wäre, sind für mich aufgegeben, entwurzelt, wie ein Palmstumpf ausgerodet, daseinsenthoben und nicht mehr fähig, wieder in die Erscheinung zu treten. Jene Einflüsse, Brahmane, durch deren Nichtaufgeben ich etwa ein Gandhabba wäre, etwa ein Yakkha wäre, etwa ein Mensch wäre, – sind für mich aufgegeben, entwurzelt, wie ein Palmstumpf ausgerodet, daseinsenthoben und nicht mehr fähig, wieder in die Erscheinung zu treten.

Gleichwie da, Brahmane, ein blauer Lotos oder ein roter Lotos oder ein weißer Lotos im Wasser geboren, im Wasser sich entwickelnd, über das Wasser emporragend dasteht, vom

Wasser nicht befleckt, – so auch, Brahmane, lebe ich, der ich in der Welt geboren bin, in der Welt mich entwickelt habe, nach Überwindung der Welt als ein von der Welt nicht Befleckter. Der ‚*Buddha*', – für diesen halte mich, o Brahmane!

Jene Einflüsse, durch die ich als ein Deva wiedergeboren würde oder als ein fliegender Gandhabba,

Durch den ich zur Welt der Yakkhas gelangte oder zum Menschensein erstünde, –

Sie sind für mich verschwunden, zerbrochen und verdorrt.

Wie ein lieblicher weißer Lotos nicht befleckt wird vom Wasser,

So werde [auch] ich von der Welt nicht befleckt; darum, o Brahmane, *bin ich der ‚Buddha.*'"

174. Das Gleichnis vom Säemann.

Samy. VII, 2, 1.

1. So hab' ich es gehört: Einst weilte der Erhabene im Lande der Magadher, in dem Brahmanen-Dorf Ekanala bei Dakkhinagiri.

2. Damals aber, zur Saat-Zeit, waren fünfhundert Pflüge des Brahmanen Kasibharadvaja angeschirrt.

3. Und der Erhabene kleidete sich zur Zeit des Vormittags an und begab sich, mit Almosennapf und Gewand versehen, zu jenem Platz, wo die Arbeit des Brahmanen Kasibharadvaja [verrichtet wurde].

4. Zu jenem Zeitpunkte aber fand gerade durch den Brahmanen Kasibharadvaja die Verteilung der Speisen statt.

5. Und der Erhabene begab sich dorthin, wo die Verteilung der Speisen stattfand, und blieb seitwärts stehen.

6. Es sah nun der Brahmane Kasibharavaja den Erhabenen wegen Almosenspeise dastehen. Als er seiner ansichtig wurde, sprach er zum Erhabenen also: Asket, ich pflüge und säe, und nachdem ich gepflügt und gesäet habe, esse ich. Auch du, Asket, solltest pflügen und säen, und solltest essen, nachdem du gepflügt und gesäet hast!'

7. „Auch ich, Brahmane, pflüge und säe, und nachdem ich gepflügt und gesäet habe, esse ich."

8. ‚Wir sehen aber weder ein Joch, noch einen Pflug, noch eine Pflugschar, noch einen Treibstock, noch die Zugochsen des Herrn Gautama; und doch sagt da der Herr Gautama: „Auch ich, o Brahmane, pflüge und säe, und nachdem ich gepflügt und gesäet habe, esse ich."'

9. Und der Brahmane Kasibharadvaja redete den Erhabenen mit der Strophe an:

‚Für einen Pflüger gibst du dich aus, und wir sehen dein Pflügen nicht;

Gefragt, [inwiefern du] ein Pflüger [bist], sage: Wie sollen wir dieses Pflügen verstehen?'

[Der Erhabene:]

10. „Glaube ist die Saat, Askese ist der Regen; Weisheit ist mein Joch und mein Pflug, Schamhaftigkeit ist die Stange des Pfluges, das Denken ist der Gurt und klare Besinnung ist die Pflugschar und der Treibstock.

Ich zügle den Leib, ich zügle die Rede, ich zähme mich in der Nahrungs-Aufnahme; ich mache das Ausjäten wahr und Sanftmut ist [für mich] das Losmachen [des Zugtieres].

Energie ist mein Zugtier; es führt mich zur Sicherheit [des Nirvana] und geht, ohne sich umzuwenden, dorthin, wohin zu gehen man nicht bereut.

So habe ich dieses Pflügen vollbracht, es trägt die Frucht der Todlosigkeit. Wer dieses Pflügen vollbracht hat, wird von allem Leiden befreit."

[Der Brahmane:]

11. ‚Möge der Erhabene essen; ein Pflüger ist der Herr Gautama; ja, das Pflügen, das der Herr Gautama vollbringt, trägt die Frucht der Todlosigkeit.'

[Der Erhabene:]

12. „Ich weise es ab, für das Aufsagen von Sprüchen zu essen; dies wäre nicht das Gesetz derer, die sehend sind.

Die Buddhas lehnen es ab, [für] das Aufsagen von Sprüchen [etwas zu empfangen], dies ist ihre Gepflogenheit, Brahmane, so lange die Ordnung besteht.

Einem vollendeten Weisen, der die Einflüsse vernichtet und die innere Unbeständigkeit zum Schweigen gebracht hat,

solltest du mit anderer Speise und [anderem] Trank aufwarten; denn dies ist ein Feld für den, der auf verdienstliche Werke bedacht ist."

Nach diesen Worten sprach der Brahmane Kasibharadvaja zu dem Erhabenen also:

‚Erhaben, Herr Gautama, erhaben, Herr Gautama! Gleichwie da, Herr Gautama, jemand das Umgestürzte aufrichtet oder das Bedeckte enthüllt, oder wie jemand einem Verirrten den Weg weist oder in der Finsternis eine Leuchte hält, auf daß, die Augen haben, die Dinge sehen können, – so auch ist mir vom Herrn Gautama die Lehre auf mancherlei Weise klar gemacht worden. Ich nehme meine Zuflucht zu dem Herrn Gautama, zur Lehre und zur Mönchsgemeinde; möge der Herr Gautama mich, der ich Zuflucht genommen habe, als seinen Laienjünger annehmen vom heutigen Tage an bis zum Ende meines Lebens.‘

175. Der Triumphruf des Buddha.

Dhammapada 153-154.

Endloser Neugeburten Wandelsein
Hab' ich durchirrt, verfolgt von Schmerz und Pein.
Vergeblich hab' ich oftmals ausgeschaut
Nach ihm, der dieses Leidens Haus gebaut.
Bauherr, ich spotte dein! Jetzt kenn' ich dich,
Nie baust du mehr ein beinern Haus für mich!
Zerbrochen sind des Kerkers Balken all',
Der stolze Giebel stürzt in jähem Fall;
Des Werdens Ende hat der Geist erspäht,
Wo Drang und Trieb für ewig untergeht.

Diese beiden berühmten Verse schreibt die Überlieferung dem Buddha zu, u.zw. soll er sie unter dem Bodhi-Baum unmittelbar nach seiner Erwachung gesprochen haben.

176. Der Allüberwinder.

Aus Majjh. 26.

Der Allüberwinder, der Allweise bin ich;
Von allen Erscheinungen bin ich unbefleckt,
Alles aufgebend, durch die Vernichtung des
    Dranges erlöst,
Durch mich selbst zur Erkenntnis gelangt, – wen
    könnte ich [als meinen Lehrer] bezeichnen?
Ich habe keinen Lehrer, ein gleicher, wie ich,
    wird nicht gefunden;
In der Welt mit ihren Devas ist kein mir Ebenbürtiger.
Ich bin in der Welt ein Heiliger, ich bin der höchste Meister,
Ich bin der eine völlig Erwachte,
    kalt geworden bin ich erlöst.
Um das Rad der Lehre rollen zu lassen, gehe ich zur
    Stadt Benares,
In der dunkel gewordenen Welt will ich die todlose
    Trommel rühren.

Mir gleich, wahrlich, sind die Sieger, welche
    die Vernichtung der Einflüsse erreicht haben;
Besiegt sind von mir die üblen Zustände; aus
    diesem Grunde bin ich der Sieger, o Upaka!

Und mir ging die Erkenntnis und Schauung auf: ‚Unerschütterlich ist meine Erlösung, dies ist die letzte Geburt, nicht gibt es mehr ein ferneres Werden!‘

177. Der Glanz des Erwachten.

Dhammapada 387.

Hell strahlt am Tage die Sonne, es leuchtet in der Nacht der Mond; es strahlt der Krieger im Panzer, in der Versenkung strahlt der Brahmane. Tag und Nacht strahlt in hellem Glanz ununterbrochen der Buddha.

XVII. Die Lehre.

178. Woran man hängt, dadurch tritt man in die Erscheinung.

Samy. XXII, 35, I.

Der Erhabene weilte bei Savatthi im Jeta-Haine, im Klostergarten des Anathapindika.

2. Da begab sich ein Mönch zum Erhabenen, begrüßte den Erhabenen ehrfurchtsvoll und setzte sich ihm zur Seite nieder. Zum Erhabenen sprach nun dieser Mönch, der ihm zur Seite saß, also:

3. ‚Herr, möge der Erhabene geruhen, mir die *Lehre in kurzer Form* darzulegen, auf daß ich, nachdem ich die Lehre des Erhabenen gehört habe, allein, abgesondert, unermüdlich, eifrig, tatkräftig verweilen möge.‘

4. „Woran man hängt, o Mönch, dadurch tritt man in die Erscheinung, woran man nicht hängt, dadurch tritt man nicht in die Erscheinung.“

‚Ich erkenne, Erhabener, ich erkenne, Pfadvollender!‘

5. „Wie aber, o Mönch, erkennst du den ausführlichen Sinn des von mir in kurzer Form Gesprochenen?“

6. ‚Wenn man, Herr, an der körperlichen Form hängt, so tritt man dadurch in die Erscheinung. Wenn man an der Empfindung hängt, so tritt man dadurch in die Erscheinung. Wenn man an der Wahrnehmung hängt, so tritt man dadurch in die Erscheinung. Wenn man an den Gemütsregungen hängt, so tritt man dadurch in die Erscheinung. Wenn man am Bewußtsein hängt, so tritt man dadurch in die Erscheinung.

7. Wenn man, Herr, an der körperlichen Form nicht hängt, so tritt man dadurch nicht in die Erscheinung. Wenn man an der Empfindung nicht hängt, so tritt man dadurch nicht in die Erscheinung. Wenn man an der Wahrnehmung nicht hängt, so tritt man dadurch nicht in die Erscheinung. Wenn man an Gemütsregungen nicht hängt, so tritt man dadurch nicht in die

Erscheinung. Wenn man am Bewußtsein nicht hängt, so tritt man dadurch nicht in die Erscheinung. So erkenne ich Herr, den ausführlichen Sinn dieses von dem Erhabenen in kurzer Form Gesprochenen.‘

8. „Gut, gut, o Mönch! Gut verstehst du so, o Mönch, den ausführlichen Sinn dieses von mir in kurzer Form Gesprochenen. Wenn man, o Mönch, an der körperlichen Form, an der Empfindung, an der Wahrnehmung, an den Gemütsregungen, am Bewußtsein hängt, so tritt man dadurch in die Erscheinung. Wenn man, o Mönch, an der körperlichen Form, an der Empfindung, an der Wahrnehmung, an den Gemütsregungen, am Bewußtsein nicht hängt, so tritt man dadurch nicht in die Erscheinung. So, o Mönch, ist der ausführliche Sinn dieses von mir in kurzer Form Gesprochenen zu verstehen.“

179. Empfehlung der vier großen Betrachtungen.

Samy. XLVII, 15.

1. Der Erhabene weilte bei Savatthi.

2. Da begab sich der ehrwürdige Bahiya zum Erhabenen usw. Zum Erhabenen sprach der ehrwürdige Bahiya, der ihm zur Seite saß, also:

‚Herr, möge der Erhabene geruhen, mir die *Lehre in kurzer Form* darzulegen, auf daß ich, nachdem ich die Lehre des Erhabenen gehört habe, allein, abgesondert, unermüdlich, eifrig, tatkräftig verweilen möge.‘

„Da mußt du also, Bahiya, in den heilsamen Dingen den Ausgangspunkt zur Klärung bringen. Was ist nun der Ausgangspunkt der heilsamen Dinge? Ganz reine sittliche Zucht und richtige Anschauung.

3. Sofern dir nun, Bahiya, ganz reine sittliche Zucht und richtige Anschauung eignet, solltest du, auf die sittliche Zucht dich stützend, in der sittlichen Zucht feststehend, die vier ‚Grundlagen des rechten Gedenkens‘ pflegen; welche vier?

4. Da mußt du, Bahiya, beim Körper in der Betrachtung des Körpers verweilen, eifrig, klar bewußt, besonnen, um in der Welt Begehren und Kümmernis zu bemeistern. Du mußt bei den Empfindungen in der Betrachtung der Empfindungen, – bei den Gedanken in der Betrachtung der Gedanken, – bei den Erscheinungen in der Betrachtung der Erscheinungen verweilen, eifrig, klar bewußt, besonnen, um in der Welt Begehren und Kümmernis zu bemeistern. Insofern du also, Bahiya, auf die sittliche Zucht dich stützend, in der sittlichen Zucht fest stehend, diese vier ‚Grundlagen des rechten Gedenkens' also pflegst, hast du, ob nun die Nacht oder der Tag kommen wird, ein Zunehmen in den heilsamen Dingen zu gewärtigen, keinesfalls ein Abnehmen."

180. Kurze Lehrunterweisung.

Samy. XXXV, 86.

Auf die Bitte Anandas, ihm die *Lehre in kurzer Form* darzulegen, entwickelt der Buddha in der Weise des Traktates 65. den Gedanken, daß 1. die sechs Sinne, 2. deren Objekte, 3. das aus jedem der sechs Sinne resultierende Bewußtsein, 4. die durch die Berührung eines jeden der sechs Sinne ausgelöste, qualitativ dreifache Empfindung a) veränderlich, b) leidvoll, c) nicht das Ich sind. Daran wird dann die in Abschnitt 65 sich findende Folgerung geknüpft.

181. Acht Gleichnisse vom großen Meer.

Udana V, 5; Cullavagga IX, 1, 4.

1. Gleichwie, ihr Mönche, das große Meer allmählich tiefer wird, allmählich abfällt, allmählich sich aushöhlt und kein jäher Abfall vorhanden ist, ebenso auch, ihr Mönche, ist in dieser Lehre und Disziplin die Schulung eine allmähliche, ist die Betätigung eine allmähliche, ist das Fortschreiten auf dem Pfade ein allmähliches, und es gibt kein plötzliches Vordringen zur vollen Erkenntnis. Daß nun, ihr Mönche, in dieser Lehre und

Disziplin die Schulung eine allmähliche, die Betätigung eine allmähliche, das Fortschreiten auf dem Pfade ein allmähliches ist und es kein plötzliches Vordringen zur vollen Erkenntnis gibt, dies, ihr Mönche, ist in dieser Lehre und Disziplin die erste außerordentliche, wunderbare Eigenschaft, durch deren immer erneuten Anblick die Mönche an dieser Lehre und Disziplin ein Wohlgefallen haben.

2. Gleichwie, ihr Mönche, das große Meer, seiner Natur nach feststehend, nicht über das Ufer tritt, ebenso auch, ihr Mönche, übertreten meine Jünger Zeit ihres Lebens nicht die von mir verkündete Satzung. Daß nun, ihr Mönche, meine Jünger Zeit ihres Lebens die von mir verkündete Satzung nicht übertreten, dies, ihr Mönche, ist in dieser Lehre und Disziplin die zweite außerordentliche, wunderbare Eigenschaft, durch deren immer erneuten Anblick die Mönche an dieser Lehre und Disziplin ein Wohlgefallen haben.

3. Gleichwie, ihr Mönche, das große Meer mit einem toten Körper keine Gemeinschaft hat, sondern es jeden toten Körper, der im großen Meere vorhanden ist, schnell ans Ufer treibt und ihn aufs trockene Land wirft, ebenso auch, ihr Mönche, hat die Gemeinde keine Gemeinschaft mit einer zuchtlosen, dem Bösen ergebenen Person von unreinem, scheuem Benehmen, die ein heimlicher Sünder ist, kein Asket, obwohl sie die Asketengelübde auf sich genommen hat, unkeusch lebend, obwohl sie die Gelübde des reinen Wandels abgelegt hat, innerlich faul, lüstern, im Charakter ein Auswurf, – stößt sie vielmehr, nachdem eine Versammlung stattgefunden hat, schnell ab. Und sollte sie auch inmitten der Mönchsgemeinde sitzen, so ist sie doch von der Gemeinde weit entfernt und die Gemeinde von ihr. Daß nun, ihr Mönche, mit einer zuchtlosen, dem Bösen ergebenen Person von unreinem, scheuem Benehmen, die ein heimlicher Sünder ist, kein Asket, obwohl sie die Asketengelübde auf sich genommen hat, unkeusch lebend, obwohl sie die Gelübde des reinen Wandels abgelegt hat, in-

nerlich faul, lüstern, im Charakter ein Auswurf, – die Gemeinde mit dieser keine Gemeinschaft hat, sie vielmehr, nachdem eine Versammlung stattgefunden hat, schnell abstößt; und sollte jene auch inmitten der Mönchsgemeinde sitzen, sie doch von der Gemeinde weit entfernt ist und die Gemeinde von ihr, – dies, ihr Mönche, ist in dieser Lehre und Disziplin die dritte außerordentliche, wunderbare Eigenschaft, durch deren immer erneuten Anblick die Mönche an dieser Lehre und Disziplin ein Wohlgefallen haben.

4. Gleichwie, ihr Mönche, alle die großen Ströme, nämlich Ganga, Yamuna, Aciravati, Sarabhu, Mahi, sobald sie das große Meer erreicht haben, ihre früheren Namen und Stammlinien verlieren und nur noch als das große Meer zählen, ebenso auch, ihr Mönche, verlieren die vier Kasten: Adlige, Brahmanen, Vessas und Suddas, sobald sie in der vom Vollendeten kundgetanen Lehre und Disziplin vom Hause fort in die Hauslosigkeit gezogen sind, ihre früheren Namen und Stammlinien und zählen nur noch als die Asketen des Sakya-Sohnes. Daß nun, ihr Mönche, die vier Kasten: Adlige, Brahmanen, Vessas und Suddas, sobald sie in der vom Vollendeten kundgetanen Lehre und Disziplin vom Hause fort in die Hauslosigkeit gezogen sind, ihre früheren Namen und Stammlinien verlieren und nur noch als die Asketen des Sakya-Sohnes zählen, dies, ihr Mönche, ist in dieser Lehre und Disziplin die vierte außerordentliche, wunderbare Eigenschaft, durch deren immer erneuten Anblick die Mönche an dieser Lehre und Disziplin ein Wohlgefallen haben.

5. Gleichwie, ihr Mönche, alle Flüsse in der Welt ins große Meer eintreten und alle Wasser aus dem Luftraum sich darein ergießen und dadurch weder eine Verminderung noch ein Vollerwerden des großen Meeres wahrzunehmen ist, ebenso auch, ihr Mönche, ist, wenn auch viele Mönche in dem von Beileigungen freien Nirvana-Bereich verlöschen, dadurch weder eine Verminderung noch ein Vollerwerden des Nirvana-Berei-

ches wahrzunehmen. Daß nun, ihr Mönche, wenn auch viele Mönche in dem von Beilegungen freien Nirvana-Bereich verlöschen, dadurch weder eine Verminderung noch ein Vollerwerden des Nirvana-Bereiches wahrzunehmen ist, dies, ihr Mönche, ist in dieser Lehre und Disziplin die fünfte außerordentliche, wunderbare Eigenschaft, durch deren immer erneuten Anblick die Mönche an dieser Lehre und Disziplin ein Wohlgefallen haben.

6. Gleichwie, ihr Mönche, das große Meer (nur) *einen* Geschmack hat, den Geschmack des Salzes, ebenso auch, ihr Mönche, hat diese Lehre und Disziplin (nur) *einen* Geschmack, den Geschmack der Erlösung. Daß nun, ihr Mönche, diese Lehre und Disziplin (nur) *einen* Geschmack hat, den Geschmack der Erlösung, dies, ihr Mönche, ist in dieser Lehre und Disziplin die sechste außerordentliche, wunderbare Eigenschaft, durch deren immer erneuten Anblick die Mönche an dieser Lehre und Disziplin einen Wohlgefallen haben.

7. Gleichwie, ihr Mönche, das große Meer viele Kleinodien, mancherlei Kleinodien hat, wie es dort die folgenden Kleinodien gibt: Perle, Edelstein, Beryll, Muschel, Stein, Koralle, Silber, Gold, Rubin, Katzenauge, ebenso auch, ihr Jünger, hat diese Lehre und Disziplin viele Kleinodien, mancherlei Kleinodien; es gibt dort die folgenden Kleinodien: die vier Grundlagen des (rechten) Gedenkens, die vier großen Übungen, die vier Grundlagen magischer Kraft, die fünf inneren Fähigkeiten, die fünf (geistigen) Kräfte, die sieben Erleuchtungsmerkmale, den hohen achtteiligen Weg. Daß nun, ihr Mönche, diese Lehre und Disziplin viele Kleinodien, mancherlei Kleinodien hat und es dort die folgenden Kleinodien gibt: die vier Grundlagen des (rechten) Gedenkens, die vier großen Übungen, die vier Grundlagen magischer Kraft, die fünf (inneren) Fähigkeiten, die fünf (geistigen) Kräfte, die sieben Erleuchtungsmerkmale, den hohen achtteiligen Weg, – dies, ihr Mönche, ist in dieser Lehre und Disziplin die siebente außerordentliche, wun-

derbare Eigenschaft, durch deren immer erneuten Anblick die Mönche an dieser Lehre und Disziplin ein Wohlgefallen haben.

8. Gleichwie, ihr Mönche, das große Meer die Heimstätte großer Wesen ist, wie es dort die folgenden Wesen gibt: Timi, Timingala, Timitimingala, Asuras, Nagas, Gandhabbas, und wie im großen Meere sogar einhundert Meilen große Lebewesen, sogar zweihundert, dreihundert, vierhundert, sogar fünfhundert Meilen große Lebewesen sind, ebenso auch, ihr Mönche, ist diese Lehre und Disziplin die Heimstätte großer Wesen; es gibt da die folgenden Wesen: den in den Strom Eingetretenen und den zur Verwirklichung der Frucht des Stromeintritts Vorgeschrittenen, den einmal Wiederkehrenden und den zur Verwirklichung der Frucht der Einmalwiederkehr Vorgeschrittenen, den nicht Wiederkehrenden und den zur Verwirklichung der Frucht der Nichtwiederkehr Vorgeschrittenen, den Heiligen und den zur Verwirklichung der Frucht der Heiligkeit Vorgeschrittenen. Daß nun, ihr Mönche, diese Lehre und Disziplin die Heimstätte großer Wesen ist und es da die folgenden Wesen gibt: den in den Strom Eingetretenen und den zur Verwirklichung der Frucht des Stromeintritts Vorgeschrittenen, den einmal Wiederkehrenden und den zur Verwirklichung der Frucht der Einmalwiederkehr Vorgeschrittenen, den nicht Wiederkehrenden und den zur Verwirklichung der Frucht der Nichtwiederkehr Vorgeschrittenen, den Heiligen und den zur Verwirklichung der Frucht der Heiligkeit Vorgeschrittenen, – dies, ihr Mönche, ist in dieser Lehre und Disziplin die achte außerordentliche, wunderbare Eigenschaft, durch deren immer erneuten Anblick die Mönche an dieser Lehre und Disziplin ein Wohlgefallen haben.

Dies also, ihr Mönche, sind in dieser Lehre und Disziplin die acht außerordentlichen, wunderbaren Eigenschaften, durch deren immer erneuten Anblick die Mönche an dieser Lehre und Disziplin ein Wohlgefallen haben.

XVIII. Die Mönchsgemeinde.

182. Die zehn mönchischen Gebote.

Khuddaka-Patha II.

Das Gebot: Abstehen von der Zerstörung von Leben.
Das Gebot: Abstehen vom Nehmen nicht-gegebener Dinge.
Das Gebot: Abstehen von nicht-keuschem Wandel.
Das Gebot: Abstehen von lügnerischer Rede.
Das Gebot: Abstehen von Berauschung durch den Genuß geistiger Getränke.
Das Gebot: Abstehen vom Essen zu ungehöriger Zeit.
Das Gebot: Abstehen von Tanz, Gesang, Musik und von der Betrachtung von Schauspielen.
Das Gebot: Abstehen von Schmückung und Verschönerung [des Körpers] durch Verwendung von Kränzen, Wohlgerüchen und Salben.
Das Gebot: Abstehen von [der Benutzung] einer hohen und breiten Lagerstätte.
Das Gebot: Abstehen von der Annahme von Gold und Silber.

183. Die Upasampada-Ordination.

Aus dem Kammavaca.

Zunächst ist der Lehrer zu ernennen; wenn der Lehrer ernannt ist, soll nach dem Almosennapf und dem Gewande gefragt werden:

„Ist dies dein Almosennapf?“
‚Wahrlich ja, Herr.‘
„Ist dies das Obergewand?“
‚Wahrlich ja, Herr.‘
„Ist dies das Untergewand?“
‚Wahrlich ja, Herr.‘
„Ist dies das Lendentuch?“
‚Wahrlich ja, Herr.‘
„Nun gehe und bleibe an jenem Platze stehen!“

„Es höre mich die Hohe Gemeinde! Naga, der Schüler des ehrwürdigen Tissa, wünscht die Upasampada-Ordination. Wenn es die richtige Zeit für eine Versammlung ist, will ich den Naga ermahnen.

„Höre, Naga! Dieser gegenwärtige Zeitpunkt ist für dich die richtige Zeit, die Wahrheit zu sprechen. Wenn man dich, inmitten der Gemeinde nach dem Tatbestand fragt, hast du, wenn's zutrifft, ‚ja' zu antworten, wenn's nicht zutrifft, ‚nein' zu antworten. Sei nicht ängstlich! Sei nicht verwirrt!

Ich werde dich nach folgendem fragen: Hast du Krankheiten wie diese:

Aussatz?" – ‚Nein, Herr.'

„Beulen?" – ‚Nein, Herr.'

„Ausschlag?" – ‚Nein, Herr.'

„Auszehrung?" – ‚Nein, Herr.'

„Fallsucht?" – ‚Nein, Herr.'

„Bist du ein Mensch?" – ‚Wahrlich ja, Herr.'

„Bist du männlichen Geschlechts?" – ‚Wahrlich ja, Herr."

„Bist du ein freier Mann?" – ‚Wahrlich ja, Herr.'

„Bist du frei von Schulden?" – ‚Wahrlich ja, Herr.'

„Bist du kein Söldner des Königs?" – ‚Wahrlich ja, Herr.'

„Hast du die Einwilligung deiner Eltern?" – ‚Wahrlich, ja, Herr.'

„Hast du das volle Alter von zwanzig Jahren?" – ‚Wahrlich ja, Herr.'

„Sind dein Almosennapf und deine Gewänder vollständig?" – ‚Wahrlich ja, Herr.'

„Wie ist dein Name?" – ‚Ich heiße Naga, Herr.'

„Wie heißt dein Lehrer?" – ‚Herr, mein Lehrer ist der Ehrwürdige, mit Namen Tissa.'

„Es höre mich die Hohe Gemeinde! Naga, der Schüler des ehrwürdigen Tissa, wünscht die Upasampada-Ordination. Er ist von mir ermahnt worden. Wenn es die richtige Zeit für eine Versammlung ist, soll Naga herantreten.

Tritt heran, Naga!"

‚Ich bitte die Hohe Gemeinde um die Upasampada-Ordination. Möge mich die Hohe Gemeinde, von Mitleid bewogen, erheben!

‚Zum zweiten Male bitte ich die Hohe Gemeinde um die Upasampada-Ordination. Möge mich die Hohe Gemeinde, von Mitleid bewogen, erheben!

‚Zum dritten Male bitte ich die Hohe Gemeinde um die Upasampada-Ordination. Möge mich die Hohe Gemeinde, von Mitleid bewogen, erheben!'

„Es höre mich die Hohe Gemeinde! Naga, der Schüler des ehrwürdigen Tissa, wünscht die Upasampada-Ordination. Wenn es für eine Versammlung die richtige Zeit ist, will ich den Naga wegen der ein Hindernis bildenden Dinge befragen:

Höre, Naga! Dieser gegenwärtige Zeitpunkt ist für dich die richtige Zeit, die Wahrheit zu sprechen. Ich frage dich nach dem Tatbestande: Wenn's zutrifft, hast du ‚ja' zu antworten, wenn's nicht zutrifft, ‚nein' zu antworten.

Hast du Krankheiten, wie diese:

Aussatz?" – ‚Nein, Herr.'

„Beulen?" – ‚Nein, Herr.'

„Ausschlag?" – ‚Nein, Herr.'

„Auszehrung?" – ‚Nein, Herr.'

„Fallsucht?" – ‚Nein, Herr.'

„Bist du ein Mensch?" – ‚Wahrlich ja, Herr.'

„Bist du männlichen Geschlechts?" – ‚Wahrlich ja, Herr.'

„Bist du ein freier Mann?" – ‚Wahrlich ja, Herr.'

„Bist du frei von Schulden?" – ‚Wahrlich ja, Herr.'

„Bist du kein Söldner des Königs?" – ‚Wahrlich ja, Herr.'

„Hast du die Einwilligung deiner Eltern?" – ‚Wahrlich ja, Herr.'

„Hast du das volle Alter von zwanzig Jahren?" – Wahrlich ja, Herr.'

„Sind dein Almosennapf und deine Gewänder vollständig?“ – Wahrlich ja, Herr.‘

„Wie ist dein Name?“ – ‚Ich heiße Naga, Herr.‘

„Wie heißt dein Lehrer?“ – ‚Herr, mein Lehrer ist der Ehrwürdige, mit Namen Tissa.‘

Es höre mich die Hohe Gemeinde! Dieser Naga, des ehrwürdigen Tissa Schüler, wünscht die Upasampada-Ordination. Er ist frei von den ein Hindernis bildenden Dingen; sein Almosennapf und seine Gewänder sind vollständig. Naga bittet die Gemeinde um die Upasampada-Ordination mit dem ehrwürdigen Tissa als Lehrer.

Wenn es für eine Versammlung die richtige Zeit ist, möge die Gemeinde dem Naga die Upasampada-Ordination mit dem ehrwürdigen Tissa als Lehrer erteilen!

Ich stelle den Antrag:

Es höre mich die Hohe Gemeinde! Dieser Naga, des ehrwürdigen Tissa Schüler, wünscht die Upasampada-Ordination. Er ist frei von den ein Hindernis bildenden Dingen; sein Almosennapf und seine Gewänder sind vollständig. Naga bittet die Gemeinde um die Upasampada-Ordination mit dem ehrwürdigen Tissa als Lehrer. Die Gemeinde erteilt dem Naga die Upasampada-Ordination mit dem ehrwürdigen Tissa als Lehrer. Wer von den Ehrwürdigen der Upasampada-Ordination des Naga mit dem ehrwürdigen Tissa als Lehrer zustimmt, der schweige, wer ihr nicht zustimmt, der spreche!

Zum zweiten Male sage ich in diesem Sinne:

Es höre mich die Hohe Gemeinde! Dieser Naga, des ehrwürdigen Tissa Schüler, wünscht die Upasampada-Ordination. Er ist frei von den ein Hindernis bildenden Dingen; sein Almosennapf und seine Gewänder sind vollständig. Naga bittet die Gemeinde um die Upasampada-Ordination mit dem ehrwürdigen Tissa als Lehrer. Die Gemeinde erteilt dem Naga die Upasampada-Ordination mit dem ehrwürdigen Tissa als Lehrer. Wer von den Ehrwürdigen der Upasampada-Ordination des Naga mit dem ehrwürdigen Tissa als Lehrer zustimmt, der schweige, wer ihr nicht zustimmt, der spreche!

Zum dritten Male sage ich in diesem Sinne:

Es höre mich die Hohe Gemeinde! Dieser Naga, des ehrwürdigen Tissa Schüler, wünscht die Upasampada-Ordination. Er ist frei von den ein Hindernis bildenden Dingen; sein Almosennapf und seine Gewänder sind vollständig. Naga bittet um die Upasampada-Ordination mit dem ehrwürdigen Tissa als Lehrer. Die Gemeinde erteilt dem Naga die Upasampada-Ordination mit dem ehrwürdigen Tissa als Lehrer. Wer von den Ehrwürdigen der Upasampada-Ordination des Naga mit dem ehrwürdigen Tissa als Lehrer zustimmt, der schweige, wer ihr nicht zustimmt, der spreche!

Naga hat von der Gemeinde die Upasampada-Ordination mit dem ehrwürdigen Tissa als Lehrer empfangen. Die Gemeinde stimmt zu; aus diesem Grunde schweigt sie. In diesem Sinne verstehe ich das."

Unmittelbar darauf ist der Schatten zu messen.
Der Stand der Jahreszeit ist anzugeben.
Die Zeit des Tages ist anzugeben.
Die einzelnen Teile der Lehre sind anzugeben.

Die vier äußersten Hilfsmittel sind anzugeben.
Die vier zu unterlassenden Dinge sind anzugeben.

[Die vier äußersten Hilfsmittel:]

1. „‚Das asketische Leben begnügt sich mit Almosenspeise, die aus zerkleinerter Speise besteht': So hast du dich während deines ganzen Lebens zu üben. Außerdem ist gestattet: Gemeinschaftliches Mahl, Speise, die bei besonderen Anlässen gespendet wird, Einladungen [anzunehmen], Speise, die abwechselnd den Mönchen gespendet wird, Mahlzeiten, die am achten Tage des Monats gegeben, Speise, die an den Feiertagen gespendet

wird, Speise, die am Tage nach einem Feiertage gespendet wird." – ‚Wahrlich ja, Herr!'

2. „‚Das asketische Leben begnügt sich mit einem Gewande, das aus weggeworfenen Lumpen besteht': So hast du dich während deines ganzen Lebens zu üben. Außerdem ist gestattet: Leinwand, Baumwolle, seidener Stoff, wollenes Gewand, rauhes Gewand, hänfenes Gewand." – ‚Wahrlich ja, Herr.'

3. „‚Das asketische Leben begnügt sich mit der Lagerstätte am Fuß eines Baumes': So hast du dich während deines ganzen Lebens zu üben. Außerdem ist gestattet: Ein Kloster, eine Halle, ein Sommer-Haus, eine Kammer, eine Höhle." – ‚Wahrlich ja, Herr.'

4. „‚Das asketische Leben begnügt sich mit altem Kuh-Harn als Heilmittel': So hast du dich während deines ganzen Lebens zu üben. Außerdem ist gestattet: Zerlassene Butter, frische Butter, Öl, Honig, Sirup." – ‚Wahrlich, ja Herr.'

[Die vier zu unterlassenden Dinge:]

1. „‚Ein ordinierter Mönch hat geschlechtlichen Verkehr, auch mit einem Tier, zu unterlassen. Ein Mönch, der geschlechtlichen Verkehr ausübt, ist kein Asket mehr, gehört dem Sakya-Sohne nicht mehr an. Gleichwie da ein Mann mit abgeschnittenem Kopfe infolge dieser Verstümmelung des Körpers unfähig ist zu leben, so auch ist ein Mönch, der geschlechtlichen Verkehr ausübt, kein Asket mehr, gehört dem Sakya-Sohne nicht mehr an': Das hast du während deines ganzen Lebens zu unterlassen!" – ‚Wahrlich ja, Herr.'

2. „‚Ein ordinierter Mönch darf – was als Diebstahl gilt – Nichtgegebenes nicht nehmen, selbst wenn's ein Grashalm wäre. Ein Mönch, der – was als Diebstahl gilt – einen Pada oder etwas, das den Wert eines Pada hat oder etwas, das den Wert eines Pada übersteigt, sofern es ihm nicht gegeben wird, nimmt, ist kein Asket mehr, gehört dem Sakya-Sohne nicht mehr an. Gleichwie da ein von seinem Stengel losgelöstes wel-

kes Blatt unfähig ist, zu grünen, so auch ist ein Mönch, der – was als Diebstahl gilt – einen Pada, oder etwas, das den Wert eines Pada hat, oder etwas, das den Wert eines Pada übersteigt, sofern es ihm nicht gegeben ward, genommen hat, kein Asket mehr, gehört dem Sakya-Sohne nicht mehr an': Das hast du während deines ganzen Lebens zu unterlassen!" ,Wahrlich ja, Herr.'

3. „ ,Ein ordinierter Mönch darf bewußt keinem Wesen das Leben nehmen, selbst wenn's eine Ameise wäre. Ein Mönch, der bewußt einem menschlichen Wesen das Leben nimmt – dies gilt auch für die Abtreibung einer Leibesfrucht, – ist kein Asket mehr, gehört dem Sakya-Sohne nicht mehr an. Gleichwie da ein in zwei Teile gespaltener großer Felsen nicht wieder ein ganzes Stück werden kann, so auch ist ein Mönch, der bewußt einem menschlichen Wesen das Leben nimmt, kein Asket mehr, gehört dem Sakya-Sohne nicht mehr an': Das hast du während deines ganzen Lebens zu unterlassen!" – ,Wahrlich ja, Herr.'

4. „,Ein ordinierter Mönch darf sich nicht einer höchsten menschlichen Fähigkeit rühmen, selbst nicht, [daß er sagt:] ,Ich liebe es, an einsamer Stätte [zu leben].' Ein Mönch, der sich, schlechtes Begehren hegend, von Gier erfüllt, einer [bei ihm] nicht vorhandenen, nicht entstandenen höchsten menschlichen Fähigkeit rühmt: der Versenkung, oder der Loslösung, oder der Konzentration, oder der Samapatti, oder des Weges, oder der Frucht [des Weges], – der ist kein Asket mehr, gehört dem Sakya-Sohne nicht mehr an. Gleichwie da ein Palmbaum, dem man die Krone abgehauen hat, nicht fähig ist, wieder zu wachsen, so auch ist ein Mönch, der sich, schlechtes Begehren hegend, von Gier erfüllt, einer [bei ihm] nicht vorhandenen, nicht entstandenen höchsten menschlichen Fähigkeit rühmt, kein Asket mehr, gehört dem Sakya-Sohne nicht mehr an': Das hast du während deines ganzen Lebens zu unterlassen." – ,Wahrlich ja, Herr.'